つながりのジャーティヤ

スリランカの民族とカースト

鈴木晋介

法藏館

つながりのジャーティヤ——スリランカの民族とカースト＊目次

目　次

つながりのジャーティヤ

スリランカの民族とカースト

序章

スリランカ中央高地一帯には、茶やゴムのプランテーション農園が飛び地状に連なる美しい風景が広がっている。エステートと称されるこうした農園に、かつて南インドから働き手として移り住んだ一群の人々がいた。その子孫たちの多くが、今日もここに働きながら暮らしている。彼らをエステート・タミルと呼ぶ。

本書は、このエステート・タミルという人々のアイデンティティ(1)をめぐる民族誌である。と同時に、本書はスリランカの人々に生きられる「民族」や「カースト」の姿かたちを、生活の場におけるその実践的編成と論理に着眼して描き出す民族誌でもある。

まずこの序章で本書のねらいと性格を明瞭にしたい。エステート・タミルに短く言及したあと、本研究の問い・目的（「「同一性の政治学」批判」という問題系）、対象（「ジャーティヤ」というものについて）、そして方法（「比喩」の思考について）へと順を追って記していくことにする。

第一節　エステート・タミルと括りの問題

エステート・タミルという人々が人類学的研究の俎上に載せられることは、これまでほとんどなかったといっていい[2]。本書が殊更にエステート・タミルという人々を、とりわけ彼らのアイデンティティの問題を主題化する背景には、まずもって近・現代スリランカにおいて彼らが経験してきた特異な境遇というものがある。スリランカに移り住んで概ね一〇〇年前後、この間、彼らには絶えずひとつの問題がつきまとってきた。それは、彼らが「何者であるか」という「括り」の問題である。

二十世紀初頭、国勢調査の分類整備が進むイギリス植民地支配下のスリランカにおいて、この一群の移民労働者たちは「ひとつの民族」として括られるという行政的措置を受けた。「インド・タミル」、それが彼らに対する括りのラベルだった。一括りとされた彼らは、その後、ある決定的なできごとを経験する。スリランカ独立の一九四八年、市民権を否定され事実上の無国籍化に追い込まれるのである。その処遇は、インド、スリランカ二国間の政治的懸案事項となった。有体にいってしまえば、彼らは両国の押し付け合い、「数のやりとり」の対象となっていったのである。

無国籍状態のまま彼らはエステートに暮らし続けた。そこに、一九五〇年代以降また別の政治的できごとがふりかかる。いわゆる「シンハラ対タミル」民族対立問題である。スリランカにはこの移民労働者たちとは別に、紀元前後より北・東部に暮らす「スリランカ・タミル」という人々がいる。図式的にいえば、この対立はシンハラ中央政府と北・東部の分離独立を求めるスリランカ・タミルとの衝突だった。中央高地のエステート・タミルたちは必ずしも直接の当事者ではなく、この対立から距離を置こうとしていたといわれる。だが、度重なる暴力の応酬のなかで、その矛先は彼らにも向けられていった。暴徒化したシンハラ人の目から見れば、彼らもただ一括りに「タミル」に過ぎなかったのである。

「インド人なのか？　スリランカ人なのか？」。「シンハラなのか？　タミルなのか？」。エステート・タミルをめぐるカテゴリカルな囲繞・同定の問題は、彼らの手の届かぬマクロの政治状況がもたらしたものだった。しかし、こうした括りの問題が、日常生活の脈絡を寸断する潜在的脅威として、常に彼らの生活全体を覆ってきたのである。生活の場所から切り離される脅威として、あるいは内戦の暴力に巻き込まれる脅威として。

いまひとつ、括りの問題は全く別の文脈からも生じていた。それは「カースト」の括りという問題である。彼らが暮らしてきた茶園やゴム園は、異なるカーストの者も一様に農園労働に携わり、ひとつ長屋に暮らすという特異な環境だった。追って詳述するが、こうした環境にあって、特定の名称を持つカーストというものが、いわば形骸化した括りと化して彼ら自身を囲繞するという状況が生じてきたのである。

雑駁に記そう。「国民の括り」、「民族の括り」、「カーストの括り」、そうした括りのひとつひとつが、まるで日常生活と齟齬をきたすような境遇を、エステート・タミルたちは生きてきたのである。彼らは、はたして何者であるのか？　いや、そんな境遇のなか、彼らは何者になろうとしてきたのだろうか？

＊＊＊

熱帯の樹木が鬱蒼と生い茂る中央高地の裾野辺り、その丘陵地帯にシンハラ人の村に囲まれた小さなゴム園がある。二〇〇〇年三月から二〇〇一年九月にかけて、筆者はそこでフィールドワークを行っていた。後に一〇年近い歳月を経て訪れることになる内戦終結の時（二〇〇九年五月）など、まだ想像もつかぬ頃である。

フィールドで出会ったエステート・タミルたちの言葉は、徹底した括りの拒絶に彩られていた。「シンハラとタミルの違いなどあるものか」といった具合に。「カーストの違いなどあるものか」といった具合に。

彼らの置かれた境遇を思えば、こうした語りはごく自然に響くものだったといえる。ところが、にもかかわらず、彼らは生活の場に「ひとつのエステート・タミル」というまとまりをこしらえようともしていた。その営みは、民族的主体性の構築といったものとはおよそほど遠いものだったといっていい。例えば「われわれの文化」を核に自他の排他的範囲線を引くような営みは、彼らにとってむしろ思いもよらぬことであったろう。なんとなれば、それはまた自らを括ってしまうことなのだから。

彼らの「わたしたち」を創るやり方は、徹頭徹尾、関係論的だった。生活を寸断する括りを突破し、つながりに恃んで、つながりの中に、己を定め直していくこと。けして閉じることのない「わたしたち」を想像／創造し続けること。そんな営みを、本書は記述していくことになる。だが話を具体的にしていく前に、いったん彼らをめぐるアイデンティティの問題を少し広い領域に位置づけるところから始め、本研究の問いと目的を明確にすることにしよう。

第二節　問いと目的――「同一性の政治学」批判

(1)「同一性の政治学」批判

エステート・タミルのアイデンティティを主題とする本研究は、オリエンタリズム批判以降に展開されたアイデンティティ・ポリティクスの議論、とりわけ「同一性の政治学」批判」というものに連なっている。オリエンタリズム批判をはじめとするポストコロニアル思潮は、人類学の基盤的営為としての民族誌記述に内省的な疑義の目を向けさせるひとつの契機を成し、本質主義的認識論の政治性が批判され、また、民族誌の持つ虚構性（「フィクション」性）が告発された［cf. クリフォード&マーカス　一九九六（一九八六）、杉島　二〇〇一］。

他者表象をめぐる権力、そして表象することの困難。こうしたいわゆる「『ライティング・カルチャー』ショック」〔松田　一九九六〕がもたらした人類学的内省のなかに、より政治性に志向した対応のひとつの流れがあった。(3)文化や伝統の「主体的な構築」を焦点化する構成主義の流れである（例えば［Handler & Linnekin 1984; Linnekin 1992; 太田　一九九三］）。

本質主義を退け、文化や伝統を歴史的、政治的背景のなかで主体的に解釈し直され構築されるものとして積極的に首肯するこの立場は、民族誌記述の「政治的正しさ（political correctness）」と真摯に向き合うもののひとつだったといってよい。もちろんこうした立場は人類学の内省だけから生まれたわけではなかった。フィールドにおいて、「われわれの文化・伝統を語る『彼ら』に出会う」という状況は既に現出していたのである〔関本・船曳　一九九四〕。

文化や伝統を核として国民や民族的主体性を確立する言説や行為、それは広くアイデンティティ・ポリティクスという問題領域に連なっている。米山リサは次の通り簡明に記している。アイデンティティ・ポリティクスとは「従来の制度的過程や主流の歴史的表象から排除され、周縁化されてきた人々が、集合的に共通する要因として特定の文化的・社会的・歴史的差異を掲げ、これに自己同定することによって集団としての社会的代表権を求める社会運動」である〔米山　一九九八：四七〕。

個々の歴史的、政治的抑圧状況を直視し、周縁化された人々の主体性の構築に寄り添おうとする（例えば構成主義のような）立場の政治的正しさは疑いを容れない。しかし、その政治的正しさを十分斟酌した上で、なお、このアイデンティティ・ポリティクスのなかに潜む重大な陥穽を突く一連の議論があった（例えば〔サイード　一九九二（一九九一）、小田　一九九七、関根　二〇〇二〕）。以下、それを「『同一性の政治学』批判」と呼ぶことにしたい。

「『同一性の政治学』批判」とは何か。その要諦は、かつてサイードが指摘した、オリエンタリズム的な他者（ないし自己）同定の中核に居座るひとつの強固きわまりない命題への批判といってよい。すなわち「原則として誰もが、変更不可能なかたちで、なんらかの人種あるいはカテゴリーの一員であり、人種なりカテゴリーは、それ以外の他のいかなる人種なりカテゴリーにも吸収されたり容認されたりすることはない――という命題」に対する批判である［サイード　一九九二（一九九二）：七］。

サイードが批判的に記したこの命題は、酒井直樹が「種的同一性」の論理として、また小田亮が「提喩的同一性」の論理として論じている［酒井　一九九六：一七三―一七四、小田　一九九六、一九九七］。この論理においては、個のアイデンティティは、生物分類的な「類―種」関係の如く、抽象的全体カテゴリーとの直接的・無媒介的関係によって定まりを得る。ここで、例えば「文化」が「個」と「全体」を媒介しているようにみえるのは、あくまでも見かけ上である。この機序にあっては、個々を包摂し全体を構成するカテゴリーの、全体化の要請（同時に個々を個別化する要請［cf. フーコー　一九九六（一九八三）］）が先にある。その要請が、「共通する属性」として（「われわれ」に均質に分かち持たれた内包、「本質」のように）「文化」を「後から掲げる」のである（「後から押し付ける」なら本質主義的他者表象である）。

これを主体的に構築された文化として積極的に肯定していくことは、それぞれの歴史的、政治的状況に照らして正しくなるかもしれない。だとしても、依然、その代価としてサイードの命題は温存されることになってしまう。「同一性の政治学」批判」が見出したアイデンティティ・ポリティクスの陥穽がこれだった。

「「同一性の政治学」批判」が問題視したのは、対立し合う本質主義と構成主義がその根底に共有する、このアイデンティティのフォーマットの拘束力である。この拘束力は、種的同一性の論理とは異なるアイデンティティの在り方への視界を奪い、これを脱する契機を損ねてしまう。小田は、サイードや酒井の議論をふまえ、種的同一性の論理による主体形成を「近代の支配のテクノロジー」と捉えている。「(サイードの命題を維持強化してしまうような)アイデンティティの政治学（＝アイデンティティ・ポリティクス）においては、人々は、あたかも種的同一性を介してしか自己を肯定することができないと考えられている。（中略）種的同一性によらない自己の肯定の仕方を想像しない限り、アイデンティティの政治学による以外の抵抗のあり方もみえてこない」［小田　一九九七：八一（　）内筆者］。

本研究も「「同一性の政治学」批判」とこの問題意識を共有している。ただし、本研究の位置づけにとってより重要なことがある。それは、小田の論考が「生活の場」というものに近代の支配のテクノロジーに対する対抗的意義を展望したところにある。生活の場は支配関係の力学から切断された無垢の場ではない。そこは「私たちに固定されたアイデンティティを刻印しようとする力がつねに働いている」場である。小田は、支配関係の力学に包摂されつつ、なおも「なんとかやっていく」生活のやり方に［ド・セルトー　一九八七（一九八〇）］、「誰もが一貫したアイデンティティの形成などなしに、自己を肯定的に形づくる」生活の場に、アイデンティティ・ポリティクスの陥穽から抜け出す契機を見出そうとしたのである［小田　一九九七］。

本研究は、「「同一性の政治学」批判」の問題意識を前提に据えたひとつの実証的な研究である(4)。この段階で、本研究の大きな問いをまず簡潔に記しておこうと思う。種的ないし提喩的同一性の論理とは異なるアイデンティティの在り方はいかに想像／創造しうるか、これが大きな問いである。

この問いに、エステート・タミルという人々の生きるやり方が、そして、彼らの「わたしたち」を創るやり方が、鋭く交差するのである。彼らは、さまざまな括りに囲繞されたままに、提喩的同一性の論理とは異なる仕方で、自分たちが何者であるかを肯定的に定めようとしてきた、否、むしろそうせざるを得なかった人々なのである。以下、議論をエステート・タミルのアイデンティティをめぐる問題に絞り込み、本研究の問い・目的をより具体的にしよう。

（2）エステート・タミルをめぐるアイデンティティの問題

本論ではいくつかの修辞学の術語を議論に援用することになる。追って整理するが、「提喩」というものを先取りしたい。

提喩とは次のような比喩表現形式である。例えば春の楽しみ、「花見」であれば、類概念「花」が種「さくら」を表す（「類の提喩」）。「人はパンのみに生くるにあらず」となれば、今度は、種概念「パン」が類「食物」を表す（「種の提喩」）。いずれも全体と部分の関係は「類—種」の関係にあり、部分（「さくら」「パン」）は、全体（「花」「食物」）との階層的な包摂関係のなかに同定される[5]。

エステート・タミルに対してふるわれたカテゴリカルな囲繞・同定とは、この提喩的な同一性の論理の作動に他ならない。それが最も残酷な透明さをもって表れたのが、暴動の最中だったろう。標的となった者のアイデンティティは、ただ類概念「タミル」のなかにのみ定められた（類の提喩）。裏返していえば、犠牲者はその一身をもって、類概念としての「タミル」を背負わされた（種の提喩）。

サイードは、先の「命題」、すなわち提喩的同一性の論理からさまざまな本質（例えばオリエント的なもの、イギリス的なもの）が「でっちあげられた」と喝破するとともに、これが被抑圧者側の反抗の論理にも転移してきたことを指摘していた［サイード　一九九二（一九九一）：七］。サイードが指摘する類の、被抑圧者側による主体性の構築と反抗の仕方は、先の米山によるアイデンティティ・ポリティクスの簡明な説明が物語る。スリランカの文脈でみれば、シンハラ・ナショナリズムの興隆にその典型を認めることができよう。イギリス植民地支配期、「アーリア人種のシンハラ」という「言語＝人種」共同体の構想と、(6)「仏教」という「われわれの伝統文化」の復興運動（「伝統の創造」［ホブズボウム＆レンジャー　一九九二（一九八三）］）が折り重なり、純粋で排他的なシンハラというカテゴリーが、すなわち植民地支配者に対抗するシンハラという主体が構築されていったことはよく知られている。(7)

国勢調査分類に始まり、市民権問題、民族対立問題と連なる、エステート・タミルをめぐるカテゴリカルな囲繞・同定がいずれも提喩的同一性の論理に拠っていたことは明白である(8)（カーストについては本文で論じる。生活と乖離したカーストの括りは同様に提喩的な様相を呈する）。彼らには絶えず提喩的同一性の論理がつきまとってきたといっていい。では、これに彼らはどのように応えてきたのか。はたして植民地時代のシンハラ人のように、提喩的論理による対抗的なアイデンティティ・ポリティクスに訴えてきたのか、そのようなことができたのか。

エステート・タミルのアイデンティティ形成を主題に、バスがまとまった論考を著している［Bass 2001, 2004］。彼が描くのは、アイデンティティ・ポリティクスのシナリオだ。だが、その議論には看過できない大きな陥穽がある。彼の議論を経由し、エステート・タミルのアイデンティティをめぐる問題の所在を明示したい。

①アイデンティティ・ポリティクスのシナリオ

かいつまんでバスの論考の道筋を追おう。エステート・タミルのアイデンティティを考察するために、彼は二つの分析概念を導入している。ひとつは 'Being Sri Lankan' というものだ。「スリランカ民主社会主義共和国の市民権を得、それに伴うすべての権利と自由を享受することで、'Sri Lankan' となる」［Bass 2004: 127］。バスがこの語で示すのは、国民共同体の一員としてのアイデンティティの獲得である。もうひとつは 'Being Lankan' というもので、この島に「故郷（home）」の感覚や「愛着（attachment）」を得ることを通じて果たされるものとされる。(9) バスはこれを、「場所に根ざした（place-based）」アイデンティティであると述べている［Bass 2004: 128–131］。

この区分自体は深く論じられていないし、ここではバスがアイデンティティにかかる何か質的な懸隔を意識しているようだ、ということだけおさえておけばいい。(10) 二つを分けたバスは、場所に根ざしたアイデンティティについて民族誌的記述と考察を加える。だがそれはごく短く終わってしまう。(11) 問題は、その後の展開にある。彼の記述は断絶し、議論はいわゆる民族的主体性の構築へと、すなわち提喩的同一性の論理に拠るアイデンティティ・ポリティクスへと流れていってしまう。登場人物が労働組合リーダー、NGO職員、知識人などに切り替わり（バスはこうした教養あるエステート外部のエリート層を 'culture workers' と呼ぶ）、祭礼時の「カルチャー・ショー」といった事例が、主体的な文化の客体化として読み込まれていくのである［Bass 2004: 312–313］。

記述の断絶と横滑りは、実は調査上の制約に拠っている。スリランカでは、エステート内部での滞在調査許可を得ることが非常に難しい。(12) バスは結局あるローカルNGOに身を寄せ調査を行うが、自ずと主要インフォーマントは外部のエリート層に偏ってしまった。彼はこの制約を引き受け、焦点をエリート層の民族主体的な言説に合わせたのである［Bass 2004: 4, 65–67］。この制約によって、論考にはいくつもの積み残しが生じたことは否めない。とはいえ、彼はひとつの緩やかなシナリオをほのめかすことで折り合いをつけた。概略は、次のようなものである。

――何世代にもわたる島の暮らしのなかで、彼らは Lankan としてのアイデンティティを形づくってきた。だが Sri Lankan としてのアイデンティティは、近年徐々に獲得されつつあるに過ぎない。この状況下に、エリート層が二方向的役割を果たし始めている。一方で、「われわれの文化」の客体化を通じて Lankan としてのアイデンティティに確たる範囲性と内実の構築を図る。他方で、人々を代表し政府や他の民族集団などと渡り合う中間的グループとして機能し、国家の内部でいわば一民族としての名誉ある地位を追求する[13]。すなわちSri Lankanとしての確固たるアイデンティティの確立を求めていく…… [cf. Bass 2004: 379–380]。

バスが暗示するシナリオは、ある章のタイトルにほとんど明示されている。'Being Lankan and Becoming Sri Lankan'（「Lankanであること、そしてSri Lankanになってゆくこと」）[Bass 2004: 126]。先の米山の引用に照らして明らかな通り、このシナリオが展望するのは、彼らのアイデンティティ・ポリティクスの始動である[14]。

②もうひとつのシナリオ

しかし、である。エステート・タミルをめぐるアイデンティティの議論はこうしたシナリオに収斂させるわけにはどうしてもいかないのである。バスのシナリオは希薄かつ限定的といわざるを得ず、また、彼の議論には重大な積み残しがある。それは、このシナリオ提示の前段において調査制約上焦点から外された、ごくふつうの人々の声と生きるやり方である[15]。

現況のアイデンティティ・ポリティクスの希薄さから簡単にふれておく。バス同様、ダニエルも教養ある知識人としてひとりのエステート・タミル作家に言及しているが [Daniel 1996: 31, 39–40]、「エステート・タミルの文化」を語るような知識人というのは一般には知られていない。またバスがculture workersとして挙げたNGO職員も、ふつう数値的成果の上がる類のプロジェクト案件（典型的には住宅環境改善など）に躍起であって、民族的主体性といったものはほとんど視界に入っていない[16]。

エステート・タミルの政治的場における代弁者としてしばしば挙げられる労働組合にも言及しておこう。特にセイロン労働者会議（Ceylon Workers Congress, CWC）は、エステート・タミルを主要な支持基盤とする有力な政党組織である。だがCWCをはじめとする労働組合による民族的主体性の構築の動きを目にすることはなかった。ここには「民族」と「労働者」をめぐるひとつのズレが指摘しうる。調査当時の二〇〇一年国勢調査から試算すれば、エステートの多い中央州、サバラガムワ州、ウーワ州の三州において、エステート居住人口は約八二万人、このうちエステート・タミルは約六五万人である。つまり、単純計算で労働組合が結集を図りたいエステート労働者の約五人に一人はエステート・タミルではない。労働組合組織にとって、「民族」を持ち込むことで「労働者」を分断するのは望ましいことではない[17]。現況、エステート・タミルの民族的アイデンティティ・ポリティクスは、一部にあるのだとしても目立った動きとはなっていないし、その環境も必ずしも整っているとはいえないのである[18]。

以上のことはむろん周辺的コンディションである。重大な積み残しは、ごくふつうの人々の声と生き方である。そこには、アイデンティティ・ポリティクスの根底の提喩的同一性の論理に対する徹底的な拒絶というものがある。ここに、バスが語れなかった別のアイデンティティをめぐるシナリオが隠れている。それはアイデンティティ・ポリティクスへとはけして向かわないようなシナリオなのである。

彼らの多くは、中央高地一帯に飛び地のように形成されたエステートに暮らしてきた。大規模茶園地帯ではエステートの連続する地形を目にするが、ズームアウトすればそこもまたシンハラに囲まれた飛び地である。中・低地に下ってくれば、小さなエステートひとつひとつがシンハラ村落に囲まれ始めていく。そこには本論調査地のように、日々近隣シンハラ村落とつながって営まれる生活がある。先にふれた通り、類概念による同定が生活を圧迫してきた彼らにとって、類概念によって自らを同定し囲い込むアイデンティティ・ポリティクスなど思いもよらぬことなのである（想像に難くないはずである。民族対立状況下にシンハラに囲まれて暮らす彼らにとって、いかような形にせよシンハラ／タミルという排他的分断線を生活のなかに持ち込むことがどれほど非現実的なことか）。

ひとつささやかなエピソードを引こう。あるエステート・タミル男性にシンハラとタミルの違いを何気なく問うたことがある。「シンハラとタミルは違う、言語が違う」、彼は即答した。「だが」とその男性は言葉を接ぎ、時間をかけて共通の単語を並べ始めた。「シーニ（砂糖）、アンマ（母）、パーン（パン）……」。話の最後はこうなった。「だから似ている。ひとつだ(19)」。

民族対立図式の硬直化が進むなか、シンハラとスリランカ・タミル双方の民族主義的言説において「言語」はしばしば相互の排他的な提喩的同一性を根拠づけるものとして動員されてきた［Nissan & Stirrat 1990; Kearney 1985; cf. ホブズボーム　二〇〇一（一九九〇）］。この男性はちょうどその裏側をいく。列挙されたのは、どうしようもないほど日常の言葉である（しかも「パーン」はポルトガル語由来の外来語だ）。だが彼が挙げることのできたわずかばかりの共通の単語は、「だから似ている、ひとつだ」というに十分だった。

こうした態度は、多くのごくふつうのエステート・タミルに徹底して共有されていた。一言で記せば、「違うけれども、違いはない」である。さらに生活の場に踏み込めば、「違いはない、けれども「違う」」をみることになろう。そして、提喩的同一性の論理に拠らない「ひとつのエステート・タミル」の姿をみることになろう。これらについては本文で十全に論じる。ともあれ、入り組んで矛盾したような「差異を生きる」生き方に、「サイードの命題」にも、またバスのシナリオにも回収されない、別のアイデンティティの在り方がほのみえているのである。

バスは提喩的同一性の論理を自明の前提とするアイデンティティ・ポリティクスのシナリオを提示するところにとどまった。ここに問題の所在がある。米山は、先の引用箇所に続けてこう述べていた。アイデンティティ・ポリティクスは、「他者によって表象され語られる対象としてではなく、自らを表象し語る主体として構築したいという欲求に裏打ちされている」［米山　一九九八：四八］。だとすれば、いま生活の場にほのみえているのは、「アイデンティティ・ポリティクスとは違う仕方で、わたし、わたしたちを語りたい、創りたい」なのではないか。それはいったいどんな仕方なのか。類と種の提喩的同一性に拠らない「わたし」、「わたしたち」の在り方とはいかなるものなのか。

本論では、バスが描けなかったもうひとつのシナリオを追いかける。人々がその境遇のなかで紡いできた、提喩的同一性の論理に拠らないアイデンティティの在り方、何者であるかの定まりの仕方を明らかにすること、それが本研究の目的である。

第三節　対象としてのジャーティヤ

本書は、ほぼ全面にわたってひとつの事象を対象に据えることで、エステート・タミルのアイデンティティの在り方を考えていくことになる。それが本書のタイトルにもある、「ジャーティヤ」というものである。

ジャーティヤとは何か。それはしばしば「民族」と翻訳されてきたものである。また、同じようにしばしば、「カースト」とも翻訳されてきたものである。端的に言い切ってしまえば、それはスリランカ社会に存在する「ひとの種類」のことである。

エステート・タミルはスリランカにおいてひとつのジャーティヤであり、彼らもまたその通りに語る。仔細に捉えれば、彼らは生活の場にひとつのジャーティヤをこしらえていったのだ。本書は、このジャーティヤというものを対象に据え、その実践的編成と論理の解明を通じて、彼らのアイデンティティの在り方を考えていく。この本研究におけるジャーティヤの対象化の趣意を明確にしておきたい。実はジャーティヤというものにはどこか混沌としたところがある。そこから記そう。

（1）「ひとの種類」＝「ジャーティヤ」

例えばスリランカ政府発行の英語版統計資料に諸民族の人口比率を探すなら'ethnic group'という項目をみればよく、現地語版ならその項目は「ジャーティヤ」と記されている。「そうか、ジャーティヤとは民族のことなのか」というと早合点である。生活の場においてジャーティヤの語は、統計資料に並ぶ民族だけでなく、「国民」、「宗教」、「カースト」などと切り取りうるような諸集団をも指し示す。例えばある村で、「ここにはいくつのジャーティヤがあるの？」などと問えば、カーストやら民族やら宗教やら、実にぐちゃぐちゃな形で調査者の前に並べられるものだ[20]。

これまでのスリランカ研究においてもジャーティヤがさまざまな指示対象を持つことは指摘されてきた。スリランカ民族誌の古典的著作を二つ覗いてみよう。ヤルマンは「カーストの現地語」に言及するくだりでふれている。

> ふつう村においてカーストはジャーティヤといわれる。この語は「生まれ[21]」と結びついており、種類やカテゴリーという含意を持つ。それゆえ「国民」といった意味にも用いられるものである［Yalman 1967: 61］。

次にリーチの一節もみよう（ジャーティヤは「ワリガ」の語で言及されている。これは地域的偏差によるのでジャーティヤと読み替えて構わない[22]）。

あらゆる種類の人間のカテゴリーがこの語（ワリガ）によって示される。言語的カテゴリーであるタミルもひとつのワリガであるし、宗教的カテゴリーであるムスリムもそうである。社会的カテゴリーである洗濯カーストや太鼓叩きカーストもワリガであれば、文化―人種的カテゴリーであるウェッダーもまたワリガである［Leach 1961: 23（　）内筆者］。

二人の人類学者の記述からは、ジャーティヤというものがひとまず「多義的」であるようにみえる［cf. Stirrat 1982: 11］。だが、ここは注意を要する。人々にとってジャーティヤとは、カースト名や「キリスト教徒」あるいは「日本人」といったものまで無造作に並列して何の不思議もないもの、つまり、生活の場におけるジャーティヤという概念そのものには、例えばリーチにみるような「宗教的」、「言語的」といった体系的な諸カテゴリーの截然とした分割が施されているわけではない(23)。

このことは、スリランカのカーストを論じる別の二人の人類学者による、「ムスリム」の扱いをめぐる相違をみることではっきりしよう。かつてシンハラ諸カーストを中心に網羅的な分類を行ったライアンは、ムスリムを「少数民族」（'ethnic minority'）として分類の枠外に置いた［Ryan 1981（1953）: 146］。これに対し、カーストを「社会的名誉に基づくヒエラルキー」の観点から作業仮説的に定義したグナセーカラは、ムスリムをカーストのひとつとして扱う。というのも彼女の調査村ではムスリムがあたかもカーストのひとつのように生きていたからである(24)［Gunasekera 1994: 36-38］。両者の相違の重要な含意はカースト定義の問題ではない。次のことだ。ムスリムが「少数民族」なのか、「カースト」なのか、はたまたリーチが記すように「宗教的カテゴリー」なのか、これを決定づけるような体系的な分割を現地のジャーティヤ概念は全く持っていないということ。こちら側の恣意的な定義づけないし意味論的分割をぎりぎり排すれば、ジャーティヤとは「ひとの種類」としかいいようのないものなのである[25]。

本論ではこのジャーティヤそのものに着眼していこうと思う。すなわち、エステート・タミルというジャーティヤのアイデンティティの在り方をめぐる問いを、人々に生きられるジャーティヤの世界における「ひとの種類」の組成、つくられ方をめぐる記述と考察を通じて求めていくのである。

このジャーティヤへの着眼の趣意は、本論と同様の着想ないし問題意識を持ってジャーティヤに目を向けている論考を参照することでより明確にできる。

(2) ジャーティヤへの着眼

「カースト」や「民族」に置換することなく（すなわち体系的な分類骨子を投げかけることなく）、スリランカのジャーティヤそのものの組成を正面から検討した先行研究は管見の限り見当たらない。しかし、人々の生活の場におけるジャーティヤのある種の柔軟性への着目や、そこに提喩的同一性の論理に対する「そうでない何か」を求める論考がある。

ラージャシンガム-セナナヤカは、硬直的な民族対立図式を念頭に次のように指摘している。ジャーティヤはさまざまなタイプの言語的、宗教的そして文化的差異を意味してきたし、しばしばカーストを意味してきた。しかし、西洋近代的な「人種」概念のジャーティヤへの翻訳・導入により、「人種」概念からジャーティヤへの意味論的な横滑りが起き、ジャーティヤが「人種」をモデルとした相互排他的な差異認識に転化してきた、と［Rajasingham-Senanayake 2002: 57］。この指摘が先述の「サイードの命題」と呼応することはいうまでもない。同時にここには、そうでない何か、排他的な提喩的同一性の論理とは異なる何かが、「意味論的な横滑り」の「それ以前」として暗示されている。

杉本良男は、カーストについてふれるなかで述べている（「カースト」の語が用いられているが、ここで杉本が語ろうとしているのがジャーティヤである）。カースト制は、異なった種類の人々が共生するための社会制度という側面も持っている。もともと出自の違う人々、異なる言語を話す人々、異なる慣習を持つ人々を統合することのできるシステムである［杉本　一九九八：二二八］。この言及の前後に、杉本は「生活の場」という言葉を忍ばせている。「排他」ではなく、「対他」的につながって生きられるジャーティヤの世界が示唆されている。

足羽與志子も杉本同様にカースト制度が（筆者はいっそジャーティヤ制度といいたいところだが）、「エスニックな出会いを消化し、統合に導く役割を果たしてきた」と述べる。さらに、「民族、国民といった現代の「分断化された単位」をすべて取り込むジャーティヤの曖昧性」に、次のような可能性を求めている。現代社会において、政治化された極端な単一アイデンティティに縛られることなく、複数の差異を抱えながら争いを最小限に生き抜いていくための仕組みを考える手がかりを求められないか［足羽　一九九四：二〇一―二〇二、二一七］。足羽のいう「分断化された単位」や「政治化された極端な単一のアイデンティティ」もまた、提喩的同一性の論理の言い換えといってよい。

生活の場における「ひとの種類」のつくられ方への着眼は、提喩的同一性の論理に対する、そうでないアイデンティティの在り方を求めることと重なっていくのである。本論はこれらの示唆に導かれて生きられるジャーティヤの世界へと向かう。

現代のグローバル・エスノスケープを生きるわたしたちにとって、提喩的同一性の論理に拠る範囲確定的な「多文化・多民族」の並存ではなく、深い普遍性を目指したアイデンティティと他者とのつながりを指向する共同性の構想は、理論的かつ実践的課題である。わたしたちが何者であるかの定まりの仕方をめぐる、わたしたちの想像力を押し広げること。提喩的同一性の論理に拠らない、そうでないアイデンティティの在り方をいかに想像／創造しうるのか、問い、考えていくこと。本書は、スリランカの小さな生活の場におけるエステート・タミルというジャーティヤに着眼することから、「類―種」の思考では捉えられない、「そうでないアイデンティティの在り方」を探究していこうと思う。

第四節　方法としての比喩――〈括り〉・〈まとまり〉・〈つながり〉

いかにして生活の場のジャーティヤの組成に切り込み、その論理を捉えていくのか。本研究では、「比喩」の思考というものを方法的に用いていくことになる。具体的には、修辞学（rhetoric）の三つの術語（「提喩」・「隠喩」・「換喩」）を援用する。この援用は小田の論考［一九九六、一九九七、二〇〇六］に範を得たものだ。小田は、サイードや酒井［一九九六］、アンダーソンによる共同体の想像のスタイルの区別の議論［Anderson 1983］をふまえ、「近代特有のアイデンティティ」と「そうでないアイデンティティ」の質的区別を論ずるなかで修辞学の術語を援用した。前者の形式的特質は提喩的同一性の論理として把捉され、その強固な拘束力に抗し提喩的同一性の論理に拠らないアイデンティティの在り方を捉えていくべく持ち出されたのが「換喩・隠喩的同一性」の論理である。

ここではジャーティヤの世界に迫っていくための道具立てとして、援用する三つの術語、ならびに本論での援用の仕方と語彙を整えることにする。隠喩や換喩などは、あらためて整理の必要もないだろうが、特に換喩と提喩をめぐって援用元の専門分野でもいわば「伝統的に曖昧」という事情がある。道具立てゆえに若干紙幅を割いて整理しておきたい。

（1）修辞学の術語の援用――提喩・隠喩・換喩

①提喩・隠喩・換喩

援用する三つの術語は、「提喩（synecdoche）」、「隠喩（metaphor）」、「換喩（metonymy）」である。[27]「提喩」は本文でも既にふれた。「外延的に全体をあらわす類概念をもって種を表現し、あるいは、外延的に部分をあらわす種概念によって類全体を表現する」比喩である［佐藤　一九九二：一九四］。さくらの花を見に繰り出す行楽を「花見」と表現するのは、部分（種）「さくら」を全体（類概念）「花」によって表す提喩である。

「隠喩」は「あるものごとの名称を、それと似ている別のものごとをあらわすために流用する表現方法」［佐藤　一九九二：一〇一］、あるいは「類似性に基づく「見立て」」である［野内　一九九八：一七］。ようするに、二つのものごとの類似性に基づく比喩である。隠喩の有名な例は「白雪姫」だ。彼女は、その肌の色と雪の色の類似性によって雪に見立てられている。

「換喩」とは、「ふたつのものごとの隣接性にもとづく比喩」である［佐藤　一九九二：一四〇］。赤い頭巾をかぶった女の子を「赤頭巾」と表現するとき、あるいはマルセル・モースの著作を読むことを「モースを読む」などと表現するのが換喩である。

ところで「女の子―赤い頭巾」や「モース―その著作」の関係が、類と種でも類似性でもないことは明らかだが、では換喩を特徴づける「隣接性」とは何かということになると、専門的議論においても明確な定義は確定していない。佐藤信夫は次のように述べている。「隣接性という概念は、かなり広い意味に、ほとんど縁故という程度に広い意味あいに理解しなければならない」［佐藤　一九九二：一五五］。本論でも、隣接性というものを「（類─種関係」と「類似性」を除いた）何らかの関係性の介在」程度に緩く捉えることにする。この「隣接性」概念の収拾もつかぬ広がりは、[28]生活の場で形づくられるジャーティヤの組成を広範に模索する上でむしろメリットとなる。

三つの術語はこのままではむろんただの比喩表現形式だ。これを人類学的な記述・分析に援用する仕方をはっきりさせておく必要がある。その前に、本論における提喩の規定について二点だけ確認したい。

②提喩に関する二つの留意点

提喩は伝統的に「全体と部分」に関わるものと漠然と捉えられてきた面があり、ときに換喩の一部とされたり、また逆に提喩から隠喩も換喩も系統的に説明しようと試みる人々も知られている。特に「全体と部分」に関する、グループμによる「根本的に異なる二つの型の意味論的分解」の議論を挟んでおきたい。この箇所は直感的に理解できるし、本論がこの術語に恃む意味合いをよりはっきりさせることができる［グループμ　一九八一：一九四─一九七、cf. 佐藤　一九九二：一八一─一八七、野内　一九九八：二〇四─二〇七］。

グループμは「木」というひとつの「全体」を例に、これをめぐる分解の二つの様式を論じている。いま一本の木があるとき、これを相互に異なる諸部分に分解できる、ひとつの有機的な全体とみなすことができる。

木＝枝と葉と幹と根…［Π様式の分解］

この分解ではいかなる部分も木ではない。こうした分解の仕方を「Π（パイ）様式」と呼ぶ。これに対して、もうひとつの「木という全体」の分解の仕方を考えることができる。

木＝ポプラあるいは柏あるいは樺あるいは…［Σ様式の分解］

こちらは木という類（全体）をその種（部分）に分解していく仕方で、「Σ（シグマ）様式」と呼ぶ。「下位クラスは互いに排他的であり、クラスに対するその関係は類に対する種の関係である。類のもとで下位クラスは、排他的な分離（中略）を形成している」［グループμ　一九八一：一九五（　）内筆者］。

続く専門的議論に立ち入ることはここでは必要ない。確認しておきたいのは、本書ではこの二つの様式のうちのΣ様式が形づくる全体と部分（つまり類と種）を用いた比喩のみを提喩とみなし、Π様式は換喩とみなすということである（これについては佐藤信夫の議論を参照されたい［cf. 佐藤　一九九二：一七二―二一七］。提喩と換喩は、特に「全体と部分」の捉え方をめぐって揺れており[29]、本論では佐藤によるこの限定的な規定を取り入れていることを断っておきたい[30]）。

提喩に関するもうひとつの留意点は、先に引用した佐藤の規定にある「外延的」の箇所に関わる。単純な例でいおう。いまA～Eの五つの物体があって、A～Cだけが白い色をしている。この色を基にこれらを「白雪族」と括った。このとき白雪族は「類」となり、A～Cは「種」となる。また、類である白雪族の「外延」はそこに含まれる種すべてであるからA～Cである。このとき、種の共通の性質である「内包」は既に定まっていて、この例でいえば「白い色」である。

この図式のなかで、A～Cが白雪族であるというアイデンティティの定まりを酒井は「種的同一性」と呼んだ。

類に対する種のような形式にあるからだ。ただし、酒井も小田もここでいう「白い色」を媒介に（ないし前提に）種的同一性が得られるとは述べていない。種的同一性の論理においては、類と種、すなわち全体と個が直接的・無媒介的に結びつく。つまり「白い色は後からやってくる」。サイードの厳しい言葉によるならば、「でっちあげられた本質」であり、あるいは「客体化された文化」なども「白い色」の位置にくる。

これをふまえて提喩という術語を現代社会の考察に援用するとすれば、注意を要するということになる。というのも、提喩は、引用の佐藤の規定によるなら、類と種、外延、内包が前もって存在して初めて可能となる比喩表現と読めなくもないからであり[31]、他方、私たちは生活の場のジャーティヤ＝「ひとの種類」の在り方が必ずしもこの同じ図式を前提としてはいないのではないかという見方に立っているからである（サイードの命題を想起されたい）。したがって、本論で提喩的という場合、全体と部分にかかる「類―種」というその関係性に特に着目し、内包にあたるものについては、その構築という営為の側面に注意を払う必要がある（既にふれたようにエステート・タミルたちはそうした営為を逃れ続ける。本書でそうした営為をみることになるのは、デュモン流構造主義の実体化という学問的な表象の営為のなかである。本文で議論する）。

③術語の援用の仕方

三つの比喩表現形式をジャーティヤの分析に用いる本論が着目するのは、「喩え」という言語ないし記号表現そのものではなく、比喩表現形式にみる、喩えるものと喩えられるものとの間に介在する関係性の論理である[32]。

暴動に巻き込まれたエステート・タミルのある者は、ただ「タミル」という類概念によって同定された。「タミル」と「ある者」の間に介在したのは、「類―種」という関係性、すなわち提喩的な論理である。では、生活の場において、「ある者が特定のジャーティヤの者であること」あるいは「ある人々が特定のジャーティヤであること」という定まりも一様にこの論理に従うものなのか。生活の場におけるジャーティヤは、「類—種」の思考で捉えきれるのか。これを具体的に追っていくために、類似という関係性に拠る隠喩的論理と、隣接という関係性に拠る換喩的論理を分析の観点として、民族誌的記述・考察に取り組んでいくのである。(33)

大きく先取りしておこう。ジャーティヤは想像以上に可変的であり、換喩・隠喩的論理による絶えざる「つくり直し」を経験するのである。それはまるで換喩・隠喩的な織物のようである。喩えれば、うどんは麺類の種であり、白ワインは酒類の種だ。提喩的論理では二つは排他的であって相容れない。しかし、うどんと白ワインも、例えば「白い色つながり」(隠喩的論理)によってひとつのまとまりをつくることができる。「ひとの種類」としてのジャーティヤの組成も同様なのである。これをさらに「白い色」という「本質」に固執して提喩的に囲繞・同定・表象しようとすれば、ジャーティヤはどこまでも逃げ続けていくだろう。バスの思考はこうした提喩的論理にとどまるものだった。エステート・タミルという人々はこれを逃れつつ、なおかつ、ひとまとまりのジャーティヤをこしらえるのである。

本論の修辞学の術語の援用はそれ自体アナロジーとして始まるものだ。文章表現に用いられる比喩表現の形式(関係性の論理)と、アイデンティティの定まりの形式(関係性の論理)をまずは似たようなものとして捉えていくということ(提喩「的」、隠喩「的」などと記すのはこのためである)。道具立てとしてはこの点をはっきりと割り切っておく。本論は生活の場のジャーティヤというものに、それこそ提喩「的」な同一性の論理とは異なる何かを求めようとしている。その手がかりとして換喩「的」、隠喩「的」な論理を着想として求め、これを分析の道具として取りかかる。

〈2〉分析に用いる語彙——〈括り〉・〈まとまり〉・〈つながり〉

道具立てはシンプルに越したことはないから、記述・考察に本論が用いる主な語彙を次の通り定めておきたい。

提喩的同一性…ある者が何者であるかの定まりが、類—種の関係性の論理に拠っているもの
換喩的同一性…ある者が何者であるかの定まりが、隣接性という関係性の論理に拠っているもの
隠喩的同一性…ある者が何者であるかの定まりが、類似性という関係性の論理に拠っているもの

提喩的…AとBの関係が類—種の関係性の論理に拠っている在りよう
換喩的…AとBの関係が隣接の関係性の論理に拠っている在りよう
隠喩的…AとBの関係が類似の関係性の論理に拠っている在りよう

また、本文では記述を漢字の羅列から逃す便宜として、〈括り〉・〈まとまり〉・〈つながり〉の三つの語を用いたい。(34)この三語は、日常の語感通り取って大きく外れることはないが、背後に提喩的、換喩・隠喩的の含意を持たせることに留意されたい。いずれもジャーティヤの組成を分析していくための道具的概念である。この段階では用法に馴染めないかもしれないが、本文で実際に用いていくなかで含意は伝わっていくはずである。

〈括り〉
提喩的論理に基づいて囲繞・同定・表象される集団や個体を指す場合、「括り」という語を用いる。例えば「ス

リランカ「国民」という上位クラスが、いくつかの下位クラス「民族」に分かれ、それがさらに下位クラス「カースト」に分かれて、そのなかに「個人」が包摂される」、このように集団や個体を同定・囲繞そして表象するとき、これはΣ様式、本論でいう提喩的論理に基づくものであり、「括り」である。

〈まとまり〉

換喩・隠喩的論理に基づいて形づくられる集団を指す場合、特に「まとまり」という語を用いることにする。具体的な用い方は本文で実際に示していくことになるが、例えば双方的に辿られる親族の網目としての親族集団は換喩的隣接性に拠る「まとまり」となる。あるいは、境遇の隠喩的類似性をつたって構成される集団もまた「まとまり」である。また、集団同士の関係も「まとまり」を構成する。生活の場において「依存」と「依存を受け入れる者」という換喩的隣接性により「高低」に構造化されたシンハラとエステート・タミルは、いずれも「まとまり」である（なお「集団」の語については術語として定義づけて用いない[35]）。

〈つながり〉

「まとまり」を形づくる換喩的隣接性・隠喩的類似性という関係性の具体的な諸事項を、基本的に「つながり」の一語をもって指すことにする。例えば「親族のつながり」といった具合に（「提喩的」な「類―種」関係には「つながり」の語は用いない）。

（3）「カースト」、「民族」の語の使用について

本論の語彙に関わる問題として、「カースト」と「民族」の語の使用に一言しておく。「民族」も「カースト」もすべて「ジャーティヤ」と表記することも考えたが、文脈によってはかえってわかりづらいし先行研究のリファーなどもしづらい。いずれも生活の場においては「ジャーティヤ」であることを常に念頭に置くという条件で、両語はそのまま用いることにしたい（「シンハラのカースト制度において……」、「二つの民族の間の関係は……」などと用いる）。なお、断りなしにただ「ジャーティヤ」と記した場合は、すべて「ひとの種類」と読み替えて意味が通じるように心がけるので、煩瑣な箇所があればそのように読み替えてもらいたい[36]。

これらの語彙をもってジャーティヤの組成へ、ひいてはエステート・タミルのアイデンティティの在り方へと検討を進めていこう。本書の以下の全体構成を検討の具体レベルに近いところで記し、記述・考察の道筋を示しておく。

第五節　本書の構成

序章に続く第一章では、エステートの地理的分布とエステート・タミル人口を統計数値でおさえた後、彼らをめぐる歴史的、政治的背景を記す。移住の経緯と三つの政治的できごと（「民族としての範疇化」、「市民権問題」、「民族対立問題」）を通覧する。

第二章、第三章はジャーティヤの検討に入るための予備的記述である。第二章は調査地を概観する。調査地は中央州キャンディ県のある小さなゴム園と、隣接するシンハラ村とにまたがるひとつの生活の圏域である。第三章は

調査地の経済状況を検討する。経済的領域に特に章を割くのは、生活の場のジャーティヤの組成を理解するにはここをおさえておくことが不可欠となるからだ（前もっておさえておくことで以後の記述は大幅に縮約できる）。エステート住人の経済的均質性、調査地エステート住人と村人の結びつきの経済的必要性という下地を示す。

第四章〜第八章は本論のボディとなるジャーティヤをめぐる記述・考察である。検討の大枠に照らして整理しておきたい。エステート・タミルというジャーティヤは、対内的にみればいくつかの異なるジャーティヤ（ふつう「カースト」と翻訳されるもの）から成っており、対外的にみれば隣村シンハラといった異なるジャーティヤ（ふつう「民族」と翻訳されるもの）との関係のなかにある。検討はこれに合わせ、「対内的・対外的」と大きく二つの領域に分けて行う。一連の検討には導きの縦糸となるひとつの問いを置く。括りを拒むように生きるエステート・タミルたちが語る「ひとつであること」の意味、換言すれば「ひとつのエステート・タミル」の組成はいかなるものか、である。

第四章〜第六章では、まず対内的領域すなわちエステート・タミル・カーストの領域において、「ひとつのジャーティヤ」の組成を検討する。第四章「エステート・タミル・カースト1」で取り組むのは、カーストをめぐる「括りの相」の提示である。調査地では、特定の名称を持って現存するカーストが限りなく形骸化し、抽象的な括りと化して人々を囲繞する状況が生じている。先行研究にみる従来のエステート・タミル・カースト像の解体作業を通じて、括りの相というものを捉える。

第五章「エステート・タミル・カースト2」では、カーストをめぐる「つながりの相」に目を向ける。人々は括りと化したカーストを放棄し、換喩・隠喩的論理をつたった「ひとの種類」のつくり直しに向かっている。大きなイメージでいえば、彼らはエステート・タミルというひとまとまりの巨大なカースト（＝ジャーティヤ）を生きようとしているのである。その組成の具体レベルとして「親族のつながり」と「職業のつながり」という二つの体系を追う。

第六章「エステート・タミル・カースト3」では、つながりをつたうひとまとまりへの動きが、深く生活の境遇に根ざしていることを論じる。「長屋の成女儀礼」を題材に、生活の境遇に根ざした長屋の共同性というものを析出し、つながりをつたいひとまとまりとなっていくエステート・タミルをミクロの水準で捉える。特にこの短い章における生活の境遇の記述・考察が、翻って第四章・第五章の議論を強く下支えしてくれるものと考えている。

第七章からは対外的領域、しいていえば「民族」のレベルに検討を移す。第七章は検討の前提として、シンハラ・カーストを対象に個別的な一章をとる。シンハラ村においても、カーストの括りの相とつながりの相は明瞭に析出される。カースト作法の運用に着眼し、つながりを希求するシンハラ・カーストにおける潜在的なひとまとまりを浮かび上がらせる。エステート・タミルが生活の場で接続するのは、このつながりを組成とするシンハラのひとまとまりと、である。

第八章が対外的領域におけるエステート・タミルというジャーティヤの組成の検討である。生活の場において、エステート・タミルとシンハラは「対他」的差異化＝つながりの構成によって、民族対立状況下の提喩的括りによる「排他」的分断線の突破を図る。人々は提喩的な括りのジャーティヤを、換喩・隠喩的論理に拠るつながりのジャーティヤへと変換するのである。こうした生きるやり方に、提喩的同一性の論理に対する対抗的意義を捉える（末尾には対「スリランカ・タミル＝ブラーマン」との関係についての検討も加える）。

対内的・対外的領域の検討を通じて明らかになるのは、生活の場のエステート・タミルというジャーティヤが、まるで換喩・隠喩的な織物のようにつくり上げられていること（それはバスのような民族主体的アイデンティティ・

ポリティクスのシナリオでは把捉できない)、そして、そのアイデンティティの在り方は、換喩・隠喩的同一性として把握できることである。むろんこの換喩・隠喩的同一性は、先に記した通り、本論にとってはまだ道具的概念である。換喩・隠喩的同一性のいわば本領の考察に向けて踏み込まねばならない。

第九章では、この考察に最もふさわしい事例を最後の題材に、提喩的同一性とは異なる「そうでないアイデンティティ」の在り方を議論する。取り上げる題材は、つながりのジャーティヤを生きる人々がエステートで執り行うマーリアンマン女神祭礼である。この事例にみる「他性」、「偶然性」そして「受動性」を鍵として、本論の大きな問い、提喩的同一性に拠らない「そうでないアイデンティティ」の形を考えていく。

＊＊＊

なお本書は、主として二〇〇〇年三月から二〇〇一年九月にかけて約二〇ヶ月間のフィールドワークに基づいている[37]。この期間は、二〇〇二年からのシンハラ政府とタミル過激派武装グループLTTEとの和平交渉開始の直前期にあたり、都市部における散発的な爆弾テロはあったものの、大きな暴動は鳴りを静め、戦闘は北部ジャフナ半島における局地戦の様相を呈していた。当時、首都や観光地には外国人観光客の姿もふつうにみられ、見かけ上の平静さは保たれていた。

調査地の選定について、特に本研究の調査地の性格と結んで明記しておきたい。調査地は、中央州キャンディ県北西部に位置する小さなゴム園(「ヒルトップ・エステート」仮名)ならびに隣接するシンハラ村(「K村」仮名)である。次章でみるように、より高い標高に立地する孤立的な大規模茶園と異なり、中・低地地方のゴム園はまわりをシンハラ村に囲まれているという特徴があり、エステート住人と近隣シンハラ住人との行き来が日常的になされている。そこには、類概念による同定を拒むエステート・タミルたちが、エステートという環境に、そして民族対立状況下に、隣村シンハラ住人とつながって生きる生活の場というものがくっきりと姿を現す。「類―種」の思考では捉えられない「そうでないアイデンティティの在り方」を生活の場におけるジャーティヤの組成に着眼し考究していこうとする本研究にとって、選定した調査地は前線的な意味合いを持つ場である。

調査は知人のつてを頼ってK村の村人の家に居候させてもらい、ヒルトップに通いながら実施した。両住人の日常の往来も手伝ってか、筆者がヒルトップに入り浸ることにもさしたる障碍はなかった。この点、ヒルトップのエステート管理事務所の寛容さに拠るところも大きかった。何よりも、「わざわざ外国から勉強に来ている学生は助けてあげなければならない」といった有難い空気が人々の間にあり、これは調査の大きな手助けであった。

調査に用いた言語について。ヒルトップ住人はほぼ全員がシンハラ語に堪能であり、また筆者はタミル語に不慣れなため、簡単な日常会話は除いて調査は基本的にシンハラ語を用いて行った。本文中に用いるシンハラ語とタミル語は共にカタカナで表記し[38]、初出の場合ならびに併記する場合には、シンハラ語は［s］、タミル語は［t］と付すことにしたい。

註

（1） 本論考においては、この語は、例えば「われわれ意識」や「帰属意識」、あるいはE・H・エリクソンに遡る心理＝社会学的な自我同一性といった、一般的に連想されうる問題領域と直接交差しない。この序章で本論が扱う「アイデンティティの問題」というものの中身を述べるが、とりかかりとしてはこれを「何者であるかの定まりの問題」ないし、その「定まりの仕方の問題」と緩やかに捉えてほしい（さらに先取り的にイメージするには、本論の結論的考察を行う第九章の註（36）後半に引いた野矢茂樹の平易な言葉が、あるいは柄谷行人の「単独性」と

「特殊性」概念の導入に付した第九章註(35)が水先案内の役を果たそう)。

(2) ある程度まとまった研究といえば、移住に伴うカースト制度の持続性を検討したジャヤラマンとホラップ、一九八〇年代に吹き荒れた暴力の問題を扱うダニエル、序章でも言及するアイデンティティの問題を論じたバスの論考が目につく程度であり[Jayaraman 1975; Hollup 1994; Daniel 1996; Bass 2004]、何ら体系を成すほどの蓄積はない。直近ではエステートの「噂」を主題とするバス[Bass 2008]、茶園の女性たちに焦点を当てたフィリップス[Philips 2005]の短い論文などがあるが、エステート・タミルに関する人類学的研究はいまだ断片的である。これに対し、プランテーション経済の発達と彼らの移住史をひもとく経済史的分野あるいは歴史学的研究の分野には多くの蓄積がある[cf. 中村 一九六四、Roberts 1966; Bandarage 1983; Wesumperuma 1986; Jayasinghe 1987; Peebles 2001; 川島 二〇〇六など]。またエステートとシンハラ村落の関係をテーマとした研究には、エステート部門と村落経済部門を独立した実体とみる二重経済理論に対する批判として、「村—エステート連続体(village-estate continuum)」を想定するメイヤーの研究があるが、基本的に両者間の経済的フローに着目していくものであり、追って本論にみていくような住人同士の広範な社会的関係の領域へ議論を展開するものではない[Meyre 1992; cf. Moore 1985: 68-73]。またケンプは人類学的研究としてウーワ州の茶園とシンハラ村を舞台に両者間の関係を主題に掲げるが、議論は村人によるエステート労働と村内の階級形成の問題に向けられており、両者の社会的関係はほとんどふれられていない[Kemp 1982]。

(3) 「ライティング・カルチャー」ショックは、「大理論」様式のある種の停止状態というポストモダン的状況とも結びながら顕在化した表象性の危機だったといえる。一九八〇年代以降の実験的民族誌の試みはこうした危機への対応だった[cf. マーカス&フィッシャー 一九八九(一九八六)]。

(4) 「ライティング・カルチャー」ショックを経てなおフィールド=生活の場に向かい、民族誌的記述に取り組むひとつの意義は上記の問題意識のなかに見出されるはずである。この営為を支えるのは、素朴な客観主義的実証性ではなく、「個別の問題意識と対になった妥当性としての実証性」[関根 二〇〇一:三二八]ということになる。

(5) 本論における提喩の規定ならびに修辞学の術語の援用の含意は本章第四節にあらためて整理する。

(6) しばしば喧伝された「アーリア人種のシンハラ」対「ドラヴィダ人種のタミル」という構図の成立の発端には、

十八世紀後半から十九世紀にかけてのヨーロッパ言語学者によるインド・ヨーロッパ語族とドラヴィダ語族の「発見」、ならびに「言語＝人種」共同体の捏造ともいうべき理論的構築の再帰的な現実構成という経緯があった［Gunawardana 1990］。

（7）再生していく新たな仏教を'Protestant Buddhism'と名づけたゴンブリッチとオベイセーカラは、この術語に復興運動の持つ反西洋的性格（protest＝反抗）を的確に徴づけている［Gombrich & Obeyesekere 1988: 7; cf. Gunawardana 1990; Nissan & Stirrat 1990; Obeyesekere 1975; Bond 1988; 杉本　二〇〇一、二〇〇三］。

（8）国勢調査の分類表などは、この論理の具現である。また二国間協定においてやりとりの対象となった単なる「数」としての彼らは、ただ類概念との階層関係のなかにのみ同定を図られた。

（9）バスは次のように指摘する。市民権剝奪のプロセスにおいて絶えず疎外され続けた政治的地位、貧しいエステート労働者という経済的地位、さらに低カーストに偏った、文化的地位ゆえに、彼らはその周縁性から、「彼らが歩き、働き続けるその土地から始めて」、そのアイデンティティを築き上げてきた、と［Bass 2001: 16］。

（10）注釈的に指摘しておけば、国民共同体の一員としてのアイデンティティの獲得は、提喩的同一性の論理に連なり、他方、Being Lankanには、抽象的な「国民」も「民族」も介在せず、個別具体的な生活の場所とのつながりが形づくるアイデンティティの在り方が示唆されている。後者は後述する、隣接性に基づく換喩的同一性の論理に連なるものと捉えることができる（「場所」との、ないし「場所を介した」隣接性）［小田　一九九七：八五八―八五九、cf. 吉岡　一九九四］。

（11）議論の大枠は「人々は生活の場所にさまざまな意味を刻み込んできた」といった域を出ない。バスは例えばエステートの隠れた「通り名」に着目する。多くのエステートは今日でも、'Strathdon Estate'や'St. George Estate'といった創設期の英語名を冠しているものが多い。人々はこうした表向きの名前と別に、自分たちのエステートに通り名を用いているという。例えば'Valimalai'（バナナの山）、'Nallatanni'（良い水）といった具合である。これらを事例に、人々によってさまざまに意味を刻み込まれてきた場所としてエステートが論じられる。ただし、このことアイデンティティ形成との間の何らかの理論的考察はなされない［Bass 2004: 158-167］。

（12）エステート管理者は外部者の立ち入りに神経質になる傾向がある。筆者もあるエステートでインタビュー許可は得られたものの写真撮影は禁止されたことがある。

（13）ただし、こうした動きはいまだ一部のエリート層中心のトップダウン的なものにとどまっていることも指摘されている［Bass 2004: 380］。

（14）バスを参照する川島もエリート層（川島は「教育を受けたミドルクラス」と表現している）を中心とするアイデンティティ・ポリティクス強化の方向性を予測している。具体的には、エステート・タミルという民族を基盤とした新たな政治組織形成から、種々の政治的要求（教育の拡充やより公正な行政サービスなど）が高まっていく可能性である［川島　二〇〇六：二一〇―二一一］。

（15）バスは、アイデンティティ・ポリティクスをトップダウン的と捉える一方で、日々の暮らしに追われる「多くの者たち」を、アイデンティティをめぐる「決定や議論から疎外された人々」と記すにとどめている［Bass 2004: 381］。

（16）現地ＮＧＯにしても海外ドナーと結びついているものが多く、実務的な主要関心事は継続的な資金援助の確保であるから、数値的成果の上がるプロジェクトに集中するのは当然である。また西洋諸国に本部を有するＮＧＯも数多く現地で活動しているが、彼らにとってはエステート・タミルの民族的主体性の構築などそもそも利害関心の外にみえる。

（17）確かにバスや川島が指摘する通り、ＣＷＣのような労働組合はエステート・タミルの組織化に重要な役割を果たし、彼らの声を代表する中心的な政治的役割を担ってきた。だが「民族」よりも民族横断的な「階級」を重視する左翼的マルクス主義イデオロギーも抱え込んでおり、思想的対立からの分裂も繰り返された［cf. 川島　二〇〇六：一九九―二〇一］。こうした状況で「民族的主体性」が前面に掲げられることはほとんど選択肢となりえなかったと推測される。また民族対立状況というマクロの政治的文脈下に、彼らが「民族」を掲げて政治的主張を行うことは、現実的に取りえる手段ではおよそなかったのではないか。付言すれば、主要労働組合の政治的影響力は、高地茶園地帯と中・低地ゴム園地帯ではかなり違ってくる。筆者のみた限り、ゴム園地帯に影響力を持つのは、シンハラ二大政党（ＳＬＦＰとＵＮＰ）だった。労働組合の政治的影響力も地域的限定が伴っている。

（18）バスを参照した川島は労働組合から派生したいくつかの政治組織にも言及しているが、それらも広範な支持を得ているとはいえない状況にあることは川島も指摘する通り［川島　二〇〇六：二〇七］。

(19)「シンハラとタミルは違う」と始まり「ひとつだ」という結論に至るその軌跡には、類似性の隠喩的論理が動員されている。雑種性を排除する提喩的論理において掲げられた「言語」が、ここでは提喩的同一性の排他的分断線をつなぐ隠喩的論理のなかで使われている。

(20)あるエステート・タミル男性A（五十一歳）とのやりとりを例示しておく。筆者はエステート・タミルの「カースト」がいくつあるのか知りたくて「ここにはジャーティヤはいくつあるの？」と聞いた。答えは次のようなものだった。「たくさんのジャーティヤがいるよ。クディヤーナ、イラック・ジャーティ、シンハラ、キリスト教徒……、ムスリムはいない。俺たちタミルをいれて、たくさんのジャーティヤがいるよ」（「クディヤーナ」＝エステート・タミルの高カースト範疇あるいは高カースト名、「イラック・ジャーティ」＝エステート・タミルの低カースト範疇名、「パッラール」、「パラヤール」＝エステート・タミルの低カースト名。こうした区分ついては込み入った議論がある。本文で論じる）。細部はさておきこのようにぐちゃぐちゃに並ぶものだ。これについては、同じようにジャーティヤの語を用いるシンハラの場合も全く同様であるし、またネパールでも事態は同様のようだ［cf. 中川　二〇一一：九五］。

(21)ジャーティヤの語は、スリランカのみならずインドでも用いられており（「ジャーティ」）、原義的には「生まれ」を意味しているという［cf. 押川　一九八九、Quigley 1993; Marriot & Inden 1985］。ただし、調査地ではその語義を「生まれ」と説明する者はいないし、原義については知られていないといってよいかもしれない。「生まれ」は追って検討を進めるなかで「親族」として重要な論点になるが、必ずしもすべての議論を「生まれ」に帰するわけにはいかない。後述のように現地の用法からすれば、ひとまずそれは「ひとの種類」である。

(22)ワリガはシンハラ語だが調査地周辺では用いられない。またわたしたちが「カースト」と翻訳するものとほぼ対応する「クラヤ」というシンハラ語もあるが、この語の使用は地域的偏差がある。本論調査地ではシンハラ村人が「エステートの連中にもクラヤの区別がある」と語ったりする際に用いられる場合もある。

(23)リーチは「わかりやすくするために」軽く分類しただけとみえ、厳密な議論はしていないので揚げ足取りをするつもりはない。だが本論にとって問題なのはむしろこの「わかりやすさ」なのである。生活の場のジャーティヤとは、これを「多義的」と解して、一義一義定められるような性質のものではない。

（24）付言すれば、実はライアンも農村に暮らすムスリムがシンハラのカースト作法を実践することには言及している［Ryan 1981（1953）: 147–148］。

（25）ジャーティヤの語はひとのみならず広く事物全般にも用いられる［cf. Daniel 1984］。例えば、トマトやインゲン豆は野菜のジャーティヤだし、自動車の種類もまたジャーティヤである。本論ではモノの領域までスコープを広げないため、この言及には限定がかかっていることを断っておく。

（26）修辞学とは古代ギリシャに遡る、ひとの説得にかかる弁論術というある種の技術・知識体系であり、伝統的に五つの部門から成るとされる。野内の現代風の整理によればそれらは「発想論」、「構成論」、「表現論」、「記憶論」、「演技論」である［野内　一九九八：三三八―三五二、cf. 佐藤　一九九二］。本論で分析の道具として援用するのは、そのごくごく一部の、「言葉のあや、文彩（figure）」としての比喩表現のうちの、ただ三つの形式にだけ関わる。

（27）修辞学の術語規定の専門的議論はあまりに難渋である。だがその分、幸いなことに専門家自身による簡明かつ誤りのない、あるいは平均値的な定義も積極的に示されている。以下ではそれらを参照することで本論における術語を規定している。

（28）隣接性は厳密に定義づけられないものの、その典型ともいえる分類は挙げられている。デュマルセの古典的分類を現代風に整理した野内の分類を挙げれば、次のようなものだ。①全体―部分、②原因（前件）―結果（後件）、③産物（主題）―産地（場所）、④主体―属性（特徴）、⑤作者―作品、⑥容器―中身、⑦所有者―物、⑧身体―感情。だが列挙した野内自身いうように、これでも「完璧とはほど遠い」［野内　一九九八：七六］。例えば誰もが「換喩」と認める「赤頭巾」はどこに分類されるか。①とも考えられるし、④、⑦かもしれない。いっそ、ここにない物理的接触という分類項目をこしらえてもよい。落語家八代目桂文楽の呼び名は自宅の町名から「黒門町」だった。これも換喩には違いないが、③だろうか。シャンパーニュ地方で生産されるスパークリングワインをシャンパンというがこれも③として、では、桂文楽と黒門町の関係はシャンパンとシャンパーニュ地方の関係と同じだろうか？　前者は「住人―居所」で、後者は「生産物―生産地」である。かくして分類に際限はなくなる。隣接性を定義することも、隣接性の分類を挙げ尽くすこともままならない。これが、専門家が門外漢に開示している換喩の現状のようである。なお換喩と隠喩をめぐる専門諸分野の概念整理は金井・新城［二〇〇九］も参照。

(29) グループμはΠ様式とΣ様式をどちらも提喩とみなす提喩中心的な議論を進めることになる。また、Π様式の分解により得られる「船」（全体）と「帆」（部分）の例が代表的な提喩としてしばしば用いられてきたことも付言しておく［cf. リュウェ 一九八六（一九七五）］。佐藤に従う本論の規定でいえば、これは換喩となる（「帆」は「船」の「種」ではない）。

(30) 小田による「提喩」の用い方もこの佐藤の規定に沿うものである。

(31) ただし、本論が方法論の着想を求めた佐藤信夫は、概念＝意味の不断の膨張・収縮としての提喩現象というものに言及していることは銘記しておきたい［佐藤 一九九二：二〇五―二〇六］。提喩という比喩表現そのものは思いのほか創造的であり、本論のこの箇所では、筆者は提喩を幾分限定づけて設定している。

(32) このうち、喩えるものが文面に、喩えられるものが文の背後になるものを「転義法（trope）」といい、本論で援用する三つの形式はいずれもこれに含まれる［cf. 野内 一九九八：二一九―二二〇］。ただし着目するのはあくまで関係性の論理であって「文面とその背後」という関係までパラレルに持ち込まない。

(33) 三つの術語のなかでも隠喩＝「メタファー」の語は特に馴染み深く、いい加減に用いてもあまりひっかからない。例えば、女神祭礼において女神が小さな壺に宿り、祭礼期間中この壺が女神として扱われることがある。これを「壺は女神のメタファーである」と記しても違和感は小さい（「メタファー」には一般的な意味での「比喩」や「象徴」といった意味もある）。だが、もちろん壺が女神に似ているわけではなく、これは換喩である（「器と中身」の隣接性、あるいは、壺が子宮の隠喩とすれば［cf. 田中 一九八六：一〇］、女神と壺自体はΠ様式型の「全体と部分」の隣接性により結びつく）。本論では、こうした水準にこだわらなければならない。というのも、この例でいえば、壺と女神をつなぐ関係の論理は、壺の同定のされ方、すなわちアイデンティティの定まりに関わっているのである。

(34) 「つながり」や「まとまり」といった語については、別の文脈で松村圭一郎［二〇〇九］や髙谷紀夫・沼崎一郎［二〇一二］も分析の鍵概念として挙げているが、本論では同一性の政治学批判の延長上に、特に本論でいう「括り」との論理的対比において、両語が偶然浮かび上がってきた経緯がある。また本書の元となった筆者の博士論文執筆時点との時差もあって、この段階で術語レベルのすり合わせや対比検討を行っていないことをお断りしておきたい。筆者はこうした「道具」が必要となる条件ないし語の導入必要性の水準、いわば問題意識レベルでの再検討が必要と考えている。

(35) 本論はアイデンティティの問題を念頭に修辞学的術語を道具として持ち込み、ジャーティヤという「ひとの種類」の組成を追おうとしている。この道筋において、あまり理論的負荷のかかった術語の導入は記述を錯綜させてしまう。特に「括り」と「まとまり」の語によって組成を峻別する上では、その対象に対するニュートラルな語が必要である。「カースト集団」の括りの相、つながりの相といった具合に「集団」の語はニュートラルに用いたい。

(36) 「宗教」や「国民」の別をめぐる「ひとの種類」もジャーティヤとされうるが、本論ではこれらまでを前景に主題化することが難しい。というのも、それはスリランカにおける「宗教（的帰属）」とは、「国民（的帰属）」とは何かといった本論の射程を大きく超えた問題に連なっていくだろうからである。これらについては必要に応じて言及する。

(37) 本調査は文部省アジア諸国等派遣留学生（平成一一年一二月~平成一三年九月）としてコロンボ大学留学時に行った。

(38) 後章にふれるが、エステート・タミルのタミル語はしばしば強い訛りがあるといわれる。本文は辞書的な発音表記やアルファベット表記への変換はせず、近似的なカタカナ表記をとることにする。

第一章　エステート・タミルという人々

第一節　エステートの地理的分布とエステート・タミル人口

(1) エステートの地理的分布

スリランカはインド洋に浮かぶ島国である。北海道の八割ほどの広さに多様な自然環境を持つ。北部には平野が広がり、中央南部には最高峰ピドゥルタラーガラ山（標高二五二四メートル）を擁する高地地帯が連なる。南西部はウェット・ゾーンと呼ばれ、年二回のモンスーン（北東モンスーン期一一月〜三月、南西モンスーン期五月〜九月）により降雨量も多い。プランテーション農業がみられるのは、主にウェット・ゾーンの中央高地一帯においてである。

本論では「プランテーション」と「エステート」という語を互換的に用いるが、先に用語法を整理しておく。スリランカでは、「エステート」という呼び方が一般的であり、本論でも基本的にこの語を用いる。ただし「プランテーション」とした方が通りのいい場合（例えば「プランテーション産業の発達」など）には適宜言い換える。

もうひとつ、エステート経営を担う民間企業[1]による経営区分上の用語法がある。

通常、ひとつの民間企業 'company' は複数の広大な農園を経営する。この農園ひとつひとつは経営区分上の用語

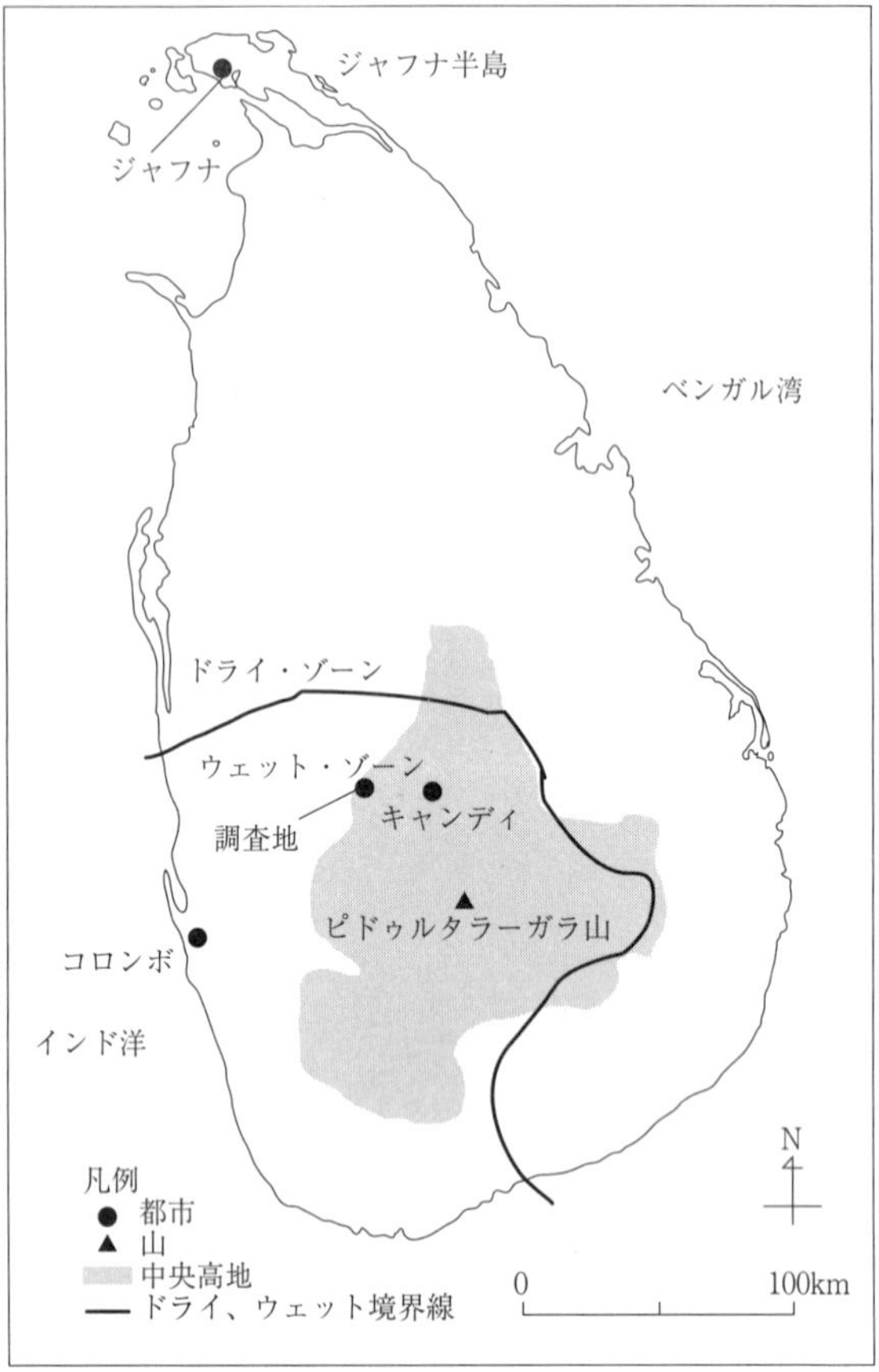

図1－1　スリランカ全図

で'estate'と呼ばれ、ひとつのestateはさらにいくつかの'division'に分かれているのがふつうである（図1-2）。ひとつづきの敷地が分割されている場合もあれば、divisionが飛び地状になっている場合もある。人々の日常生活が営まれるのはこのdivisionにおいてであり、イメージとしてはdivisionがひとつの村のようである。本書では経営上の単位に言及する場合にのみ、この区分に即してアルファベットで表記し、プランテーション一般ならびに人々の生活の場としてのdivisionに言及する場合は、片仮名で単に「エステート」と表記する。なお特定作物の農園は、「ゴム園」、「茶園」などと略記する。

さて、表1-1は、中央高地一帯を七つの地域に分け、域別の'estate'数、総面積、および作物別作付面積をまとめたものである。

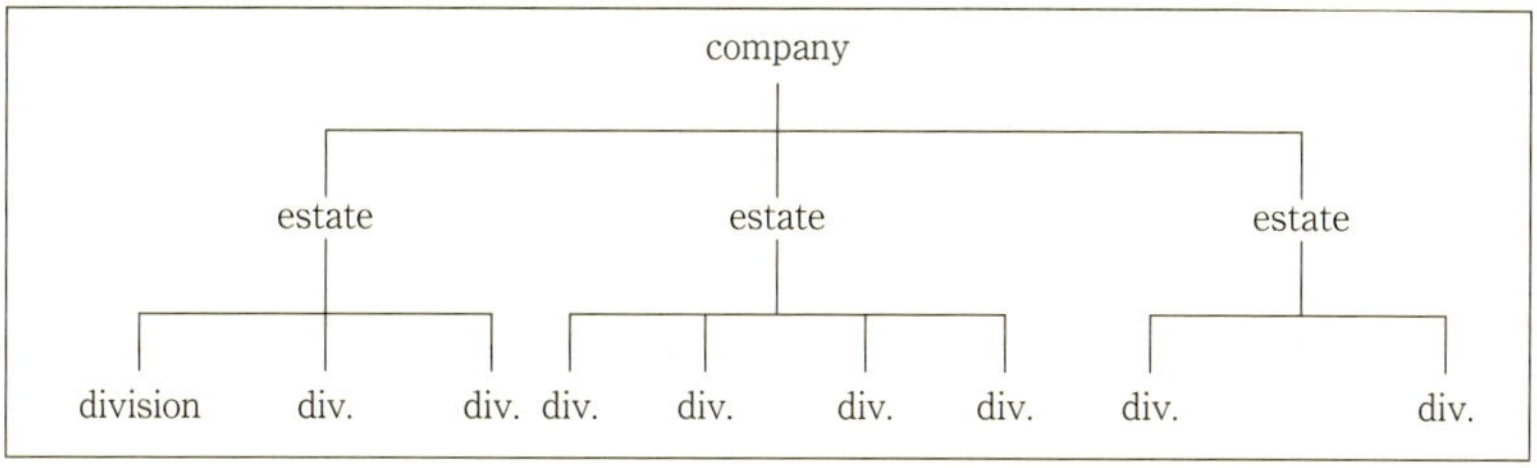

図1－2　プランテーション企業の経営体系

表1－1　地域別 estate 数・総面積および作物別作付面積

地域	域内 estate 数	域内 estate 総面積（ha）	作物別作付面積（ha）			
			茶	ゴム	ココナツ	その他
A　ハットン	70	31, 990	22, 356	0	0	1, 755
B　ヌワラエリヤ	65	27, 705	21, 892	0	0	460
C　バドゥッラ	68	39, 752	22, 070	390	0	9, 018
D　キャンディ	68	38, 294	17, 804	838	1, 303	5, 375
E　ケーガッラ	51	30, 591	2, 706	19, 516	1, 478	7, 618
F　ラトナプラ	60	39, 257	9, 723	16, 120	243	6, 974
G　ゴール	64	39, 276	5, 645	17, 999	652	8, 038
合計	446	246, 865	102, 196	54, 863	3, 676	39, 238

＊『Health Bulletin Estate Sector 1995–1997』by Plantation Housing & Social Welfare Trust（PHSWT）を元に筆者作成。ただし総面積50エーカー未満の主に個人経営エステートは含まれていないことに留意。

スリランカの主要プランテーション作物は茶、ゴム、ココナツである。作付面積でみれば茶園とゴム園が中心といってもよい。二つの栽培作物の相違は標高差によってもたらされており、ゴム園が分布するのは標高六〇〇メートルくらいまでで、それ以上の標高では茶園が中心となる。茶園の多いA〜D地域とゴム園の多いE〜G地域は、概ねこの標高差に対応する。

（2）エステート・タミル人口と居住地域

エステート・タミルという人々の大部分は、この中央高地一帯の茶園やゴム園に居住し生活を送っている。統計数値で概況を把握しよう。

スリランカでは、本書でいうエステート・タミルに対して、「インド・タミル（Indian Tamil）」という公式名称が用いら

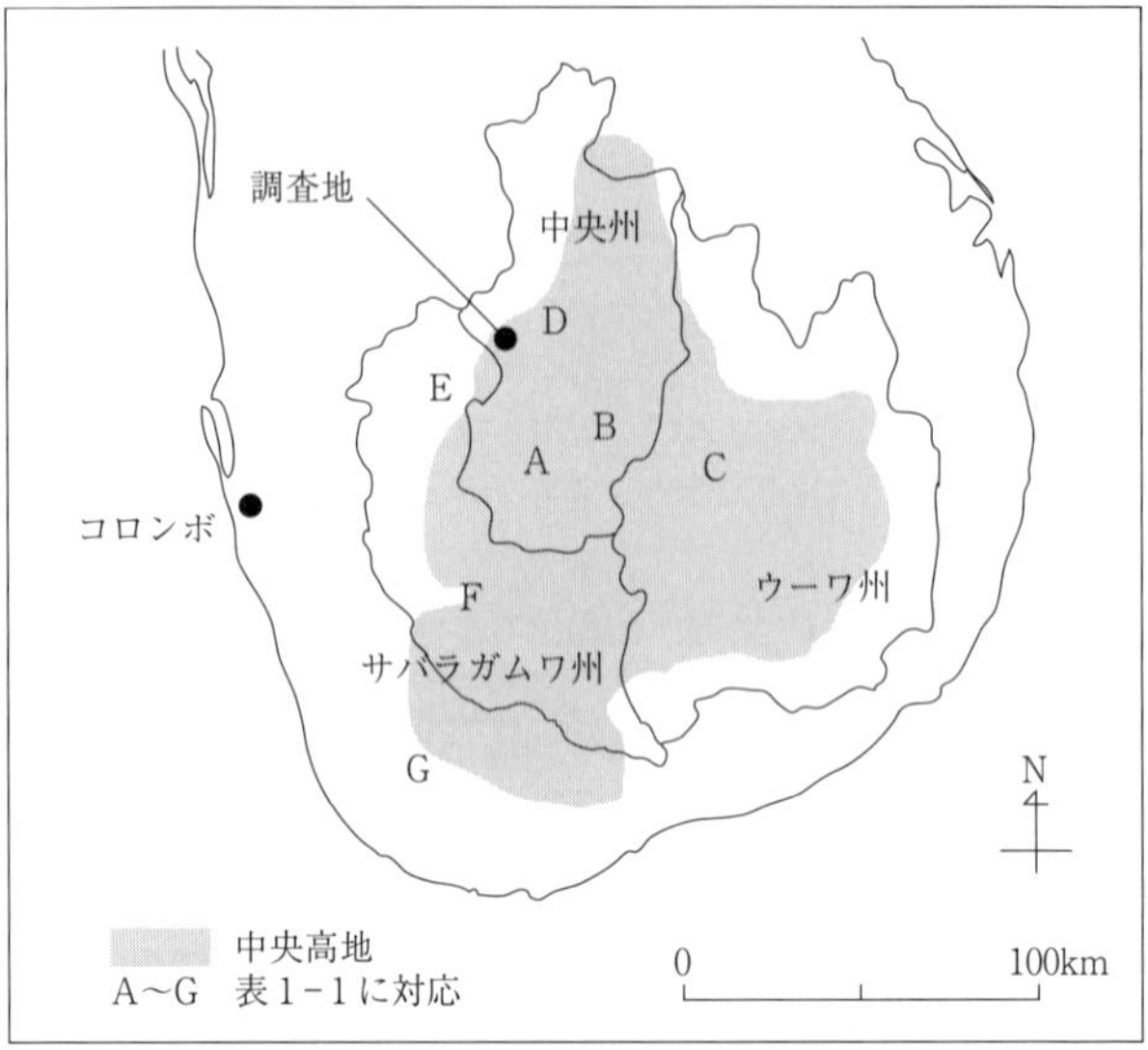

図1－3　プランテーション地域の分布概略図

れている。表1-2には二つの名称を併記したが、以後の図表では「エステート・タミル」に統一して表記する（本書におけるこの名称の使用の背景は本章第二節で言及する）。

まず、スリランカの民族構成(2)について簡単におさえておこう。しばしば多民族国家などと言及されるスリランカだが、民族の区分は「宗教」、「言語」、「来歴」といった諸目安の錯綜のうちに語られることが多い(3)。この国でマジョリティを構成するのは全人口の約七五％を占めるシンハラである。その起源は古代シンハラ王国建国の王ウィジャヤにまで遡るとされ、本章後半でみるように、植民地時代に興隆するシンハラの自民族中心主義は、その後の民族対立の大きな火種となっていくことになる。シンハラとは、シンハラ語を話し仏教徒であることが一般的な目安となる。スリランカ・ムーアはふつう現地でムスリムと呼ばれ、イスラム教徒であることが区分の目安である。スリランカ・タミルとインド・タミル（＝エステート・タミル）は共にタミル語を話し多くがヒンドゥー教徒だが、前者が紀元前後より島に暮らす人々とされるのに対し、後者は十九世紀以降のプランテーション移民という来歴の違いが目安になる。人口構成比率でみれば、シンハラがマジョリティを構成し、これにスリランカ・タミルが続く。エステート・タミル人口は全人口の四・六％である。

表1－2　スリランカの民族構成（2001年国勢調査より）

民族区分	人口（人）	人口比（%）
シンハラ	14,011,734	74.5
スリランカ・タミル	2,233,624	11.9
インド・タミル（エステート・タミル）	859,052	4.6
スリランカ・ムーア	1,561,910	8.3
バーガー	38,388	0.2
マレー	55,352	0.3
その他	37,197	0.2
計	18,797,257	100.0

*本国勢調査では、北・東部7県において調査が不完全だったため数字はいずれも推定値。「バーガー」はシンハラ人とヨーロッパ人との間に生まれた者の子孫ら、「マレー」はマレー起源でマレー語を話す者が含まれる。詳細については、Department of Census and Statistcs のホームページを参照のこと（http://www.statistics.gov.lk/）。

表1－3　州別居住区域別エステート・タミル人口

	居住区域別エステート・タミル人口（人）			州内エステート・タミル人口（人）	全エステート・タミル人口に占める構成比(%)
州名	urban	rural	estate		
西部州	22,794	12,730	26,669	62,193	7.3
中央州	20,839	55,473	412,662	488,974	57.1
南部州	365	5,640	19,774	25,779	3.0
東部州	74	336	0	410	0.05
北西部州	721	2,719	1,453	4,893	0.6
北中央州	45	619	0	664	0.07
ウーワ州	4,223	14,743	129,781	148,747	17.4
サバラガムワ州	1,129	17,733	105,366	124,228	14.5
合計	50,190	109,993	695,705	855,888	100.0

*2001年国勢調査を元に筆者作成。東部州に関してはアンパーラ県の数値のみを含む。居住区域 'urban' はすべての Municipal Council Area と Urban Council Area を含み、概ね都市部と読み替えてよい。本表における 'estate' には20エーカー以上の敷地と10人以上の居住労働者を持つプランテーションがカウントされている。'rural' はそれ以外の区域すべてを含む。

表1－3は、国勢調査が十全になされた各州および東部州アンパーラ県における居住区域別エステート・タミル人口をまとめたものである。

二〇〇一年現在、約七〇万人のエステート・タミルがエステートに居住している（エステート・タミル人口の約八〇％に相当）。さらにエステートの多くが集中する中央高地にかかる三州（中央州、ウーワ州、サバラガムワ州）をとれば約六五万人となり、これはすなわちエステート・タミル人口の約七五％が中央高地一帯のエステートに居住している見当になる。

表1－4　ハットン、ケーガッラ両地域における規模の相違

地域名	Aハットン地域	Eケーガッラ地域
主要作物	茶	ゴム
地域内 'company' 総数	7	4
地域内 'estate' 総数	70	48
地域内 'division' 総数	275[1)]	192
1 estate あたり平均居住労働者数（人）	2,765	993
1 division あたり平均居住労働者数（人）	704[2)]	248

＊ PHSWT 提供の資料に基づき筆者作成。数値は1999～2000年のもの。
1)、2) ハットン地域の division 数は概算。よってこの両数値はあくまでも目安。

（3）エステートの規模と地理的配置について——茶園とゴム園の違い

同じ中央高地一帯のエステートでも、人口規模や地理的配置に関して大きな相違がみられる。それは近似的に茶園とゴム園の違いと述べることができる。この相違は本論調査地の性格を把握する上で重要である。

表1－4は、茶栽培中心で標高一〇〇〇メートルを超えるハットン地域（表1－1、図1－3のA）と、本論調査地の位置するゴム栽培中心で標高三〇〇メートル前後のケーガッラ地域（表1－1、図1－3のE）を人口規模に関して比較したものである。

division ひとつあたりの平均居住労働者数を比較すると、ハットン地域はケーガッラ地域のほぼ三倍にせまる人口規模を有することがわかる。数値上の違いは、そこを訪れる者の目に飛び込んでくる風景によっても容易に確認されるものだ。大規模茶園の division では、山肌を覆う茶畑の合間に人々の暮らす長屋の棟々が寄り集まり、ひとつの集落のような外観を呈する。居住者の子弟が通うタミル語学校を併せ持つ estate も見受けられる。対照的に人口規模の小さい中央高地裾野辺りのゴム園では、自ずと長屋も数えるほどしかなく、遠くから見たのではゴムの林に隠れてしまってその所在を認めるのも難しいだろう。

エステートの地理的配置に関しても重要な違いがある。大規模茶園を中心とするハットン地域では、個々の division が隣り合ってひとつの estate を成し、そ

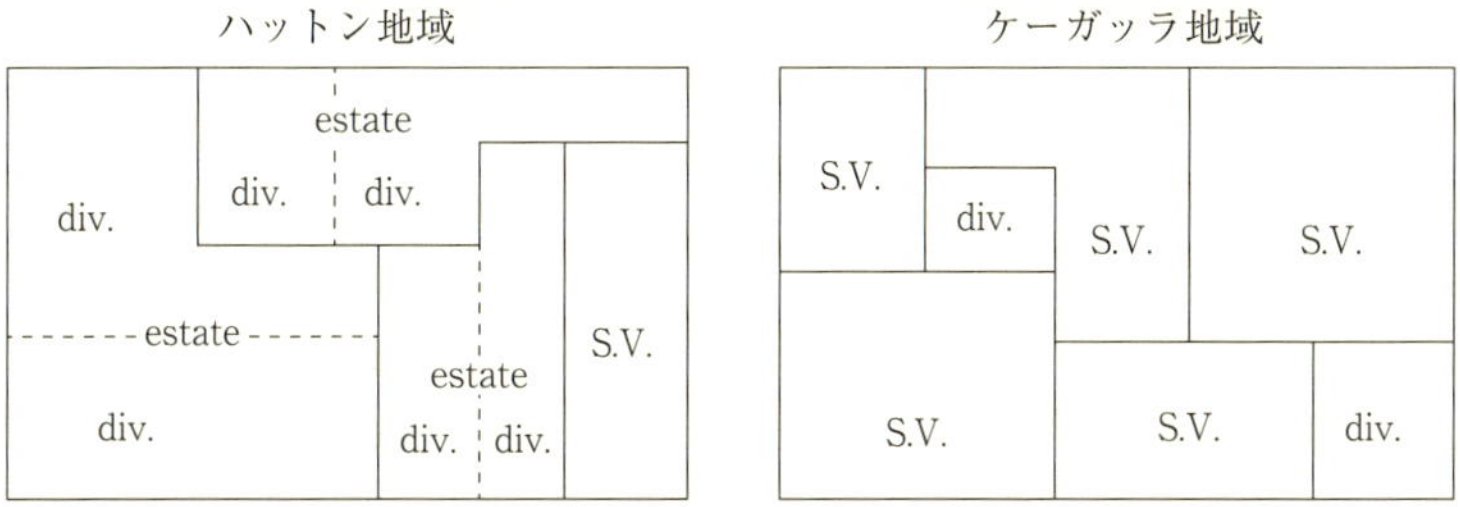

（estate：経営区分上の estate、div.：division、S.V.：シンハラ村落）

図1－4　エステートの地理的配置に関する概念図

れがまた別の estate と隣接する形が多い。つまり延々と茶畑が広がっている。これに対し、ゴム園中心で標高の低いケーガッラ地域では、分散した各 division がそれぞれシンハラ村落に囲まれているという形態が多いのである。

エステート・タミルに言及した書物のなかに、「彼らはエステートという周囲と隔絶した環境に暮らしてきた」といったニュアンスの文章を探し出すことは、さほど骨の折れることではない［cf. Hollup 1994: xiv; Philips 2005: 112; Bastian 1992: 1］。こうした把握は大規模茶園が念頭に置かれているし、スリランカのエステートをフィールドとした数少ない文化人類学的研究は、いずれも茶園を取り上げてきたものである。

茶園のある種の隔絶性についてここで多角的に論ずることはかなわないが、茶園生活の圏域がエステート内部にかなりの程度限定されていることは確かだ。地理的配置に加え、就業形態と生計の立て方を大きな背景に指摘できる。茶摘み中心の茶園労働は朝から夕方までが基本であり、低収入を補完する副業も自ずと茶園内部でできることに限られてくる（典型的な副収入は乳牛や山羊の飼育に拠る［Hollup 1994: 120］）。

これに対し、中央高地裾野に散在する少なからぬゴム園のエステート・タミルたちは、周囲のシンハラ住人とさまざまな関係を日常的に結びながら生活している。後述するように、ゴム園の樹液採集は正午にはほぼ終了し、空いた午後の時間、彼らは副収入源を近隣シンハラ村落のなかに求めていくことになる。エステートの配置が住人同士の行き来をもたらす地理的条件となっている。こうしたゴム園には、茶園を形容するような隔絶性や孤立性は当てはまらない。本論調査地ヒルトップ・エステートもそうしたゴム園のひとつである。

第二節　エステート・タミルをめぐる歴史的、政治的背景

以下、本節はエステート・タミルをめぐる歴史的、政治的背景に紙幅を割くことにする。彼らのアイデンティティの在り方を考える上での大きな背景となるものだ。移住の経緯から概観し、彼らをめぐる三つの政治的できごとを順に辿っていきたい。

(1) 移住小史

エステート・タミルのスリランカ（当時セイロン）[4]への移住の始まりは、十九世紀前半、島内におけるコーヒー・プランテーション産業開始期に求められる。一八三〇年代までヨーロッパの主たるコーヒー供給源だった西インド諸島が奴隷解放により安価な労働力の源泉を失い、コーヒー需要を満たしきれなくなると、イギリス資本は新たな投資先を模索し始めた。そこで浮上したのが、一八一五年よりイギリス支配下にあったスリランカである。

スリランカが新たな投資先として浮上した背景には、コーヒー栽培に適した中央高地一帯の気候、比較的安定した政治情勢などに加えて、伝統的な経済体制から解き放たれた自由な賃金労働者を確保できるという[5]「楽観的な期待」があった [Wesumperuma 1986: 4-6]。ところが、そもそもスリランカの前植民地経済においては、相対的に希

少だったのは土地ではなく労働力そのものであるという生産ファクター上の初期条件があり［Bandarage 1983: 174–175; Wesumperuma 1986: 13］、さらに加えて、イギリス人プランターたちは、期待を寄せた地元の労働力供給が思うにまかせないという事態に直面することになる。中央高地キャンディ地方のシンハラ人たちは、用地整備などの短期契約労働には応じたものの、恒常的な賃金労働者となることはほとんどなかったのである(6)。

そこでプランターたちがとった方策が、労働力を南インドからの移民によって賄うというものだった。地元の労働力供給に依存できないというスリランカ側のプル要因に対し、移民送り出し側の南インドにもプッシュ要因が働いていた。当時、南インドでは、耕作可能な土地に対する過剰な人口圧力、頻発する飢饉、賃金低落傾向と食料穀物価格の高騰といった諸要因が、慢性的な貧困をもたらしていた。この経済的困窮が移住プッシュ要因となったのである［中村　一九七六、Wesumperuma 1986; Hollup 1994］。

労働力調達には次のような方法がとられた。プランテーション経営者は、「カンガーニ」と呼ばれる移民リクルーターに準備金（Coast Advance）を手渡す。カンガーニがこれを手に南インドに渡り、勧誘した新規労働者に前貸し金を渡してスリランカに連れて来るというものである。この方法はカンガーニ制度と呼ばれている(7)［cf. 中村　一九七六：二七三―二七五］。

一八三〇年代に始まるスリランカへの移住は、後に一九三〇年代の世界的不況による労働力需要の減退をうけて新規リクルートが停止するまで(8)およそ一〇〇年間にわたるが、この間、移民数増加と本格的な定住の開始という観点から特に重要となるのが、一八九〇年代を中心とする栽培作物の転換である。スリランカのコーヒー産業は一八七〇年代に全盛を迎えた後、急激に生産性と競争力を喪失する。ブラジル産コーヒーの参入（一八七九年）により国際市況が下落し、さらに「葉枯れ病」の蔓延（一八八六年）がコーヒー園に壊滅的な被害をもたらしたのである。

この事態への対応が、同じ土地、資本、労働力を用いて茶栽培への転換を図るというものだった。茶はコーヒーに比して栽培可能な高度幅が広い。そのため新たな栽培用地の開拓も進行し、早くも一八九四年には茶の作付面積がコーヒーのそれを凌ぐことになる。また同じ時期、既に試験栽培が開始されていたゴムも中・低地地方を中心に作付け範囲を拡大し始める(9)［Silva 1981: 291］。栽培作物転換および用地拡大による労働需要増加を反映し、二十世紀初頭には島内エステート・タミル人口も大きく増加することとなった（一八七一年において約一五万人のエステート・タミル人口は一九〇一年には約四四万人に増加する［cf. Hollup 1994: 23］）。

栽培作物の転換に伴い移民形態も変化し始める。コーヒー産業期には、コーヒー摘みの時期が過ぎれば再び南インドに戻るという、季節労働的な出稼ぎ形態が一般だったといわれる［Silva 1981: 290］。だが、茶栽培には継続的な管理と茶葉の収穫作業が、またゴム栽培には恒常的な樹液採集作業が求められる。より安定的な居住労働力への依存度の高まりに呼応して、エステートに定住する移民が増加し始めることになったのである。

ところで近年の歴史学的研究において、コーヒー産業期の「季節労働的な出稼ぎ形態」を「神話」として退ける見解が出されていることにはふれておきたい。すなわち、「エステート・タミルは、そもそもスリランカ人ではない」とするシンハラ・ナショナリズムの思潮のなかで、この言説が仕立て上げられたとするものだ［Peebles 2001］。バスも十九世紀半ばの交通事情を勘案し、移民たちの多くが農園整備やコロンボ周辺の港湾での労働に農閑期をあてていたのではないかと推測している［Bass 2004: 25-26］。コーヒー産業期の移民形態については今後の解明に委ねられる部分が大きい。ともあれ、二十世紀初頭にかかる栽培作物の転換がより多くの移民を引き寄せ、かつ恒常的な居住労働形態をもたらしたこと自体はほぼ間違いのないところだろう。本研究の調査時点から緩やかに逆算すれば、彼らがエステートでの暮らしを始めておよそ一〇〇年前後経過しているという見当になる(10)。

移住との関連で二つの事柄をここで付言しておきたい。ひとつは移民労働者のカースト構成の特色について、もうひとつは移住後の彼らとインドとの関係である。

移民労働者のカースト構成にはひとつの特色が指摘されている。彼らの多くは土地無し労働者を中心とする貧困層だったが、一九三一年インド国勢調査報告は、スリランカへの労働移住を「アディ・ドラヴィダ現象（Adi-Dravida phenomenon）」と表現している。アディ・ドラヴィダとは、南インドにおいていわゆる「指定カースト」、「ハリジャン」などとされる人々を指す語である。[11] 推測の域は出ないが、他の調査記録と筆者の経験から推してみるに、アディ・ドラヴィダ範疇に対応する人々が、今日のエステート・タミル人口の七割ほどを占めるのではないかと思われる。ただし、実数より指摘されるべきは、カースト序列の下方を占めていた人々に偏った人口構成が、エステート・タミル全体のひとつのステレオタイプを成している点である。これは後でみるように、彼らと島のもうひとつのタミル、スリランカ・タミルとの間の溝のひとつの要因となっている。

もうひとつはインドとの関係についてだ。一九五〇年代に調査を行ったジャヤラマンによれば、当時、数は少ないまでも、インドに出かけて戻ってきた経験を持つ者がおり、彼らが持ち帰ったニュースがエステートとインドをつないでいたという。しかし、その時点でもマスメディアが提供する映画や音楽を除けば、インドというものが既に人々の関心をひくものではなくなっていることが指摘されている［Jayaraman 1975: 209］。

ジャヤラマン調査から半世紀近く経た筆者の滞在時、調査地ではインドと何らかのコンタクトを有する者（例えば、辿るべき親族の居所などを特定できる者）はひとりもいなかった。ほぼ同時期（一九九九〜二〇〇〇年）に調査を行ったバスも同様の示唆をしており、人々にとってのインドが「記憶のインド」ではなく「想像のインド」[12] であると表現している［Bass 2001: 1-2, 2004: 16］。ここでは次のことだけ確認しておきたい。総じて今日のエステート・

タミルにとってインドとは既に見知らぬ土地である。インドとの間に個別具体的な人のつながりは失われ、現実的な行き来が想像できる場所ではなくなっている。

(2) 民族としての範疇化

移住後のエステート・タミルたちは、彼らの生活とアイデンティティの在り方に大きな影響を及ぼすことになる三つの政治的できごとを経験してきた。「民族としての範疇化」、「市民権問題」、そして、いわゆる「シンハラ対タミル」民族対立問題である。三つのできごとには通底するものがある。それはマクロの政治情勢が構成した「彼らは何者であるか」という問題、彼らをめぐるカテゴリカルな囲繞・同定という問題である。

一群のプランテーション労働移民たちは、十九世紀末以降の国勢調査の展開のなかで、ひとつの民族として範疇化されることになった。その分類名称が「インド・タミル」である。

この名称は、そもそもイギリス植民地時代の行政記録文書に用いられ始めたものだった。当初はエステート・タミルを名指す統一的な名称はなく、「クーリー(coolies)」、「エステート労働者(estate labourers)」、「移民(immigrants)」といった語が併用されていたという[Peebles 2001: 7]。その後、この語が国勢調査における分類名称として定着し始めることになる。一八八一年国勢調査において、この名称は「人種」と「出生地」を包含した「ナショナリティ(nationality)」の一分類として登場した[13]。すべてのタミル人を単一の「ナショナリティ」範疇に包含した一八九一年および一九〇一年国勢調査でこの語は一度姿を消すが、一九二一年国勢調査において「人種(race)」の一分類として固定される。これ以降、現在までこの分類および名称が保持されている[Peebles 2001: 7–11](なお今日では「人種」ではなく「民族(ethnic group)」が見出し語である[14])。

ピーブルズは、国勢調査開始以前の状況に関して興味深い指摘をしている。イギリス植民地政府は、当初彼らを排他的な単一の集合としては扱っていなかったという指摘である。国勢調査以前の統一的な名称の欠如はそれを示している[15]。例えば、行政記録に彼らが「エステート労働者（estate labourers）」として括られるとき、そこにはシンハラ人エステート労働者も含まれていた。「移民（immigrants）」として言及される際には南インドから来た商人らも含まれていたのである［Peebles 2001: 7–8］。

植民地政府による国勢調査の開始、分類項目整備のプロセスは、彼らのアイデンティティ（提喩的な同定）の植民地的構築の始まりだった[16]［cf. Peebles 2001: 9–11］。どの範囲をとってインド・タミルとするか、分類の精緻化には技術的困難がつきまとい（スリランカで生まれた者はどう分類するかなど）、一八八一年、一九一一年と分類の不完全さが植民地行政官にとって問題となっているが、本論の文脈にとって重要なのは、このときをもって一群の移民労働者たちが公的分類における単一の集合として一括りにされた、そのことである。国勢調査開始当初において、こうした名づけや範疇化がどの程度ないしどのような形で人々の生活に影響を及ぼしたかは定かでない。だが、すぐ後にみる通り、一括りにされたエステート・タミルたちは、一九三〇年代以降のシンハラ・ナショナリズムの高揚を背景に種々の法的・政治的権利を奪われていくことになる。その到達点がスリランカの政治的独立とともに問題化する市民権問題だった。

インド・タミルの名称は、人々にとっておそらく予期せぬ形で、重石となっていく。ピーブルズはインド・タミルの語が、当初の移民労働者に対する記述的ターム（descriptive term）から規定的ターム（prescriptive term）へと次第に推移してきたことを指摘している。すなわち「インドからやってきた者」ほどの意味合いから、「インドに帰属する者（＝スリランカに帰属しない者）」という規定的含意を帯び始めたのである。市民権問題の文脈においてインド・タミルというラベルは、彼らを絶えず「インド人（＝スリランカ人ではない者）」としてマークしていくことになる［Peebles 2001: 9］。

（3）市民権問題

①市民権問題の経緯

スリランカがイギリス連邦内自治領として独立を果たす一九四八年以降、エステート・タミルの存在は、スリランカ―インド間の国際問題へと発展する。それが彼らの帰属をめぐる「市民権問題」である。この問題はスリランカにおける移民排斥の動きの延長上にあり、発端は一九三〇年代に求められる。あらましを簡単に辿ろう。

スリランカでは一九三一年のドノモア憲法発効により、二十一歳以上の男女に選挙権が付与されたが、その際、移民労働者にも五年以上のスリランカ居住を条件に選挙権が付与された。結果、同年実施された国家評議会（State Council）選挙では、約一〇万人の移民労働者が有権者登録を行い二名が彼らの代議士として当選、続く一九三六年選挙時には、エステート・タミル有権者数は一五万人近くまで膨れ上がった。

この事態に強い危惧を抱いたのが、特に高地地方のシンハラ人政治家たちだった。エステート・タミル有権者数の増加は、彼らの得票数に直接影響を及ぼすものだったからである。この頃より、彼らに対する政治的、法的権利の制限・剥奪の動きが始まる。[17] それが決定的となったのが一九四八年である。同年施行された「セイロン市民権法（The Citizenship Act No. 18）」および、翌年施行された「（改正）議会選挙法（The Parliamentary Electons〈Amendment〉Act No. 48）」によって、エステート・タミルは事実上、独立スリランカの市民権を否定された。[18] 彼らはスリランカの政治的独立と同時にその帰属を喪失したのである。

宙吊りとなった彼らの処遇は、スリランカ、インド両国間の政治的懸案事項となった。インド政府側の基本スタンスは、インド国籍申請をしない者にはスリランカ市民権が与えられてしかるべきであるというものであり、他方スリランカ政府側は、市民権取得要件を欠くエステート・タミルはインドに帰還すべきであるというものだった［大石　二〇〇一：二九］。「スリランカのよそ者はインドでも歓迎されざる者」であり、「スリランカ人は彼らをインド人と呼び、インド人は彼らをスリランカ人と呼ぶ」という状況が現出したのである［Daniel 1996: 109］。

両国政府の間で「数のやりとり」の合意が取り付けられたのは一九六四年の「シリマウォ―シャーストリ協定(Sirimavo-Shastri Pact)」においてである。同協定では、スリランカ国内に九七万五〇〇〇人の無国籍インド系移民を見積もった上で、三〇万人にスリランカの市民権を、五二万五〇〇〇人にインドの市民権をそれぞれ与えること、残りについては両国政府の継続協議によって決定することが合意された。一九七四年には両国首相の間で補足的な合意が取り付けられ、先の協定で残された一五万人を半分ずつ両国が引き取ることになった(19)。

一連の協定の履行は、しかし、スケジュール通り進まない。一九八三年の民族対立激化に伴う海上航路封鎖によりインドへの帰還が停止したため、インド市民権申請をした者のうち、およそ一八万人がスリランカ残留を余儀なくされた(20)。その一方で一九八八年、J・R・ジャヤワルダナ政権は、既にインド市民権申請を済ませた者以外のすべての者にスリランカの市民権を付与することを言明したため(21)、制度的にはインド市民権申請をしつつスリランカに残留した者の処遇が課題として残ることになった。この課題の処理はその後も遅々として進まず、最終的な制度的解決へ向けて動き始めるのは二〇〇三年を待たねばならない。同年、R・ウィクラマシンハ首相の下、新たな法案(22)が整備され、ようやくこの問題の最終的な決着に向かうことになるのである［cf. 川島　二〇〇六：一九九―二〇三］。

②日常生活のなかの市民権問題

市民権問題の経緯は概略以上の通りだが、調査時点のミクロなレベルでのこの問題の在りようにここで言及しておきたい。

調査地では、エステート・タミル住人の約八割が市民権を有していなかった。また、一九七四年協定時の申請機会より後に新たに市民権を取得した者もいない[23]。市民権を持たないとは日常においてどういうことなのか。人々は市民権を持たないことの不利な面として、「選挙で投票できないこと」をまずは挙げる。とはいえ、たいてい「他に特に問題はない」という話になる。意外な感もあるが、これには次のような事情がある。スリランカでは満十八歳になると、市民権の有無にかかわらず、IDカードの作成が義務づけられている。政府発行の正式な証明書であり、身元証明はこれで足りる。日常生活では無料医療制度を利用することも可能だし、子供たちもふつうに学校に通うことができるだけでなく、政府の児童奨学金制度を利用することもできる[24]。したがって、日々の生活を送る上で特に支障はないという話になるのである（申請手続きをめぐって住人が殊更に事を荒げない理由の一端もここにある）。

しかし、日常生活にさしたる不自由を感じないということが、彼らが市民権問題に無頓着であることを意味するわけではない。むしろ彼らは敏感だった。調査期間中、IDカード末尾に付されたアルファベット記号が市民権有無に関わるか否かで調査地の人々の間に議論を巻き起こしたこともあった。また、その敏感さは、公式の民族分類名称「インド・タミル」を忌避する傾向に強く表れていた。次に引くのは、二〇〇一年国勢調査の予備調査時にボランティア調査員に配布された調査用マニュアルから、「民族調査項目」に付記された注意書きである。

市民権を有するインド・タミルもインド・タミルと分類すること。エステートにいるタミルはスリランカ・

タミルと申告することがあるが、その場合は出生証明書で確認をとること。

「エステートにいるタミル」とは、もちろんエステート・タミルのことであり、彼らは「インド・タミル」に分類されねばならぬ人々である。だが彼らには、名称にある「インド」を忌避し、「スリランカ・タミル」と名乗る傾向が広範にみられる。[25] マニュアルはこれに注意を促している。

公式分類的見地からすればある種の「詐称」ともなるこの名乗りの仕方は、きわめて定型的である。彼らは「スリランカ・タミル」と名乗りはするものの、紀元前後より島にいるタミルの末裔だとか、ジャフナ（スリランカ・タミルが多く暮らす北部主要都市）の出だとか「偽る」わけではない。彼らは分類名称をレトリカルに読み変えてしまう。「自分は、生まれも育ちもスリランカだからスリランカ・タミルなのだ」と。[26] たいてい、お決まりの仕草が伴っている。開いた手のひらを下に向け、立っている地面を指し示す。そしてこんな言葉が続く。

「だって生まれたのは、ここじゃないか」

「両親も、そのまた両親もここで生まれたんだから」

「ずっと昔インドから来たのでしょうが、いつかなんて知らないし、ねえ？」

インド・タミルの名称が、彼らを「インド人」としてマークし括ってきたことを述べた。インドとは彼らにとって見知らぬ過去である。のみならず、彼らの手の届かないマクロの政治情勢が強いてきた二択の片割れである。彼らが開いた手のひらで指し、語る、彼らの「ここ」[27]、つまり他に行きようのない生活の場所との切断を喚起するのが、

「インド」であり、二択を構成した市民権問題なのである。

二国間で帰属を宙吊りにされてきた歴史的経緯、そしてインドとのつながりを事実上失くして他に生活の場所を持たない状況下に、インド・タミルの名称で括られることは、生活の場所から切り離される潜在的な脅威を喚起する。市民権を持たないという事実は、たとえ強制的にインドに送還されるなど現実的には想像できないとしても、自らが生きる場所から切断される可能性を絶えず留保され続けるという潜在的な脅威の形で、彼らの生活を覆ってきたのである。なお本文で「インド・タミル」に代えて「エステート・タミル」の名称を用いるのは、多分に便宜的とはいえ、彼らのこの名称に対する反発を念頭に置いてのものである。[28]

(4) 民族対立問題とエステート・タミル

①民族対立問題の経緯

エステート・タミルの帰属問題が両国政府で議論され始めたのが一九五〇年代である。それは、いわゆる「シンハラ対タミル」民族対立が顕在化する時期にあたっている。彼らは、帰属を宙吊りのまま、国内の民族対立の構図に巻き込まれてきた。特に確認したいのは、エステート・タミルの置かれた立場である。まず民族対立の経緯を振り返っておこう。

民族対立の直接のきっかけは、一九五〇年代における「シンハラ語公用語化」問題にあった。シンハラ語公用語化を積極的に推し進めたのは、シンハラ・ナショナリズムの高まりを追い風に一九五六年総選挙を圧勝し、第四代首相に選出されたS・W・R・D・バンダラナーヤカである。このイシューの背後には、植民地支配期以来の「英語の地位」の問題がある。植民地支配期、キリスト教宣教使節団によって次々と設立された学校を通じて英語教育を受けることは、ステータス・シンボルとなるとともに、官職に就くためにも、また新たな社会・経済システム(29)のなかで成功するためにも不可欠となっていた。独立以降も、この英語教育へのアクセスをエリート層進出の社会的条件とする構図は変わらなかった。独立したスリランカにおいてシンハラ語が公用語となることは、大多数のシンハラ人にとって新たな社会的進出の道が拓けることであり、シンハラ語公用語化政策はシンハラ人の熱烈な支持をもって迎えられたのである。だが、裏を返せばこれは少数派タミル語の公の場からの排除を意味するものに他ならなかった。エステート・タミルとは異なり高等教育を通じて公職に進出する機会もあったスリランカ・タミルたちは猛反発することになる。スリランカ・タミルの側に、北・東部の自治要求、その後の分離独立要求の声が芽生えるのは、これを受けてのことである。

一九五七年、シンハラ・オンリー政策に反対するスリランカ・タミル側のリーダー、セルヴァナーヤカム（連邦党(30)）とバンダラナーヤカ首相との話し合いが持たれるも成果を上げるに至らず、その後の幾度かの協定も不発に終わる。一九七六年には、連邦党、タミル会議といった諸派がタミル統一解放戦線(31)を結成し、非暴力的手段による分離独立を明確に打ち出すが、同時に、武装闘争によってタミル人の権利を死守しようとする過激派武装グループも現れ始めることになった(32)。

「シンハラ対タミル」という対立軸における大きな暴動は、一九五六年、一九五八年、一九七七年、一九八一年と繰り返された。そして一九八三年の暴動を契機に事態はシンハラ政府軍対タミル過激派武装グループＬＴＴＥ（Liberation Tiger of Tamil Eelam, タミル・イーラム解放の虎）による内戦状況へと一気にエスカレートしていくことになる。この暴動は、北部の主要都市ジャフナ駐留のシンハラ人兵士の殺害に対する報復が、コロンボ市に収監中のタミル政治犯の虐殺さらに市内での放火略奪へと発展し、それが全国に飛び火したものである。一連の報復行動により数百人のタミル人が殺害された(33)。

最悪の暴動はスリランカの名を不幸な形で世界中にとどろかすことになった。インドではタミル人を擁護せよとの声が高まり、インド政府による調停活動が開始される。これが一九八七年スリランカ・インド和平協定の調印に結実し、インドからの平和維持軍が北部ジャフナ半島に派遣された。だが彼らの駐留を快く思わないスリランカ政府側の思惑もあって、一九九〇年にはインド平和維持軍は撤退に至る。一九九〇年代、大規模な暴動は鳴りを静めたものの、北部ジャフナ半島を中心とした政府軍とＬＴＴＥとの武力衝突、コロンボなど都市部での散発的なテロ活動が継続した。

政府とＬＴＴＥの間で停戦合意文書が署名され、本格的な和平交渉プロセスが始まったのは二〇〇二年のことである。翌二〇〇三年には日本も共同議長国を務めた「スリランカ復興開発に関する東京会議」が開催されている。だが、二〇〇三年以降、政治的主導権をめぐるシンハラ政党間の対立、さらにＬＴＴＥ内部の分裂抗争により和平交渉は遂に進展をみることはなかった。テロと軍事行動が頻度を増していくなか、二〇〇八年一月、スリランカ政府は停戦協定の一方的破棄を宣言、二〇〇九年にはラージャパクサ大統領の強攻策によりＬＴＴＥの北部主要要塞はすべて陥落し、同年五月ＬＴＴＥ側の全面降伏をもって内戦はようやく終結を迎えたのである。

②民族対立構図下のエステート・タミルの位置

民族対立の構図下におけるエステート・タミルの立場が問題である。彼らは概してスリランカ・タミル中心の武装闘争・分離独立路線からは距離を置いていたといわれる [cf. Bass 2004: 71-72, 2008: 281]。大きく四つの要因を列挙しうる。

第一に、シンハラが集住する中央高地一帯に暮らす彼らは北・東部の地とほとんど接点を持たなかった。北・東部の分離独立など、その地に行ったこともない大勢のエステート・タミルにとって、現実的な希望をかける何物かにはなりづらかった。(34)

第二に両者の心理的な距離感がある。スリランカ・タミルは、エステート・タミルを蔑んでみる傾向が強い。カースト序列の低い者に偏った人口構成に「貧しい肉体労働者」という階級的レッテルが相俟ってステレオタイプ化され、両者間に溝を作っている。(35) また、両者の話し言葉にはアクセントや語彙に違いがあり（エステート・タミルの言葉には強い訛りがあるとされる）、スリランカ・タミルはエステート・タミルの話し言葉を劣ったものとみなす傾向がある。逆にエステート・タミルからすれば、スリランカ・タミルは「自分たちをまるで相手にしない人々」である。こうした認識は彼らに広範に持たれており、スリランカ・タミルと距離を置こうとする傾向が顕著である [cf. Jayaraman 1975: 200–201; Daniel 1996: 17–19]。

関連して第三に、エステート・タミルには、スリランカ・タミルに政治的に裏切られてきたという思いが根強い。先にふれたバンダラナーヤカ―セルヴァナーヤカム会談は象徴的だった。この会談でセルヴァナーヤカムは当初四つの要求を持って首相にかけあっている。①タミル語の地位の保証、②北・東部タミル地域へのシンハラ植民の中止、③北・東部の地方的自治権の拡大、そして四つ目がエステート・タミルに市民権を付与するという要求だった。この会談は結局失敗に終わるも、実はいったんはある程度の合意が取り付けられていた。①〜③の要求を通すために四つ目を取り下げるというセルヴァナーヤカムの政治的妥協によってである。エステート・タミルにしてみれば、これはスリランカ・タミルによる重大な裏切りだった。彼らは、スリランカ・タミルの政治的リップ・サービスを冷めた目で見続けてきたといってよい [cf. Bass 2001: 11–12; Daniel 1996: 115]。

第四に、市民権問題と並ぶエステート・タミルの政治的関心事項は、分離独立などではなく、エステートのハウジング問題や賃金・雇用問題といった日常の生活環境の問題だった。今日、西洋諸国のNGOなどからの援助により、生活環境は随分と改善されている。しかし、彼らは長年、劣悪な環境下での労働を強いられてきた。こうした問題は、シンハラ政府との良好な関係のなかでネゴシエートしていくべき問題であった。

これら諸要因を背景に、彼らは概してスリランカ・タミルによる分離独立運動から距離を置こうとしてきたのである[36]。しかし事態は皮肉な方向に向かうことになる。LTTEの武装闘争が激化するにつれ、シンハラ人による報復の矛先は、エステート・タミルにも向けられるようになった。特に一九八〇年代の暴動の余波は、絶えずどこかのエステートにまで及んだ[37]。

ダニエルは、当時、暴動に巻き込まれたあるエステート・タミル男性教師の話を聞き記している[38]。これはつづめて転記しておきたい。

その日の午後、男性は高地行きの列車に乗り込んだ。客車には、キャンディ風のシンハラ人らしいサリーをまとったシンハラ婦人がひとりだけ座っていた。キャンディの町では既に暴動が始まっていた。男性は暴徒が駅にやってくる前に列車が走り出すことを祈った。それも虚しく、暴徒たちはなだれこんできた。男性は、「タミルを引きずり出せ、殺せ」という叫びを聞いた。列車から引きずり出され、暴行を受ける者の悲鳴を聞いた。隣の客車で叫び声が上がった次の瞬間、彼の客車のドアにも手がかけられた。暴徒がステップをかけ上がってくる音が聞こえた。同じ客車の婦人が立ち上がって移動したのは、そのわずかの間のことだった。彼女は男性の隣に位置を移すと、彼の手に自分の手を重ねた。数人の暴徒が入ってきた。車内をぐるりと見回し、「ここ

> にはタミルはいない、次の客車だ」とわめきながら出て行った。数分後、列車は動き出した。彼らは一言も交わさなかった。彼らは同じ姿勢のまま、次の駅を迎えた。女性は振り向かずに列車を降り去った。男性はこの女性の名前も知らない［cf. Daniel 1996: 211–212］。

「シンハラ対タミル」という対立軸において、暴徒の目からみれば、エステート・タミルとスリランカ・タミルの違いなど関係はなかった。「タミル」という括りだけが問題だったのである（なお、このエピソードは本論のいちばん最後にあらためてふれたいと思う）。

筆者が滞在調査を行ったのは二〇〇〇～〇一年にかけてである。忌まわしい一九八三年の暴動から二〇年近くが経過し、少なくとも観光客が歩ける範囲内（当時、北・東部のみ外国人の立ち入りはできなかった）において、「この島では本当に民族同士の内戦が起きているのだろうか」という第一印象を持ったとしても、それがあながちその者の無知と極度の無神経さのせいばかりとはいえない程度には、表面的な平静さが保たれていた。本書を執筆している現在からすれば、それはあとづけ的に停戦合意成立前夜の一時期だったということもできる。もっとも、まもなく和平交渉が始まろうなどとは想像もできなかったが。

ともあれ、停戦やまして内戦終結の兆しさえみえなかった当時、調査地の人々にとって民族対立問題は困惑[39]を引き起こすとしかいいようのないものであった。確かにそれは喫緊に肉体的暴力を被る危機感ではなかったかもしれない。しかし、「タミル」と一括りにされる機会は日常にあった。北部で大きな戦闘があれば、主要幹線道路の検問所では「タミル」というだけで足止めを食らうのが常だった。特にシンハラ村落に囲まれ、シンハラ村人と日常的に結びついて暮らすエステートの人々にとって、民族対立が喚起する分断線はなんとしても押し止めておかねばならないものだった。

＊＊＊

エステート・タミルがスリランカに移り住んで一〇〇年前後が経過した。来歴の故地インドは見知らぬ過去となり、中央高地一帯の茶園やゴム園が彼ら多くの生活の場所だった。植民地支配期、国勢調査の進展のなかで一群の移民労働者たちはひとつの民族として括られた。一括りとされた彼らは移民排斥のターゲットとなった。独立の年からは「国民」としての括りが問題となった。そして、帰属を宙吊りにされたまま、彼らは国内の民族対立に巻き込まれてきた。硬直した対立軸にあっては「シンハラか、タミルか」という括りだけが問題だった。

彼らをめぐる「何者であるか」という問題構成、彼らに対する提喩的な囲繞・同定はいずれもマクロの政治状況下に構成されたものだ。だが、その囲繞・同定は、日常のなかに、生活の脈絡を寸断する潜在的脅威として形をとってきたものである。本章で取り上げた歴史的、政治的できごとは、移住後の彼らが経験してきた大きな境遇である。

そしてもうひとつ、序章でふれたように生活の場からはカーストの括りという大きな問題も生起している。これについては後の章でみていこう。追って検討していくように、彼らの生きるやり方は徹底した括りの拒絶に彩られているものだ。しかし、このことは、生活の場におけるジャーティヤ＝「ひとの種類」の構成と矛盾しない。生活の場において、彼らは括りを拒絶しながら、エステート・タミルというひとまとまりのジャーティヤを形づくる。生活さまざまなつながりが「ひとの種類」をつくり、かつ、そのつながりが生活を寸断にかかる提喩的な括りを突破していく。その組成をひとつひとつ辿ることで、提喩的同一性の論理に拠らないエステート・タミルという人々のアイデンティティの在り方を追っていくことにしたい。

註

（1）プランテーション経営は一九七〇年代の国営化後、生産性の悪化などを背景に九〇年代より民営化された。同産業は外貨稼得源としてスリランカ経済の枢要な一部門を成してきたが、七〇年代後半の経済自由化政策以降その比重は小さくなっている。従来、同部門に課した輸出税を灌漑設備の建設や社会セクター補助金に充当するという資金構造（「移転国家」と呼ばれる）が同国経済を特徴づけていたが、一九七八年時点で税収総額の六二・八％を占めていたプランテーション作物の輸出税は、一九九三年以降はほぼゼロに近くなっている。絵所秀紀は「『プランテーション経済』を前提とした、かつての『移転国家』としての特徴は現在では完全に消滅した」［絵所　二〇〇二：三五］と指摘している。

（2）ここでは国勢調査に 'Ethnic Groups' として範疇化されている集団を「民族」と訳している。

（3）誰かに「シンハラってどういう人々なの？」と聞けば「仏教徒でシンハラ語を話すのがシンハラだ」といった言葉が返ってくるのが一般的である。ここではその程度の一般的レベルで記している。

（4）セイロンの名は英連邦内自治領として独立した一九四八年に国名となる。一九七二年、スリランカ共和国第一憲法の公布により国名はスリランカ共和国に、そして一九七八年の第二憲法の公布に伴い、スリランカ民主社会主義共和国と改称し現在に至る。本論では特に議論の内容に影響しないため、改称以前についても基本的に「スリランカ」と表記している。

（5）キャンディ王国時代の賦役制度「ラジャカーリヤ」の撤廃（法的廃止は一八三二年）を推進した Colebrooke 卿周辺には次のような思惑があったといわれる。すなわち、同制度撤廃により伝統的な社会・経済的紐帯が弱まれば、人々はイギリス資本を基盤に創出される貨幣経済に自由な賃金労働者として吸収されイギリス製品のための市場が形成されるであろう、と［Wesumperuma 1986: 6］。

（6）この背景には種々の要因が指摘されている。土地入手可能性の高さ、土地無し農業労働者カーストの欠如［Bandarage 1983: 175］、現金の必要性が小さかったことなどである。スノッドグラスはエステートの賃金水準が伝統部門から労働力を引き出すに不十分だったと指摘している［Snodgrass 1966: 7, 24］。ロバーツは当時キャンディ地方には「ストレンジャーである白人プランターに賃労働を通じて自らを縛り付けるほどまでに困窮していた者はなかった」こと、またウェスムペルマは彼らが他者の監督下における肉体労働を不面目とみなしていたとそれぞれ指摘している［Roberts 1966: 1; Wesumperuma 1986: 11］。

（7）スリランカの場合、労働力調達は農園経営者やカンガーニのイニシアティブによるところが大きく、植民地政府の統制から離れて比較的自由に展開したことが指摘されている［Hollup 1994: 21–22］。

（8）プランテーション産業の不振、茶・ゴムの新規植え付け中断などにより一九四〇年代には新たな労働者リクルートはなされなくなる［Jayaraman 1975: 45; cf. 中村　一九七六：二七六］。

（9）ゴム栽培は一九二〇年代の自動車産業の拡大に伴う国際市況の好況期に全盛を迎える。

（10）バスもエステート・タミルの大半が二十世紀初頭よりエステートへの定住を始めたと捉えている［Bass 2001: 8］。

（11）同国勢調査報告によれば、一九二一〜三〇年の一〇年間にスリランカに向けて出国した移民のうち、年によってはほぼ半数、少ない年でも全体の三分の一を下らない数の人々が、アディ・ドラヴィダによって占められていたとされている［cf. Jayaraman 1975: 42–43］。

（12）バスは踏み込んで言及していないが、「インド」とは単なる想像の対象にとどまらない面がある。後に取り上げる市民権問題の脈絡では「遠ざけたい過去」の表象として、また後章にみるカーストの問題の脈絡では、彼らの「ここの生活」とは異なる厳格な制度の在り処として（「ここの生活」を肯定するための否定の対象として）、「インド」という表象は機能するのである（特に第八章に論じる）。

（13）'nationality' という項目には「人種」と「出生地」の双方が含意されていた［cf. Peebles 2001: 10］。ただし当時の記録をみる限りこの語に明確な定義づけはみられない［cf. Arunachalam 1902: 73］。

（14）政府統計文書では一九七〇〜八〇年代に「人種（race）」から「民族（ethnic group）」への見出し語の変更がみられるが、分類内容自体が変化しているわけではない。両語は国勢調査分類項目のあくまで「見出し」に過ぎず、ここでの文脈の限りでは、互換的に捉えて差し支えない。

（15）統一名称の欠如は、労働力調達が植民地政府を直接に介さず、カンガーニ制度を通じた個々のエステートのイニシアティブに委ねられていたこととも関わっていると推察される。

（16）植民地支配期インドで国勢調査が「カーストの実体化」を招来してきたのと同様の事態が、スリランカで「民族の実体化」として展開された［杉本　一九九五：二一七―二一八］。

（17）ただし川島［二〇〇〇］は、一九三〇年代より以前において、勃興するシンハラ・ナショナリズムが、市場経済の浸透によるシンハラ農村の疲弊の問題を「「外国人」による経済活動や、「外国」の宗教的、文化的影響の拡大に還元することで、階級的な問題をエスニックな問題にすり替えるという機能を果たし」、シンハラ農民層の不満の矛先が移民労働者へと向けられていく過程を指摘する［川島　二〇〇〇：五―六］。また、一九三〇年代の世界的大不況は、プランテーション部門に依存する輸出型経済体制下のスリランカ植民地経済に甚大な影響を及ぼすとともに、「プランテーションの拡大によってキャンディ地方の小農が土地を奪われた」と捉えるシンハラ人の不満を高めてゆく［大石　二〇〇一：二二］。「元凶はプランテーション、そしてそこで働く移民労働者である」、というわけである。エステート・タミルの政治的、法的権利の制限・剝奪のプロセスはこうしたシンハラ・ナショナリズムを背景とする移民排斥の流れのなかで展開していった。後に一九五六年総選挙に圧勝し、シンハラ・ナショナリズムのひとつの結実点、「シンハラ・オンリー政策」を打ち出すことになるS・W・R・D・バンダラナーヤカは、一九四〇年の国家評議会において既に次のように語っている。「最後の一人のインド人がセイロンの岸から去っていく姿を想像することほど喜ばしいことはない」と［cf. 川島　二〇〇〇：二〇―二二］。一九三〇〜四〇年代における移民排斥を企図した諸政策は、「セイロン化」政策とも呼べるものだった。一例として、一九三四年の土地開発法令（Land Development Ordinance）にふれておく。同法令は、官有地を農地として払い下げ、農村部の過剰人口問題に対処することを目的としていたが、その恩恵を受けるのは「セイロン人」のみとされた。「セイロン人」とは「この島に居住しセイロンに本籍を持つ男女」であり、移民の場合の本籍取得認可は第三世代以降と定められた。当時のエステート・タミルたちにはもちろん第三世代以降の者もいた。だがそれを証明する書類を保持している者は少なく、実質的に「セイロン人」の範疇から除外され、法案の恩恵も受けられなかったのである。一九三八年の「村落共同体法令」や一九四〇年の「セイロン漁業法令」などもほぼ同様の性格を持つ。これらについては川島がまとめたものを参照されたい［川島　二〇〇〇、二〇〇六］。

(18)「セイロン市民権法」では、市民権の獲得が「出生」による場合と「登録」による場合に分けて規定されたが、いずれも申請時には本人のみならず、場合によっては祖父や曾祖父の出生証明書も必要とされたため、それらを持たない多くのエステート・タミルが市民権を得ることは実質的に不可能だった［cf. Vije 1987: 11–17］。

(19) 一連の折衝プロセスにおいて、当事者たるエステート・タミルは実に無力であった。それを端的に示すのは、エステート・タミルの政治的代弁者だったセイロン労働者会議（ＣＷＣ）の代表Ｓ・トンダマンさえも交渉過程に関与できなかったという事実である。帰属の問題は当事者たちのいわば頭越しに決められていった［cf. Vije 1987: 25; Bass 2001: 12; Daniel 1996: 113–115］。

(20) 一九七一〜八一年の一〇年間で約三〇万人がインドに移り住んだとされる［Abeyratne 1998: 168］。こうした人々と残留した人々との相互連絡について筆者の調査範囲ではほとんど見出せなかった。

(21) Grant of Citizenship to Stateless Persons（Special Provisions）Act. No. 39 of 1988。

(22) Grant of Citizenship to Persons of Indian Origin Act. No. 35 of 2003。

(23) 一九八八年時点で、インド市民権申請を済ませた者以外のすべての者にスリランカ市民権を付与することが言明されている。だがその履行は不透明だった。調査地には一九七四年協定時にスリランカ市民権申請をした一組の夫婦がおり、彼らはこのとき、既に生まれていた子供の分も一緒に申請したため子供たちも市民権を取得した。ところが一九七八年生まれの五男はいまだ市民権を持てずにいる。つまり、エステート・タミルの場合、市民権を持つ者の子供が必ずしも自動的に市民権を獲得していないケースもみられるのである。調査地では、この問題をめぐる行政末端での不透明さが目についた。起きていたのはこんな事態だ。住人は申請を行うために、エステートの属する行政村の駐在村役人を訪れる。ところがこの役人は「申請はエステート管理事務所を通すように」という。他方、エステート管理事務所では「村役人を通して申請せよ」という。住人もたらい回しになることが初めからわかっていてどうしようもない、という事態である。行政手続きの内部事情について確たる資料はなく踏み込んだ言及はできないが、市民権付与の実態は相当曖昧であり、市民権を有さないエステート・タミル人口は相当数に上るように思われた（政府は正確な数値を公表していない）。

(24) 国立診療所の医療費は国庫負担である。教育に関しても、授業料などの教育費はかからず、教科書や制服用生地も国から配布される。
(25) こうした傾向は一九五〇年代の国勢調査から既に報告がある［cf. Abeyratne 1998: 168］。
(26) 民族分類が問題となる文脈において、彼らはいかような形にせよ北部・東部のスリランカ・タミルに自己同一化することはしない（ステレオタイプ化された両者の溝は後述）。アベイラトナは、一九六四年や七四年協定以降に市民権を得たエステート・タミルにこうした名乗りの傾向が強くなったと指摘している［Abeyratne 1998: 168］。しかし、この名乗りには、公式分類上の「スリランカ・タミル」への同一化はなく、またスリランカにおける「汎タミル的な実体」の想像もなされていない。生きる場所と己をつなぐ、彼らの苦し紛れのレトリックは、「軌跡」として分類項目にない「第三の名称」を作り出す。だが結果的にそれは記録文書に残らない。いずれ公式分類の「スリランカ・タミル」が答えられたこととして残るのみだ。だとしても注視すべきはその軌跡、囲繞する分類の提喩的論理の、分類内部からの瓦解を試みる、セルトー的な「戦術」の「軌跡」である［ド・セルトー 一九八七（一九八〇）：七一―七二、九九―一〇五］。
(27) 「ここ＝スリランカ」をただちに抽象的国土に還元すべきでないだろう。その手のひらが指すのは彼らが生きてきた個別具体的な生活の場所である。彼らのレトリックにおいて、「スリランカ」は生活の場所の代用の名ととるべきだろう。
(28) 彼らの名称をめぐってはダニエルの議論も参照されたい［Daniel 1996: 20–24］。
(29) フェルナンドは植民地支配期の主要な社会、経済的変化を五点挙げている。①西洋型教育を行う学校の設立、②行政における統合された官僚制の導入、③立憲政体の基礎としての国家評議会設置、④プランテーション経済の発達、⑤都市部の発達と新たな職種の増加である［Fernando 1973: 19］。また、植民地政府側からみれば、植民地における商業的成功と旧来の支配層の弱体化のためには中枢における新たなエリート層を育てることが求められていた［Bond 1988: 15–16］。
(30) 連邦党（Federal Party）は連邦制の下での北・東部州の自治やタミル語を平等に扱う要求を行ったが、ここにエステート・タミル側からの参集はなされていない。スリランカ・タミルによる政党である。
(31) タミル統一解放戦線（Tamil United Liberation Front）の前身であるタミル統一戦線（Tamil United Front）は

一九七二年、エステート・タミルを支持基盤とする労働組合政党ＣＷＣも含めて結成されたが、ＣＷＣは一九七六年に脱退している。

(32) 一九七二年にはＶ・プラバーカランが「タミルの新しい虎」を結成し、後に「タミル・イーラム解放の虎（Liberation Tiger of Tamil Eelam, LTTE）」となる。北部のスリランカ・タミル青年らによる武装闘争は一九七〇年代以降激しさを増していく［cf. 渋谷　一九八八：二一三―二一七］。

(33) 殺害された正確な人数は不明。一説には被害者は四〇〇〇人にも上るという［cf. 田中　一九九四］。

(34) 南インドからの移住ルートはこの懸隔を物語る。かつて二つの移住ルートがあった。ひとつはインド亜大陸南端にほど近いパウムベン港から出航しスリランカ北部のマンナールで上陸、その後、島中央部の鉄道拠点マータレーまで約二四〇キロメートルを徒歩で移動するルートである。もうひとつは、南インドのトゥティコリンから海上ルートでコロンボに到達し、鉄道で高地地方へ向かうルートだ。いずれのルートにせよ、移民労働者たちは、スリランカ・タミル集住地域を素通りしてプランテーションという「飛び地」にやってきたのである［cf. Wesumperuma 1986: 41–60］。

(35) この両者さらにシンハラに関するステレオタイプについてはダニエル［Daniel 1996: 20–21］を参照。なおエステート・タミルの「地位の低さ」については後章の議論となる。

(36) 少なくともエステート・タミル側からＬＴＴＥとの共闘が表立った政治の場で表明されることは、筆者の知る限り一度もなかったはずである。またＬＴＴＥ戦闘員がエステートに潜伏、ないし爆弾を隠しているという噂をシンハラ人から聞いたことはあるが真偽は不明である。

(37) 一九七〇、八〇年代におけるエステート・タミルに対する暴力については、特にダニエルが“Charred Lullabies”で主題化している。ウィジェやスレーターの記録もあるが、暴動発生件数や被害実態についての正確な記録は定かでない［Daniel 1996; Vije 1987; Slater 1984］。また川島［二〇〇六］も指摘する通り、こうした暴力の背後に植民地期からの移民排斥の流れもあることは留意すべきである。

(38) 生物身体的な外観でシンハラとタミルを識別することは不可能であり、暴徒は、特定の単語（例えば「レンソワ（＝ハンカチ）」）の訛りの有無で標的を探したといわれる［cf. Daniel 1996: 59］。

（39）　筆者とほぼ同じ時期、エステートで活動していた青年海外協力隊員たちからも同様の話を聞いた。エステート・タミルたちは民族対立問題を直截に「困る」と語るという。「困る」と語らざるを得ない彼らの発話の位置に自らを重ねることはできないとしても、そう語らざるを得ない人々の生活の脈絡は本文で記述を試みたいと考える。

第二章　調査地の概況――シンハラ村に囲まれたゴム園

フィールドワークを行ったのは、「ヒルトップ・エステート」（仮名）という小さなゴム園ならびにその東側に隣接するシンハラ村「K村」（仮名）である。順に概観する。

第一節　ヒルトップ・エステート

(1) ヒルトップ・エステートの概要

ヒルトップ・エステート（以下「ヒルトップ」と略記）は中央州キャンディ県北西部の丘陵地帯に位置し、約二〇〇メートルという標高は中央高地の裾野にあたる。総面積二万八三一一エーカー、起伏の激しい敷地全体に約三万本のゴムの樹が植えられている。四方はシンハラ村落が取り囲んでおり、この地域のゴム園に典型的な地理的配置である。

スリランカの行政村区分上、ヒルトップはK村、北側のB村、W村とともにK行政村に編入されている[1]（図2-1参照）。最寄りの町は、西に道のりにしておよそ一〇キロメートルにあるR町。R町にはコロンボ―キャンディ間を結ぶ鉄道の駅や近隣のバス路線の発着点となるターミナルがあり、日用雑貨などを扱う商店が軒を連ね、市が立つ日には食料品を買い求める近隣の人々で賑わいをみせる。R町までの主要交通手段は国営バスかプライベート・バスだが、ヒルトップとK村はまわりからみて少し丘のように小高くなっているため、バス路線のある道路（ヒルトップのずっと南をP行政村からA行政村に抜けていく）まで歩いて下っていかねばならない。

敷地の南西側、ゴム樹林の合間に人々の暮らす居住域がある。「ライン」と呼ばれる長屋が三棟と「クォータス」と呼ばれる二世帯用の小さな平屋建て家屋が一三棟点在し、管理事務所スタッフも含め全四三世帯二〇五人が暮らしている。人口規模でみれば、この地域にある一九二の division のうち一〇一番目の大きさであり、ほぼ中くらいの規模である[2]。

居住域の北側、一段小高くなっている場所にはエステート管理者（Superintendent）の暮らす屋敷がある（図2-2参照）。屋敷は「バンガロー」と呼ばれ、築一〇〇年ほどの古い西洋風の造りで小さな庭園も備わっている。バンガロー近くにエステート管理事務所があり、そのまま道を下ってくると託児所がある。居住労働者たちは仕事に行く前にここに乳幼児を預けていく。居住域北側と南側二ヶ所には埋葬所がありヒルトップで暮らした人々が埋葬されている。後に取り上げることになるマーリアンマン女神を祀る寺院は、南端の長屋の傍にある。

居住域の西側は下りの急斜面になっており、ま

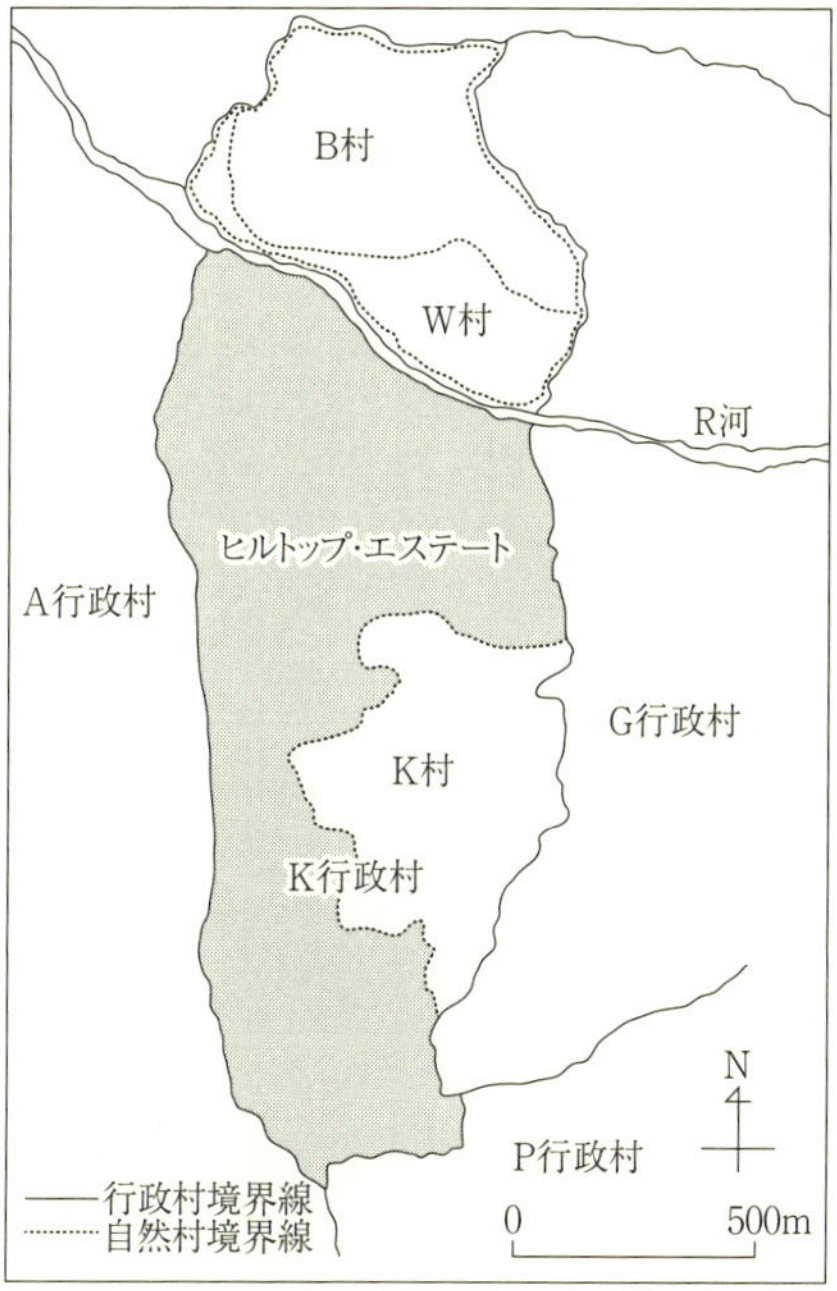

図2-1　ヒルトップとその周辺図

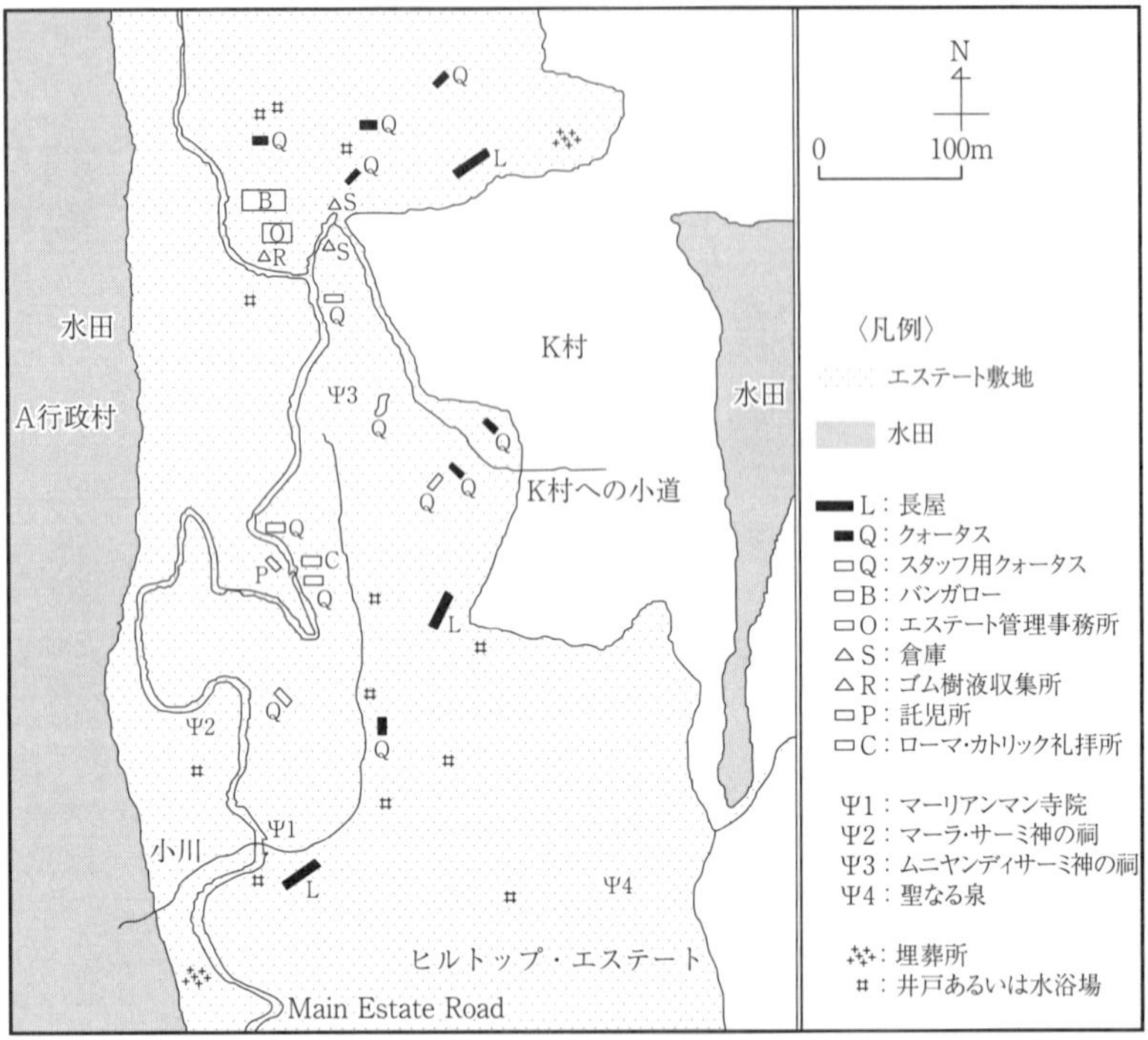

図2－2　ヒルトップ居住域

た、隣接するA行政村の東端一帯は水田のためこちらとの行き来は容易ではない。ヒルトップ住人が日常的なつながりを持つのは主に東側に隣接するK村住人との間である。地図上には一本しか示していないが、ヒルトップとK村とは道幅一メートルにも満たない数本の小道によってつながっている。敷地の境界を示す柵などはなく、ゴム樹林の始まりによってそこが境界だとわかる。

ヒルトップの歴史

この地にエステートが開かれたのは一〇〇年ほど前のようである。ただし所有者の変遷により古い詳細な記録は散逸している。老人たちの話から推し量れば、遅くとも一九一〇年代にはゴム樹林ができあがっており、エステート・タミルたちも居住し始めていたようだ。

エステート開設当初はあるイギリス人の個人所有で、一九一〇年代の終わり頃にエステートはいったんムスリム商人に売却され、一九二〇年代に入るとすぐにイギリスの私企業V社が購入している。V社による経営はその後一九七〇年前後に短期間スリランカの私企業が購入するまで五〇年近く続いた。V社経営時代について、人々は意外なほど語るべき事柄を持っていない。「いまとたいして変わらなかったように思う」といった程度である。例外はごく初期の思い出で、老人たちはKというイギリス人管理者のことをよく覚えている。K氏は軍人でもあったらしく、第一次世界大戦の際には頻繁に本国と行き来していたという(3)。K氏に関するエピソードで必ず語られる話がある。あるとき、彼がエステートを離れる際、敷地の上空を飛行機でぐるぐる旋回していったという話である。老人たちはこの話になるとなぜか我が事のように嬉しそうに語る。K氏は尊敬と親しみの念とともに記憶されている(4)。

ヒルトップは一九七二年の「土地改革法」に伴って国有化され、人民エステート開発公社（Janatha Estate Development Board）の管理下に入った。その後、一九九〇年代の政府の民営化政策を受け、一九九二年にR社に経営が移転し現在に至っている。ただ、歴代の経営体制の転換は人々の日々の仕事や暮らしに大きな変化をもたらさなかったようである。変遷を重ねたのは経営者であって、ここに暮らし続ける彼らではなかった。実際、ヒルトップの人々は彼らを雇用する企業に対して帰属意識を抱くことも皆無に近く、上層の経営体制についてもほとんど関心を抱いていない(5)。

一九八〇年代に苛烈をきわめた民族対立にかかる騒乱はこの地にも飛び火した。首都コロンボに端を発した一九八三年七月の暴動が全土に広まるなか、ヒルトップでも居住域南端の長屋が何者かの手によって夜間の放火に遭う事件が起きた(6)。ただし、けが人が出ることもなく被害も外壁の一部が焦げたにとどまったという。こうした事件が起きたのは、ここでは一九八三年の一度きりである。過去の暴動についてヒルトップ住人に聞くと必ず「この辺りは大丈夫だった」という話が返ってくる。そして「俺たちは村の連中と親密だから」というお決まりの言葉が後を継ぐ。ひとまず、この事件の他に暴動に関わる騒ぎは起きていないことだけここでは記しておく。

K村との関わりの歴史ついてもふれておきたい。一九三〇年代にヒルトップで就業経験のあるK村シンハラ老人(一九一四年生まれ)によれば、当時ヒルトップにはシンハラ語を解する者もほとんどおらず両者のつきあいはなかったという。これに対し、一九五一年生まれのヒルトップ女性は、幼い頃から村との行き来は現在のようだったと記憶している。両住人の行き来は一九四〇年代から五〇年代にかけて徐々に始まったようだ。ちょうどこの時期、当時のヒルトップの子供たち(調査時点で五十歳代の者)がK村の学校に就学を始めている。シンハラ語の普及と村人との交流のひとつの契機となったと推察される。

(2) エステート経営の仕組みと就業

今日ヒルトップはスリランカの民間企業R社[7]によって経営されている。R社は多くのestateを保有するが、ヒルトップはそのうちのひとつのestateのさらに下位区分にあたるdivisionのひとつである。ヒルトップの属すestateには他に三つのdivisionがありそれぞれ数キロメートルの範囲内に点在している。ヒルトップにおける職種は、エステート管理者を頂点とした階層体系を成している。表2-1には職種別の給与を示した。

エステート管理者は所轄estateの総責任者である。エステート管理者自身が現場を見回ったり日常に労働者たちと口をきいたりする機会はほとんどない。お抱え運転手つきのランドクルーザーを持ち、ポロシャツに半ズボン、ソックス、シューズという独特のスタイル(エステート管理者の典型的なファッション)のエステート管理者は、労働者にとって「雲の上のひと」といった風で最大限の敬意が払われている。両者が接する例外的な機会は給料の受

表2－1　職種別1ヶ月あたり給与（単位：ルピー）

職　　種	給　　与
エステート管理者	35,000
事務主任	13,000
事務主任補佐	9,000
その他の事務員	6,000前後
フィールド・オフィサー	8,200
カンカーナマ	98×労働日数
ゴム樹液採集職、ウォッチャー、雑用職	95×労働日数

＊ゴム樹液採集職らの日給95ルピーは、筆者の調査期間終了前の2001年8月より98ルピーに増額された。

け渡しである。毎月一〇日の給料日には労働者たちはエステート管理事務所前に集まり、エステート管理者から直接手渡しで給料を支給されるのが慣わしである。

エステート管理者の下はオフィス部門とフィールド部門に分かれる（図2-3参照）。オフィス部門はエステートのマネージメントに関わる実務を管理事務所で行う。フィールド部門のトップであるフィールド・オフィサーはゴム樹林や苗木の管理に責任を持つ。ヒルトップでは、事務主任がスリランカ・タミルであることを除いて、その他のオフィサーはすべてシンハラ人である[8]。

フィールド部門のフィールド・オフィサーの下にはカンカーナマ[9]と呼ばれる労働監督職が属する。このポストはヒルトップ住人から選ばれる。監督職とはいえ、樹液採集区画すべてを毎日回る重労働のわりに賃金は他の労働者とほとんど変わらない。また、他の労働者から特に敬意が払われているわけでもない[10]。

カンカーナマの下は、ゴム樹液採集職、雑用職（主にゴム樹林の下草刈りなどを行う）、ゴム樹液の格納小屋の番をするウォッチャーに分かれる。二〇〇一年六月の時点でこの職種階層には計九〇名の労働者が携わっている。内訳はゴム樹液採集労働七〇名、雑用職一七名、ウォッチャー三名で

写真２－１　ゴム樹液採集の様子。小さな彫刻刀型のナイフで１本１本幹に傷をつけて回る。

写真２－２　受け皿に溜まった白いゴム樹液。

図2-3　ヒルトップにおける職種階層体系

ある。この職種階層の労働者にはヒルトップ住人以外の者も含まれている。九〇名中三三名はK村を含む近隣のシンハラ村から毎朝働きに来ている者である。エステート近隣のシンハラ住人が就業しているのも、中央高地裾野近辺のエステートの特徴である。

エステート労働の主要作業、ゴム樹液採集について記しておこう。作業は早朝六時頃始まる。各人は彫刻刀型の小型ナイフとバケツ（一五〜二〇リットルの大型のもの）を手に、それぞれ割り当てられた区画に出向く。一区画は二五〇〜三〇〇本のゴム樹林からなる。茶園の茶摘みなどは作業グループごとの労働が一般的だが、ゴム園の作業は個々人で行われる。

割り当て区画に着くと、まず前日の削り口に凝固したゴムくずをはがし、腰にぶらさげた小さな麻袋につめる。一日に一〜一・五キログラム採取でき、一キログラムあたり六ルピーとして給与に加算される。ゴムくずをはがし、小型ナイフで幹を削ると白い樹液が染み出してくる。樹液は削り口（地面に対して水平ではなく傾斜をつけて削る）の下方に取り付けられた手のひら大のお椀型受け皿（椰子の実の内殻を半分に割ったもの）に溜まるようになっている。この作業を手際よく繰り返しながら、区画の木の幹に順々に傷をつけていく。すべて回り終えると再び初めの木に戻り、今度は受け皿に溜まった樹液を持参したバケツに集めていく。

午前一〇時一五分にカンカーナマの笛の音がゴム樹林に響き渡り、これを合図に

写真２－３　樹液収集所で樹液の体積と比重を計測し記録する。

写真２－４　給料の受け取り。エステート管理事務所にて手渡しで行われる。

人々はバケツを頭の上に載せ収集所まで運ぶ。樹液で一杯になったバケツは生半可な重さではない[11]。人々も慣れているとはいえ、いつも険しい表情で慎重にバランスをとりながら運んでいく。収集所で体積と比重の計測を終え、フィールド・オフィサーに記録されるとその日の作業は終了である。たいてい正午前には仕事が終わることになる。

樹液採集労働者には特に決まった休日はなく、何か急用や病気で休む場合は事前に申し出る。休むこと自体は自由で、ただその分の日給が支払われないだけである。また雨の日はゴム樹液が流れてしまい採集困難となるため休日となる[12]。

(3)「長屋(ライン)」

居住労働者はエステート側が建てた集合住宅に住んでいる。「ライン」と呼ばれる長屋がメインで、二部屋だけの「クォータス」と呼ばれる小さな平屋建て家屋もある。基本的に居住者のうちひとりでもヒルトップでの労働に携わっていれば、その者の家族成員の居住が認められることになっている。また年老いて年金生活を送る者も居住を続けることができる。賃料の支払い義務はない。新規の居住労働者がやってきた場合や結婚によっていままで住んでいた部屋では狭くなるような際には管理事務所で部屋の再割り当てを行う。部屋の割り当てはカースト区分とは無関係になされており、異なるカーストの者同士が同じ長屋で生活を送っている。ここでは長屋の家屋構造をみておく。

ヒルトップの三つの長屋のうち、南端にある長屋を図示した(図2-4)。長屋は両面で計一二の小部屋に仕切られている。壁はセメントでできており屋根はトタン屋根である。入り口は全部で一二ヶ所ある。入り口を入るとすぐに小さなテラスになっている。テラスの側壁にはちょっとした棚が取り付けられていてヒンドゥーの神々を描い

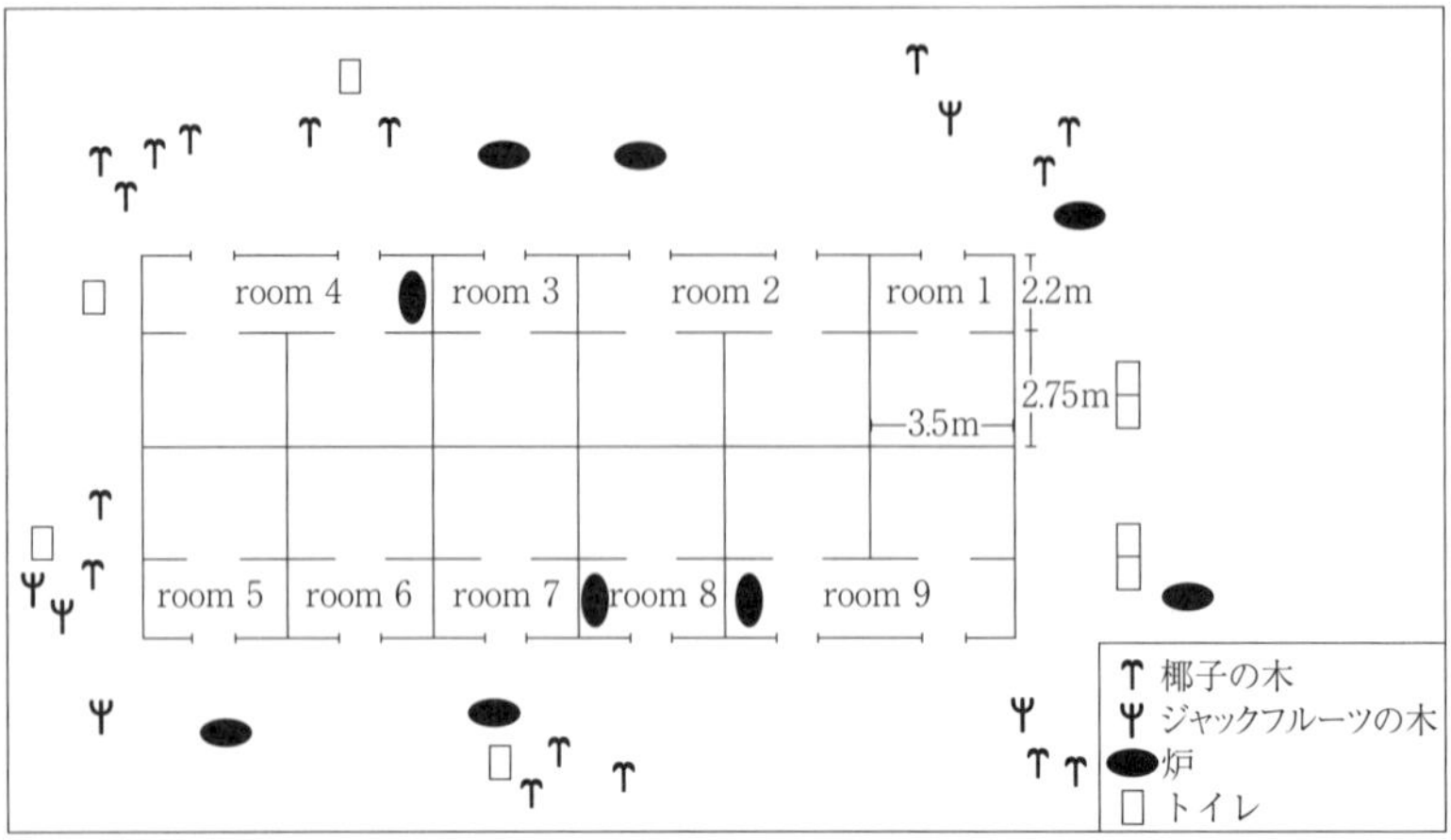

図2－4　長屋の家屋構造

た宗教画が飾られる。人々は朝夕ここに灯明をあげる。テラスの奥に寝室として使う小部屋がある。長屋には電気が通っていないため部屋はいつも薄暗い。テラスの側壁を取り払って一間とし寝室を二つ持つ部屋（例えば room 2）もある。各部屋は粘土製の質素な炉を持つ。炉は屋内にある場合と屋外の小さな小屋に置く場合とがある。部屋ごとに使用するトイレ（日本の工事現場でみかけるようなボックス型。ただしセメント製の備え付け）は屋外にある。

長屋の各部屋の前にはちょっとした敷地があり、その部屋の居住者に使用権がある。ある者は自家消費用に少しばかりの野菜を育て、ある者は花を植える。また部屋ごとにその敷地に生えている椰子の木の使用権がある。例えば room 9の住人は二本の椰子の木の実を料理などに用いることができる。room 9の敷地にはジャックフルーツの木が一本あるが、果実がなると長屋の皆で分けるのがふつうである。椰子の木の本数や使える敷地の広さ（角部屋は敷地が広くなる）は部屋ごとに違いがあるのだが、この不公平に不満をもらす者はひとりもいない[13]。クォータスについても、長屋の二部屋分が独立したような質素なもので、特にクォータスの方が選好されるということもない。

写真2-5　長屋の風景。

写真2-6　長屋の内部。ヒンドゥーの神々の絵が飾られた祭壇。

重要な点を確認しておく。長屋の部屋にせよ、部屋の前のちょっとした敷地にせよ、それは単に使用しているものである。ヒルトップの人々には相続される私有地や家屋というものはない。

第二節　ヒルトップ人口に関する基礎的データ

住人に関する基礎的な諸データについて、整理して提示しておこう。

居住人口と世帯規模

ヒルトップには、全四三世帯二〇五人が暮らしている。エステート管理事務所のスタッフを除いた居住労働者とその家族は、三六世帯一八四人である。このうちエステート・タミルが三二世帯一六三人を占め、残りはシンハラ四世帯二一人である。スタッフを除くこれらの居住人口について性別・年齢別の構成が表2-2、世帯について構成人員数別に分けたものが表2-3である。

「世帯」の語は、ここでは消費単位という経済的機能の観点から用いている。特に日常においてひとつの炉で調理したものを実際に共に食べている人々をひとつの世帯としてカウントしている。食費を共にする人々と読んでもらってよい。ヒルトップの一世帯あたりの平均人数は約五人である。親族領域の検討箇所で述べるが、エステート・タミルには「核家族」と訳しうる「クドゥムバム」［t］という語がある。男女とも結婚して所帯を持つと独立したクドゥムバムを形成する。別々のクドゥムバムは、本来、別々の炉を用いて調理したものを食べるとされる。この限りにおいてはクドゥムバムと本論の「世帯」を同義として構わないが、ヒルトップでは経済的理由から親夫婦と子夫婦が長屋の同じ部屋に暮らし、同じ炉で調理したものを食べているケースがみられる。特に次章にみる住人の経済状況の把握には実質的な経済ユニットに着目する必要があるため、これをクドゥムバムと分けて「世帯」と呼び、分析の単位とする。

表2-2　性別・年齢別居住人口

年齢＼性別	男性（人）	女性（人）	合計（人）
0歳以上～6歳未満	20	17	37
6歳以上～18歳未満	22	19	41
18歳以上～55歳未満	46	42	88
55歳以上	10	8	18
合計	98	86	184

＊「6歳未満」とは乳幼児から就学前児童。18歳はエステート就業が可能となる年齢。55歳は「ペンション（年金）」取得年齢（ただし女性の取得年齢は50歳）である。

表2-3　世帯構成人員数別の世帯数

構成人員数（人）	世帯数（世帯）	比率（%）
10	1	2.8
8	3	8.4
7	4	11.1
6	7	19.4
5	7	19.4
4	7	19.4
3	4	11.1
2	2	5.6
1	1	2.8
合計	36	100.0

カースト構成

エステート・タミルのカーストについては後に大きく紙幅を割く。ここでは人口構成にだけ言及しておく。先行研究の分類枠組み（これについても後章の議論である）に沿えば、エステート・タミルの諸カーストは基本的に「高」―「低」の二つに大別される。「高カースト範疇」はクディヤーナなどと呼ばれ、「低カースト範疇」はイラック・ジャーティと呼ばれる。ヒルトップでは全体でみると「高カースト範疇」が約三割、「低カースト範疇」（パッラール、パラヤール）が約七割と

表2-4　ヒルトップのカースト別居住人口

「高—低」範疇	カースト	人数(人)	割合(%)
「高カースト範疇」（クディヤーナ）	クディヤーナ（マラウァン）	24	14.7
	クディヤーナ（ムットゥラージ）	28	17.2
「低カースト範疇」（イラック・ジャーティ）	パッラール	61	37.4
	パラヤール	50	30.7
合計		163	100.0

いう人口構成である（表2-4）。

本論の議論にとってこの表はたいへん注意を要するもので、「高カースト範疇」といった言葉も実は危ういものである。表中の見出し語、「「高—低」範疇」に対応する語彙は存在せず、「「高い—低い」の分け方」だけがある（その「分け方」も意味を失いつつある）。生活の場のジャーティヤは、例えば「エステート・タミル」—「「高—低」範疇」—「諸カースト」といったツリー状の階層体系的な思考（提喩的同一性の論理、グループμの「Σ様式」）では捉えられない。クディヤーナという名称がこの表の強いる上位クラス、下位クラスに二度表れていることは、それを示しているのである。ここでは便宜的にこの表によって人口構成を指摘するにとどめ、後の章で十全に議論したい。また、表には挙げていないがヒルトップ居住のシンハラ四世帯のうち一世帯はシンハラの洗濯カースト・ヘーナである（他は農民カースト・ゴイガマ）。この家の女性（三十六歳）は、エステート・タミルとK村シンハラ住人両方の成女儀礼をかけもちする特異な位置を占めている。

宗教別分類

ヒルトップのエステート・タミル一六三人中、一三三人がヒンドゥー教徒、三〇人がキリスト教徒（ローマ・カトリック）である。シンハラは全員仏教徒である。

調査開始直後、挨拶がてら簡単な全戸調査をした筆者に「自分は仏教徒だ」と語る人々が少なからずいた。しばらくして尋ねると「ヒンドゥー教徒だ」という。そして「仏教もヒンドゥー教も違いはない」と続いた。ここではセンサス調査員の身振りで目安を示すのみである。「分類の基準」は「普段それとなく尋ねたときに彼らが自らを何教徒と語るか」程度のものである。

表２－５　宗教別居住人口とその割合

民族、宗教	人数（人）	割合（％）
エステート・タミル、ヒンドゥー教徒	133	72.3
エステート・タミル、キリスト教徒	30	16.3
シンハラ、仏教徒	21	11.4
合計	184	100.0

出生地

居住労働者とその家族一八四人のうち、ヒルトップで生まれ育った者は一一九人（六四・七％）、他所のエステートから移り住んできた者が六五人（三五・三％）である。後者のうち、ヒルトップ住人との結婚によって他所のエステートから移住してきた者が二六人（一四・一％）、世帯ごとあるいは親族をたよって移り住んできた者が三九人（二一・二％）である。移住組の三五％という数値は人口の流動性の高さを示すようにみえるが、必ずしも短期間に大きくひとの入れ替わりがあるわけではない。移住組の平均居住年数はほぼ三〇年である。R社の経営開始直後の一九九三年から二〇〇〇年までの居住人口もほとんど増減がない。他所のエステートの者との結婚による異動（婚出、婚入）を除いて、生活拠点をそっくり移動するケースは頻繁には起こらない。

使用言語

ヒルトップのエステート・タミルほぼ全員がタミル語とシンハラ語の両方を使い分けることができる。長屋では

表2-6　エステート・タミル住人の言語使用

タイプ ＼ 言語能力	タミル語会話	シンハラ語会話	タミル語読み書き	シンハラ語読み書き	人数（比率）
A	○	○	○	○	24人（18.6%）
B	○	○	×	○	50人（38.8%）
C	○	○	○	×	31人（24.0%）
D	○	○	×	×	23人（17.8%）
E	○	×	○	×	1人　（0.8%）
合計					129人　（100%）

＊表中の「○」、「×」は当該言語を用いて日常会話ができるか程度の一般的な意味。読み書きについては手紙程度の読み書き能力。Eタイプのひとりは、1999年にキャンディ市北の茶園から結婚によってヒルトップにやってきた女性（23歳）。彼女は茶園のタミル語学校で5年生まで学んだ。

たいていタミル語を用いる。特に小さな子供に話しかけるときはタミル語が自然である。村人との会話や、村人を含めて多人数で雑談する際にはシンハラ語が用いられる。意識的な使い分けがあるという言い方はあまりそぐわない。エステート・タミル同士がシンハラ語で話している姿をみかけることもめずらしいことではない。他方、隣のK村シンハラ住人はほとんどタミル語を解さない。唯一堪能なのはエステートに面して雑貨屋を構え毎日話しているうちに自然にタミル語を身につけた青年（二十歳）くらいである。

　表2-6はヒルトップに居住する六歳以上のエステート・タミル男女一二九人を対象に、二つの言語に関する読み書き能力、会話能力について分類したものだ。

　みておきたいのは、タミル語の読み書きができない人々の高い割合である（タイプB＋D）。背景にはシンハラ学校就学という教育環境がある。また、シンハラ語が読み書きできてタミル語のそれができないタイプBはほとんど若者によって占められており、こうした人々の割合は今後増加していくとみられる。ヒルトップの子供たちは皆、K村にあるシンハラ学校に通っており、彼らがタミル語の読み書きを本格的に習う機会は皆無に等しい[14]。

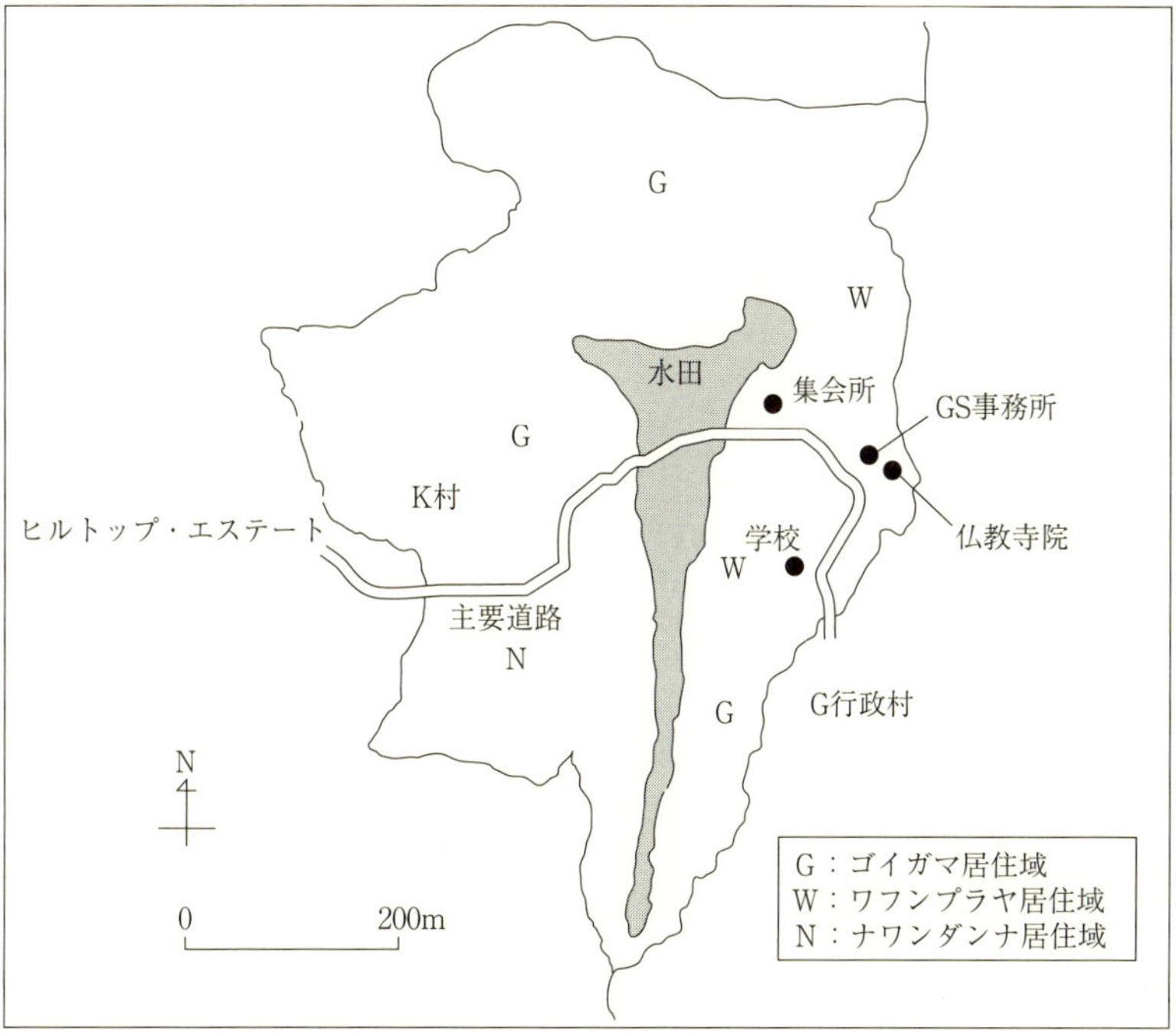

図2－5　「K村」概略図

第三節　K村

ヒルトップ居住域の東側に隣接し、ヒルトップ住人が密接な関わりを持つシンハラ村「K村」もまた本論にとって重要な舞台となる。概観しておこう（図2-5参照）。

K村は総面積およそ一〇〇エーカー、村の中央に一二エーカーほどの小さな水田が南北に細長く伸びている。水田以外の土地は「ゴダ・イダム」「s」と呼ばれる居住域からなっている。ゴダ・イダムは、家屋とそれを取り囲む「ワッタ」「s」と呼ばれる敷地からなり、たいていジャックフルーツといった普段の食事に用いられる樹木の他、バナナ、マホガニーなどの換金作物が植えられている。水田とゴダ・イダムからなる景観はこの地域のシンハラ農村に典型的なものだが、山がちな地

表2-7　K村カースト別人口と世帯数

カースト	世帯数	人数（%）
ゴイガマ	41	189 （46%）
ワフンプラヤ	30	141 （35%）
ナワンダンナ	16	77 （19%）
合計	87	407（100%）

形のため水田面積はごく狭いものである。

村の中央部には東西に道幅五メートルほどの主要道路（未舗装）が横断している。この他に小道が縦横に広がっている。村内には仏教寺院がひとつと集会所（普段は幼稚園として使われる）および隣接して開発NGOサルボダヤ運動が設立した村落銀行の小屋がある。またカニスト・ウィディヤーレ［s］と呼ばれる五年次までの学校があり、K村、ヒルトップ、W村、G行政村の一部から児童が通学しシンハラ語で教育を受けている。K村を中心にヒルトップなどを含む大きな行政区画K行政村の駐在村役人（グラーモ・セーワカ［s］、「GS」）の簡易事務所が寺院横に構えられている。

K村には仏教寺院の僧侶三人を除いて全八七世帯[15]四〇七人が暮らしている。K村に暮らすのはシンハラ人のみで、農民カースト・ゴイガマを上位に、椰子蜜づくりカースト・ワフンプラヤ、鍛治工カースト・ナワンダンナと三つのカーストに分かれている。ここでも人口構成のみ示し、シンハラ・カーストというジャーティヤについては後の章の議論とする。人口比率でみれば、村人口の半数近くがゴイガマによって占められ、次いでワフンプラヤが約三割、ナワンダンナが約二割という構成である。これら三つのカーストは概ね地図（図2-5）上に示したような区域に分かれて住居を構えている。K村のさらなるディテールについては次章以降、必要に応じて提示する。

註

（1）「村」には「ワサマ」［s］と呼ばれる行政村と「ガマ」［s］と呼ばれる自然村の二種がある。

（2）ヒルトップは第一章で挙げた地域区分ではケーガッラ地域に属する。この地域の division あたり平均居住人口は二四八人である。中規模とはいえ人口一〇〇〇人を超すdivisionがざらにあるハットン地域の茶園と比べれば「小さな」エステートであることに変わりはない。ちなみにこの地域には人口規模が一〇〇〇人を超えるdivisionはわずか四ヶ所しかない。ハットン地域のdivisionあたりの平均人口は約七〇〇人だが、この地域で「七〇〇人を超えるdivision数」は八ヶ所（四・一％）、「五〇〇人以上七〇〇人未満」は一八ヶ所（九・四％）、「二〇〇人以上五〇〇人未満」六〇ヶ所（三一・三％）、「二〇〇人未満」が一〇六ヶ所（五五・二％）である。

（3）　V社経営が始まるのは一九二〇年代に入ってからなので、若干辻褄の合わない部分もあるが、いずれにせよ何らかの形で軍務に関わっていた人物のようだ。

（4）　特定の白人管理者がこうした形で記憶されているのはヒルトップだけではないようである。ダニエルは、「もし私たちのカンガーニや管理者がいい人で親切だったら、彼のことを誇りに思ったものだ」というあるエステート・タミルの語りを紹介している［Daniel 1996: 37］。

（5）　彼らがせいぜい関心を寄せるのは、時折の異動によって新しくバンガローにやってくるエステート管理者の人物像である。日々の暮らしにあれこれと干渉する面倒な人物でなければよいが、というのが人々のもっぱらの声である。

（6）　放火犯について住人は「誰がやったかわからない」という。真相は不明だが彼らが「犯人を知っているがいわない（いえない）」とはあまり思えない。筆者の知る限り、日常の喧嘩沙汰はいざ知らず、この手の匿名性の高い暴力を顔見知りの者が直接ふるうことはあまり考えにくいという間接的な証左がある。昨今は控えめだが、スリランカでは選挙戦に絡んだシンハラ同士の暴力沙汰が日常茶飯事だった。投票用紙強奪や敗れた側の有力支持者の家を破壊するといったものだ。K村でも過去に同様の事件が起きている（後章でふれる）。だがいずれも直接手を下すのは「外からやってくるならず者」であり、村人が直接手を下すことはありえないという。ある村人に理由を問うたら「だって、ここで生きていかなきゃならないだろう？」と笑われた。村落レベルのこの手の暴力は陰険な疑心暗鬼を生じさせる。だとしても顔見知り同士が直接行動に出ないのはある種の常識となっている。

（7）　R社はスリランカ国内に茶やゴムなど総面積八万エーカーを超えるエステート敷地を有し、三万八〇〇〇人を雇用している。R社はエステート部門のみならず、ゴム加工製品やプラスチック加工製品の製造販売部門など多角的な経営を行うグループ企業である。
(8) この事務主任は東部州出身で別の民間企業に勤めていたがR社の公募に応じてやってきた。エステートのオフィサーらは通常ほとんどシンハラ人で占められている。
(9) かつてのリクルーター兼監督職カンガーニに由来すると思われる。ただし現在「カンガーニ」という言葉はシンハラ村人がヒルトップの男性労働者に丁寧に話しかける際に用いられている(後述)。
(10) 労働者たちはオフィサーには敬称を用い、彼らが来ると立ちあがって敬意を示す。ジャヤラマンらが調査した茶園では、職種上の序列とカースト序列の対応関係(上位カーストほど地位の高い職種に就く)が報告されているが[Jayaraman 1975: 98; 中村 一九七六：二九一]、ヒルトップにはこれは当てはまらない。現在のカンカーナマはパラヤールの男性が務めており(カースト構成は後述)、歴代のカンカーナマにも特定カーストの偏りはない。カンカーナマの任命はフィールド・オフィサーが人柄と仕事ぶりを見て決めることになっている。
(11) 精製ゴムに換算すれば概ね五〜六キログラム程度だが、液体が標準的な濃度の場合、一回の作業でバケツに入れて持ってくる量は一五リットル前後、とてつもなく重い。採集量ノルマは区画ごとにエステート管理事務所が設定する。ノルマを上回ればその分給与の上乗せがあるが、下回ればすぐさま減給というわけではない。極端にノルマを下回る日が続くようだとフィールド・オフィサーが本人から事情を聞き、場合によっては他の労働者と区画を取り替えて様子をみることになっている。
(12) 日曜日の給与は平日の一・五倍(ただし前日の土曜日も働いていることが条件)、ポーヤ・デー(満月の日。スリランカでは休日)は平日の二倍の給与が支払われる。有給休暇は五月一日のメーデーおよび四月一四日の新年の日のみ。産休については産後三ヶ月の有給休暇がある。出産前に有給休暇制度はなく休暇取得は個々に委ねられている。
(13) もっともこの程度の椰子の木では十分な自給にはほど遠く、利用しない者もいる。それでも寝室数や敷地の広さをめぐってもめごとが起きないのか不思議に思って尋ねたことがある。長屋の皆は笑いながら教えてくれた。「ここはいつは角の部屋だから有利なんだ、敷地が広いだろ?」、「俺の部屋の前には椰子の木がないぞ。石ばっかりさ!」、「何いってるんだい。どこだって変わりゃしないよ、似たようなもんじゃないか」。部屋数についても、家族が増えすぎてぎゅうぎゅうにならない限り、実際彼らは気にも留めていない。

(14)　タミル語の読み書き能力が失われていく傾向を人々が口惜しむことはついぞなかった。タミル語や文字を核に「われわれ」意識を結晶化させるような語りを聞くこともなかった。

(15)　ここでも消費単位（特に食費）の観点から世帯としている。シンハラ語で核家族にあたる「パウラ」［s］に相当（ただし「パウラ」の多義性については後述）。エステート・タミルのクドゥムバム同様、ひとつの家屋でも二組のパウラが暮らすとき、別々に調理するとされるが、経済的理由により実際は食費も調理も共同（親夫婦と息子夫婦など）の二組のパウラが多い。ここではそれらを一組の世帯としてカウントしている。

第三章　調査地の経済状況および経済的関係

本章は調査地の経済状況および経済的関係を取り上げる。経済的領域に特に章を割くのは、生きられるジャーティヤの世界の理解のためには、ここをおさえておくことが不可欠だからである。記される諸事項は、生活の場のジャーティヤの在り方に強く連動していく下地とイメージされたい。

本章の骨格はシンプルである。初めにヒルトップ住人の経済状況を示し、近隣シンハラ村落への経済的連結の必要が生じていることを述べる。次に視線をK村の経済構造に移し、そこにある種の隙間が生じていることを述べる。ヒルトップ住人はその隙間を埋めるように村落経済と結びついている。最後にこの経済的連結を示したい。なお幾分細かい数字を扱うため、第一節については（2）、第二節は（4）、経済的連結については第三節冒頭に、それぞれまとめ的な記述を付した。本文の諸データと対照されたい。

第一節　エステート住人の経済状況

（1）収入・支出・資産

ヒルトップ住人の経的状況を収入・支出・資産という三つの観点からみていく。居住域南端の長屋の九世帯をサ

表3-1　サンプル世帯の構成

世帯番号	部屋番号	世帯構成内訳（Mは男性、Fは女性、カッコ内は年齢）	人数(人)
1	room 1	M（26），F（26），M（8），F（4），F（1）	5
2	room 2	M（44），F（42），F（19）†，F（17），F（6）	5
3	room 3	M（72），M（42），F（48），F（21）	4
4	room 4	M（58），F（58），M（29），M（28），M（23），M（15）	6
5	room 5	M（38），F（38），F（16），M（15），F（13）	5
6	room 7	M（28），F（28），M（4），M（1）	4
7	room 8	M（52）†，F（44）	2
8	room 9	M（50），F（52），M（43），F（20），F（7），M（4）	6
9	room 9	M（23），F（20），M（1）	3
合計			40

＊ room 2、7（†）の2人はエステート外部に住み込みで出稼ぎに出ている。また room 6 にひとりで暮らしていた女性（58歳）は長女の嫁ぎ先の別のエステートで暮らすことが多くなったためサンプルから除外してある。

ンプルとして取り上げ、ヒルトップ全体のデータを適宜提示する。サンプルの長屋は全九部屋から成り、全部で四〇人が暮らしている。room 9には生計を異にする二つの世帯[1]が暮らしているため、サンプルは全八部屋九世帯である。

①収入

住人の経済的状況を特徴づけるのは何よりもその低収入である。調査当時、農村地域では一世帯（両親と子供二、三人として）で「月に五〇〇〇ルピーの収入があれば、厳しいが何とかなる」というのが一般的な感覚だった。この金額を目安に、K村とヒルトップの収入格差を大雑把に比較すれば、K村一世帯あたりの平均月収は概ね七〇〇〇ルピーである。これに対し、ヒルトップではエステート給与の手取りが一七〇〇ルピー前後、夫婦共働きでも月収は三五〇〇ルピーほどにしかならない。彼らは支出を切り詰めているが、それでも足りない分を埋めているのが、近隣シンハラ村落での副業を中心とするエステート外収入である。

ヒルトップ全体のデータを元に、各世帯が収入を得ている就

表3-2　ヒルトップの世帯収入パターン

世帯収入形態	エステート労働収入	エステート外収入		該当世帯数（%）
		外部専業労働収入	副業収入	
A	+			4　(11.4)
B		+		3　(8.6)
C	+	+		9　(25.7)
D	+		+	11　(31.4)
E	+	+	+	8　(22.9)
合計				35*(100.0)

*全36世帯中、room 6の女性は除外してあるため合計は35世帯。「外部専業労働収入」とはエステートで就業せず外部で就業する者の収入、「副業収入」はエステート労働のかたわら外部で行う副業による収入。本文で言及する。

表3-3　サンプル世帯の収入パターンと就労者数

世帯番号	世帯収入形態	エステート労働従事者（[　] 内は副業従事者）	外部労働専従者
1	D	2 [1]	0
2	E	2 [1]	1
3	E	2 [1]	1
4	B	0	3
5	D	2 [1]	0
6	D	2 [1]	0
7	E	1 [1]	1
8	E	1 [1]	2
9	C	1	1
合計		13 [7]	8

労パターンを分類すると表3-2のA〜Eの五通りが得られる。

世帯内にエステート労働従事者が皆無であるパターンBの三世帯（エステート労働を引退した老夫婦のケース）を除き、すべての世帯がエステート労働収入を得ていることをまず確認しておく。着目したいのは、エステート労働収入のみのパターンAが四世帯に過ぎないことである[2]。約九割の世帯がエステート外部の収入源を持っている。サンプル世帯でみれば、すべての世帯が何らかの収入をエス

表3－4　エステート営業日数とサンプル世帯労働者の平均労働日数

年月	降雨量（mm）	エステート営業日数（日）	サンプル世帯エステート労働者の平均労働日数（日）
2000. 4	112. 88	26	17
5	129. 12	28	19
6	154. 13	23	15
7	23. 74	29	19
8	89. 18	24	16
9	180. 01	26	20
10	302. 52	19	15
11	295. 66	23	18
12	101. 66	23	19
2001. 1	186. 07	27	21
2	162. 68	25	19
3	0	31	24
合計（平均）	1737. 65	304（25. 3）	222（18. 5）

＊ヒルトップ・エステート管理事務所より提供を受けた資料を元に筆者作成。

テート外部から得ている。

ほとんどの世帯がエステート外収入を得ている背景には、以下にみるエステート労働の低賃金という理由が大きい。同時にエステート自体の立地環境およびゴム園での労働時間も条件となっている。エステートの地理的配置に関する相違を指摘した通り、大規模茶園とは異なり、シンハラ村落に囲まれたヒルトップのような場所ではエステート外部に現金収入の機会が多い。またゴム園での労働は正午には終了するため、午後の時間を副業にあてることが可能となっている。

a エステート労働収入

ヒルトップ住人の主要な収入源(3)はエステート労働の賃金である。表3－4は、サンプル世帯のエステート労働従事者一三人について、二〇〇〇年四月から一年間分の平均労働日数を月別に示したものだ。ゴム園では雨が降ると樹液が流れてしまうため作業は休止となる。(4)表には月別営業日数（＝エステート全体で作業が実施された日数）および降雨量も付した。

この期間の月別エステート営業日数の平均は約二五日で、サンプル労働者の一ヶ月の平均労働日数は約一九日になる。あくまで平均の数値だが、週に一日は雨で作業自体がなく、その他に労働者たちはもう一日自主的に休みをとっている見当になる。[5] エステート労働者の日給は九五ルピーで、労働日数分の給与を毎月受け取る。単純計算で一九日分の労働は約一八〇〇ルピーである。樹液採集に付随する凝固ゴム片収集による収入が約一五〇ルピー、若干の樹液採集ノルマ超過分を加味すれば一月あたりの収入は約二〇〇〇ルピーとなる。ここから年金の積立金一〇%、給与明細発行料といった雑費が差し引かれると、月々の手取りは約一七〇〇ルピーである。これがどの程度

表 3－5　日用の消費財・サービス価格

消費財・サービス	価格（ルピー）
米（1 kg）	26
小麦粉（1 kg）	20
砂糖（1 kg）	40
塩（1 kg）	40
卵（1コ）	4.50
じゃがいも（1 kg）	60
たまねぎ（1 kg）	60
小魚の干物（100g）	15
パリプ豆（1 kg）	60
唐辛子パウダー（100g）	20
ココナツ・オイル（750ml）	60
茶葉（50g）	11
粉ミルク（1パック）	125
ノート（1冊）	8.50～14.50
ボールペン（1本）	9
石鹸（1コ）	13～16.50
洗濯石鹸（1コ）	12.50
ランプ用油（750ml）	20
R町までの片道バス運賃	7
R町までの片道オート三輪運賃	150

＊消費財の価格はヒルトップに隣接するシンハラ村K村の雑貨屋での店頭価格。価格は2001年5月時点。調査期間を通じて物価上昇は著しかった。2000年5月に比して、砂糖は36ルピーから11%上昇、ココナツ・オイルは42ルピーから42%の上昇、バス運賃は4ルピーから75%上昇した。

の金額か、日用消費財・サービス価格を表3-5に示した。

主食に関わる米と小麦粉の価格だけ着目しよう。五人で構成されるサンプル世帯番号1のある月の主食材料購入量（毎月購入のため消費量とみてよい）は、米二〇キログラム、小麦粉八キログラムである。これだけで六八〇ルピーに相当する。エステート労働者の月々の手取り給与では、主食の材料購入費だけでその四〇％が費やされてしまうことになる（後に挙げる消費支出内訳も参照）。

他の職種の月収も目安に挙げておく。一般の国家公務員や都市部の私企業勤務者の月収は手取りで八〇〇〇ルピーほどである。また調査当時、農村地域の女性を中心に雇用機会を提供していた衣服縫製工場（ガーメント）では月々の手取りが三〇〇〇～四〇〇〇ルピーだった。エステート労働収入は、消費財価格と照らしても、また農村部の一般の収入水準に照らしてもかなり低い水準になっている。

次にエステートの低収入を補う外部での労働収入をみてみたい。エステート外部で就労する者は、エステート労働に全く従事しない「外部労働専従者」とエステート労働の副業として就労する「副業従事者」の二通りに分けられる。

bエステート外収入

b-1外部労働専従者とその収入

「外部労働専従者」には表3-2のB、C、Eパターン全二〇世帯から二七人の者が該当する。その職種とおおよその平均月収は次の通りである。

各職種の平均月収はすべてエステート平均月収を上回っており、一見して外部労働に専従した方がより高い収入

表３－６　「外部労働専従者」の職種と平均月収

職種	平均月収（ルピー）	通勤就労者数（人）	外部居留就労者（人）
採石作業	2,000	2	0
警備員	2,000	0	1
商店手伝い	2,500	0	2
個人農園労働	2,500	8	2
町工場手伝い	2,500	4	0
ガーメント工場労働	3,000	2	0
家政婦	3,500	0	1
食堂給仕	5,000	2	0
海外出稼ぎ（家政婦）	8,000	0	3
合計		18	9

＊「通勤就労者」とはヒルトップから通勤する者、「外部居留就労者」はヒルトップの外に住み込みで働く出稼ぎ労働者を表す。職種中、「食堂給仕」の平均月収が高くなっているが、２人中ひとりがキャンディ－コロンボ間幹線道路沿いの大きな食堂のウェイターで、日給60ルピーに加えてチップ収入が毎日200ルピー前後あるためこうした数値になっている。「海外出稼ぎ」について、ヒルトップからは３人の既婚女性がクウェートとサウジアラビアに出稼ぎに行っている。職種は家政婦で平均月収はスリランカの金額にして約８,000ルピーである。これはエステート住人にとってスリランカ国内ではほとんど稼得不可能な金額である。世帯内に海外出稼ぎを行う者がいれば、その世帯の所得水準は大きく向上することがある程度予測される。ただし、ヒルトップの３人はいずれも筆者の調査開始直前の1999年から３年契約で渡航したこと、それ以前に海外出稼ぎを行った住人がいなかったことから、その具体的な経済効果については不確かである。

を見込めることがわかる。ただし、外部専従労働者の内訳には際立った特徴がある。ほとんどがエステート労働を引退した者か、エステート労働を始める前の十代後半から二十代前半の若者で占められている。(6)

先述の通り、長屋の部屋ごとにひとりでもエステート労働に携わっていればその家族の居住が認められている。(7)したがっていかに低収入とはいえ、最低ひとりはエステート労働に従事しなければならない。だが、もし世帯として収入の最大化を図るのであれば、ひとりだけがエステート労働に従事し、残りはエステート外部で就労すればよいことになる。けれども、エステート労働従事者を擁する世帯の約六割で複数の者がエステート労働を行っており、また、二十代から五十代のいわば働き盛りの人々はエステート労働を選好し、かつそれを主要なものと捉える傾向がある。

この選好の背景にあるのが、外部就労の不安定性とエステート労働引退後の年金受給という要因である。[8]外部就労の職種は、雇用側が臨時に雇い入れる類の職種が多い。短期契約でない場合でも、基本的にいつ解雇されるかわからない不安定性を伴う。これに対してエステート労働は解雇される心配はまずほとんどない。また、外部就労は相対的に高収入とはいえ退職後の経済的保障は皆無である。これに対し、エステート労働では年金システムによって退職後の経済的保障がなされる。

外部雇用の不安定性と将来的な問題は彼らにもよく認識されている。大規模茶園と比べて外部雇用機会に恵まれているとはいえ、安定性や退職後の保障の面でエステート労働に勝る職種に簡単にアクセスできるわけではない。[9]また前章で述べたように彼らには私有地というものがなく、換金作物栽培による老後の収入といった方途も持ち得ない。こうした背景から外部専従労働を本業とはしづらいのである。

b―2　副業従事者とその収入

エステート労働のかたわら外部で行う就労を「副業」と呼ぶことにする。エステートで働き、なおかつ副収入を必要とするある人々の日常にとってはこちらが重要である。ある程度恒常的に副業を行っている者はエステート労働に携わる全五七人中二三人である。ただし、実際には普段長屋で子供の面倒をみている母親が子供を隣人に預けてちょっと副業を行うといったことも多く、副業はかなり日常的なものである。

彼らの主要な副業はシンハラ村の個人農園での労働である。シンハラ村落の居住域には「ワッタ」と呼ばれる敷地が備わっており、換金作物などが植えられている。エステート住人はしばしばここで作業を行う（ワッタ農業に

表3-7　副業労働の職種と日給

職種		日給（ルピー）
シンハラ村の個人農園（「ワッタ」）労働	薪採集	50～100
	ゴム樹液採集	50～150
	薪割り	100～150
	木材伐採	100～150
	材木搬送	150～200
	農園整備	150～200
	果実採集	現物か木1本あたり3ルピー
裁縫†		40～50
キンマの葉販売†		40～50
床の牛糞塗り†		50
商品搬送		50～75
ミルク販売		60～100
砂利採集		200

＊「†」印は女性のみが行う副業。「シンハラ村の個人農園労働」のうち薪採集、ゴム樹液採集は女性も行う。「ミルク販売」は、3人が乳牛を飼育し携わっている。毎朝、乳製品会社のトラックがミルク収集にやってきて1ℓあたり12ルピーで買い取っていく。「商品搬送」はK村の雑貨屋がR町から仕入れてきた商品を店まで運ぶという単純労働。「砂利採集」はヒルトップの北端を流れるR河で行われるが、かなり重労働である。「裁縫」、「キンマの葉販売」、「床の牛糞塗り」は女性が行うが、携わっていたのは4人だけ。「床の牛糞塗り」についてふれておく。伝統的なシンハラ家屋の床は牛糞（「ゴマ」[s]）が薄く伸ばして塗られる。この床はひんやりと快適な感じを受けるものである。牛糞塗りは女性の仕事で、村人が自分で行う場合が多いが、ヒルトップのひとりの女性がこれを50ルピーで請け負っている。

ついては次にみるK村の経済構造のなかで取り上げる）。

人々が副業を行う頻度を一概に述べることは困難だが、目安として挙げれば、ある一ヶ月のサンプル世帯の副業就労日数の平均は約一三日間、平均月収はひとりあたり約一一〇〇ルピーだった。エステート労働に携わり続ける人々にとって、近隣シンハラ村落での副業は低収入を支える重要な現金収入源となっている。

②家計支出

次は支出である。サンプル世帯の一ヶ月あたり消費支出内訳を表3-8に示した。タミル、シンハラ共に四月中旬に新年を迎えるが[10]、データはその祝いを翌月にひかえた二〇〇

表3－8　サンプル世帯の1ヶ月あたり消費支出例（2001年3月）

項目＼世帯番号	1	2	3	4	5	6	7	8	9
食費	1,764	1,659	1,576	1,040	1,589	1,802	400	1,580	1,830
日用品代	153	266	180	386	484	416	128	436	189
被服費	150	0	0	0	0	0	0	0	0
散髪代	75	0	50	0	80	25	0	65	0
医療費	103	45	246	500	40	135	0	0	0
教育費	40	75	0	680	550	45	0	600	415
供物・献金	10	0	0	5	250	0	0	25	0
通信・郵便費	0	20	0	35	0	0	0	20	0
電気代	85	160	0	0	0	50	0	0	0
交通費・旅費	1,000	1150	0	200	700	0	0	500	0
奢侈品代	1,900	0	0	0	550	7,250	0	0	0
その他	400	0	0	0	216	0	0	340	0
小計（a）	5,680	3,375	2,052	2,846	4,459	9,723	528	3,566	2,434
「正月」準備支出（b）	0	450	250	2,850	1,200	3,587	800	0	0
合計支出（a＋b）	5,680	3,825	2,302	5,696	5,659	13,310	1,328	3,566	2,434

（単位：ルピー）

一年三月のものである。エステート・タミルには一年間のうち大きな出費を伴う祝祭が二度ある。ひとつは一〇月下旬のディーパーワリ祭で世帯の出費は五〇〇〇～八〇〇〇ルピーになる。もうひとつが四月の正月で三〇〇〇～四〇〇〇ルピーほどの出費である[11]。サンプル世帯のうち六世帯（世帯番号2、3、4、5、6、7）で三月から正月の準備を始めているが、その支出は「正月」準備支出(b)として別途記入してある。したがって「小計(a)」を祝祭のない月の通常の支出と読んでもらってほぼ差し支えない。

「小計(a)」の欄に大きな格差（五二八～九七二三ルピー）がみられるが、この点は説明しておく。支出が極端に少ない世帯番号7の世帯は二人暮しの夫婦で、夫はこの期間、他所のシンハラ村個人農園に住み込みで働いていた。データには夫の支出分は含まれておらず、妻が消費した分だけが計上されている[12]。他方、世帯番号6がとびぬけて大きな支出を示しているのは奢侈品代が理由である。この月、妻が六五〇〇ルピーの金の腕輪を購入している。

同じく奢侈品代支出のある世帯番号1、5でもその内訳は妻の金の耳飾り購入費である。これらは装飾品としての使用価値を持つとともに、銀行への質入れによってただちに現金化することができる。[13] もちろん高価な宝飾品の購入は頻繁ではない。

三世帯が重なったのは正月を控えていたからと思われる。

家計支出の内訳では、食費がコンスタントに高い割合を占めている。これに時折の旅費が重なってくる（三月はマーリアンマン女神祭礼が行われるエステートが多く、数世帯が親族のいる他所のエステートを訪れている）。概していえることは、彼らの日常の支出項目はきわめて限定的であり、必要最低限の食費や日用品がほとんどである。

彼らの家計支出（「小計(a)」）の水準がどの程度のものかK村のケースと比較しておく。サンプル世帯の支出平均を取れば三九九八ルピーとなる。同じ期間、K村でごく平均的な七世帯（世帯人員平均四・六人）をランダムに選び全く同じ項目で調査を行ったところ、小計(a)に該当する支出額平均は五五二六ルピーであった。家計支出の面においても、エステート住人の経済状況は隣村シンハラ住人のそれを下回っている。

③資産

最後に資産だが、これを語るのは少し難渋する。長屋住まいに賃料はかからないものの、彼らには私有地というものがなく、またエステート外部に土地を購入することも現実的な希望として語られることがない。ある程度聞いた範囲では、貯蓄はあっても二〇〇〇〜五〇〇〇ルピー程度である。反対に借金として多いのは、日用品を購入するK村の雑貨屋でのツケ買いの負債だ。ただ、これもせいぜい数百ルピーという感じで、ツケがたまると雑貨屋の主から売買を拒否されてしまうため人々はこまめに支払いを行っている。これを除けば借金はないという世帯が意外と多く、[14] なるべく大きな借金を抱えないよう人々は注意している。ちなみに、急な出費などで借り入れを頼む相手はシンハラ村住人である。エステート住人同士で金銭の貸借を行うことはほとんどない。「みんな貧しいのに金を貸せる奴なんていないだろ」と笑われてしまう。

その他、資産と呼びうるものにふれておく。少しみたようにエステート・タミルの間では、貯蓄を金の宝飾品（主に女性の腕輪、耳飾り、ノーズリング）の形で行う習慣が広くみられる［cf. Hollup 1994: 134-135］。ただし調査地では、華美な装飾品を多数保有している者はいない(15)。各部屋の所有物をみれば最も高価なものはテレビである。一五世帯がテレビを保有しているが、壊れているもの、テレビはあるがバッテリーがない（映らない）という世帯もある。部屋に全く物がないという感じの世帯も七世帯ある。持ち物は「皿と鍋だけだわねえ」といった世帯である。とはいえ、資産という面からみて大きな貧富の格差があるとはいえない。皆同じサイズの小部屋に住み、テレビのある世帯でも他の持ち物は椅子だけ、せいぜい食器を収納する小さなキャビネットがある程度である。まず椅子セットを揃え、次にテレビ、可能であれば格好のよいステレオセットを、というのが彼らの希望だった。

個人差もあり数値上にうまく表れないが、彼らが何らかの形で資産を蓄積していくことに積極性を有している、とはなかなか言いづらい。限られた収入源と収入額からは、そうした蓄積があまり現実的といえない状況がある。ステレオセットにしたところで、「いずれ」、「いつか」の希望だ。表現が難しいが、彼らの経済活動の全般的なムードは、よくいえば「必要な分だけ何とかする」であり、かといって「なければないで、それも何とかする」である。

エピソードをひとつ添えたい。二〇〇一年四月のある日のことだ。この月は前月の降雨量ゼロから打って変わって四〇〇ミリを超す降雨量を記録した。最終的に営業日数は一九日間にとどまったものの、エステート労働収入の激減が懸念されていた(16)。さぞかし副業で大忙しかと晴れ間を縫って長屋を訪れるといつもの顔ぶれが揃っている。

room 7の女性（二十八歳）に、みんな副業探しでたいへんなんじゃないかと訊ねると、とびきりの笑顔が返ってきた。「あら、全然そんなことないのよ。雨が降ったら降ったで、みんなそのまんまおうちにいるのよ！」。他の者も笑って続けた。「ご覧の通りさ」。雨が続けばシンハラ村の個人農園での仕事が減るのも事実だが、実際この月のサンプル世帯の副業就労平均日数は八日間にも満たなかった。

（2）経済状況まとめ

調査地エステート住人の経済状況についてまとめる。彼らの経済状況を特徴づけるのは第一に収入、支出、資産全体における水準の低さである。これは順にみた通り。第二は低水準における均質性である。副業も含め外部収入源は日雇いないし短期雇用に限定されており、その面でも大きな格差は生じづらい。エステートでは、賃金のみならず職種の面でも彼らは均質的である。土地を持たず、長屋の小さな部屋で暮らす境遇も変わらない。こうした経済状況にあって均質的な意識は強く持たれている。彼らは例外なく「みんな貧しい、似たようなものだ」と口にする（このことは近隣シンハラ住人にも認識され語られるところである）。土地や持ち家を保有するシンハラ村人と日常的に接している彼らにとって、エステート内のささやかな格差は問題とされることがない。

ところで、ふつうに考えれば、貧困層のなかにも何らかの経済的卓越化の感覚はみられてもおかしくはない。この部分は後の議論におおいに連関する。いま文脈上、「均質性」という言葉を用いているが、経済的あるいは物質的水準の均質性は、いわば「似たりよったり」という境遇の隠喩的類似性に変換されて、エステート・タミルというジャーティヤの「ひとまとまり」に関わってくるのである。(17) この点は後の議論（第五章第二節）につないでおく。

第三に、エステート労働を選好する傾向である。外部専従就労の機会はあるが、雇用の不安定性と将来的保障を主要因としてこの傾向が顕著である。そして低収入とエステート労働選好の帰結として、第四に副業の必要性、すなわち身近な近隣シンハラ村落と経済的に結びついていく必要性が生じているということである。

以上が、隣村シンハラ住人と経済的関係を結んでいかねばならないエステート住人側の主なコンディションだ。次はK村の経済に目を転じよう。

第二節　K村経済構造とその隙間

K村の外観は山間のシンハラ農村の典型そのものである。村内に舗装道路もなく、バス路線のある道路までは三〇分近くかけて丘を上り下りせねばならない。電気が開通したのも二〇〇〇年四月のことである。そうした不便な田舎の村とはいえ、早朝ともなれば朝靄のなかを三々五々村外に通勤していく村人たちの姿が日常の光景である。

K村の経済構造を特徴づけるのは、主収入を村落外部の経済活動に依存している世帯がきわめて多いという事実である。これは個々の世帯の経済活動の独立性の高さと村内経済関係の希薄さをもたらしている。ここでは村落経済の構造を逐一仔細に詳論できないので、特にエステート住人との経済的連結部分に焦点を絞っていく形で記述を行う。「就業構造」から「ワッタ農業」、そして「村内日雇い労働」へとスコープを絞っていく。K村経済構造全体についてはその後に大枠で指摘する。

(1)　就業構造

村の人口四〇七人（世帯数八七戸、一世帯平均四・七人）のうち、何らかの形で就業している者一九一人を職業と

表３－９　Ｋ村における村外／村内・職業別就業者数

	職業別就業者数（人）	小計（%）	合計（%）
村内就業者	農業（38）、村内日雇い労働（８）、雑貨屋・軽食堂（７）、鍛冶工（３）、その他・内職（22）	78人（40.8％）	191人（100%）
村外就業者	縫製工場（16）、自動車修理工（15）、公務員・警察官（10）、軍隊（10）、精米所・瓦製作所（11）、会社員（６）、大工（６）、運転手・運送業（４）、商店従業員（２）、電気技師（２）、その他（10）、海外出稼ぎ（９）	101人（52.9％）	
ヒルトップ就業者	樹液採集職（７）、雑用職（４）、運転手（１）	12人（６.３％）	

＊「大工」は村内でも就業。二つの仕事を持つ者は本人が本業としている職業の方に編入。

就労場所別に分類したものが表３-９である。

村外就業者数は一〇一人（五二・九％）、ヒルトップ就業者と合わせれば約六割が働き口を村外に求めている。世帯の観点でいえば、全八七世帯中七三世帯（八三・九％）が世帯内に村外就業者を有しており、これらの世帯の主収入もほぼ村外の経済活動に依拠している。

村内就業者の約四割という数字は、内訳をみればもっと減ることになる。「その他・内職」の多くは「ビーディ（安価な葉巻）巻き作業」というタバコ会社の下請け内職である。村内に雇用関係や売買関係はなく、内実としては村外就業の部類である。これを除くと村内就業者は全体の三割弱となる。さらに「農業」の内訳をみれば、このうち農業で生計を立てているといいうる者は一五人ほど（二〇世帯程度）に過ぎない[18]。実質的な村内就業者となると二割をきってしまうのである。

「村には仕事がない」、「金を稼げない」というのが村人の一般的な感覚である。村内に職を求めることはまるで期待されていない。こうした感覚は、今日スリランカの農村部で広く認められるところだが、Ｋ村のような実質的な村内就業比率の低さは、特に農業形態と大きく関わっている。ヒルトップ住人が経済的に結びついてくるのもこの部分である。

写真3-1　ビーディ（安価な葉巻）巻き作業を行うシンハラ村人。

（2）K村の農業形態

K村の農業は水稲耕作とワッタ農業である。中央高地地方で場所によってみられる焼畑耕作は行われていない。

①水稲耕作

スリランカでは、古代シンハラ王国が高度な灌漑網による水稲耕作で繁栄を誇った歴史がある。稲作は単なる生業を超えて仏教とともにシンハラ文化の核ともされるものである[19]。今日でも多くのシンハラ農村において水稲耕作は中心的な農業形態といってよい。

K村の場合、しかし、規模の面でも土地をめぐる経済関係の面でも稲作はまるで重要性を持っていない。山間の立地のため総面積はわずか一二エーカーほどで、これが二三もの小さな区画に分割されている（うち一区画は休耕田）。収穫物は、ほぼ自家消費用であり、水稲耕作により生計を立てる世帯はない。

村内在住の水田所有者は確認できるだけで二一人いるが[20]、所有者が確認できない区画もある。約〇・五エーカーのある区画は、権利を有する者が既に五〇人を超えるという。この区画は、ひとりの男性が耕作し収穫物もすべて彼のものになっている。だが、これについて文句をいう者はひとりもいない。クレームをつけてもめごとを引き起こすには零細すぎて価値が見出せないのである。この区画は村人の笑い話になっている。また、六つの区画では、収穫物の折半をベースとした契約（「アンダ」［s］）により、いわゆる地主と小作人の関係ができている。だが五つのケースは所有者が高齢か多忙のため近い親族の者にまかせているだけ、残るケースは所有者がひとりで作業するのが退屈というので、村でぶらぶらしていた友人に声をかけて区画の一部をまかせているだけだ。

いずれにせよK村の水稲耕作は規模が小さく、所有者と作業に携わる一部の者だけの関心事であって、ほとんどの村人は関わりを持っていない。後にみるK村の村内日雇い労働者も、また副業のエステート住人も、水稲耕作には全く関与していない。特にエステート・タミルたちは、水田にまつわる作業を「慣れていないもの、できないもの」と考えており、シンハラ住人も同じようにみなしている。

水稲耕作に関わる協同労働にだけここで言及しておきたい。シンハラの水稲耕作には伝統的にいくつかの協同労働の型がある［cf. 足立　一九八八］。K村でも田植えや収穫に際して協同労働がなされるが、すべて「アッタン」［s］と呼ばれている。(21) 関与するのは水田所有者や耕作者、その世帯の者たちだけである。ただし、アッタンの語は、賃金を介在させずに同種の労働交換を行う場合や、伝統的な家屋の屋根葺き作業を手伝う場合などにも用いられる。(22)

②ワッタ農業

aワッタ農業の概略——副収入源としての位置

K村の農業の中心はワッタ農業である。ワッタ農業の作物は多岐に及ぶ。果物、香辛料などの果実類が二〇種類以上、これに建材用樹木が一〇種類ほど加わる。主要なものを列挙すれば、椰子の実、バナナ、ゴムの木（樹液採

写真３－２　シンハラの伝統的な家屋。家屋裏手に森のように見える敷地は「ワッタ」と呼ばれ、換金作物などが植えられている。

集用）、コーヒー、胡椒、ビンロウの実、クローブ、マホガニー（建材用）、コスの木（建材用、果実は食用）などである。ワッタ農業はその性質において二つに大別することができる。ひとつはある程度の面積の敷地を作物ごとに区画し計画的に経営するもの。もうひとつは、Ｋ村ではこちらが一般的だが、ごちゃまぜに換金作物を植え、あまり手をかけずに放っておく粗放的なものである。特にそれほど大きくないワッタでは後者がほとんどである。

Ｋ村内のワッタ土地保有状況は次のようになっている。

最大のワッタ所有者は村の北端に暮らすゴイガマの一世帯で約七・五エーカーを所有している。残る三エーカー以上のクラスでは五エーカー前後にゴイガマとワフンプラヤの世帯が分散している。これらのワッタでは、椰子の木、バナナ、ゴムなどが計画的に植樹されている。農業で生計を立てている世帯はほぼここに重なる。

表3-10　K村における世帯別ワッタ保有面積

ワッタ保有面積（単位：エーカー）	世帯数	割合（%）
3以上	11（ハウル2組5世帯）	12.8
2以上～3未満	13（ハウル4組8世帯）	15.1
1以上～2未満	16（ハウル3組7世帯）	18.6
0.5以上～1未満	19（ハウル2組8世帯）	22.1
0.5未満	27（ハウル3組8世帯）	31.4
合計	86	100.0

＊全87世帯中1世帯は寺院敷地内に居住しているため除外してある。「ハウル」については本文参照。

これに対し、ワッタ面積が一エーカーに満たない世帯が全体の半数を占める。二エーカー未満までみても計画的植樹をしていない世帯がほとんどであり、全体の約七割以上が粗放的なワッタ農業を行っている。就業に関する調査地時に「無職」と答えた者も時折ワッタの作物売買を行い微々たる副収入を得ることは多々ある。ここ数年で最低一度は作物を売買した世帯となるとほぼ全世帯に及んでいる。

ワッタ農業の収入水準について、特に粗放的なワッタ農業による収入を適切に割り出すのは困難である。同じ広さの土地でも、作物種や植樹された本数、収穫期ごとの相場変動などの諸要因により収入額が大きく左右されるからである。あくまで目安を示せば、五エーカーの土地で計画的な栽培経営を行っているある世帯(23)では、月にならしておよそ八〇〇〇～一万ルピーの収入がある。これに対して、小規模で粗放的なワッタ農業の世帯に、月にならした大まかな収入を聞いたところ五〇〇～一五〇〇ルピーという答えが多かった。小規模で粗放的なワッタ農業は日々の生計を担うには全く不向きである。仮に計画的栽培を行うにしても、世帯の主収入を賄うには所有する土地面積が小さすぎる。K村ではほとんどの世帯がワッタ農業に携わっており、その意味では村内経済活動の中心である。ただしそれはあくまで副収入的意味合いが強い。

bワッタ農業の経営単位と農作業形態

エステート住人との経済的結びつきに関連して着目したいのは、ワッタ農業の経営単位と作業形態である。ワッタ農業の経営単位は近似的に各世帯といっても構わないが、もう少し細かくいう必要がある。シンハラ社会の親族用語に戻しておきたい。これは地域的偏差も大きくそれ自体論争含みのテーマのため、ここではK村やその周辺での使用法を基本に記述を行う。

K村では一組の夫婦とその未婚の子供たちが形づくる核家族を「パウラ」［s］という。[24] パウラ成員の子供は結婚すると新しいパウラを形成する。新しいパウラは親夫婦とは別の炉で調理することが理想的とされ、一般的には結婚と同時にワッタ内に新しい家屋をつくって移り住む。夫方居住が基本で、母屋には末弟が残りこれを継ぐのがふつうである。ただし結婚によりパウラが独立しても、経済的理由から親夫婦、子夫婦が同じ家屋に住み続け、調理も同じ炉で行う場合もみられる（本文ではこうした場合も一世帯と数えている）。また、調理を別とするか否かにかかわらず、同じ家屋に暮らす人々はふつう「ゲダラ・カッティヤ（家の者）」［s］と呼ばれる。

ワッタ農業の経営単位はおおまかにいえばこのゲダラ・カッティヤであり、経営主体となると個人である。この点を具体的な事例で説明しておく。事例はナワンダンナ・カーストのあるゲダラ・カッティヤである。

図3-1の事例ではひとつの家屋に三つのパウラが暮らしている（Eは離婚した後ここに身を寄せている）。ゲダラ・カッティヤは七人である。ひとつの炉で調理を共同で行っており、家計支出はCとDの現金収入によっている。彼らの暮らす家屋には〇・六五エーカーのワッタが伴っており、椰子の木一五本、バナナ一〇本、ジャックフルーツ六本、マホガニー六本など一四種類の売買用作物が雑然と植えられている。

土地と樹木の所有者はAである。何を植えるか、売却するかといった、決定権はAだけが持っている。このよう

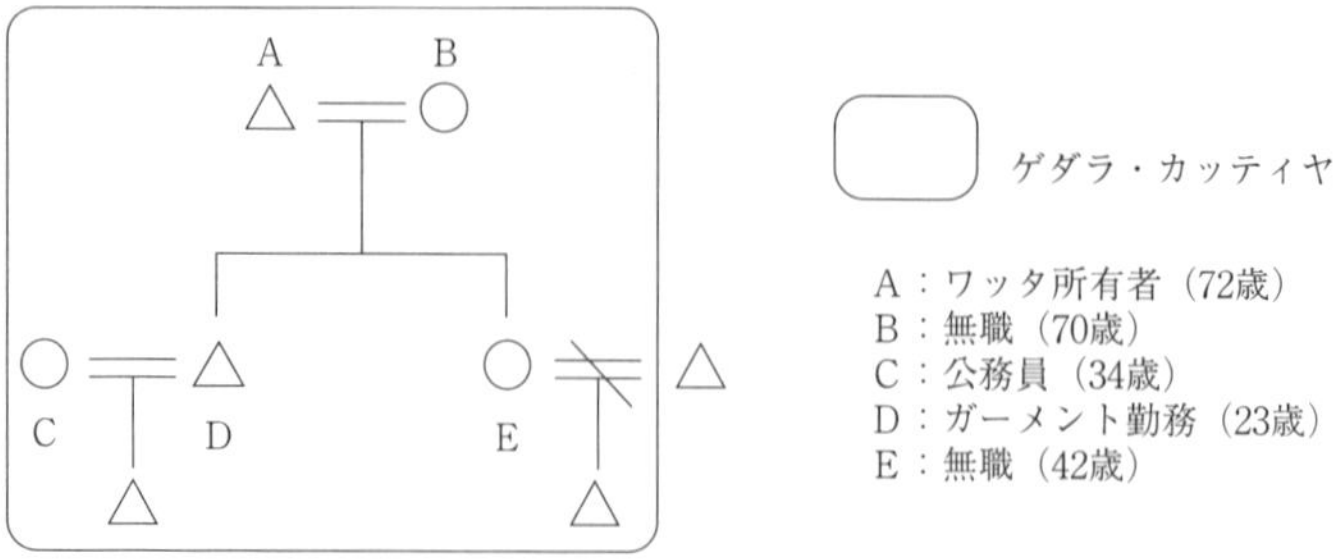

図3－1　ゲダラ・カッティヤの一例

にワッタ農業における経営主体はひとまず決定権を持つ個人ということができる。これを農作業形態という観点からみるとゲダラ・カッティヤという単位が浮かんでくる。例えばAは高齢のため草むしりなどはするが植樹や収穫作業などはできない。Aには二つの選択肢がありえる。ひとつはゲダラ・カッティヤに作業をまかせる場合で、その場合は賃金を支払ったりすることはふつうありえない。もうひとつは外部の者に賃労働を依頼することである。K村のワッタ農業では、規模の大小にかかわらず、伝統的な互恵的労働交換や協同労働チーム編成がなされることはない。たとえ近い親族でもゲダラ・カッティヤ以外の者に作業を依頼するとすれば、賃金を支払うのがふつうである［cf. Robinson 1968: 412］。つまりワッタ農業は基本的にゲダラ・カッティヤの事柄である（この意味でワッタ農業の経営単位はゲダラ・カッティヤであると述べた）。

こうしたワッタ農業の独立性は、親族内で共有される土地「ハウル」［s］において明瞭に表れる。シンハラの土地相続は均分相続が基本となっているが[25]、K村では概ね次の二つの場合に土地を分割せずハウルの形でとどめている。第一に、両親の死去後も元の土地が小さすぎる場合、わざわざ分けずにそのままにしておくことがある。第二に、何代かにわたり土地分割をめぐる係争が継続しており、ほとんど収拾不能となっている場合である。

第一の場合において、兄弟姉妹がハウルの土地を持っているときでも、共同でワッタ農業を行うことはまずない。ワッタを全く放置するか、極端な場合は樹木ごと（特に高額の建材用樹木など）に所有権を割り振ってしまう。ハウルの土地において誰かが勝手に果実や樹木を売買してしまえば、もめごとの大きな種となる（ただし家屋の近くにバナナを少し植えるといった程度のことはあまり問題とならない［cf. Gunasekera 1994: 117–118］）。ワッタ農業においては兄弟姉妹同士といった親族内の共同経営は全くなされないのである。[26] 第二の場合、K村における土地分割をめぐる係争には、土地に生える樹木の使用をめぐるクレームがほぼ伴っている。例えば「本来は自分にも権利があるのに、あいつが勝手に使って現金収入を得ている」といったクレームである。ここでも選択肢としての共同経営という発想は欠落する。

ワッタ農業は基本的に所有者の差配するものであり、ハウルの土地に明瞭に表れるように、ゲダラ・カッティヤ以上には何ら共同的な経営基盤も、また協同労働慣行も持たない独立性の高い農業形態となっている。こうした農業形態をとるワッタ農業において、約四割の世帯が作業の多くを賃労働にまかせている。残る約六割はゲダラ・カッティヤで賄っているが、椰子の実の収穫や建材用樹木の伐採・運搬などでは賃労働に恃むことになる。こうした作業を請け負うのが「村内日雇い労働」[27]である。

（3）村内日雇い労働

村内日雇い労働は、井戸掘りや燃料用の薪拾いなどを除けばほぼワッタ農業に関わっている。作業は園地整備、植樹、収穫、樹木の伐採などである。ワッタ農業の栽培作物は多種類に及ぶためワッタ全体でみれば作業の季節的偏りがほとんどみられない。また主要作物であるバナナなどは、植樹の時期を問わないため収穫作業自体も通年ということになる。計画的な経営栽培を行うワッタでは恒常的に日雇い労働需要がある。小規模で粗放的な場合、ひとつのワッタでみれば恒常的な作業はありえないが、村全体でみればどこかで何かの作業が行われているものである。日雇い労働需要はコンスタントにある。

ところが、K村では村内日雇い労働に携わる者が非常に少なく、八人しかいない。このうち二人は小遣い稼ぎ程度の若者、三人は比較的高齢か世帯内に村外就労で稼ぐ者がいるためあまり熱心でない。本格的に日雇い労働に従事している者は、三世帯三人（ゴイガマ二人、ナワンダンナ一人）だけである。大都市近郊でもないごくありふれた四〇〇人規模の村落で、(28) 村内の諸々の雑用で生計を立てる者がこれだけしかいないというのは直感的にも少ない。いかにK村のワッタ農業が小規模としても、これだけの人数では労働需要を満たすことはできない。

村内日雇い労働者の少なさには、経済的理由と文化的理由の二つを指摘することができる。経済的理由は日給の低さである。シンハラの者の日給は一五〇ルピーが相場である。重労働のため月収二〇〇〇ルピーも稼げばいい方で、この程度の金額であればK村住人は村外に就業してしまう。高望みさえしなければ、村内日雇い以上の月収を得る非熟練労働の雇用機会をみつけることはさほど難しいことではない。

もうひとつは文化的理由である。グナセーカラは、椰子の実の収穫などで、他者のワッタの木に登るといった行為が依存的な従属性のシンボルとなっていることに言及している［Gunasekera 1994: 219］。シンハラの間には、日雇い労働、特に他者のワッタで働くことをある種の不名誉と捉える傾向がある。K村の場合も、確かに同様の一般的な認識がある（この点は二つの「異民族」間の「カースト的な地位の高低」の箇所で取り上げることになる）。

村内日雇い労働は、低賃金であり、できれば避けたい職種だ。これにわざわざ就かなくてよい雇用環境は村外に用意されている。これが村内日雇い労働者の少なさの端的な理由である。先に記した「村には仕事がない」、「金を稼げない」といった村人の言葉からは、村内日雇い労働という選択肢が最初から除外されているのである。(29) 村内日雇い労働者の少なさにはもちろん、もうひとつ理由がある。こうした隙間をエステート住人が埋めているのである。この連結は次節に整理しよう。その前に少しズームアウトしてK村経済構造の輪郭を浮かび上がらせておくことにしたい。

（4）K村経済構造の輪郭

K村では、水田も含めて各世帯の村内土地保有面積は、そこに拠って生計を立てるには零細である。見かけの農村風景と裏腹に農業は村人の代表的な生業とは言い難い。村は金の稼げる場所でなく、現金収入の方途は村外就業に求められている。就業構造で述べた通り、実質的な村内就業者は二割をきってしまう。

村内経済活動は二つの意味で希薄である。ひとつには村が主たる現金稼得の場になっていないという意味、もうひとつには、雇用―被雇用関係を中心とした経済的な連関をなす場にもなっていないという意味である。後者は再び土地の零細さと結びついており、地主―小作人関係も事実上形成されていない（これらの例外が村人の副収入としてのワッタ農業であり、エステート住人との雇用―被雇用関係ということになる）。

村外就業比率の高さと土地保有面積の零細さ、バラつきの少なさ（全世帯の五〇％以上は一エーカー未満）は、所得水準の構造に反映している。ヒルトップ住人も含めておおまかな分布を図示すれば図3-2のようになる。この図は、シンハラ・カーストの検討の際、あらためてカーストごとに対照させるが、ここでは経済的な側面に限って図を読んでおきたい。

所得水準Dには全体の半数以上が含まれる。典型的な世帯の例を図中に示した。この世帯はけして裕福ではないが、K村の平均的な所得水準と収入パターンのイメージである。

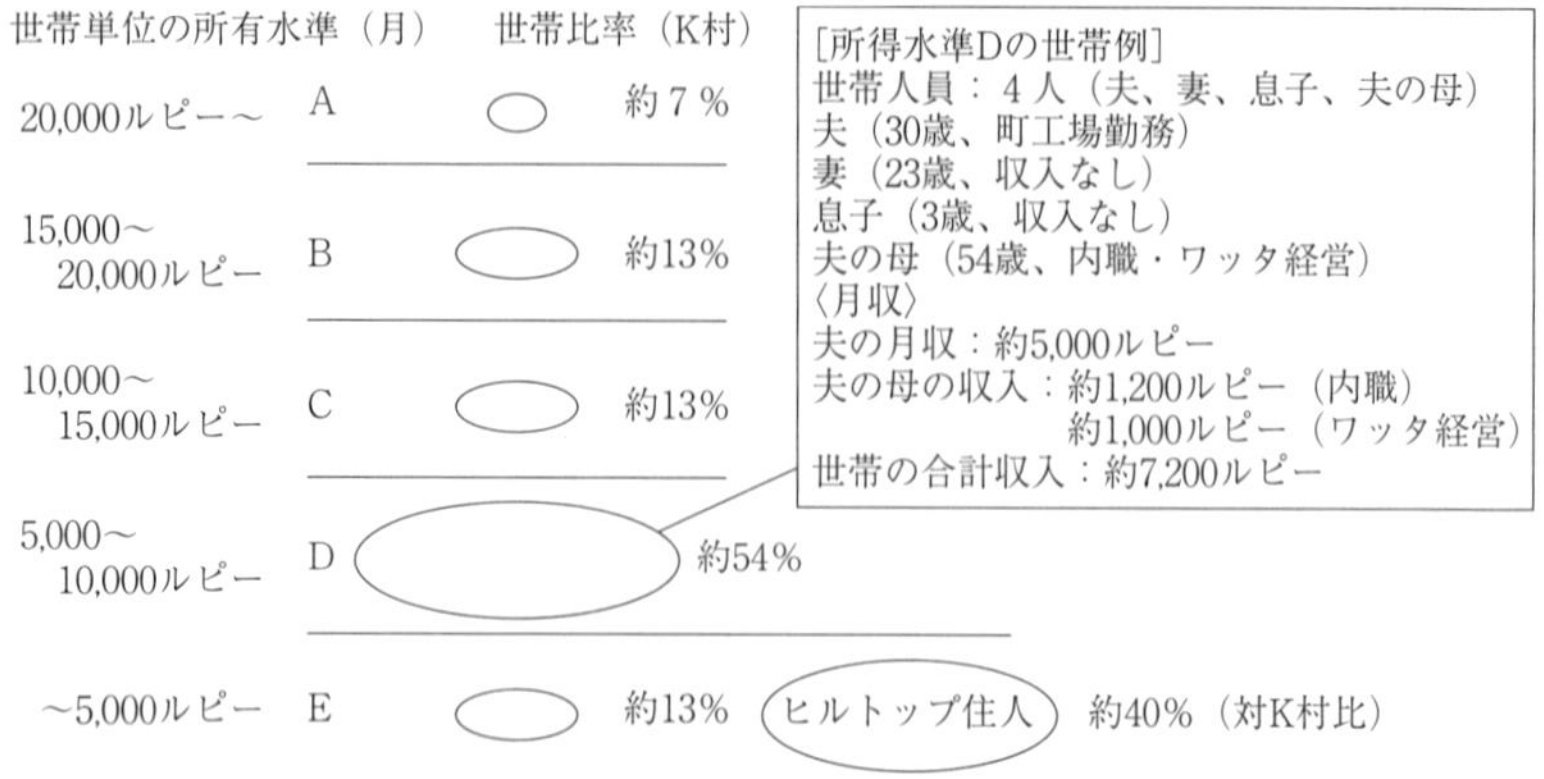

＊全世帯の正確な所得水準データを得ることは困難である。部外者に対する回答はふつう低めになされるものである。ここでは比較的正確に聞くことのできた世帯のデータを元に、各世帯の職業構成や土地面積、暮らしぶりなどからおおまかに分類した。小規模ワッタ農業の副収入は1,000ルピーとして加算している。また海外出稼ぎ者のいる９世帯については送金分を考慮して3,000ルピーほど上乗せしている。

図３−２　K村ならびにヒルトップ住人の世帯別所得水準分布

実はこうした世帯収入パターンはC、Eの水準にも少なくない。例のような世帯に若者が複数いて村外就労していればC（場合によってB）の水準まで繰り上がる。また若夫婦と幼児の三人世帯で、夫のみ村外就労しているといった世帯はEの水準となる。このような世帯間では暮らし向きに極端な差があるわけではない。したがって図にみるほどには、所得水準に応じた多層的な経済的階層性がもたらされておらず、多数の同じ暮らし向きの世帯のなかに際立った収入を得る世帯（特にA水準）が一部存在するというイメージである。村内における経済的突出は、村外就労の職種次第であり、土地面積は直接反映していない（最も広いワッタを有する世帯はB水準である）。経済的達成に関しても、村落外部での経済活動に拠っているといってよい(30)。

K村経済構造の輪郭は関連し合う三点を特徴として結ぶことで得られる。経済活動の村からの外部化、世帯ごとの経済的独立性の高さ、そして両者の裏返しである村内経済関係の希薄化である。本論ではひとまずこの輪郭をおさえておくだけで十分である(31)。

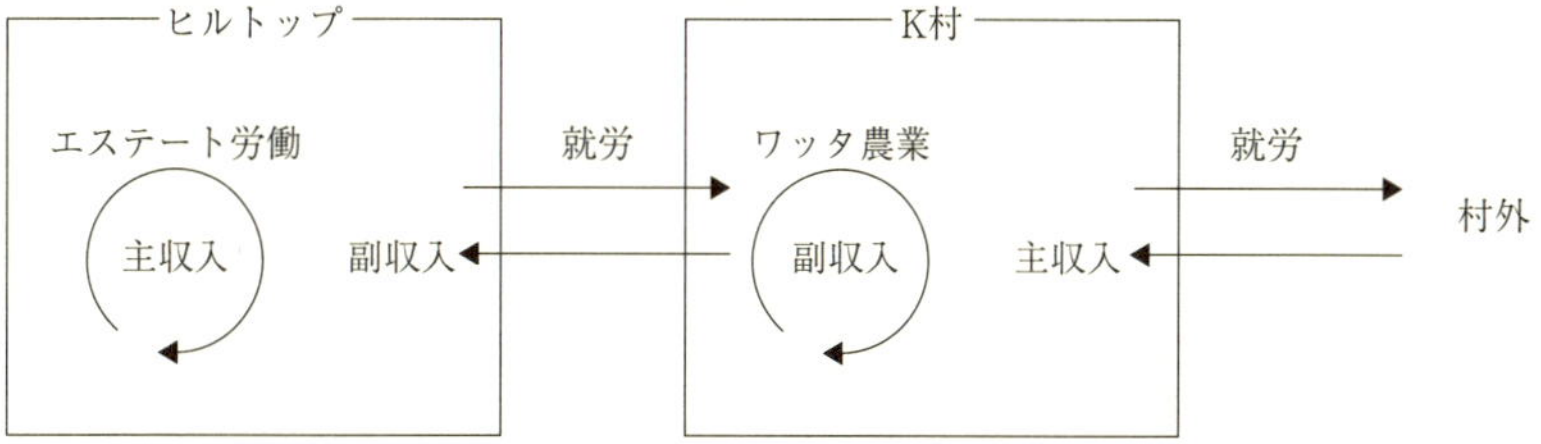

図3－3　ヒルトップ住人とK村住人の経済的連結

第三節　エステート住人と村人の経済的連結

ヒルトップ住人側とK村住人との経済的連結について、細部は省きおおまかな構図をまとめる（図3-3）。

ヒルトップ住人はエステート労働を選好し、主収入はそこから得ている。しかし収入水準が低いため副収入を得る必要がある。その機会を求めるのがK村内部である。K村の方では土地所有面積の小ささと村外就労機会の多さなどを背景に、住人は村外就労を選好する。ワッタ農業は副収入源にとどまり、主収入源は村外である。村外への労働力の流出は、同時に村内の諸々の雑用、特にワッタ農業に関わる日雇い労働者の供給不足を生んでいる。この就業構造上の、換言すれば村内労働需給の隙間を、ヒルトップ住人が埋めているという構図になっているのである。

最後に、経済的関係の具体的な結び方について記し、連結図にイメージを加えて終えよう。K村住人は人手が必要になるとたいていヒルトップとK村の境目にある雑貨屋の辺りまでやってくる。この店はゴイガマの若者（男性二十歳）が経営していて、日用品を売るほかお茶も出している。軒先には木製ベンチが据えられていて、ヒルトップ住人や近くに住むK村住人がいつも世間話をしている。K村住人が日雇い労働を頼む相手は、それぞれたいていい決まっていて、目当ての者がいなければ誰かに伝言を頼んでいく。K村住人が長屋を直接訪れることはほとんどない。

日雇い労働作業は数時間で終わる単発的なものと、ある程度継続的なものとがあって、単発的な仕事に際して労賃の交渉が行われることは稀である。作業ごとの相場は周知であり、ヒルトップ住人は誰の払いがよく誰がわるいか知っている。懐具合にもよるが作業内容や相手次第では依頼を断ることもある。その際は「他に約束があってできないが、あいつが暇そうにしている」など付け加えて角が立たないようにするものである。K村住人も「ああ、そうか」と他をあたることになる。

継続的な場合というのは、バナナ植樹の穴を掘るといった日数のかかるもの、毎日（あるいは隔日）のゴム樹液採集などだ。これらはあらかじめ日給や取り分を決めるのが慣わしである。ただし日数に関する契約はあまりなされない。ゴム樹液採集の例を挙げておく。

K村では一〇〇～三〇〇本程度のゴムの木を持つ七世帯で樹液採集を行っている。ゲダラ・カッティヤが作業する一世帯を除いて、他はヒルトップ住人に頼んでいる。労賃の取り決め方法には二種類ある。ひとつは日給を決めるもので概ね一〇〇ルピー前後である。もうひとつは「デケンパングワ」［s］と呼ばれる方法で、精製ゴムの売上げをワッタ所有者と作業者で折半するものだ（精製用薬品類の費用も折半することが多い）。どちらの方式をとるかは雇い主が決めるが、これはたいてい精製ゴムの売却相場に依存する。大雑把にいって、相場が高ければ雇い主にとって日給の方が望ましく、低ければデケンパングワが望ましい（被雇用者からみれば逆である）。低い相場が長く続くと、労賃の支払い方法にかかわらず、雇用者側が契約を打ち切ってしまうことが多い。というのも、デケンパングワだとしても、薬品代とゴム精製作業の手間ひま（精製作業は雇い主が行うのが一般的）を考えると、樹液採集自体をやらない方がマシということがしばしばあるからである。

打ち切り後、また再開となれば同じ者に頼むのがふつうである。あるワッタ所有者（ワフンプラヤ、女性四十三歳）のところでは、ヒルトップの若者（クディヤーナ、男性二十六歳）がデケンパングワで作業している。この青年は妻と妻の母と暮らしていて、もともと妻の母が長らく作業しておりこれを引き継いだ。また別のワッタ所有者（ゴイガマ、女性五十七歳）は、これもずっと同じヒルトップの女性（パラヤール、女性五十一歳）に依頼している。相場変動による中断こそあれ、特定の者同士で雇用関係が続いていく。単発的であれ、継続的であれ、お決まりの相手との間には、雇用者―被雇用者の関係を超えた結びつきが形成されていくことになる。ヒルトップ住人が急ぎの借金を頼むのもこうした相手である。

＊＊＊

本章では、ヒルトップ住人の経済状況とK村の経済構造およびその隙間を指摘し、両住人の経済的連結を確認した。繰り返しのまとめは必要ないだろう。冒頭で述べた通り、ここで少し細かくみた経済的領域の諸事項は、ジャーティヤの在り方に強く連動している。以上で予備的記述を終え、生活の場のジャーティヤの検討に入っていくことにしよう。

註

（1）先述の通り、本論では「世帯」という語を消費単位という経済的機能の観点から用いている。room 9に暮らす二世帯は別々の炉を用いて調理する。

（2）世帯内に四人のエステート労働者を擁する七人世帯のケースや幼児と三人暮らしの若夫婦のケース。いずれもエステートの低賃金でも生計を立てていくことが可能となっている。

(3)「主要な」とは安定的という意味である。外部の職種は日雇い労働が中心で不安定なものが多い。また一世帯の総収入に占めるエステート労働収入の割合という観点をとると必ずしもそれが上位になるとは限らない。例えば雨が多い月に副業を順調にこなすと副業収入の方がエステート労働収入を上回る事態も起こりえないわけではない。

(4) 基本的に作業開始の午前六時頃に雨が降っていれば作業休止。雨が止んでいても幹の表面がひどく濡れている場合は休止となる。手元にはヒルトップ過去一〇年間の月別降雨量記録があるが、同じ月でも年によって降雨量にかなりのバラつきがみられる。とはいえ、北東モンスーン期の始まりにあたる一〇月、一一月には特に降雨量が増加し作業日数は減少する。

(5) 病気や冠婚葬祭などの理由である。また、月によっては降雨量が少なく作業日が連続することがある。そうした場合には労働者が自分で休みの日を設けている。

(6) 若者の多くは、エステート就業可能年齢十八歳になってもすぐに働き始めず、たいてい外部就労を行う。特に男性の場合、収入を自分の小遣いとして消費してしまうことも多い。彼らの就業は長続きせず二ヶ月ほど働いてはぶらぶらと何もせずに過ごしまた別のところで小遣いを稼ぐといった風である。

(7) ただしこの規則は「家族」の範囲を特に規定していない。

(8) エステートでは男性五十五歳、女性は五十歳から年金を受け取る資格が生じる。月々の給与の一〇%がE・P・F（Employee provident Fund）としてストックされ、ここに会社側から一二%の積立金が加算される。会社側からはこれと別にE・T・F（Employee Trust Fund）として三%が加算される。

(9) 安定的で高収入の見込まれる職種、例えば公務員や銀行員などへの道が開ける一般的な条件としては、少なくともOレベル・コースを修了し（日本の高校卒業にあたる）Aレベル国家学力検定試験（大学入学試験）を受けていることが求められる。しかしヒルトップ住人の九〇%以上はOレベル・コースさえ未修了であり、近隣シンハラ住人と比べて子弟の教育にもあまり熱心ではない。事実上、良い就業機会に恵まれていない事態と低い教育水準との間にはある種の貧困の悪循環が働いている。

(10) 毎年占星術によって正月を迎える吉兆の時間が定まる。四月一三～一四日である。

(11) 正月のための支出は洋服やサリー新調のための被服費とご馳走のための食費である。ディーパーワリ祭では新年より盛大に酒やご馳走がふるまわれ贈り物の交換がなされる。後述。
(12) ちなみにこの女性はヒルトップ雑用職のかたわら、キンマの葉販売でエステート内と近隣シンハラ村落をまわり、ときどき出先のシンハラ住人から野菜を分けてもらう。
(13) 世帯番号6の残りの奢侈品代七五〇ルピーは、二〇〇一年一月に質入れした別の装飾品の回収に要した費用である。
(14) ただし、そこら中に長年の借金が積み重なって一万ルピーほどになっているという数世帯がある。正確な金額かどうかは不明だが、原因はほぼ男性による飲酒のツケの未払いである。
(15) 世帯調査中に資産を尋ねたある女性は自分のしている耳飾りを指して「これだけよ」と笑ったが、そのくらいなのである。
(16) この月、エステート管理事務所では翌月給与の一部前払いも対策の選択肢になっていた。
(17) 経済的語彙の語る「均質性」とはホモ・エコノミクスという「類」における経済主体という「種」についてのものであることはいうまでもない。
(18) 残りは収入の程度はさておき比較的熱心にワッタ農業を行っている老人などである。
(19) 紀元前二世紀から十三世紀に至るまで島の中北部で繁栄した古代シンハラ王国は大規模で複雑な灌漑網の整備による稲作を繁栄の礎とした。また稲作は独立国家スリランカにとっても象徴的意味合いを持ってきた。一九五〇年代に始まる北・東部ドライ・ゾーン灌漑事業からマハウェリ河開発プロジェクトまで、政治家たちはそれらが古代シンハラ王国の再現であるという趣旨の宣言を繰り返してきている［Tennekoon 1988: 295-297］。シンハラ人にとって稲作には生業以上の意味合いがある。一九五〇年代初頭の農村の暮らしを描いたライアンは次のように記している。「シンハラ人は、世界で最も効率の悪い稲作をしている部類に入るのだが、米こそ生活の基盤であり、それをつくることは、労働の中でも最も正しく名誉なことなのだという認識は、農民のエートスの中に、深く根をはっている」［ライアン　一九八八（一九五八）：一四］。
(20) ゴイガマ一一人、ワフンプラヤ八人、ナワンダンナ二人。うち二組七人は共同所有。
(21) 地域差はあっても協同作業チームの編成形態や互酬性の性質によって、その型に異なる語が用いられるようだが、

K村では「アッタン」である。後章で取り上げる。

(22) このようなアッタンにはエステート住人も関与してくる。

(23) この世帯では、毎月、ゴム(三〇〇本)から三〇〇〇~四〇〇〇ルピー、バナナ(二〇〇本)から一五〇〇ルピー前後の定期収入があり、椰子の木(八〇本)から二ヶ月に一度二五〇〇~三〇〇〇ルピーの収入がある。ここに諸々の果実類、半年に一度の胡椒と年に一度のクローブのまとまった収入が加わることになる。

(24) ヤルマンはこうした核家族を「ゲー」[s]と報告している[Yalman 1967]。パウラの語については後述する。

(25) したがって女性も当然ワッタを所有するし経営主体となる。K村内で結婚した女性で、生家から相続した土地でワッタ経営を行う者はいる。事例ではBとCが該当しうるが、いずれも結婚の際に土地の相続権を放棄している。例えばCは北部アヌラーダプラから婚入してきたが、「自分はダウリーをもらうから」という理由で彼女が権利を主張できる分を兄に譲渡している。K村の場合、外部から婚入した者で継続的に生家の土地でワッタ経営を行っているケースは聞かなかった。いずれも結婚時に土地の権利を放棄するか、後に兄弟姉妹に現金で売却する場合が多い。今日、男性の場合で、都市部に就労し結婚してそこに土地を購入して暮らすというケースが少なくないが、その場合も自身の相続分の土地を村に残った兄弟姉妹に現金で売却することが多い。その方が後々の土地の利用法や権利をめぐってもめることが少なく、面倒がなくていいといわれる。K村では基本的に男女は均等に土地に対する権利を持つとされ、あとは個々のケース次第という感じである。

(26) ヤルマンの報告には、こうしたハウルのワッタの生産物を共有者同士が一年単位のローテーションでシェアしている記述があるが[Yalman 1967: 47]、K村ではみられない。また、村にある程度まとまったワッタを所有したまま都市部に暮らす者が、村に残った兄弟姉妹の誰かにワッタ経営を委託することはある。その場合も肥料代の支払い方法や委託手数料などを取り決めるのがふつうである。

(27) この作業は危険なため慣れた者にしかできない。作業者は縄か布切れを輪にしたものを肩幅ほどに開いた両足首にひっかけ、そのまま木に飛びつく。手と、両足首の間の縄と木との摩擦の抵抗を使って器用に登っていく。

(28) K村周辺でみれば大きくも小さくもない人口規模である。ちなみにヒルトップの北に隣接するW村の人口は約二〇〇人である。

(29) 若者のなかには村外就労を数ヶ月間してはやめて村でぶらぶらしている者もいる。彼らに何か仕事しないのかと問えば「また探さなくちゃね」と答えが返ってくる。村で働かないのかと問えばたいてい次のような答えである。「村には仕事（「ラッサーワ」［s］）がないじゃないか? 日雇い賃労働（「クリワダ」［s］）するわけにもいかないだろう?」。ラッサーワとは「職業」というニュアンスが強い。「クリワダ」がラッサーワでないとみなされているわけではなく、彼らのラッサーワの選択肢から外れているのである。

(30) 所得水準の上位から典型例を挙げておく。ある世帯では父と息子二人が比較的繁盛している自動車修理工場で働いており、ひとりあたり月に八〇〇〇ルピーは稼ぐ。世帯としてはAの水準である。

(31) なお、ここにみた村落経済構造の輪郭は、今日のスリランカ農村社会で広範に見受けられるように思う。確かにK村は水田面積の小ささという特殊性を有するが、大規模面積で水稲耕作を行う地域でも、若者の村外就労選好や伝統的協同労働から賃労働へのシフトは顕著な傾向といってよく、しかも農業賃金労働者は自分の村落外部でも労働に従事するという話をよく聞く。特に村内労働力の流出と村落内部の経済関係の相対的な希薄化はK村に限ったものではないといえる（ただしK村の場合は水田面積があまりに狭すぎるため、賃金労働者を雇うより関係者が一緒にやってしまおうという感覚である）。

第四章　エステート・タミル・カースト1——括りの相

本章から続く三つの章は、対内的領域すなわちエステート・タミル・カーストを取り扱う。エステート・タミルたちは自らをひとつのジャーティヤと語る。一連の検討の導きの縦糸となる問いは、この「ひとつ」の含意がいかなるものか、であり、検討の主眼は「ひとつのエステート・タミル」の組成の解明である。

現代スリランカのジャーティヤには質的に全く異なる二つの相をみてとることができる。ひとつは提喩的な括りの相、もうひとつは換喩・隠喩的なつながりの相とでもいうべきものだ。エステート・タミル・カーストの領域においては、特定の名称をもって現存するカーストというものの著しい形骸化が生じている。端的にいって、現存カーストは実質性を失い、限りなく抽象的な括りとしての相をみせる。

ここにおいて、つながりをつたった括りの突破が図られることになる。つまり、換喩・隠喩的論理による「ひとの種類」のつくり直しが図られるのである。「ひとつのエステート・タミル」が姿をみせるのは、そうしたつながりの相のなかである。幾分乱暴な表現をとれば、彼らは括りと化したカーストを放棄し、つながりをつたってエステート・タミルというひとつの巨大なカーストを生きようとしている。(1)

本章はまず括りの相の提示に集中する。従来のエステート・タミル・カースト像の解体というやり方をとってこれを行う。解体の向こうに括りの相が浮かんでくる。解体作業は二重の意味合いを有するがそれはすぐ後に述べよう。先行研究に描かれたエステート・タミル・カースト像からまず大枠でおさえる。

第一節　先行研究にみるエステート・タミル・カースト像

本論で参照するのは、一九五〇年代、八〇年代とそれぞれ茶園で調査を行ったジャヤラマンとホラップの報告である。(2) 両者は共通の課題に取り組んでいる。インドの伝統的農村とは著しく異なったエステートという生活環境への移住に伴う、カースト制度の持続性の検証というものである［Jayaraman 1975: vi; Hollup 1994: xv］。

先行研究によるカースト分類の把握の仕方からみたい。彼らは主に次の三点を基本的特徴としてカースト構成を捉えている。(a)ブラーマン・カーストが不在であること、(b)諸カーストが「高―低」二大範疇に分かれていること、(c)その他に「専門家」カーストがいること。このうちブラーマンの不在は(3)彼らが移民労働者として移住しなかったという事実に拠っている［cf. Jayaraman 1975: 43］。ひとまずブラーマンも含めた形で、ホラップの分類を元に先行研究のカースト構成把握を図示すれば図4-1のようになる。

把握は階層的な分類図式に拠っており、エステート・タミルという上位クラスの下に、中間クラスの三つの範疇が連なり、その下位に諸カーストが連なる形である。

中間クラスのうち、「高カースト範疇」と「低カースト範疇」についてはそれぞれ元になる現地語がある。(4) 前者の原語は「クディヤーナ」［t］あるいは「ナッラ・ジャーティ」［t］といい、クディヤーナは「耕作者」(5)、ナッラは「よい、優れた」を意味する。低カースト範疇の方の原語は「イラック・ジャーティ」［t］といい、イラックは「よくない、劣った」の意味である。ジャヤラマンやホラップはこれらの語を、諸カーストを包摂するひとつ

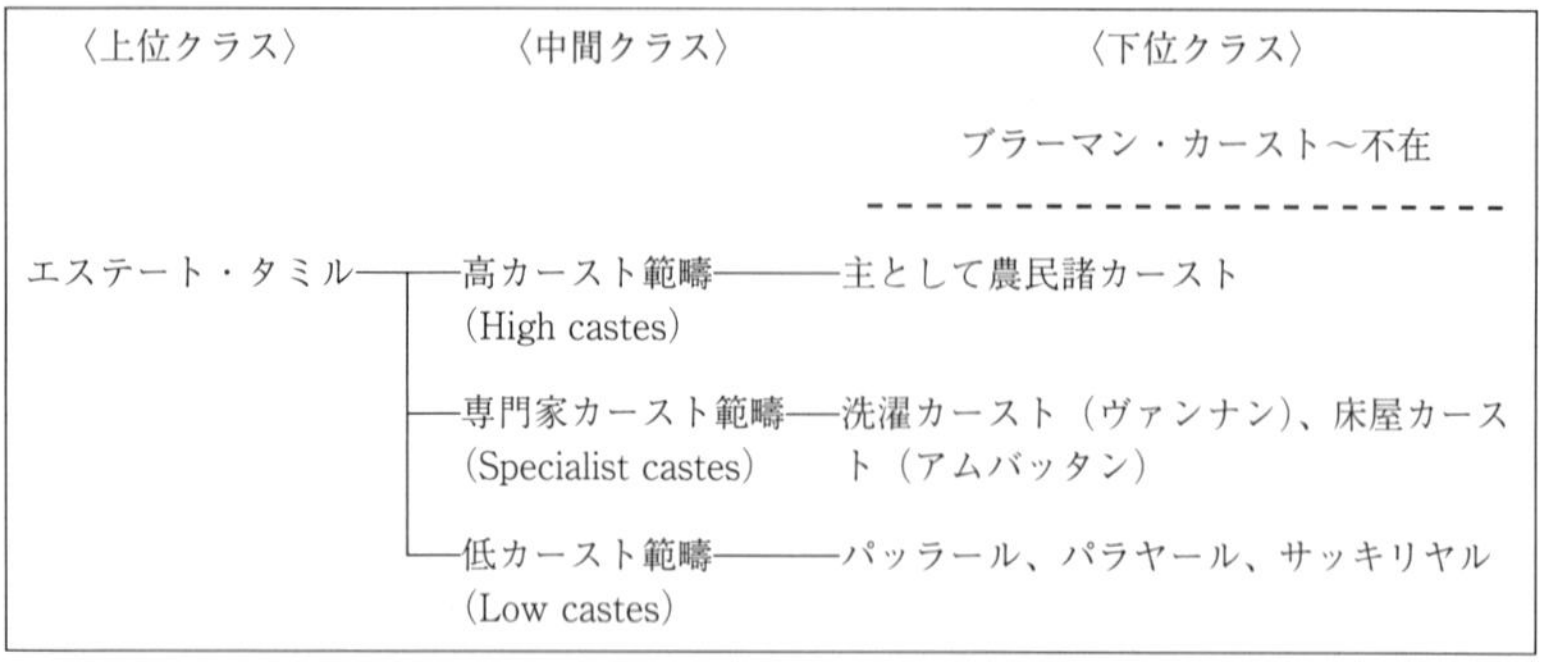

＊農民諸カーストには、ウェッラーラ、カッラン、マラウァン、ムットゥラージ、アムバラッカン、コナン、ナイドゥなどが挙げられている［cf. Jayaraman 1975: 17–22, 66; Hollup 1994: 221］。

＊＊ジャヤラマンの分類では二大範疇を ‘Non-Brahman’ と ‘Adi-Dravida’ の語で示し、前者の下位クラスとして ‘peasant castes’ と ‘castes engaged in specialist occupation’ を設けて階層化している［Jayaraman 1975: 66–67］。

図４−１　先行研究にみるカースト構成と階層化図式

上のクラスとして翻訳している［Jayaraman 1975: 66–67; Hollup 1994: 219–220］。

この図式で二点、確認しておく。一点目はエステート・タミル・カーストの人口構成の偏りについて。人口構成は低カースト範疇の者に大きく偏っており、先行報告や人々に聞いたところと合わせて推察するに、全体の七割ほどが低カースト範疇の人々のようである[6]。二点目は、後の議論に直接関わるもので、この図式には二つの階層体系がクロスしている。一方は上位クラスから下位クラスへと図を横に辿るもの、「民族」から「諸カースト」に至る、いわば「ジャーティヤの階層体系」である。他方は、中間クラスや下位クラスを縦に辿る階層体系、いわゆるカースト・ヒエラルキーである。このクロスについては本章の最後に論じる。

さてジャヤラマンとホラップはこのようにカースト構成を把握した上でさまざまな事象の検討を行うが、共にエステート独特の生活環境に伴ういくつかの留保点を挙げている。異なるカーストの者も一様にエステート労働に従事し長屋に隣り合って暮らす[7]という環境において、ある種の均質性や平等主義的傾

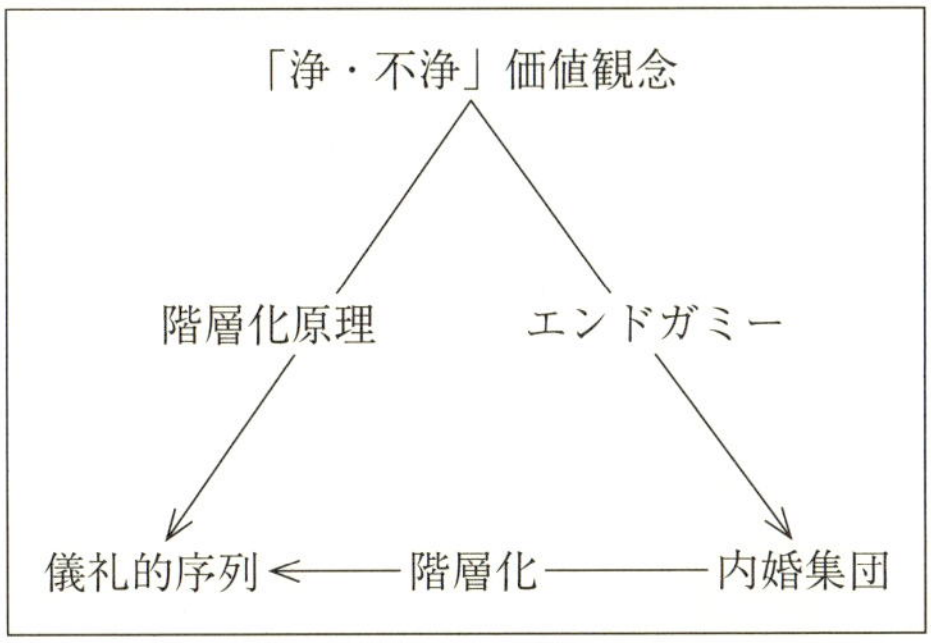

図４－２　先行研究にみる「不変の根本的部分」

向がみられること、カーストにまつわる諸事項（例えば「接触の忌避」など）が南インドのような厳格さを欠いていること、人口の少ない高カースト範疇内の諸カーストの間では儀礼的地位の違いがほとんどないことなどである(8)［Jayaraman 1975: 98; Hollup 1994: 219］。

とはいえ、彼らが共に到達した結論は、端的にいえば、カースト制度は根本的な部分で変化してはいないというものだった［Hollup 1994: 273; Jayaraman 1975: 9］。彼らが不変と捉えた根本的な部分とは、ジャヤラマンが指摘する、エステート・タミル・カースト制度と南インドやスリランカ・ジャフナ地域のそれとの三つの基本共通点の図式的組合せによって得られる。その三つとは、カースト・エンドガミーに規定された内婚集団、「浄・不浄」価値観念、そして儀礼的序列である［Jayaraman 1975: 67］。三つは図4-2のように組み合わされることになる。

各内婚集団の相対的浄性はエンドガミーを通じて固守されており（右辺）、この相対的浄・不浄、つまり「浄・不浄」価値観念を階層化原理として（左辺）、各内婚集団は階層化された儀礼的序列をなしている（底辺）。

彼らの提示する不変の根本的部分とは、いみじくもクイッグリーのいうごく一般的かつ支配的なカースト観に従ったものでありシンプルである［cf. Quigley 1993: 1］。また三角形の矢印の基点として示したように、彼らの図式の根底には浄・不浄二項対立のデュモン流構造主義が横たわっている(9)。彼らの観察した諸事象は、例証として、予定調和的にこの図式のなかに吸い込まれていくことになる。

（1）二つの解体作業と本章の見取り図

本章で解体を図るのは、いまみた「三角形の図式」と「クロスした二つの階層体系図式」の両方である。本章の流れに沿って作業の概要と射程を先に示しておきたい。

まず解体に取り組むのは、先行研究のいう「不変の部分」、三角形の図式である。特に要の位置に来る浄・不浄価値観念（およびこれを原理に階層化された序列）が焦点となる。

浄・不浄をめぐっては、例えばフラーが世俗内的階層序列の観点からは汲み尽くされない神々への崇敬を表すイディオムとしての側面を強調したことがある［Fuller 1979］。またより深い議論として、関根康正のケガレ論がある。関根は「不浄」と「ケガレ」の主観的な解釈論的次元の識別を基礎に、従来の客観的固定的な価値体系として平板に実体化された浄・不浄価値観念を根源的に問い直している。そこではブラーマン中心主義的な社会構造の正当化へと人々を促す「浄・不浄イデオロギー」と、ケガレの創造性に根ざしてこの脱中心化へと促す「ケガレ・イデオロギー」とが析出され、浄・不浄にかかる諸事象は動的なイデオロギー的闘争のアリーナとして姿を顕している［関根　一九九五：三六―三八、一七三―一七八］。

関根の拓いた水準から振り返れば、ジャヤラマンやホラップの「浄・不浄」の扱いはいかにも平板にとどまるものだ。けれども当面本章は「浄・不浄価値観念」の語を先行研究の水準に合わせ、無造作に用いて記述を進める。というのも、こと本事例に関する限り、この図式の解体作業は概念的再検討以前の記述の領分に属するからである。(10) もしも先の三角形において、浄・不浄価値観念が序列の階層化原理であることをやめ、ひいては各内婚集団の階層性が融解し、しかもエンドガミー規制が極度に緩んでしまったら、この図式自体、もう使い物にはなるまい。調査地で生じているのはまさにそうした状況なのである。本文では、先行報告の事例との対比的な記述によって、図の三角形が全く適用できない調査地の状況を提示する。したがってこの意味における解体とは、「解体した状況を提示する作業」程度の意味である。

この提示をふまえた段階で、本章のテーマ括りの相というものを確認する。括りの相とは、特定の名称を持つカーストというものが、この解体によってまるで形骸化した括りとなって彼らの生活から遊離した在りようを指している。本論のアイデンティティの形式という観点をとれば、この括りの相における「誰某が○○カーストであること」の同一性は、抽象化した類概念による提喩的形式になっている。

この確認の後、調査地の状況に関する補足的な説明の一節を挟む。調査地の状況は「隣人シンハラの影響」と「エステート住人の均質性」という二つの観点に拠れば、さほど突飛ではないことを述べる。ただしこれはラフスケッチにとどめる。というのも、本論全体の方向性にとって重要なのは次の点だからである。三角形の図式が解体した状況にあっても、カーストは、すなわちジャーティヤは、持続的であるということ。括りの残存という意味でも、むろん先行研究のいう意味でもなく、ジャーティヤはつくり直されて生きられようとしている。先述の通り、彼らは括りと化したカーストを放棄し、エステート・タミルというひとつの巨大なカーストを生きようとしているのである。

これを具体的に追っていくのは次章以降である。その準備として本章最後に行うのがもうひとつの解体作業、「クロスした二つの階層体系」図式の解体である。解体対象は先行研究の認識枠組みそのものに向けられる。これを解きほぐし、クロスした図式が提喩的同一性の論理に拠っていることを示す。つまり研究者による従来のエステート・タミル・カースト像の構成のやり方のなかに括りの相を析出する。提喩的な括りと化したジャーティヤを突破して展開し生きられるジャーティヤを、ジャーティヤを括りとして認識、表象する従来の思考ではもはや捉えることはできない。このことを本章最後に論じ、次章「つながり」の相への展開地点とする。

以上の見取り図の通り、対内的領域の検討全体において本章は導入的な性格のものである。また以降、対外的領域の検討までいくつもの章に分けているが、扱う内容はいずれもジャーティヤをめぐるひとつながりの事象である。後章と強く連関する箇所が随所に出るが極力ここで言及し、内容の先取りが不可欠の場合は後章から引いて伏線化を避けるよう記したい。

〈二大範疇〉	〈カースト〉
高カースト範疇——	クディヤーナ
低カースト範疇——	パッラール、パラヤール

図4－3　調査地のカースト構成（A図）

（2）調査地のカースト構成

ここで提示しておく調査地の「カースト構成」とは、対内的領域における調査時点の諸ジャーティヤのことである。本文では、便宜的に先行研究の分類枠組みに沿って記述を行う。これを採用した方が初めから無用な混乱を引き起こすことが少ないからである。次のように捉えて始めることにする。「調査地のカーストには高、低の二範疇がある。前者にはクディヤーナというカースト、後者にはパッラールとパラヤールというカーストが含まれる」（図4-3）。これだけの単純な構成である。だが、常に念頭に置いておくのは次のB図（図4-4）である。B図中、下線付きの太字はいずれもただ「ジャーティヤ」である。

上段に「クディヤーナあるいはナッラ・ジャーティ」の語が二つみえるが、別々のものではない。調査地にはただこの名称で言及されるひとつのジャーティヤがある。この点は先行報告と大きく異なっている。便宜的に「クディヤーナ」の語をパッラール、パラヤールと同じクラスの「カースト」として扱っていくことにする。また、（　）で括られた二つの語は

高カースト範疇	カースト
クディヤーナあるいはナッラ・ジャーティ	クディヤー ナあるいはナッラ・ジャーティ（ムットゥラージ／マラウァン）
低カースト範疇	**カースト**
イラック・ジャーティ	パッラール／パラヤール

図4－4　調査地のカースト構成（B図）

ヒルトップでは既に用いられることはなく、いわば根掘り葉掘り聞くなかで「昔はそういう分け方もあった」という形で出てきたジャーティヤ（カースト）の名称である。

便宜的に用いるAの図式はこの時点で既に甚だ心許ないものだが、本論の検討全体を通じてこの階層的な図式、換言すれば提喩的同一性の論理によるジャーティヤ把握の融解を示していく。先行研究による表象のなかのみならず、市民権問題、民族対立問題の文脈でエステート・タミルたちを囲繞、同定してきたのがこの論理であった。「民族」と訳そうと「カースト」と訳そうと、ジャーティヤを囲繞するこの提喩的同一性の論理・括りの相こそ、人々が何とかしなければならない当のものである。図式の融解を示していくこととは、彼らの生きるやり方を記していくことである。[11] 以下、本論では現地語ジャーティヤに戻して議論する際には、なるべく断りを付すが、ただジャーティヤと記した際には、素朴に「ひとの種類」と置き換えて読んでいただきたい。むろんそれがどんなものなのか、その組成が問題である。

第二節　括りと化すカースト

(1) 基調の語り

調査地の人々のある種の基調的ムードを如実に示すひとつの語りを提示するところから始めたい。語り手はクディヤーナの少年（十七歳）、ある日、長屋の一室でカーストの区別について少し話していたときだった。

「インドではカーストの区別が厳格で自分たちより低いカーストの者には井戸を使わせなかったり、家のなかに入れなかったりするんだよ。ここではそういうことはないんだ。仲良くひとつでいるよ。いいことだよね」

子供の話であり、あまりに表面的にみえるこの言葉には、しかしあらゆるものが詰まっている。大げさでなく、この難解な言葉の理解に本論の検討の大半は捧げられるといっても構わない。難解なのは、通俗的な平等主義でこの語りを切って捨てることができないからである（第九章第三節の議論となろう）。調査地の人々にはカーストの違いなどないといった語りが口癖のようにある。それは彼らの「わたしたちはひとつ」と対になるものである。まずはこの素朴な語りを素直に受け止めながら検討に入ろう。最初の作業は三角形の図式の解体状況の提示である。

（2）浄・不浄価値観念と序列の乖離

先行研究の三角形の図式では、各カーストが相対的な浄（purity）・不浄（impurity）によって階層化されていることが示されている。ジャヤラマンとホラップはほとんど現地語にふれていないが、ホラップは「不浄」にあたる表現に現地語「アスッタム」の語が用いられることを記している［Hollup 1994: 234-244］。

調査地において、浄・不浄あるいはケガレなどと翻訳しうる語には「スッタム」［t］、「アスッタム」［t］、「ティーットゥ」［t］の三つがある。スッタムは部屋などが清潔である状態といった意味から、神々に接するに際し潔斎して身を清めた状態まで広く用いられる。アスッタムはその対義語で同じく広い範囲をカバーする。

ティーットゥは限定的に出産、初潮、月経、死に伴って生じるものであり、関根が「ケガレ」の語をあてたものにほぼ相当する[12]。

本調査地の事例において核心的に重要な事実は、これら三つの語がいずれも世俗内的階層性のイディオムとしてほとんど表れないことである。むろん彼らの来歴が南インドに辿られるものであり、また一九五〇年代、八〇年代の事例では報告されている以上、調査地の事態は浄・不浄価値観念と世俗内的階層序列の漸次的な乖離の帰結と考えるべきだろう。確かにその名残のようなものを見出すこともでき、それらは幾分注意深く記さねばならない。だとしても、まずはっきり確認しておくのは、スッタム、アスッタムにせよティーットゥにせよ、これらの語がカースト集団やその序列に用いられることは皆無に近いということである。したがって、序列との関連で用いる「浄・不浄」の語とは、先行研究が記す purity/impurity の翻訳である（三つの現地語は基本的にカタカナでそのまま表記することにする）。

調査地における浄・不浄価値観念と序列の乖離[13]を示す諸事例をまず列挙したい。事例の選定は、ジャヤラマンやホラップが三角形の図式の例証として挙げた諸事例と対応的に行う。それらは①食物の授受ないし共食(commensality)、②牛肉食、③伝統的職能、④祭礼時の儀礼的役割、⑤エンドガミーである。いずれも先行報告とは著しく異なった状況になっている。先行研究の事例については、彼らが付したエステートという環境独特の留保点にもふれる。ただし本事例との対比という観点において煩瑣となる事項については簡単に記すにとどめる。本事例については「語り」と「実践」の双方に留意しながら提示する。

①食物の授受ないし共食（commensality）

a 先行報告

高カースト範疇内部では、食物の授受（特に調理されたもの）および食事を共にできるかに関して規制らしいものが存在しないが、高カースト範疇と低カースト範疇の間には厳格な規制がある。前者が後者と食事を共にすることはありえない。また、後者は前者から食物を受け取ることができるのに対し、その逆は不可能である。ホラップの事例では低カースト範疇内部でも非対称性がみられる（パッラールはパラヤールから受け取らない）。この規制が守られる厳格な事例としてジャヤラマン、ホラップ共に、すべてのカーストの者が口にするヒンドゥー祭礼時の食物の調理担当は高カースト範疇の者に限定されることを挙げている［Jayaraman 1975: 88, 91-92; Hollup 1994: 222, 233-235, 245-246］。

b ヒルトップの事例

調査地では食物の授受や共食に関する規制がかなりルーズである。日常の場面では、樹液採集作業の男性たちがペットボトルにいれた水の回し飲みなど当たり前のように行う。調査期間中、パラヤールのところで催された結婚式の祝宴(14)では、招待状を渡されたクディヤーナ、パッラール、またK村シンハラの者も訪れ飲食を共にした。また、エステート内の女神寺院で毎週金曜日に執行されるプージャー［t］では、奉納の後におさがり（プラサーダ［t］）となる甘い粥（ポンガル［t］）の材料（米、砂糖や煮炊き用の壺）の準備や調理をヒンドゥーのすべての世帯が持ち回りで行っている。低カースト範疇の受け持ちの日にクディヤーナの者がこれを口にするのをためらうなどということもない。

これらに加え、緩やかに制度化された食物交換の風習もみられる。調査地ではディーパーワリ祭（一〇月末〜一一月）、クリスマス（一二月）、そしてシンハラ正月（四月）の年三度の機会に、親しい者同士の間で食物（主として米粉の揚げ菓子とバナナ）の贈り物をすることになっている。[15]ディーパーワリ祭では、ヒンドゥー教徒がヒンドゥー教徒同士あるいはキリスト教徒、シンハラ村人へ贈り、キリスト教徒とシンハラ村人はそれぞれの機会にそのお返しをする。三者間で誰が先ともつかぬ贈り物の交換がぐるぐる回っている。二つのケースを例示する。

ケース1　ディーパーワリ祭（二〇〇〇年一〇月）

贈り手……クディヤーナ（ヒンドゥー教徒・二十六歳・男性）

受け取り手…クディヤーナ一世帯、パッラール（キリスト教徒）一世帯、パラヤール一世帯、シンハラ八世帯（ヒルトップ内二世帯、K村六世帯）

ケース2　クリスマス（二〇〇〇年一二月）

贈り手……パッラール（キリスト教徒・四十歳・男性）

受け取り手…クディヤーナ二世帯、パッラール（ヒンドゥー教徒）四世帯、パラヤール三世帯、シンハラ四世帯（ヒルトップ内一世帯、K村三世帯）

＊受け取り手はそれぞれの機会にお返しをする。贈り物はいずれも「米の揚げ菓子」と「バナナ」。

食物授受が序列を暗示して語られることがないわけではない。クリスマス前にこの贈り物交換について話をしていたケース2のパッラール男性は、あるパラヤール男性（ヒンドゥー教徒）の名を挙げて「連中は太鼓叩き（＝パラヤールのこと、後述）だから食物のやりとりはしない」と語っていた。しかし、彼は右に示したように三世帯の親しいパラヤールとの間でやりとりをしたし、そのなかには彼が名を挙げた男性の父すら含まれていた。食物授受にかかる規制がカースト序列の含意をもって語られることは稀にあるものの、実践を伴って明示的に表れる局面はない。

②牛肉食

a 先行報告

低カースト範疇の人々は「牛肉を食べる者」として一括りにされており、それが不浄である根拠として報告されている。高カースト範疇の者は完全な菜食ではないものの、牛肉食の忌避に強い関心を持っている。ジャヤラマンは、低カースト範疇の多くが「牛肉食はやめた」という主張をするが、いまだ「その刻印を消せずにいる」と述べている。またホラップによれば、人々が見知らぬ者のカーストを同定する際に「牛を食べるか否か」という問い方で探りを入れることがよくみられると報告している。牛肉食は低カーストの序列の低さの明確なインデックスとなっている［Jayaraman 1975: 90–92; Hollup 1994: 231–232］。

b ヒルトップの事例

表4-1は乳幼児を除き直接問うた一二五人について、カースト別に肉類、魚の摂取を示したものである。一瞥して「牛肉食」とカースト階層性の連関は失われていることがわかる。

この事例で重要なのはデータを収集した際の人々の態度である。ホラップ報告が念頭にあった筆者は、この問題

表4－1　カースト別、肉類・魚の摂取（数字は人数）

カースト		牛肉		豚肉		鶏肉		魚	
		食べる	食べない	食べる	食べない	食べる	食べない	食べる	食べない
クディヤーナ		15	27	11	31	39	3	38	4
パッラール		26	22	14	34	46	2	44	4
パラヤール		15	20	7	28	35	0	34	1
全体	人数	56	69	32	93	120	5	116	9
	比率	44.8%	55.2%	25.6%	74.4%	96.0%	4.0%	92.8%	7.2%

がかなり繊細であり「語り」の扱いにも注意を要するだろうと考えていたが、全く杞憂だった[16]。人々は肉類や魚の摂取について語る際、躊躇をみせない。「牛肉食」という「低カーストの不浄性の刻印」は消えているのである。

調査地では、肉類や魚の摂取（さらに飲酒）は、フラーが述べたような神々に対する崇敬、ないし神々に接する心身の状態のイディオムに特化しており、全くひとりひとりの問題[17]とされている。彼らの言葉遣いではこれらの摂取がティーットゥの状態を引き起こすと語られることはないが、神々に接するにふさわしいスッタムの状態を損ねるという意味でアスッタムとされる。

これをふまえた上で、表中の「豚肉を食べない」者（七四・四％）が「牛肉を食べない」者（五五・二％）を大きく上回っている事実[18]に着目したい。彼らによれば、牛を食べてはならないのは「シヴァ神の乗り物だから[19]」あるいは「牛は神さまだから」である（これにまとうのはある種の不信心、ないし不敬のニュアンスである）。これに対し、豚肉の摂取は強いアスッタムを引き起こすと語られる[20]。図式的にいえば、牛肉食の不浄性は世俗内的階層性のインデックスから、神々との近接におけるひとりひとりのスッタム・アスッタム軸に特化してしまい、さらにそこで豚肉という強度のアスッタム因子が強調されることで、牛肉食自体の何らかのインデックス性が相対的に希薄化される事態が生じている。

ひとりだけ、調査時に牛肉食と世俗内的階層性の連関を自分からほのめかしたパラヤール男性がいた。「いまは多くの者が牛肉を食べるが、神さまの乗り物なのでよくない」、そしてこの言葉に続けて「クディヤーナは牛肉、豚肉を食べず、他の連中は食べる。だからクディヤーナは他の連中のところに食べに行かないのだ」と述べた。語りは現在形だったが、核心は前段の「いまは」の部分である。この男性が語るのはいわば過去の規範である。実際、先の事例でふれた結婚式の祝宴が開かれたのはこのパラヤールの家であった。付言すれば、たとえ悪口にせよ、調査地のクディヤーナに低カースト範疇の者を「牛肉食」と結びつけて語る者はいない。

③伝統的職能

a 先行報告

エステート一般において伝統的職能とカーストの結びつきは一部を除き失われているが、その一部の特定カーストは伝統的職能との結びつきゆえに不浄とされている。洗濯カーストは、特に初潮に伴う成女式の執行に役割を果たし（経血のついた衣服を洗うなど）、床屋カーストは葬儀において遺体の剃髪などを行う。太鼓叩きカースト・パラヤールは死んだ牛の皮でつくられた太鼓との結びつきゆえに不浄なカーストとみなされている［Jayaraman 1975: 90; Hollup 1994: 224-227］。

b ヒルトップの事例

ヒルトップでも伝統的職能とカーストの結びつきはほぼ失われている。パラヤールの一家族にだけ葬儀や祭礼で用いる太鼓が受け継がれており、この家の者が太鼓叩きの役割を担う。葬儀については仔細に観察する機会がなかったが、エステートのマーリアンマン女神祭礼では太鼓の出番があった。ただし、実際に叩いたのはこの家の若者を中心に彼の友人のクディヤーナやパッラールの若者たちだった。「太鼓叩き」は、稀に高カースト範疇の者が特定の「低カースト範疇の者」に対してきく悪口にも用いられ（この悪口の重要な「言い間違い」は次章）、彼らの劣位性のある種の刻印として残っているようにみえる。しかしその刻印には浄・不浄のイディオムが伴わない。洗濯カーストと床屋カーストはヒルトップにはいないが、シンハラの洗濯カースト・ヘーナが一家族暮らしており、この家の女性がタミル成女儀礼において儀礼的役割を担っている。ここにも序列にかかる浄・不浄の語が語られることや、何らかの実践的な表明がみられることはない。

④祭礼時の儀礼的役割

この事例にはマーリアンマン女神祭礼を扱う章でふれるので、次の点のみ指摘しておく。

a先行報告の事例

祭礼時の儀礼的役割はカースト集団によって定まっている。女神祭礼では、女神の霊媒は浄性の高い高カースト範疇の者が排他的に務める［Jayaraman 1975: 95–96; Hollup 1994: 290–291］。

bヒルトップの事例

祭礼時の儀礼的役割にカースト帰属は関わらない。祭礼を主導する司祭や女神の霊媒はバクティ（神々への信愛）の強さによって決められる。特に霊媒は「バクティの試し」となる独特の儀礼によって決定される。

る。

⑤エンドガミー

この事例は先行研究の三角形の図式と深く関わるが、次章に大きく紙幅を割くので次の点のみ指摘するにとどめる。

a先行報告の事例

エンドガミーは各カースト集団の「血の浄性」を保証する [Jayaraman 1975: 87]。ただしホラップの一九八〇年代の事例には高カースト範疇内部にエンドガミー違反とならない異カースト婚の組合せ事例があることが報告されている。ホラップは血の浄性という言葉を用いていないが、これが可能であるのは儀礼的地位の差がほとんどないからとされる。

bヒルトップの事例

調査地では血の浄性が語られることはない。エンドガミーの意識も相当に希薄である。エンドガミーは浄・不浄価値観念とは独立的な、類別的双方交叉イトコ婚の実践による親族の網目の濃密化ないし連鎖として現象し、この連鎖が拡大した結果、調査地では二つのカースト集団（かつての「マラウァン」と「ムットゥラージ」）の消滅すら引き起こした。その流れはさらに先へと進もうとしている。

以上の事例で示したことを簡潔にまとめれば、先行研究が三角形の図式の導出（ないし裏づけ）に用いた①～⑤までの諸項目において、調査地の事例はことごとくこれを裏切るものになっているということだ。カースト集団と浄・不浄価値観念との乖離は著しいものがある。通常の感覚では、「表面的な語りと裏腹に実際のふるまいは……」だろうが、調査地では逆だ。微妙な名残が表面的な語りにみられることはあっても、実際のふるまいがまるで伴わない。

こうした状況において序列そのものはどうなっているのか。全く曖昧化している。

(3) 序列の曖昧化

カースト間の序列を表す語は「ナッラ」(=よい、優れた)と「イッラ」(=よくない、劣った)である。[21] ただし本論全体の検討では、序列を表す語が二つの言語をまたいでいることが重要である。序列は対外的領域に大きく関わっており、カーストでも民族でもなく、いわば「ジャーティヤ間の序列」が論点となるからである。序列のナッラとイッラに対応するシンハラ語は「ウサイ」[s](=高い)と「パハタイ」[s](=低い)である。ヒルトップ住人はこれらを完全に互換的に用いる。以下、本論ではシンハラK村も含めた生活の圏域で序列に言及するこれらの語を、「高」、「低」の語に統一して記述することにする。高―低の含意は、この段階ではひとまず社会的名誉・威信ほどにおさえておいて構わない。

対内的領域において、序列そのものは極端に曖昧化している。序列の明確な根拠が語られることもない。この曖昧さは次の順に記すことで示せるように思う。ヒルトップの三つのカースト間の序列では、クディヤーナを高位とすることに一様のコンセンサスがあり、パッラールとパラヤールの序列は不確かである。不確かというのは、両者にとっても相互の序列づけ、もっといえば差異化そのものが強い関心事ではないという意味である。[22] すると、二大範疇に序列の高―低が収斂するようにみえる。だが、結局のところ「序列などに意味はない」というのが調査地における最も強力なコンセンサスなのである。

場面に応じて語りは揺らぐので、悪態などに高―低の別が表出するときも確かにある。しかし、序列にかかる日常の実践的側面に目を向けていくと、食物の授受といった目立ちそうな局面のみならず、何らかの序列を示すような事象はまず挙げることができない。

ここでは筆者が観察した事柄のなかで、相当に微細な事柄（①、②）と際立って明瞭な事柄（③、④）を全部で四つ、断片的な形で列挙しておきたい。いずれも内容的には後章の議論に連関するものだが、この列挙で示したいのは次の二点である。まず本章の議論に関わる点として、対内的領域においては、①、②にみるようなきわめて微細な局面に（注意していなければ気づかないようなものだ）それこそ一瞬垣間見える分を除いて、序列の高―低は全く曖昧化しているということ。実際、これくらい微細な観察でようやくちらつく程度である。もうひとつは対外的領域に関わり、こちらは対照的である。「対シンハラ」、「対ブラーマン」となるとエステート・タミルたちは明瞭に序列意識を表明する（③と④）。そしてこの序列、特に対シンハラに関しては明確な実践が伴うことになる。

①長屋で執り行われたパッラールの少女の成女式において、ある儀礼的所作を行う奇数人数の女性の七番目に指名されたパラヤールの女性（四十四歳）が、一瞬、恥じらうようなためらいの表情と仕草をみせた。

②長屋で執り行われたパッラール男性（三十八歳）の亡き妻の法要において、立ち会っていた彼の友人のパラヤール男性（四十四歳）が女性の遺影の前で香煙を回し供養することを求められた際、恥じらうようなためらいの表情と仕草をみせた。

①と②にみるためらいの表情と仕草は相対的に序列の低い者がみせることがあるものだ。二つの事例は表面的にはパッラールよりもパラヤールの方が低いことを示している。パラヤールを低位とする指摘はホラップ報告にもある[Hollup 1994: 245]。だが、これは「低かったこと」を暗示しているととるべきである。重要な点は二つの場が共にためらいも押し流すような、カーストの区別などないというムードに覆われていたことだ。結局①の女性は儀礼的所作に参加し、②の男性も香煙を回し供養を行ったのである（二つの事例の仔細は第六章の「長屋」の検討のなかで取り上げる）。

次の③、④も序列の事例だが、いずれも対外的領域に連関するものである（第八章）。

③人々はブラーマン・カーストを明確に地位が高いと語る。その際「スッタム」の語が用いられる。ブラーマンに関してのみ先行研究でみるような浄・不浄価値観念と世俗内的階層性の一致のようなものがみられる。ただし、エステート・タミルのなかにブラーマンは不在である。ブラーマンは「インドに、ジャフナにいる」と語られる。

④ヒルトップのエステート・タミルと隣のK村シンハラとの間には、明確な地位の高—低の認識の一致がある。地位が高いのはシンハラ、低いのはエステート・タミルである。両者間には地位の高—低を表す実践も伴っている。

（4）エステート・タミル・カーストにおける括りの相

ここまで提示した諸事例を整理すれば、調査地の状況は次の三点に集約される。第一に対内的領域においては、浄・不浄価値観念、浄・不浄と翻訳しうるような語彙、関連する諸実践はカースト序列から大きく乖離している。第二にカースト序列自体が極端に曖昧化している。そして（にもかかわらず）、第三に対外的領域、「対ブラーマン」、「対シンハラ」との関係においては何らかの序列の存在が言明される。従来の報告にみるエステート・タミル・カースト像は限りなく解体され、何か別のものになっているといわざるを得ない。少なくとも対内的領域では、時折ちらつく名残のような語りをもって先行研究の三角形の図式がいまだ適用可能であるとは全くいえない状況である。

提示した状況は種々の疑問を引き起こすが、先にこの段階で生活の場におけるカーストの括りの相というものを明確に述べておくことにしたい。

対内的領域では、序列にせよあるいは分業にせよ、各集団同士が何らかの形で関係づけられ、その関係づけゆえにまとまりの根拠を得るところの、社会的枠組みが限りなく失われている。浄・不浄といった階層化イディオムの喪失も含め、各集団の区別を現在において根拠づける文脈も、集団として他集団と関係を結ぶ（ないし当該集団の成員であることをもって他の集団成員と実践的に関わる）局面も著しく欠落している。詳細は次章を待つが、乖離の事例（2）-⑤-bで先取りしたように、エンドガミー規制を持つ内婚集団としての範囲もなし崩し的に瓦解しつつある。

約言すれば、「クディヤーナであること」や「パラヤールであること」がいったいどういうことなのか、人々はその根拠をもはや見出せなくなっている（かつ見出さなくなっている）。調査地においてカーストはまるで形骸化した括りのようになっている。[23] 括りの相として指摘しておきたいのがこのことである。

後の議論のために、この括りの相というものをアイデンティティの形式の観点で捉えておく。括りの相における「誰某が○○カーストであること」の同一性は、○○カーストという生活と遊離し抽象化した類概念によって定まる構図になっている。すなわちこの相における「誰某が○○カーストの者であること」のアイデンティティの形式は、提喩的である。その形式は、市民権問題の文脈における「何十万分の一」や、民族対立問題の文脈におけるただ「タミル」としての囲繞・同定と全く相同な形式になっている。

第三節　シンハラ・カースト制度の影響とエステートの「均質性」

従来のエステート・タミル・カースト像に照らせば、調査地の状況は随分突飛な印象を受けるものだ。いったいなぜ、どのような要因・機制によってこのような状況が生じてきたのかといった疑問が生じる。これらの問題をここで前景に主題化することは避ける。[24] その代わり、本節を割いてこの状況がさして不自然ではないということを示す程度には、図式的な説明を添えたい。対内的領域における浄・不浄価値観念と序列の乖離、そして序列自体の曖昧化の二点については、次の二つの観点を組み合わせることで、直感的な整合性を感じられる程度には説明のつく事柄である。ひとつは隣人シンハラのカースト制度の影響、もうひとつはエステート・タミルたちのある種の基調としての「均質性」である。

(1) シンハラ・カースト制度の影響

彼らの隣人シンハラたちもカースト制度を持つ。[25] シンハラ・カーストについては第七章にみるが少し先取りする。ここでの文脈で指摘するのは、シンハラのカースト序列がかなり曖昧であること、何らかの単一の階層化原理を析出することがほとんど困難であり、とりわけ浄・不浄価値観念という階層化原理が希薄なことである。

K村を例にとれば、農民カースト・ゴイガマ、椰子蜜づくりカースト・ワフンプラヤ、鍛冶工カースト・ナワンダンナに分かれている。このうちゴイガマが「高い」カーストだが、序列が浄・不浄によって語られることがない。K村には浄・不浄あるいはケガレと翻訳しうる語が三つあり、「ピリシドゥ」[s]、「アピリシドゥ」[s]、「キリ」[s]である。この三つはヒルトップ住人の「スッタム」、「アスッタム」、「ティーットゥ」と語用の範囲が全く同じ、つまりK村でもカースト序列の表明に用いられることはない［cf. Stirrat 1982: 12-14］。

乖離の事例①〜③および⑤に対応させてシンハラのケースを簡単に示したい。シンハラにも①の食物授受や共食の規制がなくはないが、かなりルーズである。[26] ライアンはかつて、食物にかかる規制を「社会的距離の表明」とあっさり片付けたが［Ryan 1981（1953）: 158］、実は実感としては筆者の考えもそれに近い。浄・不浄にかかる語彙が仮に口にされたとしても、せいぜいのところ社会的距離の形容詞ほどである。

②の牛肉食については、筆者の知る限り、シンハラの場合序列のインデックスになることはない。これだけ述べればよいだろう。③の伝統的職能については特にキャンディ王国時代（十五世紀末〜十九世紀初頭）の分業体制を念頭に置く必要がある。今日のシンハラ・カースト制度の基盤は王国時代の王に対する賦役制度（ラジャカーリヤ[s]）[27]を通じて形成、整備されたものであり、序列は当時の国家の枠組み内で定められた側面がある。[28] 人々はカーストの区別をこのラジャカーリヤに遡って捉えるのが一般的である。シンハラの太鼓叩きカースト（ベラワー）の

低さもラジャカーリヤとの関連で語る者こそあれ、「牛の皮の太鼓」などと結びつけられることはない(29)。

⑤エンドガミーについてはヤルマン［Yalman 1960, 1967］の議論と結んで述べておきたい。シンハラ・カースト制度を検討した先行研究にも、浄・不浄価値観念を比較的前面に出す議論はあった。例えばヤルマンの議論である。ヤルマンによれば、カーストとは単なる集団の呼び名ではなく、「質（quality）である」。「質は血の中に存している。そして血は最も浄なるものから、極端に不浄なものまで階層化されている」［Yalman 1960: 87］。同じ親族集団＝カースト集団は同じ血を有しており、カースト集団間の序列は、この「質」（＝「浄―不浄」）の儀礼的地位（ritual status）に裏付けられている。そして、「地位（すなわち浄性）を守る最も効果的なメソッドが完璧なエンドガミーである」［Yalman 1960: 110（　）内筆者］。

これはちょうどジャヤラマンやホラップが指摘した論理のシンハラ版である。だが他のほとんどの研究者はヤルマンのこうした見解を明確に支持していない［cf. Pieris 1956; Gombrich 1971; Ryan 1981（1953）; Stirrat 1982; Gunasekera 1994; 足羽　一九九四］。シンハラにおける「血の浄性」について幾分控えめな形で批判を行うスティラートに着目したい。彼の調査地のシンハラ漁村でも、確かに諸カーストは血が異なっていると語られている。漁民カースト「カラーワ」は「怖くて強い」、それは「カラーワの血」である(30)。ところで彼の調査地ではカーストは父から受け継ぐことになっている(31)。だが、この「カラーワの血」が父方に由来するのかといえばそうでもない。父方、母方共に「血の親戚」（レー　ネェーダーヨ［s］）とする表現もあるからである。つまり一貫していないのである。スティラートは、「血」は英語の 'blue blood'(32)（名門の生まれ）同様の比喩に過ぎず、シンハラの場合、（これを階層化原理はもとより）エスノ・ソシオロジーやエスノ・バイオロジーとして語るならいきすぎになりはしないかと注意を促すのである［Stirrat 1982: 16］。

スティラートの控えめな批判は、今日の事例によって強く支持されるように思う。「血」は確かにさまざまな比喩表現として用いられ、例えば「みんな血は赤いだろう？　血は同じだ。ジャーティヤの違いなどない(33)」といった提喩的用法、また体調不良時の「血がアピリシドゥになっている(34)」といった換喩的用法がある。「血」の多様な比喩表現にあって、しかし、カースト集団に言及する用法は何故か今日ほとんど聞かれない。K村ではエンドガミー固執の語りにおいてすら「血」をもってカースト集団に言及することは皆無である。「血の浄性」以前に「血」そのものが語りに動員されることがない(35)。もしも「血」というものが深い民俗的知識に根差したサブスタンスとして概念化されたものだったなら、仮に医療近代化といった要因による変化分を差し引いたとしても、これはいささか奇異なことである。スティラートの述べた通り、「血」は限りなく比喩表現だった（そしてそれが失われた）のではないかと思わせるのである。

血の観点も含め、シンハラ・カーストにおいては積極的な形で浄・不浄価値観念に重きを置いて序列を論じることは、そうできるものではない。これを念頭に、シンハラ村と日常に行き来のあるヒルトップ住人の生活を想起すれば、浄・不浄価値観念と序列の乖離状況はむしろ自然にみえるものでさえある。従来のエステート・タミル・カースト像とは著しく異なっているものの、隣人シンハラのカースト像に照らせばたいして違和感を覚えるようなものでもないのである(36)。

とはいえ、隣り合って暮らすことが自動的な転移を引き起こすと考える根拠はもちろんなく、影響の一言で済ますわけにはいくまい。次に指摘する全く別の観点と組み合わせることで事態はもう少し整合的にみえてくる。

(2) エステート・タミルの「均質性」

ホラップによるカースト制度の持続性の主張は、エステート・タミルたちにみられるある種の均質性とのコントラストのなかでなされている。

(エステート労働者の)生産手段との関係、低賃金、土地を持たないこと、些少な私有財産、低い教育水準と似たような人生の機会など、階級形成の典型的な前提を構成するこれらは、彼らを相当程度に均質な社会集団かつ真のプランテーション・プロレタリアートへと形成する要因となろう。(中略)しかしながら、これら(水平的な階級形成の発展)を当然とみなすことは、上部構造とイデオロギー(デュモン流の浄・不浄価値観念が充当されるのはここである)のインパクトを忘却し経済決定論的な分析へと導くものとなってしまう[Hollup 1993: 69(　)内筆者]。

コントラストされているのは、経済環境のもたらす均質性と伝統的なカースト階層性という予感しやすい齟齬であり、経済学的概念や理論枠組みの深度は論述からつかみづらいものの、図式自体は明瞭である。

この図式を立てた上で、ホラップは複雑な現実を腑分けするような素朴な分析枠組みを持ち込んでいる。エステート労働者としての文脈'on work'と社会生活の文脈'off work'とを分けて考えるというものである[Hollup 1993: 69]。

前者の文脈では、人々はある種の平等主義的傾向をみせるという。ふるまいは「協力」や「友情」、「兄弟のようなよしみ(brotherhood)」で特徴づけられ、仲間の労働者には親族名称のメタフォリカルな使用もみられる(これについては次章で取り上げる）。しかし後者の文脈では、浄・不浄価値観念の貫徹、つまり先行研究のいうところのカースト制度の不変の部分が見出される。ホラップの論述は留保の二転三転によって揺らぐものの、主張の本線は後者の文脈における貫徹した浄・不浄価値観念の提示をもって次のように述べるくだりに見出せる。均質的な社会集団が形成される傾向にはあるものの、「それは必ずしも平等主義的な価値と水平的な階級的団結を導くものではない」[Hollup 1993: 82]。

エステートという環境がもたらす均質的な意識や実践と、浄・不浄価値観念を階層化原理とする序列意識や実践とは確かに簡単に相容れるものには思えない。ホラップはこれを'on work'と'off work'の文脈の区別によって両方共に留保した（「両方ある」と提示するにとどまった）。このホラップのコントラストを当てはめれば、調査地で生じている状況を次のように考えることはできるのである。すなわち、on work 的な均質性（意識や実践）が off work 的領域にまで浸透することで、その対立がほぼ止揚をみた状況である、と。だとすれば、その過程で図式的には行き場を失うことになるのが浄・不浄価値観念だ。そのいわば「落としどころ」が問題となる。そこに格好のモデルを提供したのが先述した隣人、シンハラのカースト制度だった、と。

エステート住人の均質性やある種の平等主義的傾向と照らせば、シンハラ的な浄・不浄価値観念や序列の曖昧さは都合がいい(37)、確かにしっくりくるのである。シンハラ村に隣接するエステートで調査した者の実感を添えるなら、ヒルトップの状況はごく自然にみえたし、先行研究を目にしていなければもともとそういうものだと思ったに違いない。先にみた二つの観点を持ち込めば、感覚的な整合性を感じられる程度には説明はつく。ヒルトップの状況はさして突拍子もないものではないのである。

本節で述べたかった補足的な説明というのは以上である。説明というより描写の類だが、状況説明のラフスケッチ程度なら、筆者自身さしたる不整合は感じていない。「ヒルトップの状況」、「シンハラ・カースト制度」、「エステートの均質性」をつないで一枚の絵は描けなくもないだろうし、これを入念化していく道筋も展望しえないわけではない(38)。しかし、こと「ジャーティヤの検討」ということになると、この道筋は出だしから大きな難点を抱えてしまうものである。ホラップの図式が持つ「均質な個人」対「カースト的な「個人」」(この小括弧の含意は次節に述べる)のコントラストでは捉えきれない、ジャーティヤを生きる人々がいるのである。ラフスケッチの本節における用は果たされたとし、最後にこれを踏み台にして本論の本線、「つながり」の相へと展開したい。

第四節　二つの階層体系と提喩的同一性の論理

(1) つながりの相へ

本論は「ひとつのエステート・タミル」の組成を追っている。もしもホラップの図式で考えを進めるなら、「ひとつであること」は「均質性」や「水平的な階級的団結」の現実的な浸透によって説明されることになるだろう。この道筋が描くのは、先行研究が不変とみなした三角形の図式の解体に伴う、カーストそのものの解体だ。調査地の現時点の状況は、残存するカーストの括りと均質で平等主義的な個人の対立として、そして後者が優勢となる状況として把握されることになろう。

この道筋の隘路は、カースト、言い直せば「ひとの種類」として生きられるジャーティヤというものが、形を変えてさらに展開していることを見落としてしまうことにある。均質で平等主義的な個人によってカーストは廃棄されようとしているのではない。括りと化したカーストは人々に生きられる形に成型し直されようとしているのである。人々はカーストの違いなどないと語る。だが、このことはカーストの消失を意味しない。本章の初めにも記した。イメージとしては、彼らは括りと化したカーストに代えて、エステート・タミルという巨大なひとつのカースト（ジャーティヤ）を生きようとしているのである。次章、「つながり」の相の検討は、この、「ひとの種類」のつくり直しを俎上に載せていくものである。

つながりの相に目を転じるにあたり、ひとつの議論を済ませておきたい。先行研究によるエステート・タミル・カースト像の最初の把握の仕方、つまりカースト分類の階層的把握の根底にある提喩的同一性の思考についてである。

(2) 二つの階層体系と提喩的同一性の論理——先行研究にみる括りの相

先行研究の分類図式にみるツリー上の階層体系図（図4-1）は、提喩的論理に拠る類—種の包摂関係がクラスごとにバラされ配列されたものだ。類—種の包摂関係は、大きな円のなかに入れ子状に小さな円が包摂されるイメージとして思い描くことができる。例えばエステート・タミルという大きな円（上位クラス）のなかに、低カースト範疇という中くらいの円（中間クラス）があり、そのなかにパッラール（下位クラス）という円がある。いうまでもなくこの小さな円のなかにはもう一段階、小さな円が隠れており、その円は「それ以上分割できないもの」として表れる。それは「個人」[39]である。

先行研究の階層的図式において「ある者が○○カーストの者であること」の同一性は、類—種の提喩的同一性の論理に拠って定まっている（表象されている）。これが調査地の括りの相と同じ提喩的形式をとる。これでは括りを突破して生きられるジャーティヤを捉えられないという陥穽にはまることになる。ここでの議論の要旨はこれに尽きる。だが、先行研究の階層体系的な分類把握を、提喩的な類—種の論理と断じるには少しだけ議論をふまえる必

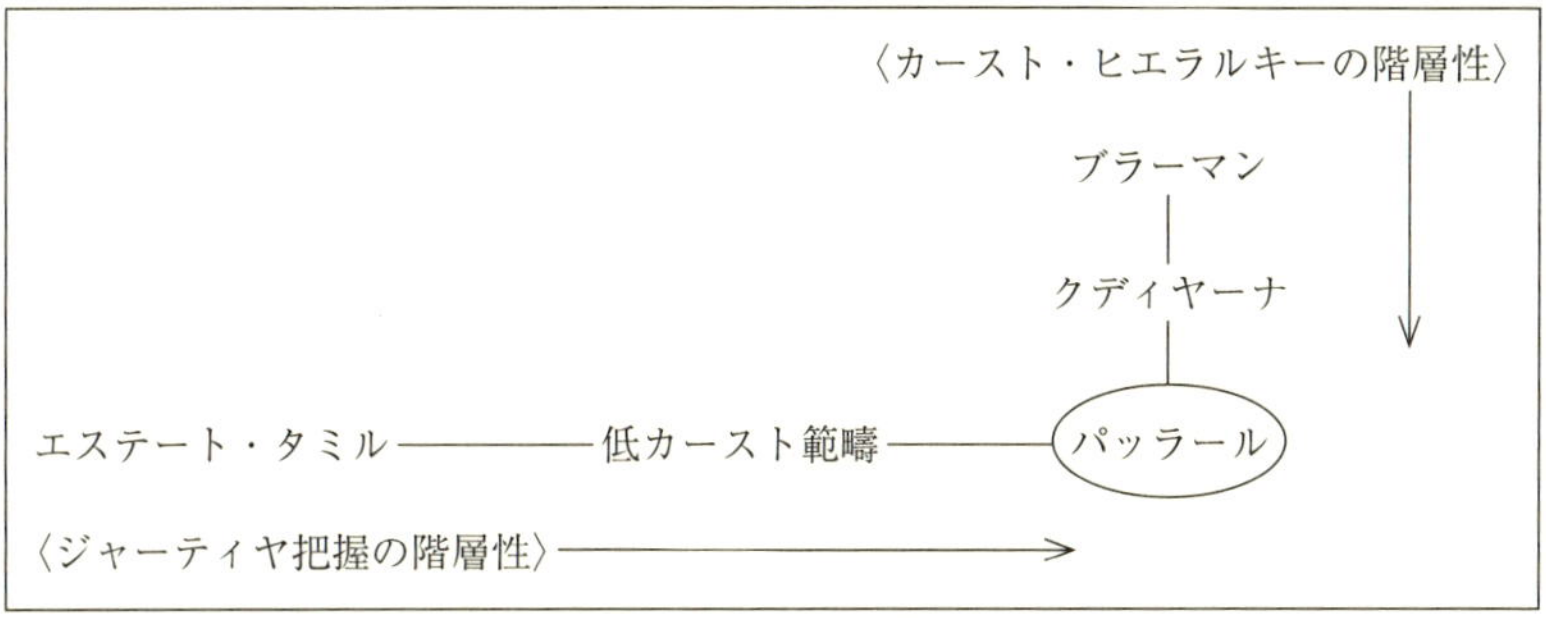

図4-5　二つの階層性

要がある。というのもここには二つの階層体系がクロスしているからである。

上位クラスから最下位の個人に至る階層的把握は提喩的論理そのものである。その気になれば、エステート・タミルの上位に「スリランカ国民」や「人類」を置いても構わないし、「男」や「女」を重ね合わせても、あるいは下位クラスを「二〇一二年生まれの者」で種分けしても同じである。この手の「多重的アイデンティティ」など提喩的な類―種の重ね合わせに過ぎない。問題は、もうひとつの階層性「カースト・ヒエラルキー」であり、かつ、それがここにクロスすることなのである。パッラールを例に図示した（図4-5）。

横軸上にみる「パッラール」は提喩的論理に連なる括りである。しかし先行研究の主張に沿えば、図で縦にクロスする軸上の「パッラール」は、単なる括りではなく、「浄・不浄」という「質」を内包している。そして、その質が浄・不浄の「相対性」によって関係づけられているとされる以上、その集団は本論の言葉では、関係論的な換喩・隠喩的まとまりといわねばならない[40]のである（例えばパッラールというまとまりはクディヤーナとの浄・不浄の換喩的隣接性によって同定され、また、パッラールを構成する人々は「同じような浄性の程度」という隠喩的類似性で結びつくという風に）。この齟齬は、「あるひとりの者」の次元に落としたときに明瞭になる。横軸上に見出されるのは「個人」である。しかし縦軸上のヒエラルキーのなかに存するのが、「個人ではないこと」こそ、

『ホモ・ヒエラルキクス』でデュモンが語ろうとしたことだったのだから。

クロスする二つの階層性の論理的な齟齬は、少し奇妙な形で「浄・不浄」という「質」に投影されている。それはこの質が「相対的」でありながら、[41] あたかも当該集団ないし個人の「本質」のように映じていることである。デュモン的なカースト・ヒエラルキー（縦軸）と張り付いた先行研究のジャーティヤ分類把握（横軸）を提喩的と断じてつながりの相に展開するためには、この「相対的なような、本質のようなもの」という曖昧さを完全にクリアにしておくことが枢要である。

この曖昧さは、「浄・不浄」概念そのものではなく、デュモンの「構造」概念のある種の実体化[42]に起因している。少しだけ彼の構造概念に遡るが、ひとつ断りをしたい。カーストというものがいま検討の直接の対象になっているし、調査地の人々もインドからやってきた。とはいえ本論はあまりに無造作に、あるいは不必要にインドのカースト研究と突き合わせるにはセッティングが二重の意味で大きく異なりすぎている。ひとつは対象が現代スリランカのエステートおよび隣接するシンハラ村という特異な環境にあること。もうひとつは、こちらが重要なのだが、照準している対象はカーストや民族と翻訳されてきた、現代スリランカにおいて生きられる「ひとの種類」の在り方であること、である。よって指摘は本論に関わる必要な点にのみふれるにとどめたい。なお以下の抽象度では、「浄・不浄概念そのものの内容」や「イデオロギー」概念、あるいは「ヒンドゥー教」なども関わらない。要点を示すため、めいっぱい単純化して述べる。

デュモンは自身の構造概念を「要素」、「体系」、「構造」の選り分けによって提示した。この三つ組みのなかで、「要素」とはひとつひとつのカースト集団にあたる。これら具体的な諸カーストが、具体的な関係を結び（例えば序列や分業）、集合を形成している。このように諸「要素」の取り結ぶ関係のレベルは「体系」である。彼が「構造」の語で述べたかったのは、こうした諸「要素」の体系のことではなかった。「構造」とは「諸関係（＝「体系」）の体系」、いわば「体系」を統べる体系であり、それがデュモンにとっては浄・不浄二項対立である。この「構造」をもって演繹的に議論が構成されたのが『ホモ・ヒエラルキクス』だった[43]［デュモン　二〇〇一（一九八〇）：五一―六二］。

ところがデュモン流構造主義、（ここは議論が広がりすぎないよう限定しておくが）デュモンを援用するホラップ的な「デュモン主義」においては、浄・不浄二項対立という構造自体が経験的次元に還流し実体化する循環に入ることになる。このことは、先行研究のやり方に露骨である。諸集団に割り振られた浄・不浄は、経験的次元の諸事象を、演繹的（というにはあまりに侵略的）に侵していく（本章第一節で「予定調和的に図式に吸い込まれていく」と述べた、そのことである）。「構造」は、「体系」を統べる体系としての含意を失い、「要素」や「体系」と見境ないほど経験的次元に堕した末に、質として実体化してしまう。「相対的なような、本質的なようなもの」の曖昧さは、この理論構成が強いる実体化[44]（これが各カースト集団の本質として浄・不浄をみせる）の矛盾を、そもそもの構造概念の持つ非実体性がカモフラージュすることによって生じているのである。

これをふまえ、クロスした二つの階層性把握をまるごと提喩的と断じるのは、デュモン流構造主義の適用による、己の発端の構造概念を裏切る形で構造を実体化するやり方が、ある集団とある者を類―種の逃れられない囲繞によって表象することになるからに他ならない（「カースト的な「個人」」と記した所以である。浄・不浄が割り振られるのはこの提喩的な諸集団（類）であると同時に、それを構成する個人（種）でもあるということになる）。

ここに先行研究の思考に存する括りの相が見出せる。「サイードの命題」やエステート・タミルのアイデンティティ・ポリティクスを論じたバスを思い起こせば、この表象が依拠する形式がみせる括りの相は明瞭である。バスは、エステート・タミルという「民族」（類）に囲繞された個人（種）の構図に、客体化された文化をあたかも本質のような内包として放り込んだ。エステート・タミル・カーストを論じたジャヤラマンやホラップも全く同じことである。カースト（類）に囲繞された個人（種）の提喩的な図式に、浄・不浄があたかも本質のように実体化されて放り込まれた[45]。ジャーティヤは括られてしまったのである。

ヒルトップでは、本章で示したように浄・不浄二項対立の構造は通用しない。だがもっと通用しないのは、ジャーティヤを提喩的論理によって把握するそのやり方である。このホラップらのやり方をなぞれない本事例の制約は、むしろ、デュモンの発端の「構造」概念に立ち返る要件をなす。これを理論的アナロジーの形で記しておくことは、以降の検討を見えやすくするだろう。彼の「要素」・「体系」・「構造」の選り分け自体は本事例の検討にとってはまだ有効なのである。対外的領域にまで連なっていく種々の「つながり」は、調査地の諸ジャーティヤが取り結ぶ、経験的次元における一見バラバラな諸体系である。しかしこれら諸体系を統べる体系というものがある。本論において、生きられるジャーティヤの「構造」の位置にくるのは、浄・不浄価値観念ではなく、この「つながり」を構成する隠喩・換喩的な論理ということになる[46]。

本論とデュモンの親和性が直接表れた文章を引用したい。この引用は、本論の問いであるアイデンティティの問題とつながりの相の関わりを明確にすることにもなる。デュモンは次のように述べている。「実体を重んじる立場をとるなら、あらゆることがらをひとつの次元、たとえば個人、ネーションまたはカーストへと還元して考えることになる。構造を重視する立場をとるなら、カーストは、より大きなまたは小さな存在のために、ある状況では顕在化し、べつの状況では消滅する」［デュモン　二〇〇一（一九八〇）：六二］。「民族」、「カースト」、「個人」へと還元する提喩的論理によっては、ジャーティヤは捉えられない。これを捉えるには本論も構造を重視する立場に立たねばならない。だが、上記引用箇所の直後に記された次の文章の前段とは決定的に決別する。「われわれの社会に特徴的な個人中心の世界と異なり、カースト世界の場合、個人のようなある特権的な次元というものは存在しない」[デュモン　二〇〇一（一九八〇）：六二]。ジャーティヤの世界もまた個人のような特権的次元では捉えられないというべきである。しかし、換喩・隠喩的なつながりの論理で生きられるジャーティヤの世界は、「かれらの社会」だけのものではなく、おそらく「われわれの社会」にもひらいている。「つながり」は本質的に閉じることができない。

デュモンの「われわれ／かれら」の図式は、次のような対立に変換されねばならない。「括りの思考に囚われたわれわれやかれら」と、「もしかしたらそうでないアイデンティティを生きているかもしれないわれわれやかれら」の対立である。提喩的同一性に拠らない「そうでないアイデンティティ」の在り方の問いを意識しながら、ジャーティヤの「つながり」の相に目を転じていくことにしよう。

註

（1）むろんここでカーストと記すのがジャーティヤ、「ひとの種類」のことである。

（2）これ以外にエステート・タミル・カーストを主題としたまとまった研究報告は見当たらないが、二〇〇〇年代初めの本論の調査時期と照らすとき、約半世紀の変化（ジャーティヤが「ひとつ」に向かう軌跡である）を跡付ける格好の参照資料となる。特に次章の検討で有効となる。

（3）日々の暮らしでエステート・タミルがブラーマンと何らかの接点を持つ機会は皆無に等しい。ただし、政治的な換喩表現としての「ブラーマン」というものは、彼らの生きるやり方の肯定と密接に関わってくる。この点は第八章に取り上げる。

（4）本文に見ていく通り、「元になる現地語がある」ことと階層的分類把握が妥当することとは別である。

(5) この語義については次章で取り上げる。

(6) ジャヤラマン報告の三つの茶園ではそれぞれ六六・九%、四五・一%、六八・八%、ホラップの調査地が七一・六%、筆者の調査地では六八・一%、バスの調査地では約八割と報告されている。

(7) ただしジャヤラマンの調査地では同じカーストの者がある程度同じ長屋になるよう部屋割りがなされていたようである [cf. Jayaraman 1975: 87]。

(8) ただしジャヤラマンの一九五〇年代には諸高カーストがエンドガミーの単位として分離しているのに対し、ホラップの一九八〇年代になるとエンドガミー違反とはならない異カースト婚の組合せが報告されるようになる。この点は次章の論点となる。

(9) ジャヤラマンは明示的ではないものの、ホラップの論考はデュモン流構造主義の援用である [cf. Hollup 1994: xxiv, 1993: 68]。「カーストの変化と持続」と題された章の末尾を締めくくるホラップの言を引いておく。「(エステート・タミル社会では)カーストはさまざまな社会的領域において、いまだ考慮されるべき重要なファクターであり社会的相互行為を決定づけている」、そして「人々のこれらのカテゴリー(=カースト)は、相対的な浄・不浄価値観念に基づき、ヒエラルキカルに秩序付けられ評定されているのである」[Hollup 1994: 273 ( ) 内筆者 cf. Jayaraman 1975: 85-94; Hollup 1993: 82]。ただし本論の発想は、デュモンの「構造概念そのもの」とは強い親和性を持っている。本章末尾で論じる。

(10) 先行報告の核心的な部分の解体を検討の冒頭に置くのも同じ理由からである。

(11) むろん「つながりの相」や「括りの相」といった語彙は現地にないが、こうした語彙で言い当てることができるようなジャーティヤをめぐる経験を人々はしている、それが観察者の前に語りと実践の、ときに語りの矛盾の形で顕れる。括りとつながりは文字通りジャーティヤをめぐる二つの相である。

(12) 出産、初潮、月経、死は関根の論考において、関根がティーットゥに創造的・生産的側面として「ケガレ」を見出す際の基礎的現象としての位置にある。また関根の取り上げる南インド・タミルナードゥの事例では「切られた爪」、「抜け落ちた毛」、「吐かれた唾」、「牛肉食という行為」(「牛肉食」については本文でもふれる)もティーットゥな事物と人々に認識されており、ケガレ論の分析対象となっているが [関根 一九九五:一〇九—一一二]、これに対して、調査地におけるティーットゥの用法は相当に限定的なものである。この限定性は、一面では関根がティーットゥの本質的意味として見出した、主観的解釈次元における他界性の突出という境界経験（「死の脅威」の感覚）への意味論的な集中化であり、他面では世俗内生活における浄・不浄、ケガレ全般の言及機会の減少および本文でもみるシンハラの影響との複合的帰結と考えられる。特に前者の意味論的集中化は彼らの「長屋暮らし」と深く関わる。第六章「長屋の成女儀礼」の事例のなかで論じる。

(13) もう少し踏み込めば、カーストに包摂される個人（先の分類図式にみる階層的包摂関係の最後の下位クラスがこれである）があたかも本質として引き受ける当該カテゴリーの相対的浄性の当の個からの乖離である。いま記した「本質」が「相対的」というのは奇妙な表現に違いなく、ここにデュモン流構造主義の陥穽と可能性が同居しているように思える。本章末尾で議論する。

(14) ただしカップルはヒルトップ住人ではなく他所に住むこの家の親族の者だった。

(15) これはそもそもシンハラが正月に行う風習であり、対外的領域の検討のなかで再度取り上げる。

(16) カーストにまつわる諸事項のなかで、調査が最も気楽だったのはこの「牛肉食」と後述の「ブラーマン」の問題だったかもしれない。この二つは彼らの生きるやり方に対する彼ら自身の積極的肯定にかかっている（第八章後半にみる）。

(17) 調査地では「バクティ」（神々への信愛）の語が語られる。女神祭礼の第九章に取り上げる。

(18) 表には明示していないが「牛は食べるが、豚は食べない者」が二五人（クディヤーナ四、パッラール一二、パラヤール九）に対し、「牛は食べないが、豚は食べる者」はパラヤールの一人だけである。

(19) ここでの議論と直接関わらないものの、エステート住人たちは神々の同定があまり正確ではない。牛をムルガン神の乗り物といった者もいた（正しくは「孔雀」）。神々は「違うけれどひとつ」という言い方がしばしばなされている（これは同じくヒンドゥー神を崇敬する一般のシンハラにもみられるものだ）。

(20) 豚肉の忌避はヒンドゥー教徒にふつうみられるものだが、今日シンハラ仏教徒にも強くみられる傾向であり、この共通する、「牛」に対する「豚」の相対的強調のベクトルに、筆者は彼らの身近にいるムスリムの影響を強く感じている。これを論証するデータは持ち合わせていないのだが、一般の仏教徒やヒンドゥー教徒にとって、「神さまは「違う」けれど「ひとつ」である。

(21) このナッラとイッラには倫理的な善悪のようなニュアンスはない。

(22) 確かにパッラールとパラヤールは互いに自分たちが低いなどとはいわないし、文脈によっては自分たちの方を高いということが多い。この「文脈」とは調査者である筆者が「序列の高低をあえて問う」というある種、特別な文脈である。このような問いに対して、自分たちの方が高いという回答を得たとしても、「でもいまはカーストの区別など関係ないよ」と続くことがふつうである。なお次章にみるように調査地の人々は「パッラール」、「パラヤール」の語をほとんど用いなくなっており、パッラールやパラヤールの者たちは自分たちを「イラック・ジャーティ」と語ることが多い。

(23) 「カーストの違いなどない」という基調ともいえる口癖は、生活から遊離したカーストの括りの相が前提となっており、その状況を素朴に言い募るものとしてひとまずはとれる。散見される悪口や序列をほのめかす語りなど、見かけと裏腹に(むしろ「見かけ上の表面的なもの」というべきか)、括りとしてのカーストの相を強調するものといえる(「太鼓叩き」との食物のやりとりを語った男性を想起)。彼らの生活やふるまいの細部を注視すればするほど、カーストの括りの相は際立っているのである。

(24) これらの諸疑問を主題化して考察するにはまだ材料は出揃っていない。本論はこうした疑問を主題に議論を構成しないが、記述全体を通じて調査地の事態が納得いくものであることを示したい。

(25) シンハラ・カースト制度については第七章で取り上げる。シンハラ・カーストにはブラーマン・カーストは存在せず、農民カースト「ゴイガマ」を上位に頂き、各職能カースト(鍛冶工カースト、洗濯屋カーストなど)がその下位に位置づけられる構成が基本である。

(26) 例えば高カースト・ゴイガマの者が低カースト・ナワンダンナの食物を「アピリシドゥ」と形容することも全くありえないわけではないが、親密な者であれば「あいつのところはピリシドゥだから大丈夫」といった具合で、食物の摂取や共食にあまりためらいがない。これについては、カースト作法の運用という別の論点もある(第七章)。

(27) ごく簡単にいえば、土地は王のものであり、臣民には土地保有の見返りに賦役の義務が課せられていた。この制度下に整備された分業体制が今日のシンハラ・カーストの基盤を成している。

(28) むろんシンハラ・カースト序列はすべてこれで説明されるわけではないし、実のところかなり曖昧である。例えば十五世紀以降に仏教僧侶により編まれたとみられる『ジャナワンサ』には漁民カーストの地位の低さが「罪」（「殺生戒」の観点から）と説明されるが、これでは例えばゴイガマと「洗濯カースト」の序列を説明できるわけがなく［cf. Ryan 1981（1953）］、キャンディ王朝末期にはこの漁民カーストの地位は王への塩と日干し魚の納入によって上昇してさえいる［Pieris 1956: 176］。

(29) 調査地では「太鼓叩き」の類似性によりパラヤールはベラワーに比定される。第八章でみる。

(30) 今日でもキャンディ地方のゴイガマらは、低地海岸部のカラーワたちを「サライ」［s］（性格がきつい、こわい）とステレオタイプ化して語る。ただし、本文でもみるようにここでも「血」が出てくることはなく、通常「ガティグナ」［s］（性質、性格）として語られる。

(31) この点は「カーストの父方継承」の問題として次章で指摘する。

(32) この'blue blood'はヤルマンも「西洋人も同じ仕方で血を語る例」として挙げているのであるが［Yalman 1967: 140］、ヤルマンの論考のなかでは血は「比喩」ではなく、「質」としてサブスタンス的な位置づけで扱われているようにみえる。

(33) これはごくふつうの平等主義的なニュアンスである。「同じ赤い血を持つ人間」という類概念によって外延を構成する種が表現される。こうした物言いはよく耳にする。

(34) 「原因」（血の劣化）―「結果」（体調不良）の換喩である。

(35) 本論で十全に論じることはできないが、シンハラ社会では「血」というものが、限りなく比喩表現であり続けてきたのではないかという考えを筆者はスティラートと共有している。筆者の親友でゲストハウスを経営するゴイガマ男性は、外国人観光客によくカーストのことを尋ねられ、いつも返答に窮していた。ある日、彼がそれこそ目を輝かせて報告してくれた。「ついに発見した、カーストとは英語でいうクオリティである」。彼は、ヤルマンと全く同じ発見（語彙まで同じ）をしたのである。ところが彼が続けたのは、血ではなく、電化製品の直喩であった。「ゴイガマはSonyの製品のようなものだ」。この画期的な発見に彼は完璧な満足を得たようだった。血の話は最後まで出なかった。

(36) なおシンハラの村落生活レベルでも序列の曖昧化というものが生じている。第七章でみる。

(37) むろんそんな単純な話では済まず、ここには長屋におけるケガレ（ティーットゥ）の共有というミクロの生活実践が深く関わっている。第六章で取り上げる。

(38) ホラップの思考を引き継ぐなら、例えば on work/off work 間の意識や実践の浸透を事例から検証していく作業、あるいはホラップの「イデオロギー」を関根の「浄・不浄イデオロギー」と「ケガレ・イデオロギー」という高次の理論的概念に置換し、その上で経済の問題とクロスさせて検討していくといった難渋な作業などもありえるだろう。

(39) 南アジア研究の文脈におけるサブスタンスの議論も「個人」をターゲットとしており（分割不能の‘individual’に対する分割可能な‘divisual’の対置）、その射程は広範である［cf. Marriott 1976; Daniel 1984; cf. 内山田 二〇〇八］。「ひとの種類」の在り方に照準する本論はこれらの議論と直接交差しないもののターゲットは重なっている。特に第九章で議論する。

(40) デュモンのヒエラルキー定義も参照。「ヒエラルキーとは集合を構成する諸要素を集合全体との関連で序列化する際の原理である（傍点は原文ママ）」［デュモン 二〇〇一（一九八〇）: 九二］。本論の議論に重要なのはヒエラルキー概念が要素という実体からでなく、「関連」の語で示唆される関係性（ないし相対性）の論理に依拠している点である。だとすれば、それは本論の言葉では提喩的とはいえないはずなのである。

(41) この「相対的」は「高い、低いはそもそも相対的だ」といった当たり前の意味ではなく、「本質的にではなく、関係的に定まる」という意味での相対的である。また本質のようなものの最も単純な物質的代替物として想像しやすいのが「血」ということになろう。

(42) デュモン批判をめぐっては特に関根［一九九四b］から大きな示唆を得ている。なおここで述べる単純な実体化はアカデミズムの言説の現実社会への還流の相は指していない。スリランカの諸ジャーティヤ（「民族」）に起きてきたのは、「浄・不浄」の実体化ではなく提喩的同一性の論理によるジャーティヤの括り化だった（「アーリヤのシンハラ」対「ドラヴィダのタミル」という「民族＝人種」図式の形成は往時のヨーロッパ言語学者の言説と不可分だった）。現代スリランカでは「カーストの実体化」（例えばカースト・アイデンティティ・ポリティクス）へと向かわせない社会的趨勢が認められるように思われる。ひとつはマクロの「民族対立問題」の前景化による「カースト」の区別の相対的な後景化、もうひとつは、ミクロの政治・経済領域の流動化による「社会資本」［ブルデュー一九八六］としての「カースト」の目減りである。後者については、シンハラを取り上げる第七章で可能な限り示す。

(43) 要素主義を退け「構造」に着眼したデュモンは、自らの構造概念をエヴァンズ＝プリチャードのそれと対比している。ヌエル人の分節リネージ体系の議論をデュモンは次のように評している。「エヴァンズ＝プリチャードにとっては、（中略）集団や区別の秩序の非実体性、すなわち相対性が問題であった。（中略）とはいえ、（彼の議論は）本来観念的なものであるはずの構造原理について、具体的な対立、すなわち集団間の葛藤を念頭に論じているし、この意味でかれの「構造」概念は一般的には経験的な状況に結びついているかに見えることは否定できない」［デュモン　二〇〇一（一九八〇）：六一―六二（　）内筆者］。平たくいえば、デュモンからしてみれば、エヴァンズ＝プリチャードの構造概念は「体系」のレベルにとどまる実体的なものだったということである。

(44) 詳論を避けるが、むろんここには「イデオロギー」概念や「ヒンドゥー教」というものが装置となってくいこんでいる。「西洋とは異なる「彼ら」の世界のイデオロギーがそうである」、「「彼ら」はそのように世界を生きている、西洋人とは異なる他者である」というオリエンタリズム的他者同定の機制のなかに「浄・不浄」価値観念が作動する。先に述べたのはその機制の単純な実体化の一局面である。

(45) 「放り込む」という粗雑な言葉を使うのは、民族主義的な提喩的同一性の希求における客体化された文化などと同じく、ジャヤラマンやホラップの論考においても、類―種の構図が先にあり、浄・不浄なるものが「後づけ」されて構図が強化されたことを強調するためである。おそらく彼らもそれぞれの調査地で、本論調査地ヒルトップの状況に至るような予兆をみていたのである。しかし提喩的同一性の論理の束縛が、これらを排除していった。次章に具体的に指摘する。

(46) 最終的にこれそのものを定式化することに意味はなく、本論は「換喩・隠喩的な織物」といった表現にとどまることになる。これが意義を持つのは提喩的同一性の論理との対立のなかである。

第五章　エステート・タミル・カースト2——つながりの相

調査地のまるで形骸化したカーストの括りは、抹消されつつある。代わりに人々はひとつの巨大なカーストを生きようとしている。それがエステート・タミルというジャーティヤである。この巨大なジャーティヤは換喩・隠喩的なつながりに拠る、漠然としたまとまり（＝排他的範囲線を伴わない）として形づくられようとしている。括りと化したカーストはつながりによって突破される。そのつながりがひとつのジャーティヤの組成を成している。

本章の論旨をいちばんおおまかな形で述べればこのようになる。序章に記した通り、本論はつながりが形づくる集団を「まとまり」と表記することにした。ここからは「ひとつのエステート・タミル」を「ひとまとまり」の語をもって表そう。このひとまとまりの組成に中心的な意味を持つつながりの体系を二つ抉り出すことができる。ひとつは「親族のつながり」、もうひとつは「職業のつながり」である。本章では二つを順に検討していく。エステート・タミルというひとまとまりは、カーストと訳すにせよ、民族と訳すにせよ（対内的領域にせよ、対外的領域にせよ）、つながりの相に着眼することで初めて捉えることができる。「親族」と「職業」という二つのつながりは、対内的領域におけるつながりの相の具体レベルだ。本章では、このつながりをたぐっていった先にエステート・タミルというジャーティヤのひとまとまりの形を捉えたい。

なお本章以降の記述・考察にとって枢要な点は、つながりの相というものが独立して存しているわけではないことである。「括り」と「つながり」は、ジャーティヤをめぐる文字通り二つの相である。一方は提喩的論理に連なり、他方は換喩・隠喩的論理に連なる。本論が後者に着眼していくのは提喩的同一性の論理に拠らない、「そうでないアイデンティティ」の在り方を模索するからである。したがって記述・考察でも絶えず、「括り」と「つながり」の相克ないし後者による前者の突破局面に注意を払いながら進んでいく。

第一節　親族のつながりと「ひとまとまり」のジャーティヤ

エステート・タミルというひとまとまりの組成を成す親族のつながりは、人々のこんな口癖の形で表出している。

「カーストの違いなんてあるものか、いまは結婚を通じて混ざっているんだから(1)」

親族の領域に立ち入るに際し、真っ先に指摘しておくべきは、調査地の三つのカースト間に親族関係が実際に紡がれてしまっている事実である。人々の口癖は、その意味で現実の素朴な描写的言述である。だが、カーストの違いなどない、は額面通りとるわけにはいかない。彼らは「ひとの種類」を生きることを捨ててはいない。まるでひとつの大きなカースト、エステート・タミルというひとまとまりのジャーティヤが生きられようとしているのである。

本節では、親族のまとまりとしてのカースト集団に焦点化し、親族のつながりが形づくる「ひとの種類」の在り方を検討する。検討の眼目は、エステート・タミルというジャーティヤのひとまとまりに、親族のつながりがどのような形で組成を成しているのかを明らかにすることである（幾分込み入った議論になるため、本節（6）にまとめも付しておく）。まず検討の準備として、前提となるいくつかの語彙と親族関係の形成にかかる諸事項をまとめてみておく。

（1）親族をめぐる語彙ならびに諸事項

①クドゥムバムと「近い親戚」／「遠い親戚」

調査地で「クドゥムバム」とは限定的に核家族を指す語である。[(2)] エステートという生活環境において、クドゥムバムはいくつかの点からその独立的な性格を指摘しうるものである。第一に住環境の制約がもたらす独立性である。長屋の部屋はたいへん狭く、結婚によって新たなクドゥムバムができると管理事務所に申請して親夫婦とは別の部屋に移る傾向がある［cf. Hollup 1994: 76］。第二にエステート労働の均質性がもたらす独立性である。賃金水準は確かに低いが、稼得機会をみれば均等であって、特に若い夫婦のような新たなクドゥムバムがそのまま経済単位として機能しやすい環境にある。第三に、彼らは私有地というものを持たない。土地相続というファクターの欠如によって、また何らかの生産活動を私有地に依拠できないという点において、いずれのクドゥムバムであれ（消極的な意味ながら）独立的である。[(3)]

このクドゥムバムを超えて明確な範囲を持つ親族集団というものは挙げることができない。エステート・タミルには父系を三世代ほど辿る父系出自集団が認められる節があり、[(4)] 例えばホラップはこの集団の執行するリネージ神（クラテイウァム［t］）祭祀にふれている［Hollup 1994: 279］。実はヒルトップでもかつてリネージ神祭祀を行う人々がいたが、今日では全く廃れてしまっており、特定の名称を持つリネージ集団が特定の機会や場に顕在化するということもない。

明確な出自集団を見出すことができないのに対して、エゴを中心に父方、母方双方に広がる範囲のぼやけたまとまりとして、「近い親戚」（キッタ・ソンダカーロンガル［t］）と「遠い親戚」（トゥーラム・ソンダカーロンガル［t］）というものがある。「近い親戚」の範囲は図5-1に例示する。「遠い親戚」は、系譜的距離が遠いという意味合いの他に、しばしばカーストを含意することを銘記しておきたい。例えば系譜は全く辿れないものの「誰某は「遠い親戚」にあたる」と表現されるとき、それは同じカーストの者[5]であることを意味している。親族の観点からカースト集団を捉えるとき、それは、父方にせよ母方にせよ、親族関係を辿っていけばどこかでつながっているはずという換喩的想像の先にイメージされるものである。

②交叉イトコ婚と親族名称体系

エステート・タミル社会における結婚は、明確な親族集団間の連帯としてではなく、親族関係の形成にかかる事項としてそのままに捉えおくこと[6]がおそらく最も適切と思われる。エステート・タミルには父方、母方を全く問わない交叉イトコ婚の選好がある。この交叉イトコ婚は、必ずしも出自の観点からみた系譜上の交叉イトコとの結婚だけを指すわけではなく、エゴを中心に双方を辿る親族の換喩的連鎖（それは換喩的「想像」を含むものである）のなかで理解しておく必要がある。これに連なるすべての者は、いわゆるドラヴィダ型親族名称によって類別的に体系づけられている。

この名称体系は、基本的にエゴの世代と一世代上下を平行親族と交叉親族に分類するものだ。そして分類は、まったく類別的である。例えばエゴの義理の兄弟（WB）の妻（WBW）は、エゴにとっての姉（あるいは妹）になる。とはいえ、WBWが姉であることに出自に関わる系譜関係は全く関わらない[7]。本調査地と同じドラヴィダ型親

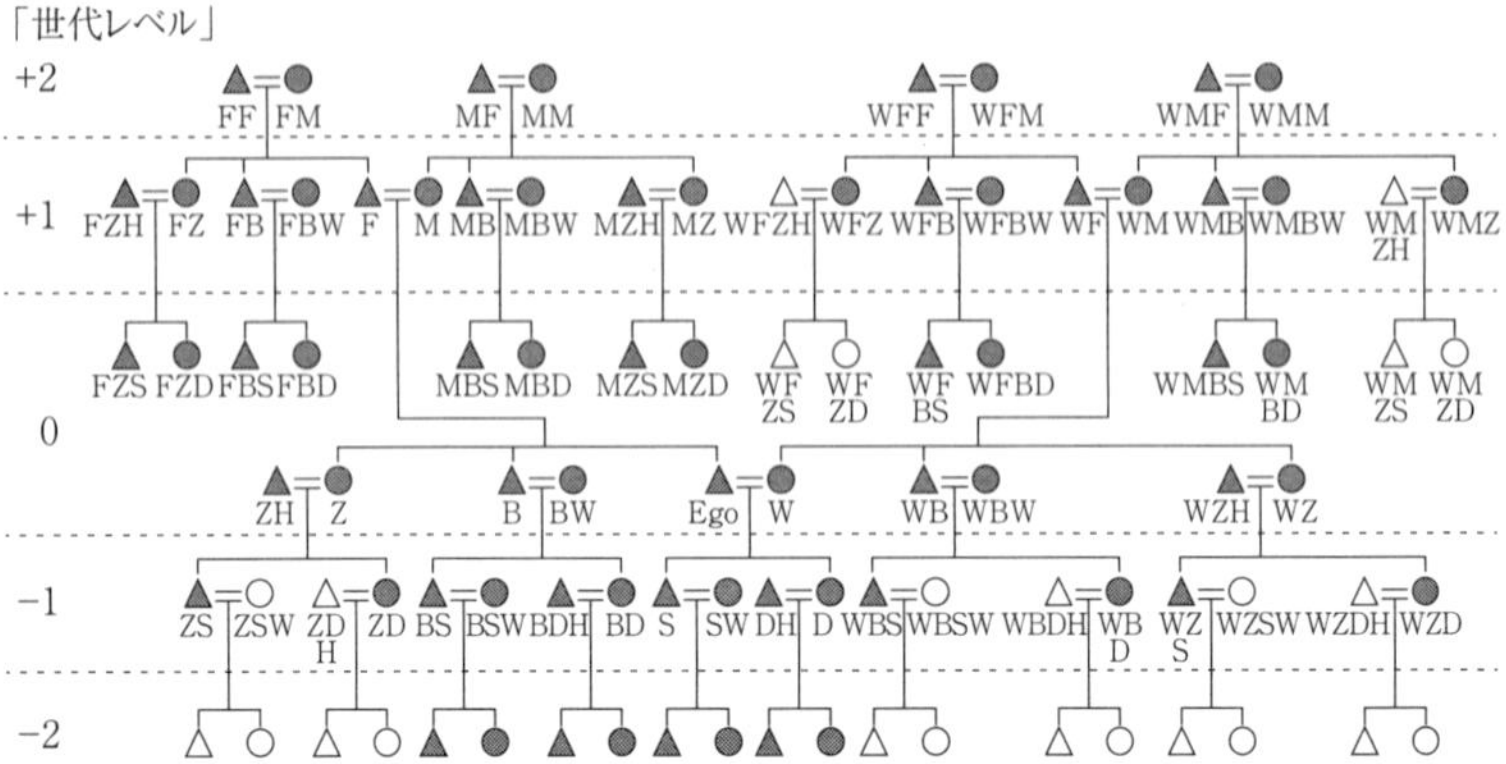

▲●は「近い親戚」、△○は「遠い親戚」。図には若干父系的な感覚も散見される（例えば姉妹の孫は兄弟の孫より「遠い」）。あるインフォーマントは「遠くなるのは女から」という表現を用いた。ただし「近い親戚」には、系譜的遠近だけではなく、同じエステートの身近にいるかどうかという観点も入り込みうる。範囲は厳密に定まっているわけではない。

世代レベル	親族名称	エゴとの関係	平行／交叉
＋2	ターター	FF, MF, WFF, WMF	−
	パーティ	FM	＊
	アンマーイ	MM, WFM, WMM	−
＋1	アッパー	F	平行
	ペリヤアッパー	FeB, MeZh, WFeZH, WMeB	平行
	シンナアッパー	FyB, MyZH, WFyZH, WMyB	平行
	アンマー	M	平行
	ペリヤアンマー	MeZ, FeBW, WFeZ, WMeBW	平行
	シンナアンマー	MyZ, FyBW, WFyZ, WMyEW	平行
	マーマー	MB, FZH, WF, WFB, WMZH	交叉
	マーミ	FZ, MHW, WM, WFBW, WMZ	交叉
	マーマーとマーミは「ペリヤ」（大きい）、「シンナ」（小さい）を付す場合もある。例えばMeBはペリヤマーマ、WMyZはシンナマーミである。		
0	アンナー	eB, e（FBS, MZS, WFZS, WMBS, WZH）	平行
	タンビ	yB, y（FBS, MZS, WFZS, WMBS, WZH）	平行
	アッカー	eS, e（FBD, MZD, WFZD, WMBD, WBW）	平行
	タンガッチ	yS, y（FBD, MZD, WFZD, WMBD, WBW）	平行
	マッチャン	FZs, MBs, ZH, WB, WFBS, WMZS	交叉
	マディニ	FZD, MBD, BW, WZ, WFED, WMZD	交叉
	サムサーロン	W	交叉
−1	マガン	S, BS, ZDH, WZS, WBDH	平行
	マガル	D, BD, ZSW, WZD, WESW	平行
	マルマガン	ZS, DH, BDH, WBS, WZDH	交叉
	マルマガル	ZD, SW, BSW, WBD, WZSW	交叉
−2	ペーラン	2世代下の男性すべて	−
	ペーティ	2世代下の女性すべて	−

＊FMはアンマーイでも構わないようだが、この名称の方が言及されることが多い。またマーマーのうちMBのみ「ターイマーマン」という名称があり、敬意を払うべき存在といわれることもある。ただし、交叉イトコ婚にあたって特に母方交叉イトコが重要ということはない。

図5−1　親族名称体系と「近い親戚／遠い親戚」

族名称体系を持つスリランカ・タミル漁村を事例に田中雅一が指摘する通り、この分類は「先祖がどう関係しているか、といった出自に関係する系譜とは関係ないかたちですべての血族・姻族を分類しようとする体系」である。そして、これらはすべて「婚姻は交叉イトコ同士ですべし」ということを指している（それによって名称は矛盾しない）［田中　二〇〇六：五―六］。この名称体系における類別的な交叉イトコとの結婚はすべて交叉イトコ婚となる。ここにおいて交叉イトコとは、「同世代の「結婚できる男女」としかいえないような（したがって同語反復的な）存在」である(8)［田中 二〇〇六：三（　）内原文ママ］。

ヒルトップでも交叉イトコ婚は望ましいと語られている。ただしこの選好は数値的には明示的に表れず、結婚前に互いの系譜を辿ることができなかった組合せが約六五％を占める(9)。だが彼らの交叉イトコ婚をよりよく捉える上で指摘しておくべきは次のことである。実際に系譜が辿れなくとも、あらゆる結婚が「事後的に」交叉イトコ婚であったかのように成立すること。この実践的性格をおさえておくことが本節の議論では核心的に重要である。説明を加えておきたい。

③「関係づけフォーマット」としての交叉イトコ婚

互いに系譜を辿れない「遠い親戚」の二つの親族の者同士は、結婚の締結を契機に、結婚した当事者同士が「あたかも交叉イトコであったかのように」、この親族名称体系によってそれぞれしかるべき同定を行う。つまり、彼らの交叉イトコ婚には配偶者選好とは別の次元で、系譜を辿れない親族同士を結びつける「関係づけのフォーマット」という性格が伴っている(10)。

このことは先の図でみると理解を得やすい。図のエゴ側の親族と妻側の親族はこの結婚以前に結びつきを有していない。結婚を契機に（実践的には結婚話が出るあたりから）、両親族はこの名称体系によって互いを位置づけ合う。ここは大事な箇所なので念のため繰り返す。彼らは交叉イトコ婚を選好するが、図でエゴと妻はもともと交叉イトコである必要はない。二人が交叉イトコであったかのように、わかりよくいえば、両親族がもともと近い親戚であったかのように、この名称体系を使って関係者が一斉に同定し合うのである。

この結婚がさらなる交叉イトコ婚の連鎖を生むまでにエゴの次の世代を待つ必要はない。図のエゴの平行イトコ男性FBS（混乱のないよう「太郎」とする）を例にとれば、彼と、エゴの妻の平行イトコ（図のWMZD、「花子」とする）やエゴの妻の交叉イトコ（図のWMBD「雪子」とする）との間には、この結婚がなければ実際には何の親族関係もない。だがこの三者がエゴの結婚によって一挙に同定され、「太郎」にとって「雪子」は類別的な姉妹となる。両者は兄弟姉妹として親しく接するだろう。他方、「花子」は類別的な交叉イトコの位置に来る。「花子」は少しかしこまってふるまうかもしれない。潜在的な配偶者候補となるからである。(11)

明確な出自集団もなく、また相続される土地もない調査地の人々にとって、出自に関係する系譜からみた交叉イトコ同士の結婚に固執する意義は見出せない。先にみた結婚前に系譜を辿れなかった夫婦の割合の高さにもそれは表れている。この意味で、彼らの交叉イトコ婚選好の語りは一面的である。だが銘記すべきは、いま述べた系譜的関係を持たない者同士を結びつけてしまう関係づけのフォーマットとしての交叉イトコ婚を、彼らが語らずとも実践してしまっていることである。(12) 本章でこのことが重要となるのは次の一点にある。交叉イトコ婚の関係づけフォーマットが親族関係を有さない他者を結びつけてしまえるものであること。その最たるものが「異カーストの者」であることはいうまでもない。

④カースト・エンドガミー

先行研究がそれによって彼らのエンドガミーを理解しようとした「浄・不浄価値観念」は、前章で述べた通り、カースト集団と全く乖離している状況にある。「血の浄性を守る」といった観点は調査地ではまったく見られない。父方・母方の双方を親族の換喩的隣接性の想像で辿るカースト集団という見地をとれば、カースト・エンドガミーの範囲は、交叉イトコ婚ならびにその関係づけフォーマットの実践と想像の適用可能範囲ということになる。また同じ見地からは、カースト・エンドガミーの境界は前もって画定された排他的範囲線のような形（それは提喩的なカテゴリーの排他的範囲線である）をとれない。親族のつながりの換喩的連鎖はそれ自体では閉じることができない。エンドガミーの境界とは、親族のつながりが伸ばしている関係線のある時点における限界領域である。換喩的想像が実践を伴って、観察者の引きがちな「括り」の範囲線を横切ってしまうのは、エステート・タミル社会全体のマクロの趨勢である。本節の議論の焦点になる。

⑤「正式な結婚」

調査地の人々が語る正式な結婚とは、ブラーマン司祭（あるいはパンダーロン司祭）の主導の下に執行される結婚式において、花嫁が「ターリ」［t］（花嫁のペンダント）を結ぶことである(13)。ただし調査地ではターリを身につけている女性の数は少なく、両親あるいは「近い親戚」が相手をみつけて結婚する見合い婚（全体の約七割。残りは恋愛婚）の場合でも、正式な結婚式を行っていない者が多い。

こうした正式な結婚とは別の、人々の認識にとっての正式な結婚というものがある。それは行政上の登記である。今日では異カースト同士の組合せであっても結婚登記を行うことはふつうである［cf. Hollup 1994: 262］。少なくとも、結婚式を挙げたか否かによって、カップルが結婚しているか否かを捉える視点を人々は持っておらず、結婚しようと思うが結婚式は考えていないといった風潮がある。また、結婚登記自体も何か構成的規則のように考えられているわけではもちろんなく、感覚としては「付随する手続き」である（例えば「結婚したけれど登記はしていない」といった具合）。人々にとって「結婚する、あるいは、している」とは、一緒に暮らし始める、子供をつくるといった感覚である。

⑥カーストの「父方継承」の語りについて

検討の準備の最後に、今日広くみられるカーストの「父方継承」の語りというものを記しておきたい。これは異カーストの間に生まれた子供のカースト帰属に関わる。ジャヤラマン調査当時の一九五〇年代、異カースト婚自体が相当例外的な事項であり、カースト成員権も生得的に獲得されると述べられているのみである［Jayaraman 1975: 85］。これが一九八〇年代のホラップ報告になると、異カーストの間の子供は父方カーストを受け継ぐと人々が語り始めている(14)［Hollup 1994: 258–259］。今日ではこれが一般的な語り口であり、ヒルトップでもそう語られる。

異カースト婚の現実的な増加に対して、何か父系的な親族の論理(15)が動員され、範囲確定の秩序づけが図られたようにみえる。ところが語りと裏腹に、人々はカーストを父方・母方の双方に広がる親族の網目として辿る。また本文でみていくように、エステート・タミル社会全体にカーストの括り自体をかき消していこうとする大きな趨勢がある。つまりカーストの父方継承の語りは、人々の生き方とどこか噛み合わない表面的なところがあるのである。

ここで思い当たるのが「異民族の間の子供は父方の民族になる」、「両親の宗教が異なる場合、子供は父方の宗教になる」といった現代スリランカに広く聞かれるステレオタイプ化された語り口である。背景に行政的な分類規定の浸透が垣間見える。例えば、国勢調査では「異民族間に生まれた子供は父方に分類する」という明確な規定がある。結婚登記などの諸手続きで自己申告をする機会もしばしばだ。「宗教」項目については実は規定は存在しないし、カーストについてはそうした機会すら皆無である。しかし、人々の間ではこれらはいずれもジャーティヤとして捉えうる。つまり、ジャーティヤの語を介して行政的分類のアナロジーが展開されている可能性が強く認められるのである。[16]

現代スリランカにおける「カーストの父方継承」の語りは、何か父系的な集団の存在を暗示するものでも、人々に生きられる親族の論理を反映するものでもなく、提喩的分類論理のインデックスと捉えた方が現実に即するように思われる。以上の親族の領域にかかる基本的事項をふまえ、エステート・タミルというジャーティヤを構成する親族のつながりというものをみていこう。

(2) カーストを横断した親族のつながり

①事実上つながった親族関係

ヒルトップでは、カーストの括りを横断した親族の網目が既に紡がれてしまっている。あらためてこのことから確認したい。

表5-1はヒルトップのエステート・タミルの婚姻パターンを示したものである。全組のうち異カースト同士の婚姻が一七%を占める。[17]この数字の大きな含意は次の事実と照らすことで明瞭となる。全四七個のクドゥムバムのうち、ヒルトップ内の他のクドゥムバムと全く親族のつながりを有さないものはひとつだけであり、また、同一カースト内部につながりが限定されるクドゥムバムは一四個に過ぎない。つまり残る三二個のクドゥムバム成員、

表5－1　ヒルトップ住人の婚姻パターン

婚姻パターン		組数（%）	
同一カースト婚	クディヤーナ同士	13	39（83%）
	パッラール同士	14	
	パラヤール同士	12	
異カースト婚	クディヤーナ（m）＝パッラール（f）	2	8（17%）
	パッラール（m）＝クディヤーナ（f）	3	
	パラヤール（m）＝クディヤーナ（f）	2	
	シンハラ（m）＝パッラール（f）†	1	

＊シンハラとパッラールの夫婦（†）も「異カースト婚」に含めた。ただしこのシンハラ男性は近隣シンハラ村の者ではない。

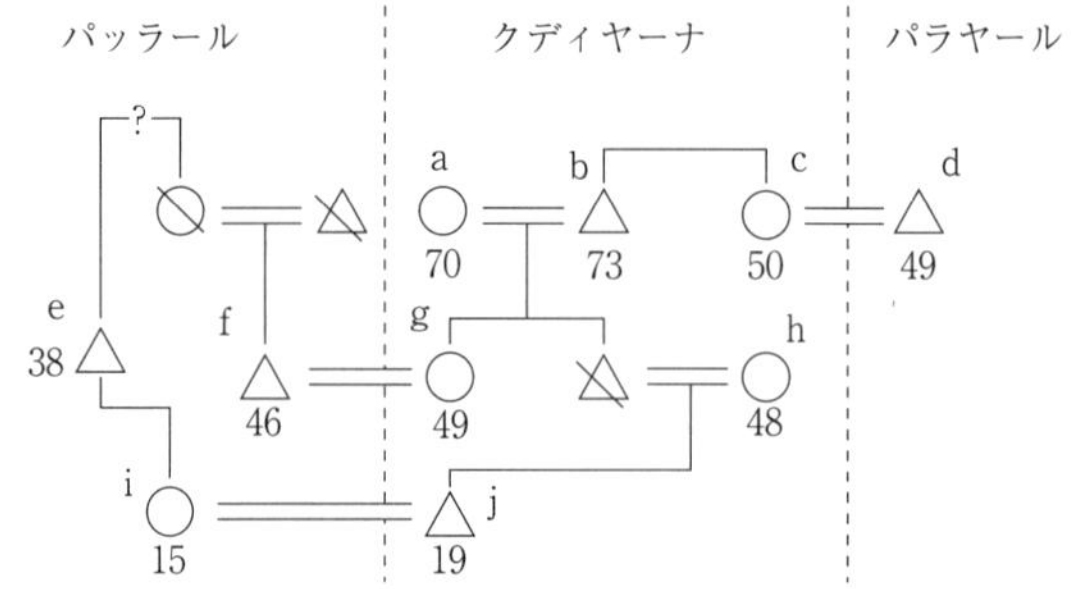

数字は年齢を表す。「？」は系譜的つながりが判然としない。

図5－2　カーストを横断する親族のつながり

すなわち人口に置き直せばヒルトップ住人の約七割の者は、容易に辿ることのできる範囲内（その多くは、ほぼ「近い親戚」の範囲内）において異カーストの者と系譜上つながってしまっているのである。図5-2はその一部を示したものである。

煩瑣になるのを避けるために図には表示していないが、例えばパラヤールの男性dとクディヤーナの女性cの夫婦には息子が三人いるし、パッラールの女性iにも二人の兄弟がいる。ヒルトップには図の三組の他にあと四組の異カースト婚夫婦があることを思えば、カーストを横断してしまった親族のつながりの錯綜は容易に想像しうるはずである。[18]

カースト横断的な親族関係が紡がれてしまっている事実と表裏をなすように、彼らの現実に対する追認的な肯定、すなわちカースト・エンドガミーに関する意識の低さは際立っている。先行研究では、カースト・エンドガミーは浄性の固守という論理を中核としたカースト諸集団の範囲づけにかかる事項として扱われており、異カースト婚はある種の例外として取り上げられている。エステート社会にはカースト・パンチャーヤトに類する制度がなく、[19]異カースト婚に対して何ら明文化されたサンクションなどない［cf. Hollup 1994: 229］。だがそれは双方の親族（主として「近い親戚」のようである）の厳しい反対と非難を受け、強行された場合には当事者との相互訪問の断絶や口をきかなくなるといったある種の社会的排斥を伴うとともに、エステート全体のゴシップにもなるという。先行研究には人々のエンドガミー固執の強い意識が記されている［cf. Jayaraman 1975: 86; Hollup 1994: 261–262］。

ヒルトップの意識はこれと比して、また、同じようにカースト・エンドガミーを有する隣村シンハラ住人の意識と比しても、格段に低い。彼らによれば、まずもって結婚は同じカーストの者同士でなければならず、それが正しいやり方ではある。だが、ほとんど同等の正当性のニュアンスをもって語られるのは「クディヤーナはクディヤーナ同士、イラック・ジャーティはイラック・ジャーティ同士が見合う」、あるいはこの組合せであれば「問題ない」である。[20]さらに、カーストと結婚の話題を会話に切り出して結局落ち着くところは、先述の通り、「いまは皆混ざっているから、違いなどない」なのである。[21]

一方にカーストの括りと親族関係が交錯しすぎた事実があり、他方にこれを追認肯定するような語りがある。だが、「括り」と「親族のつながり」の何らかの相克は当然予期される疑問である。

②「括り」と「つながり」の相克の所在

形骸化した相をみせるとはいえ括りは忘却されたわけではなく、名称の現存として、まさに括りとして人々を囲繞し続けている。だとすれば、ミクロの実践レベルでこの相克はどのように克服されているのか。この当然予期される疑問は、実は「○○さんの場合は」といった「個別的実際」にそのデータを求めてはうまく答えられない問題であり、そのことがまさに親族のつながりによる「括り」の突破の所在を示している。

観察された個別の実際からいえば「なし崩し」的である。先の親族図に図示したクディヤーナの十九歳男性・jとパッラールの十五歳女性・iの結婚は、筆者の滞在時に結ばれた。しかしこれには波風が一切立たなかった。正直にいえば、この頃、別の長屋にかかりきりになっていた筆者はこの結婚（恋愛婚）を後で知ったのである。図に示したこの男性の父方のオバgもパッラール男性fと結婚しており、同じ長屋に暮らしている。話を聞いても、強いディスコースがまるで蓋をしてしまうかのようである。「ジャーティヤの違いなどあるものか」である。

いまの比喩を使えば、蓋を開ければ何かあるわけではなく、つながりを優先し、括りに「蓋をしてきた」のがまさに彼らがジャーティヤを生きてきたやり方なのである。かつて、恋仲となった図のcとdは両親の激しい反発を受け、駆け落ちの末に双方の両親が折れて結婚した。約二〇年後、調査時点では、cとdの近い親族はもう互いに「近い親戚」とみなしあっている。iとjが結婚したのはcとdの駆け落ちから二〇年の時を経た後である。

個別の実際には感情的な部分などが入るから見えづらい。c＝dのケースとi＝jのケースをいくら仔細に比較してもあまり有意義なことはいえず、c、d、i、jの四者の個人的関係もここでは用をなさない。c＝dのケースからi＝jのケースに至る変化と、彼らのまるで「蓋をするかのような」やり方がポイントである。これらは、親族とカーストをめぐるマクロの趨勢のなかに位置づけて初めて理解できる。これらは、エステート・タミル社会全体における「カーストの融合」[22]をめぐるマクロの長期的趨勢と、これをもたらしてきたミクロの親族の論理の機制を典型的に表現しているのである。親族のつながりによる括りの突破は、個々の実際にではなく、この機制に拠るプロセスのなかにある。

エステート・タミル社会全体におけるマクロの趨勢から始め、親族のつながりによる括りの突破をミクロ・レベルに焦点化したい。当面対象となるのは先行研究が「高カースト範疇」と捉えたクディヤーナというものである。

(3) エステート・タミル社会における「カーストの融合」の趨勢

調査地の状況はけけして特殊なものではなく、エステート・タミル社会におけるカーストの融合をめぐるマクロの長期的な趨勢のなかにある。ヒルトップのクディヤーナはそもそも異なる二つのカーストだった。「カーストの父方継承」を基準にあえて遡及的に同定し直せば、先の図の男性bはマラウァン（したがって彼の妹も含め父系的に連なる者も同様）であり、彼の妻aと義理の娘hはそもそもムットゥラージだった。[23]

ジャヤラマン報告（一九五〇年代の事例）とホラップ報告（一九八〇年代の事例）の間には、高カースト範疇クディヤーナの諸カーストの間で、エンドガミー規制が徐々に緩やかになっていくひとつの流れが見出せる。ジャヤラマン報告には、あるエステートでカッランとマラウァン（共に高カースト範疇）という二つのカースト間で異カースト婚が強行され、結果、当事者がそれぞれの親族集団から排斥されるという事例がある。[24]これがホラップ報告になると、高カースト範疇内部でエンドガミー違反とはみなされない組合せ事例が挙げられるようになり、そのなかに、ジャヤラマンの事例では排斥を結果したカッランとマラウァンの組合せが現れる。[25]高カースト範疇内部で、エンドガミー規制の妥協が図られたのである。ホラップは同じ箇所で、高カースト範疇の諸カースト人口が少ないため、儀礼的地位の近い高カースト同士で異カースト婚が重ねられていると報告している［Hollup 1994: 222］。

この流れの延長にあるのが二〇〇〇年代初めのヒルトップの状況である。マラウァンとムットゥラージというかつての二つの高カーストは、先行報告には別々にリストアップされている。だが調査地ではその区別はもはや完全に意味を失い、その名すら用いられることがなくなった。いまやひとつの「クディヤーナ」となったのである。調査地概観で挙げたカースト別人口構成表は、親族系譜図と一部の年配の者たちから聞くことのできた「かつての」区別から、「カーストの父方継承」を基準に遡及的に筆者が分類したものである。調査時点でマラウァンとムットゥラージの間に生まれている若者たちにはこの区別が全く伝わっていないようであり、ただクディヤーナの名しか言及されなくなっている。

同じ状況は、筆者と同時期に茶園の調査を行っているバスの報告からもうかがえる。バスはカーストや親族を論じていないため詳細は不明瞭だが、人々がクディヤーナという「いっしょくたのターム」(catch-all term)を用いることを報告しており、これを受けて、彼も調査地茶園の四つのカーストのひとつとしてクディヤーナを挙げるのである（他はパッラール、パラヤール、サッキリヤル）［Bass 2004: 54］。

調査地で生じている事態を、先行研究の階層的分類図式に拠って表現すれば、エステート・タミル社会全体における「高カースト範疇内部の諸カーストの融合」という大きな趨勢がもたらした「クディヤーナのカースト化」ということになる。ヒルトップの状況はこのマクロの趨勢のなかに位置づけられるものである。

さてその上で、本論は、ここを是非ともジャーティヤの語に戻し、親族の論理で捉え返さねばならない。一九八〇年代の調査時点でホラップは既に「つながり」による「括り」の突破の事象をみていたのである。しかし彼が根底に有する提喩的同一性の思考とデュモン的な構造の実体化が、事象を別の方向に回収してしまった。別の方向とは次の通り。「相対的浄性が近ければ通婚は構わない→エンドガミー範囲線の固守、浄性の固守はいまだ強い関心事である→カースト制度の根本的部分は不変である」。

結果論だが、二〇〇〇年代ヒルトップから振り返れば、この事象は何よりもまず親族の語彙そのものによって捉えていくべきだった。ホラップが目撃していたものは、「親族のつながりによるジャーティヤの拡大」の始まりの局面だった。いま述べたマクロの趨勢をミクロ・レベルで捉え直す作業を行いたい。ここでのミクロ・レベルの含意は個別具体的な「〇〇さん」の事例のことではない。結果としてひとつのカーストとなったクディヤーナの現況から、親族の論理によって遡及的にプロセスを捉え直すこと、すなわちこの趨勢のミクロの機制の捉え直しの意味である。「クディヤーナのカースト化」のプロセスを、エンドガミー規制の限界領域で生じる異カースト婚という事象に焦点化して、再構成する。この機制に拠るプロセスのなかに「括り」を突破する「つながり」を析出する。

（４）親族のつながりによる括りの突破――「クディヤーナのカースト化」

①ミクロの機制とプロセス

二つの内婚集団間で規制の妥協にかかる広範なコンセンサスが得られるには時間を要するに違いなく、ごく単純にジャヤラマンとホラップの間をとっても三〇年近い懸隔がある。エステート・タミル社会に規制の是非を最終決定するような機関や機会などないから、いつの間にかそうなったのである。とはいえ、このプロセスをぎりぎり遡及すれば、それは違反の「容認」から始まるといえる（これがなければ始まらない）。「クディヤーナのカースト化」の発端は容認である。

先行研究当時のエステート・タミル社会では、違反の代償は相互の行き来といった社会的関係の切断が主たるものであり、「容認とはつきあいを保つことである」と行為の水準に還元して考えることがおそらく自然ではある。また「つきあっているが俺は本当は認めていない」といった気持ち的問題も実際、ないがしろにできない。だがこれらは少し脇にのけておく。

ひとつの内婚集団の形成という結果から逆算するとき、最も重要となる容認は、異カースト婚に際して関係者たちが「親族名称体系による同定を引き受けるか否か」という意味における容認である。

再確認したい。彼らの親族名称体系には少し不思議なところがある。「父」や「姉」を出自にかかる系譜的に確定される実体と捉え、名称をその呼び名に過ぎないと考えてハズレがないのは、類別的父や類別的姉のうちの「ごく特殊ケース」だけである。この名称体系は「親族をこの名称で呼ぶ」というよりも、むしろ「この名称で同定した者を親族にしてしまう」。「太郎」や「花子」の例で示したように、系譜的に何のつながりもなかった他者が、姉や交叉イトコになれるのである。

この名称体系を持つ彼らの結婚がただの結婚では済まないことは述べた。それは「事後的に」交叉イトコ婚の形で成立し、またそれは関係する二つの親族の者たちを「もともと親族であったかのように」同定する。そしてそれがさらなる類別的交叉イトコ婚を引き起こしてしまう。これが起きてしまった末に、ひとつの内婚集団クディヤーナが成立したのである。したがってクディヤーナのカースト化の発端としての容認とは、実際のつきあいや気持ち的問題ではなく、類別的交叉イトコ婚の実践に伴う親族名称体系による同定の引き受けなのである。

エステートという場において、この名称体系による同定の引き受けを強く促していたと考えられる重要な事象を実はホラップは記している。これに着目することでミクロの機制をぎりぎりのところまで再構成できる。それは前章、彼の on work/off work の区別でふれた、他者に対する親族名称体系の「メタフォリカルな使用」という事象である。ホラップは親族名称体系による呼びかけを on work という不確かな文脈[26]に捉えてしまったため、「親密な個人の間柄」を表現する「隠喩（メタファー）」と捉えるにとどまった。[27]しかし、この呼びかけには単に隠喩にとどまらない面がある。

呼びかけに頻繁に用いられるのは、年配女性に対する「母」の語、「兄弟姉妹」（＝類別的平行イトコ）の語、「類別的交叉イトコ」の語、そして世代レベルがひとつ上の交叉親族（類別的な母方のオジ「マーマ」、父方のオバ「マーミ」）の語である。これらは確かに親密さの表現であり、日本語の語感でいう「ちょっとそこのおかあちゃん！」とか「おじちゃん元気？」といった感じだ。重要な点は、いま述べた意味での「母」の語を除き、世代レベルがひとつ上の「平行親族」の名称（類別的な父母）はけして用いられないことである。

理屈でいえば、誰でも義理の父母の意のみならず、他人の類別的な父母にさえなれる。[28]しかし、彼らは類別的父母の語は「近い親戚」に限定し、他人（「遠い親戚」＝同じカーストだろうと、異カーストの者であろうと）に対しては「マーマ」や「マーミ」だけを用いる。この使い分けは、端的にいって（言葉の素朴な意味で）、身内と他人の区別である。だが、この使い分けに、親密さの隠喩にとどまらない論理が透けてみえている。[29]いうまでもなくそれは親族の論理であり、それが彼らの類別的交叉イトコ婚の論理に他ならない。というのも、系譜的つながりが全くない他人と結婚したとき、「その他人の両親がマーマ、マーミとなるように」一連の親族名称体系全体が関係者の同定に向けて作動をする、それが彼らの類別的交叉イトコ婚の論理なのだから。つまり他人に対するこの使い分けには、あるいは単に親密さの隠喩にみえる呼びかけには、この同じ論理がいわば先取り的に重なっているのである。

要点は次のことである。彼らが日常に親密さを表現し他者と関係づくために用いる親族名称体系のフォーマットと、類別的交叉イトコ婚が他者を関係づけるフォーマットとは全く同じものであること。むろん年配の男性に

「マーマ」と呼びかける者が相手の娘との結婚を期待しているなどといえば馬鹿げたことだ。要点を継げば次のことである。ｏｎ／ｏｆｆを問わず（実際ｏｎ／ｏｆｆの区別などない）恒常的にこの名称体系で親密さを表現する彼らは、意識するしないにかかわらず、類別的交叉イトコ婚に伴う関係づけフォーマットを実践的に先取りしてしまっており、その意味でこれはただの親密さの隠喩ではなく、親族の換喩的つながりの実現化の潜在性を先取りした、つまり潜在的なつながりの「換喩」になってしまっているということである。

話を戻し、いざ異カースト婚を認めるか否かの局面とは、この潜在性の実現化を受け入れるかどうかの局面そのものである。ここで先ほどは脇にのけた「実際のつきあい」が意味を持ってくる。「名称体系による同定の引き受け」と「実際のつきあい」をするか否かという「行為」は現実的には分かちがたく結びつき、二つの兼ね合いの選択肢はひどく狭まることになる。親族の領域にかかるイベントへの参加といった「親族としてのつきあい[30]」をするか否かは二次的である。参加しつつ、名称体系による同定は引き受けていないなどということは現実的にはありえない（参加している以上、もう引き受けている）。もっと手前、ごくふつうの意味でつきあいをするか否かが問題なのである。つきあいを保ちながら、呼びかけだけやめるなど全く非現実的である。そのような何らかの切り替えのオン・オフの文脈などあろうはずがない[31]。すると、まさに先行研究が違反の代償[32]として指摘するように、完全に切断するか（一切口をきかなくなるか）、もし切断しないなら呼びかけを続けるかのどちらかしかないのである。そして後者をとるなら、その先はいうまでもない。先の「太郎」や「花子」の例で示したように、それはなし崩し的な類別的交叉イトコ婚の連鎖を不可避的に招来する。二つの内婚集団が結びついていくのである。

どちらを取るかは親族の論理の外であり、親族の論理を使って遡及できる再構成はもうここまでである。けれども、身近に異カースト婚がなされるたびに個別的な社会的関係をどんどん切断して生きていくなど、たとえエステートという経済環境がクドゥムバムの自立性を消極的な意味ながら保障するとはいえ、とてもできることではない。特に住環境による独立性はむしろ切断させない方向に作用する。異カースト同士が同じ長屋に暮らす環境にあって、親族以外の身近な他者に対する親族名称体系による呼びかけは、彼らが子供の頃からやっていることなのである（長屋の「生活の境遇」については次章にて接近する）。

まとめたい。クディヤーナのカースト化のプロセスは二重の意味で「なし崩し」的なプロセスだった。エンドガミー規制の限界領域においてひとつひとつ結ばれ始める異カースト婚とその容認（名称体系による同定の引き受け）、そして、さらなる類別的交叉イトコ婚の連鎖をさらに容認が追いかけるような、現状追認のなし崩し的プロセスである。もうひとつは親族の論理そのものにみるなし崩しだ。ひとつの結婚が類別的交叉イトコ婚として実践されてしまうがために、さらなる連鎖を生んでしまうという意味で。この論理そのものは相手を選ばない。当事者間の儀礼的序列の高低などとは無関係に作動してしまう。なし崩し的に他者をつなげていくのである。

一九八〇年代、ホラップが目撃していた「高カースト範疇内部のエンドガミー規制の妥協」の裏側で働いていたのは、類別的交叉イトコ婚による関係づけの連鎖であったといってよいはずである。[33]もしもホラップが相対的浄性の固守ではなく、親族の観点で事態を捉えていたらいま再構成したようなものが描かれていたはずだ。

プロセスの「仕上げ」についてはすでに述べた。ヒルトップのクディヤーナたちは、以前の二つのカースト名称を抹消した。カーストを父方、母方双方の親族の連鎖で想像する彼らにとって、これはむしろ自然なことというべきだろう。彼らの表面的な語りにみるような「カーストの父方継承」の論理を親族の網目の錯綜した状態で無理に通してしまえば、「近い親戚なのにカーストが違う」などということが生じてしまう。[34]カーストが双方的な親族の網目として想像される以上、これはおよそおかしな話に違いないのである（実際、類別的交叉イトコ婚を実践する複数の内婚集団が、類別的交叉イトコ婚によってつながってしまったとき、それぞれの集団が名称を保持し続けるのはほとんど困難なことであろう)。

②親族のつながりによる括りの突破

あらためて「クディヤーナのカースト化」をジャーティヤの語によって捉え、つながりによる括りの突破を指摘したい。これは単純に「カーストの括りの範囲線を親族関係が横切った」という意味でとどめるべきでない[35]。いま述べたプロセスにおいては、プロセスそのものによって、ジャーティヤが括りの相を呈し始める。ヒルトップでいえばマラウァンとムットゥラージという二つの内婚集団としてのジャーティヤが、「内婚集団として」徐々に形骸化していくという意味で提喩的な括りと化すのである。

このプロセスにおいて、人々がやったことが形骸化していく括りの抹消だった。その結果が現在のヒルトップのクディヤーナの姿である。だが、その抹消が「新たな括りをつくること」でなされたわけではないことが重要である。彼らは括りに対して、「つながりに拠る新たな換喩的まとまりを構成することで」、形骸化していく括りを突破した、乗り越えたのである。クディヤーナというジャーティヤは、親族のつながりの充塡をもって、ひとつの拡大されたジャーティヤとなった。

親族というつながりの具体相においては、つながったところまでがジャーティヤとなりうる。「クディヤーナのカースト化」とは、親族の換喩的隣接性の論理によるジャーティヤの拡大のことであり、ジャーティヤという「ひとの種類」の生き方における、「括り」に対する「つながりがつくるまとまり」の優先の、単純ながら重要な例証である。

③三つの大きな疑問

ここまではクディヤーナだけを対象としたあくまで結果からの遡及的な捉え直しである。話が細かくなりすぎた分、大きな素朴な疑問が生じてもおかしくない。これらを呈して本論の道筋を立て直そう。疑問は三つある。

第一の疑問は、親族のつながりの相においては「つながったところまでがジャーティヤになりうる」と述べた。翻ってヒルトップでは、親族関係はクディヤーナを超えてパッラールやパラヤールまで事実上つながっている。だとすれば、ジャーティヤはさらに拡大しようとしているのか。

この疑問にはこの後、調査地のいくつかの例証によって答えて本節のまとめにつなげたい。親族のつながりは、確かにエステート・タミルというジャーティヤのひとまとまりの組成となっている。

第二の疑問は、ところで「浄性の固守」はどこにいったのか。

第三の疑問は、クディヤーナが親族のつながりの充塡をもって構成されたと述べたが、だとすれば、特にジャヤラマンの時代、厳格なエンドガミー規制ゆえにつながりが生じる以前に人々が語っていた「クディヤーナというジャーティヤ」とは、いったい何だったのか。それがただの「括り」でなかったとすれば。

第二の疑問は、親族の論理によるミクロの機制を提示したところで答えにならないし、「シンハラの影響」で済ませることなどとうていできない。先行報告にエンドガミーが浄性の固守として述べられている以上、このミクロのプロセスとは別の形で、浄・不浄にかかる諸事のカースト集団からのある種の切り離しのようなものが起きたはずである。この疑問は彼らの生活の境遇に分け入っていく次章に持っていき、一定の答えを与える。第三の疑問は、ジャーティヤというものの組成を考えている最中にふと思ったものだが、ジャーティヤというものがただの括りでないとすれば、これは放置できない疑問となる。往時のクディヤーナとは先行研究の階層的分類把握にみるようなただの提喩的な範疇として存在していたと考えてよいのだろうか。次節、「職業のつながり」の議論はこの疑問を入り口としたい。

以下このまま第一の疑問を受け、本節の検討の眼目、エステート・タミルというひとまとまりに親族のつながりがどのように組成を成しているのかについて述べることにしたい。いったん記述の仕方を「ヒルトップには三つのカースト（クディヤーナ、パッラール、パラヤール）がある」という仕方（第四章第一節（2）参照）に戻そう。

（5）親族のつながりとエステート・タミルのひとまとまり

①継続する親族のつながりの連鎖

ヒルトップの現況は表5-1や図5-2に明示した通り、三つのカーストの間を親族関係がつないでいる。もしも親族のつながりがジャーティヤというまとまりを形づくり、人々もそれを優先するのであれば、「クディヤーナのカースト化」と同じことが彼ら全体にわたって生じようとしているということになる。そんなことが起きているのか。現時点でヒルトップの三つのカースト間に類別的交叉イトコ婚の何重にも及ぶ連鎖はまだ生じていない。しかし結論からいえば、親族のつながりを辿ったひとまとまりへの流れは現在進行形で続いているのである。先述のミクロの機制の遡及的検討の前段で視界から外した個別的事象がここであらためて例証としての意味を持ってくる。

図5-2の「cとdの二〇年後」として、異カースト婚によってつながった双方の近い親族同士が互いに「近い親戚」とみなし合っていることは既にふれた。このケースには親族名称体系による同定の引き受けがしっかりと伴っている。図5-2には表示していない者も含め、部分的に拡大しよう（図5-3）。

ポイントとして取り出したいのは、図中の大文字Aの男性と大文字B（cとdの子供たち）である。実はAとB

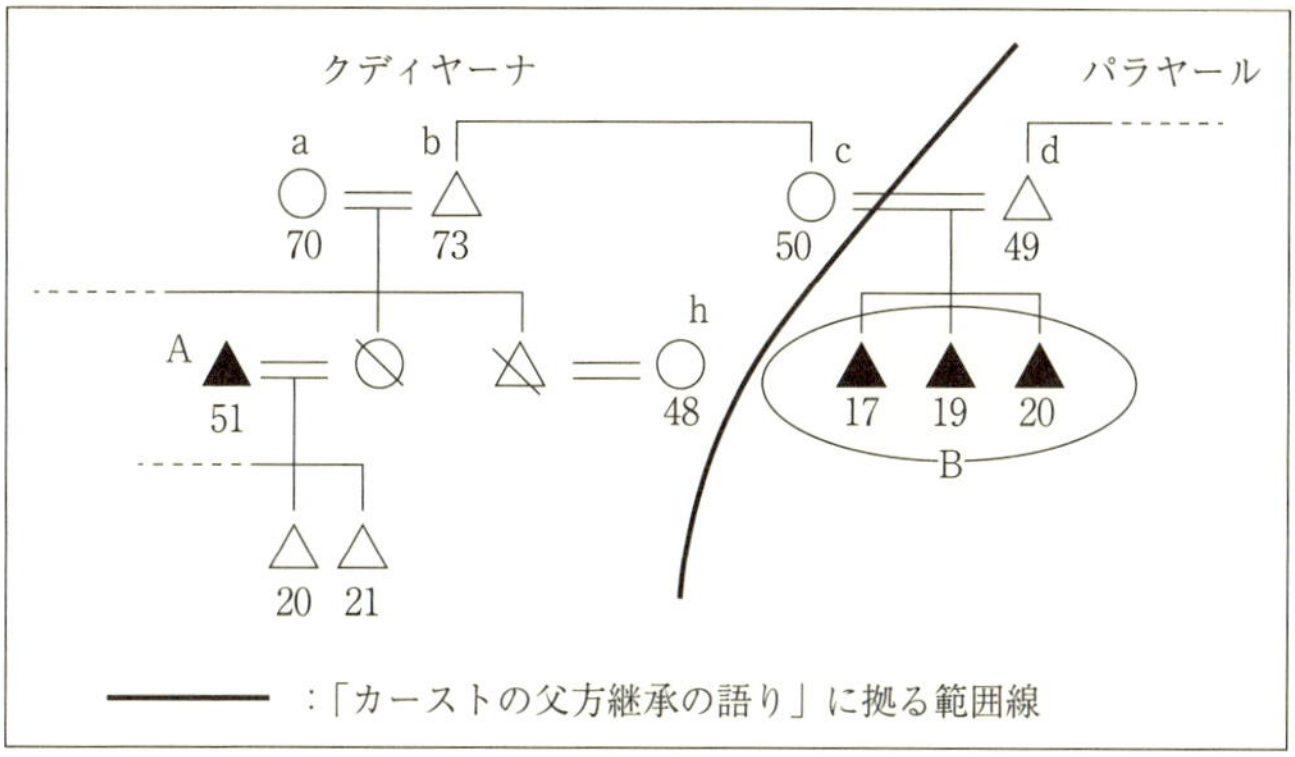

図５－３　親族名称体系の受け入れ例

は系譜的距離でいえば必ずしも「近い親戚」として言及されるとは限らないぎりぎりの距離（AからみればWFZS、BからみればMBDH）である。だが両者は互いに近い親戚としてみなし合うのみならず、互いをしかるべき親族名称「アンナン（兄）」、「タンビ（弟）」（この場合両者は類別的な平行イトコの位置にきている）で呼び合うようになっている（BからみればAは自分たちの親とほぼ同年齢であり、AにはBと同年齢の息子たちもいる。ふつうこれくらいの年齢差で親しみを込めるだけであればBはAを「マーマ（おじさん）」と呼ぶのがむしろ自然であるにもかかわらず、である）。

すなわち、本節で「クディヤーナのカースト化」のミクロの機制としてみたプロセス、異カースト婚に付随する親族名称体系の引き受けは、この事例でいえば、ヒルトップのクディヤーナとパラヤールの間でも繰り返し継続しているのである。こうなってしまうと将来的な両者間のさらなる類別的交叉イトコ婚の連鎖の招来は既に不可避的であるといってもよい。先にふれたクディヤーナとパッラールの若い夫婦（iとj）のケースのように、異カースト婚の実現化に際して「括りに蓋をする」雰囲気もできあがっている。いずれも「クディヤーナのカースト化」と同様のなし崩しのプロセスが止まっていないことを示している。

もうひとつ「クディヤーナのカースト化」においては、かつてのマラウァン、ムットゥラージという二つの名称が、根掘り葉掘りしてようやく出てくるほどに抹消されるという「仕上げ」が伴っていた。この名称抹消のプロセス自体は仔細に辿ることができるものではない。年配の者のいうように「昔はそういう分け方もあったが、いまはもうない」。いつの間にかうやむやにされていったものである。

ヒルトップには三つのカースト名称が現存している。この三つの名称もまた同様にうやむやにされようとしている。何度も書いたのでためらわれるが、本節冒頭に基調の語りとして挙げた通り、彼らにカーストの区別など聞けば、「いまはカーストの違いなどあるもんか」なのであり、「結婚を通じてみんな混ざっているんだから」なのである。約五〇年前、厳格なカースト・エンドガミーを目撃していたジャヤラマンにとって、彼の分類図式にある諸高カースト（マラウァンなど）が意味を失い抹消されることなどよもや思いも寄らぬことだったに違いない。翻って、(a)エンドガミー意識が著しく低下し、類別的交叉イトコ婚のカースト範囲線を越えた連鎖の実現化への道が大きく開かれようとしているヒルトップの現況、(b)類別的交叉イトコ婚を実践する複数の内婚集団の間で、類別的交叉イトコ婚の実践がなし崩し的に生じた場合、各集団がそれぞれの名称を保持し続けることはほとんど困難であること、この二つを考え合わせれば、現存する三カーストの名称の「うやむや化」、抹消はむしろ自然な流れとして予期しうるものとなる。かつてのヒルトップにおけるマラウァン、ムットゥラージという二つの名称は、抹消の末クディヤーナに収斂した。同様のプロセスをもって、今日の人々が三つの名称のうやむや化、抹消の先に向かうのが他ならぬ「エステート・タミルというひとまとまりのジャーティヤ」なのである。

以上、整理してまとめる前に、この「うやむや化」に関して補完的な状況データを差し挟んでおきたい。ヒルトップの三カーストの間には親族関係が紡がれているが、パッラールとパラヤールの間には直接の結婚事例はまだない。しかし、両カーストの名称があやふやになるという事態が生じている。

②曖昧となるパッラールとパラヤールの区別

調査中、遠まわしにカーストを尋ねた筆者に、「ああ、俺はパラヤールだよ」とあっけらかんと答えた男性（五十二歳）もいるが（むろん、「でも、いまはそういう区別など関係ない」と続いたが）、ヒルトップではパッラール、パラヤールの両語はほとんど用いられなくなっている。のみならず、調査地には「パッラールとパラヤールの区別がよくついていない」というちょっとびっくりするような状況がある。

例えばクディヤーナの者が、（先行研究の分類枠組みでいう）「低カースト範疇」イラック・ジャーティの特定の者の陰口を叩くことがある。「あいつは「パッラ」さ、太鼓叩きなのさ」といった具合である。括り自体が人々から完全に忘却されたわけではけしてないし、蔑む悪態もこうして残っている（むろん先の図5-3のAとBのような「近い親戚」同士ではこれは出ない）。

問題は、悪口の「言い間違い」である。「パッラ」はパッラールに対する侮蔑語だ。ところが太鼓叩きカーストはパラヤールの方であって、その侮蔑語は、「パラヤ」なのである。「言い間違い」は「太鼓叩きカーストの名称」をめぐる混乱にとどまらない。筆者は、誰がパッラールで誰がパラヤールか区別がついた(36)。だが人々はこの同定にたやすく失敗してしまう。文字通り、区別がよくついていないのである。

先のあっけらかんとしたパラヤール男性からは随分と教わったが、その彼でさえ一部の者がパラヤールなのかパッラールなのか本当にわからなかった。ヒルトップでは両者の通婚はまだなく、混ざったからわからないというものではない。この男性は一九八三年に他所のエステートからヒルトップに移住している。彼が同定できなかったのは、ヒルトップ生まれのあるパッラール男性（三十八歳）とその家族である。彼はこの男性の親族のつながりは理解しているものの、そもそも男性がパッラールかパラヤールかがわからなかった。

このことはおおいにありうることである。一九八三年というのは、ちょうどホラップが調査していた頃である。伝統的職能とカーストの結びつきは一部を除いて失われていると述べた。「太鼓叩き」がパラヤールの刻印としても、パラヤールが皆、太鼓を叩くわけではない。牛肉食で探りを入れることをホラップらは報告したが、これが確実な同定の根拠になるわけでもない（「刻印」を消そうとする者にとってみればこれは操作対象である）。前章でヒルトップではカーストの違いが明確にディスプレイされる機会が限りなく喪失していることを示したが、こうした状況は筆者の調査時点より二〇年近く前から既に始まっていたことが間接的にうかがえる。

うやむやのうちにパラヤールとパッラールの別は曖昧となり、両名称はまったく失われる方向に進んでいる。この事態そのものは、親族のつながりの連鎖によってではなく、エステートという生活環境（これについては次章で「生活の境遇」として照準し深く接近する）によって引き起こされてきたものといえるが、本節でみてきたカーストを横断する親族のつながりの連鎖、そして時間をかけた括りの名の抹消に向けた動きは、特定の名称を持って現存するカーストというものの限りない形骸化の上で展開されようとしているのである。

（6）本節のまとめ

本節の検討の眼目は、エステート・タミルというジャーティヤのひとまとまりに、親族の換喩的つながりがどのような形で組成を成しているのかを明らかにすることだった。簡潔にまとめたい。

親族のつながりは、本節でみたジャーティヤの拡大のプロセスが止まっていないという意味で、エステート・タミルをひとまとまりにしようとしている。だが、そのプロセスは「なし崩し的」と表現したように、つながりを優先し、括りをうやむやにしていく、実践と追認的現状肯定が追いかけあう、漸次的展開過程である。現存する括りは、親族の事実上のつながりによって一撃で失われるようなものではなく、時間のかかる突破（最終的な括りの抹消）を待つものであり、現状はいまだ終わらないプロセスの途上である。ゆえに単純に「エステート・タミルというジャーティヤは親族関係でつながったジャーティヤである」といっては不正確である。

次のように述べることができる。エステート・タミルというジャーティヤのひとまとまりに、親族のつながりは潜在的なつながりの可能性という形で織り込まれている。この潜在的可能性を親族の論理において担保しているのが類別的交叉イトコ婚の論理である。この潜在的可能性は、実践され、かつ肯定されてきたし、実現化され、さらに想像されるようになっている。「カーストの違いなどない、みんな混ざっているんだから」は、描写的言述にとどまらず、肯定の言述である。それはさらなる潜在性の実現化を予感している。エステート・タミルの「ひとまとまり」は、親族の換喩的連鎖をつたう実践と想像力をひとつの組成としているのである。

第二節　職業のつながりと「ひとまとまり」のジャーティヤ

（1）「クディヤーナ＝耕作者」とは何だったか

もうひとつの体系、「職業のつながり」に目を転じよう。前節に挙げた疑問のひとつを導入にしたい。「クディヤーナのカースト化」が、親族のつながりをいわば内実として構成されたことに言及した。素朴な疑問は、では、厳格なエンドガミー規制ゆえに「諸高カースト」らが親族のつながりを有していなかった時代、彼らが語っていた

「クディヤーナというジャーティヤ」とはいったい何だったのかである。

先行研究では、分析者による提喩的な階層的論理のなかで、「諸高カースト」を包含する上位クラス（階層的分類図にいう「中間クラス」）の位置にクディヤーナの語が把握されている。だが、はたして当時、この語を語った当事者たる人々にとっても、この語は提喩的な括りの意味合いで生きられていたといえるだろうか。

往時の人々がどのような意味、ニュアンスで用いていたかはもうわからないが[37]、想像することはできる。インドからやってきた種々の人々が、この語で名乗り始めているエステートの風景を想像しながら、考えてみたい。手がかりとなるのは、その語義、「耕作者」[38]というものだ。彼らは、故地インドで携わっていた「職業」によって（それを「耕作者」という漠然とした言葉によって）、自分たちを表現し始めたのだろう。なぜだろうか。研究者のように階層分類図の作成に関心があったとは思えないから、何か理由があったのである。前節では、親族の換喩的論理により結びつき、結果としてひとまとまりになったクディヤーナというジャーティヤをみた。そう考えると、いま問題にしている当時のクディヤーナの語も確かにある論理によってさまざまな種類の人々をつないでいることに気づく。「故地において似たような職業に携わっていたこと」、すなわち類似性による隠喩的論理である。彼らは漠然とした類似性をつたって自分たちを関係づけ始めたのではないか、すなわち当時のクディヤーナというジャーティヤ名は、類似性による隠喩的つながりの表象として産出されてきたと考えることはできないか。エステートという労働・生活環境さらに人口的制約のなかで、インドからやってきた農民諸カーストらが範囲線を引く差異化よりもつながりを求めていったことは想像に難くない。漸次的なエンドガミー規制の緩和には、おそらく隠喩的想像による関係づけが先行ないし並行し、さらにそれが規制の緩和を事後的に加速させていく理由付けとして動員されていったのではないか[39]（それこそ「クディヤーナ同士なら見合う、問題ない」という形で）。

もしもこれがあながち的外れでないなら、前節でみた「クディヤーナのカースト化＝ジャーティヤの拡大」において、クディヤーナの組成を成したものは、親族のつながりという換喩的論理だけではなかったことになる。なぜなら隠喩的類似性によるつながりの論理もまた組成を成していたことになるのだから。

こうした推察の妥当性をうかがわせる対応的な事象を今日見出すことができる。エステート経済状況の分析において後ろにつないだ箇所をここで引き受けたい。経済水準の均質性は境遇の隠喩的類似性に変換されると述べた箇所である（第三章第一節（2））。往時の「職業＝耕作者」が隠喩的類似性で種々の人々を結んだとすれば、今日、「職業＝エステート労働者」が同じ論理でエステート・タミルというひとまとまりのジャーティヤを結ぶのである。本節に記すのは、彼らのひとまとまりに組成を成す、この「エステート労働者という職業」についてである。

なお「職業」の語が暗示するように、それはどこかカーストの伝統的職能のような性格を帯びている。ただしその性格は隣人シンハラというジャーティヤとの関係のなかで初めて明確となるものだ。したがって、ここでの記述内容の半分は対外的領域の検討の方に回ることになる（第八章）。本章では対内的領域という観点から内容を絞って記述する。

（2）基調の語り

本節でも彼らの口癖を掲げたい。彼らはしばしば、「自分たちは貧しいエステート労働者だ」という言い方で「自分たち」を語る。これもカーストの違いなどあるものか、とセットになるものだ。みんな貧しいエステート労働者だからカーストの違いなんてあるものか、といった風に。

この口癖に、例えば、労働者の階級的団結や意識といったものが無意識的に表出しているのかどうかは本論で深く議論できない。だが少なくともいえることは次のことである。労働組合組織に加入している組合員としての彼らに照準すると、そこには安易にそのようにとらない方がよいと述べるに十分なほど、労働組合員としては、ある種のいい加減さがある。これはすぐ後に述べよう。彼らの口癖はむしろこんな語りと強く結びついている。

「調査なんて俺のとこだけで十分だ、後は名前だけ変えればいいのさ。どうせみんな似たようなものだからな」

ある日、長屋の面々と日向ぼっこしながらおしゃべりしていたとき、親分肌のおじさんがいったことだ（しいていえば、この人物は男性であり、四十四歳であり、パラヤールである）。彼はその後こんな風に続けたので、皆大笑いした。

「長屋ってのはな、動物園だ。動物園、知っているか？　動物園みたいなもんなんだ。仕切りがあって、ここは猿の部屋、そっちがライオン、あっちが牛みたいにな。動物みたいなものなんだよ」(40)

前章の「みんな仲良くいるよ」といった子供の語りと同様、ここにも難解でひとを惑わすものがあるので少しだけ注意を促しておきたい。「名前だけ変えれば済む」をもって「匿名的個人」の方に転べば、本論は終わってしまう。引用の語りは、「似たようなもの」の方に注意を向けることを求めている。名前だけ変えればいい、「誰でもありうる」潜在性(41)が、「似たようなもの」の類似性と結んでいる。アイデンティティの在り方を考える本論全体にとってここはとても大切である（第九章でこの議論を行いたい）。

本節ではアイデンティティの問題に深入りせずに、「エステート労働者という職業」が彼らのひとまとまりにどのように組成を成しているかのみ簡潔に指摘する。まず、こうした語りを「労働者階級としての意識」として片付けない方がよいということを、間接的な形になるが指摘したい。

（3）労働組合との距離感

大規模茶園の広がる茶園地帯では、労働組合が有力な政治組織として勢力を確保しており、特にCWC（セイロン労働者会議）がエステート・タミルたちの政治的代弁者であることは間違いないし、マクロの政治地図でいえばエステートは彼らの票田である。だがヒルトップのような中・低地地方のエステートをみていくと、政治的にはここはシンハラ二大政党が勢力を二分する地域であって(42)、政治組織としての労働組合は影響力をほとんど持っていない。連動して労働組合そのものの活動も希薄である。

ヒルトップには二つの異なる労働組合（本部は都市部に置かれている）があり、住人はいずれかの組合に加入している(43)。だが、エステートで組合の集会が開かれたりする機会は皆無である。人々にとって、労働組合は労使間のいさかいといった問題が起きた場合の調停機関、平たくいえばかけこみ先といった性格が強く、話を聞くと二、三年に一度くらいそういうことがあるらしい。言い方を変えれば、何事もなければ普段の暮らしと関わっていないのである。

その関係は、ちょうどヒルトップを経営する企業R社と彼らの関係に近い。彼らはR社に雇用されているからR社がなければ当然困る。かといって会社の名前が出るような日常はそこになく、帰属意識や忠誠心、まして社員としての自覚を抱くような対象でもない。同様に、彼らは労働組合に加入していて、それは労働者の権利を守る組織だと語られる。何か問題が起きたときに組合がなければ困るだろう。とはいえ普段の暮らしにはこれに関わる機会もない。R社社員などという意識がみられないのと同様、労働組合員としての意識もほとんどみられない。

この距離感が労働組合との関係における、いい加減に戦略的な形で表れている。人々はヒルトップの二つの組合を、ひとつより二つあった方がいいという。理由は、「ひとつより二つあった方が、エステート管理者側がこわがるだろうから」である。人々にとって、労働組合は「われわれのもの」あるいは「われわれは労働組合員である」といった形で自らを同定させるような代物ではなく、客体的に対象化されたものである。

「俺たちは貧しいエステート労働者だ」といった口癖が「労働者階級としてのわれわれ」を語るものとはどうにも取りづらい状況は、労働組合と彼らの関係を間接的にさしはさめば伝わるように思われる。彼らの口癖はむしろ先に掲げた、「みんな似たようなもの」という、彼らの生活、大きくいえば境遇の方に強く結びついている。「エステート労働者という職業」が、境遇を介して隠喩的に人々をつなげるものであることを指摘したい。

(4)「職業」による境遇の定め、「職業」というつながりの表象

エステート労働者という職業が定める境遇を具体的に絞りこむなら、低賃金、土地なしであること、そしてエステートに敷設された長屋居住といってよい。繰り返さないが、こうした境遇、緩くいえば「暮らし向き」が、数値的に「均質的」と表現しうるものであることは経済状況の分析箇所で記した。この均質性は、人々によって「みんな貧しい」、「たいして違いはない」といった類似性によって語られている。

まず当たり前の事実を確認したい。人々は数値や経済学的術語で語らない、ホモ・エコノミクスという類の経済主体という種として語らないという事実である。では、何として語っているのか、何者であるのか。俄然難解になるが、明白なことは、彼らは類似性のつながりの網目に身を置いて語ろうとしている。

この事実を、経済状況の章でふれた次の事実と突き合わせたい。彼らには相互に経済的卓越化を図るようなムードが著しく希薄だという事実。この突合せには少しひねりが入るので丁寧に述べる。

人間の本性など筆者にはわからないし、「貧困層」を定義づけることもしないが、ひとまず穏当なところをとって、貧困層にも何らかの経済的卓越化の感覚がみられて不思議ではない、としたい。そうすると、ヒルトップのムードは少し変わっているのである。これは調査地で体感していたものだ。ヒルトップ住人のムードは、実は隣接するK村のシンハラ村人との間で強烈なコントラストを描いている。K村では、隣の家がラジカセでも買おうものなら、やっかみや嫉妬（「イリッシャーワ」「s」）の感情が露骨な悪態などの形で表出する（聞いているのが辛くなるのもしょっちゅうだった）。シンハラの「イリッシャーワ」は視線を通じて対象に悪影響を及ぼす（邪視、「アスドス」「s」）ともされ、ラジカセくらいで防衛線は張らないものの、家屋新築などに際しては建設中の建物に滑稽な顔をした悪鬼の仮面や案山子をぶら下げて邪視をそらすことも行う。

こうしたK村の雰囲気に慣れて隣のエステートの長屋を訪れると、そのコントラストは、うっかり「人間が本質的に違うのではないか」と懸念してしまうほど強く印象づけられる。悪鬼の仮面に対応するような事象もむろんない（長屋住まいでそんな機会はないが）。

人間の本性はここでは考えなくてもよく、前節で使った比喩がまた役に立つ。「蓋を開ければ」、きっと嫉妬や経済的卓越化を図る彼らもいるかもしれない。たぶんいるだろう。しかし筆者は上手に気づけなかったし、うまい事例を挙げることはできない。ここでも蓋をするのがまさに彼らのやり方であり、一見「蓋」にみえるそのものの方が重要なのである。「みんな貧しいエステート労働者だ」という語りは、経済的均質性の単純な描写的言述ではないし、まして見せかけの平等主義を語るものでもない。これは隠喩的類似性によってつながりを構成しようとする彼らの強いディスコースであり、「エステート労働者」とは肯定的自己表象なのである（肯定されているのは何か？この箇所は註も参照されたい[44]）。

経済的水準の均質性は、生活の隠喩的類似性に変換され、さらにそれをつたってつながりが模索されている。こうした口癖が「カーストの違いなどあるものか」とセットになっている。すなわち「エステート労働者という職業」の隠喩的類似性によるつながりは、一方でカーストの括りをうやむやにするとともに、似たような私たちとしての「ひとまとまり」を模索する。「職業」は経済的水準の均質性を定め、定められた均質性は暮らし向きの「似たりよったり」として経験される。この似たりよったりの経験が、隠喩的類似性として彼らをつないでいる。「エステート労働者」の語は、職業による隠喩的類似性によるつながりの表象である[45]。

（5）本節のまとめ

「職業のつながり」について対内的領域で指摘できるのは、以上である。本節で記せる範囲で、職業のつながりがどのような形で彼らのひとまとまりの組成を成しているかを述べれば次の通りである。職業のつながりは生活の経験の類似性に根ざした、隠喩的想像力によってエステート・タミルというジャーティヤのひとまとまりをつないでいる。

本節の記述は前節に比してボリュームが少ないが、先述の通り、この「職業」がつなぐひとまとまりの話の半分は、シンハラという隣のジャーティヤとの対外的領域の方に回ることになる。簡単に見通しを述べておく。「職業」が定める暮らし向きは、隣村シンハラ村での副業の必要性をもたらしている。この副業は、経済的語彙でいえば、労働需給のマッチである。しかし、経済的水準の均質性が暮らし向きの「似たりよったり」に変換されるのと同様、労働需給のマッチは「依存する—依存を受け入れる」という換喩的隣接性の論理に変換されて人々に生きられている。それは隣り合って暮らす二つの民族間のまるでカーストのような序列の実践によって表現されている。すなわち「職業のつながり」は対内的には隠喩的論理に拠って、対外的には換喩的論理によって、エステート・タミルのひとまとまりの組成となるものである。これが対外的領域において取り上げることになる話の残りの半分である。

＊＊＊

本章ではエステート・タミルというジャーティヤのひとまとまりの組成をつながりの相に着眼して検討した。具体的に検討したのは「親族のつながり」と「職業のつながり」である。この二つのつながりが、対内的領域における彼らのひとまとまりの組成を成している。それぞれの節のまとめで述べたが、大づかみに約言すれば、エステート・タミルというジャーティヤのひとまとまりは、親族のつながりの換喩的隣接性と職業のつながりの隠喩的類似性を組成としている。この二つは別々の体系だが共にスタティックなものではなく、実践と肯定、そして想像が結ぶ漸進的プロセスとして現象している。つながりをつたってひとまとまりへと向かっているのである。このプロセスが換喩的・隠喩的論理に支えられている。一言でいえば、「つながりを以てひとまとまりとする」である。彼らに生きられるジャーティヤは、括りの提喩的同一性の論理から逃れ去ろうとする。それは従来のエステート・タミル・カースト像からは想像できないほど可変的であり、可塑性が高いものである。冒頭におおまかに掲げた本章の論旨、「まるでひとつの巨大なカースト」の含意はあらためて確認されるように思われる。

以上、対内的検討として括りの相、つながりの相を順にみてきた。次章にもう一章だけ紙幅を割く。こうした彼らのひとまとまりへの動き、つながりの模索が、生活の境遇に深く根ざしたものであることを、「長屋」という生活の場所に照準して議論したい。

註

(1) 調査地では「血」も含め、何らかのサブスタンスを暗示するような事象は提示できない。ダニエル［Daniel 1984］のようにジャーティヤ（インドではジャーティ）をサブスタンス・レベルで考察していくことが差し控えられる理由である。なお以下でも随所に示す「基調の語り」を「誰が、いつ、どんな文脈で」いうのか記しておけば、ヒルトップの人々はいつでも筆者がジャーティヤのこと（本節でいえばカーストや結婚の話題）を尋ねる文脈でこんなことをいう。それは共有された「口癖」、社会的事物であり、現実構成（追ってみていくように生活の肯定）にかかるディスコースである。

(2) ホラップ報告ではクドゥムバムは広く「家族」と訳されているが、調査地では「子供は結婚すると別のクドゥムバムを形成する」とされ核家族のみを指す。この点はジャヤラマン報告でも同様［Jayaraman 1975: 124］。ジャヤラマンは合同家族に相当する「ペリヤ・クドゥムバム」［t］にも言及しているが、調査地ではこの語は用いられない。

(3) クドゥムバムの独立性を性格づける諸点は、そのまま婚姻後の居住方式の曖昧さと結びついている。相続される土地もない彼らにとって、異なるエステート間での婚姻というスコープでみても、夫方居住か妻方居住かは重要性を持たない。妻は一般に夫方のエステートに嫁ぐ形が多いといわれるが、実際には結婚を機に妻方のエステートに暮らし始める者もあり、居住方式は全く曖昧である［cf. Hollup 1994: 266-267］。長屋の居住単位に着目すると、クドゥムバム単独のケースは全体の約四割である。若干低い数値だが、低賃金という事情にウェイトが置かれた場合や、親が老いている、あるいは子供ができて手狭になったら新しい部屋に移ろうと考えているといった形で親夫婦と子夫婦が同居しているケースが約三割、残りは遠方の親族から小さな子供などがやってきて一緒に暮らしているといったケースである。この場合でもその子供は別のクドゥムバムの者である。

(4) 時折ホラップは記録のなかでリネージという語を用いるが曖昧で実態が判然としない。それより古いジャヤラマン報告にはこれが出てこない。その代わりジャヤラマン報告は同一カースト内で親子関係、兄弟姉妹関係、婚姻関係で結びついたいくつかのクドゥムバムが通過儀礼などの機会に連携することにふれている。ただしこれには共有資産も名称もない［Jayaraman 1975: 148］。ヒルトップの現況は述べた通りで、先行研究の記録からも曖昧なため出自集団については本論で主題化して検討できない。本文の流れのなかで「名残のようなもの」という形で少しだけふれる。

(5) 調査地の「現況」ではクディヤーナかパッラールかパラヤールが想定されるのがふつうである。

(6) 田中は本調査地と同じドラヴィダ型親族名称体系を持つスリランカ・タミル漁村を事例に出自集団なき交叉イトコ婚を論じている。この交叉イトコ婚は、親族集団間の連帯によっても財産相続や姻戚関係の存続によっても説明しきれない。「身内で結婚すべきだ、という言葉を字義通りとるべきであり、ほかのなにかに還元すべきでない」ものである［田中　二〇〇六：一八］。この「身内」と表現されている内婚集団を田中は「個別の婚姻関係が度重なって生まれてくる重層的なネットワークのまとまり」［田中　二〇〇六：二］と記している。本文でみる通りエステート・タミルの場合も全く同様である。そのネットワークのまとまりが、ひとまとまりとしてのエステート・タミルというジャーティヤの組成のひとつとなる。

(7) 極端な話、「WBWFFBSSWBWMMZDD」といった現実的には辿れないばかりかおそらく接点すらない人物もまたエゴの類別的姉妹である。この「辿れないけれども位置づけられうること」が反転して次に述べる交叉イトコ婚の「関係づけフォーマット」としての性格を説明することになる。この観点をとると、先の田中の述べる「すべての血族・姻族」とは、彼らの「遠い親戚」にまで敷衍されるものであることがわかる。

(8) 「同世代の結婚できない男女＝平行イトコ」が兄弟姉妹と同じ名称であることは表に記した通り。これも「同語反復的」である。結婚できないのは兄弟姉妹だから、である。

(9) ヒルトップの四七組の夫婦のうち、結婚前に系譜的つながりを辿ることができなかった者同士の組合せは三一組（約六五％）に上る。他の組合せは（夫からみて妻が）MBDとの組合せ五組（約一一％）、FZD五組（約一一％）、FMZDD一組（約二％）、不明（手元にデータ見当たらず）五組（一一％）となっている。

(10) このことは同じような親族名称体系を持つシンハラでも同様である［cf. 谷口　一九八七、高桑　二〇〇八］。

(11) 田中はこの交叉イトコ婚を実践する内婚集団を「個別の婚姻関係が度重なって生まれてくる重層的なネットワークのまとまり」と表現している［田中　二〇〇六：二］。この例でいえば今度は「太郎」と「花子」が実際に結婚してしまうことだ。太郎からみれば花子は確かに「近い親戚」ではないが、例えば太郎の見合い相手の相談を図のエゴの父（F）と義理の父（WF）がするといったことがごくふつうにありえる。WFは図の彼の四人の姪のうち花子か図のWFBDを思い浮かべる。のみならず、図中にないWFBDの平行イトコ女性が浮上してもおかしくない。こうした親族名称体系を持つ彼らと話しているとひとつのことに気づく。彼らは「近い親戚」を超える範囲で系譜を辿るのが苦手である。だがWFにとって太郎の見合い相手を考えるのは簡単である。太郎が図のエゴの類別的兄弟であることだけわかれば、図のWすなわち自分の娘と類別的姉妹関係にある者を、すなわち自分の類別的な娘（「マガル」）を思い浮かべるだけなのである。こうして田中のいう「重層的なネットワーク」が無数に紡がれていくことになる。

(12) 調査地の六五％の者が互いを出自の観点からみた系譜的な交叉イトコとみなさずに結婚をした（意識としては、いまもみなしていない）にもかかわらず、これが事後的に、交叉イトコ婚がなされた形を作り上げてしまうこと。

(13) 正式な結婚のやり方についての古い記述はジャヤラマンの報告にみられる［Jayaraman 1975: 173-188］。筆者も人々から話は聞いたが実際にみる機会はなかった。滞在時に結婚した二組の若い夫婦はいずれも式を挙げず行政上の登記のみであった。

(14) 同様の変化はシンハラ・カーストの文脈におけるヤルマン（一九五〇年代の調査）とスティラート（一九七〇～八〇年代の調査）の間でもみることができる［cf. Yalman 1960: 97; Stirrat 1982: 14］。

(15) 確かに、ホラップ報告にちらつくリネージ神を祀る父系出自集団のようなものや先の「近い親戚」の認識にも何らかの父系的論理はみられないわけではない。だが追って本文でみるように、カーストの「父方継承」の語りは、人々の「親族としてのカースト＝ジャーティヤ」の生き方と噛み合わない。

(16) 換言すればジャーティヤを提喩的論理の下に認識する仕方の浸透であり、もっといえば、分類の自己申告の諸機会が提喩的論理に拠る「〇〇人」、「△△教徒」といった主体形成の装置になっているということである。

（17）参考までにホラップの調査地では、全一五一組中、異カースト婚は九組（六％）に過ぎない。ただし、ホラップは高カースト範疇同士でカーストの異なる組合せ五組も異カースト婚に含めて全一四組を挙げている。これを含めても彼の調査地の異カースト婚夫婦の割合は一割にも満たない［Hollup 1994: 255］。

（18）なお「シンハラ＝パッラール」の一組は、子供夫婦以外にはヒルトップ内に親族関係はまだない。

（19）ただしジャヤラマン報告には、労使問題や労働者同士のもめごとを話し合う、労働組合組織の支配下にあるエステート委員会（Estate Committee）というものがあり、人々に「パンチャーヤト」と呼ばれていることが記されている［Jayaraman 1975: 103］。ヒルトップにはこのようなものはない。

（20）ただしこれを語るのはクディヤーナの者だけである。とはいえパラヤールとパッラール間で特に差異化の意識が強いわけでは全くない。これはヒルトップで実際の結婚事例がないことに拠っていると思われる。筆者が短期で訪れたある茶園では両者間に婚姻関係が多く結ばれており、当事者同士も問題はないと語るのを聞いた。

（21）こうした語りは確かに一面では表面的といえなくもない。異カースト婚の強行は、ふつうは「ひとまず」両親の反発を買うものであり、すんなり容認される事柄というわけではないというべきである（ただし本文でも述べるように筆者滞在時のひとつの異カースト婚の成立には波風が立たなかった。後でみるように、ジャーティヤ拡大の過渡期的状況と考えるのが適当である）。しかし反対を乗り越える定番のやり方というものも既にある。恋仲になったカップルはいったんエステートを離れ、どちらかの親族のいる遠方のエステートあるいは都市部に駆け落ちを図る。すると、たいてい二週間ほどするとほとぼりが冷めて「帰って来い」と連絡が届くことになっている。これはシンハラの異カースト婚にもみられる「定番」のやり方である。

（22）この段階では便宜的な表現であり、後にみるように「親族のつながりによるジャーティヤの拡大」のことである。

（23）ただし義理の娘が嫁いでくる以前にこの二人の女性の間に系譜的関係はない。

（24）ジャヤラマンはこの事例において、時間の経過とともに排斥された者を中核にカースト的な性格を持つ別の新たな集団が形成されたという。彼はこれを伝聞の形で紹介しているため詳細は不明だが、いずれにせよ厳格なエンドガミー遵守の傾向が看取される［Jayaraman 1975: 86］。

（25）この二者はアガムディヤンという別のカーストとも通婚可能とされている。またムットゥラージ＝アムバラッカラン同士の組合せもエンドガミー違反にならないと報告されている。
（26）前章ではホラップのｏｎ／ｏｆｆの是非は問わなかったが、この区別はなまじ私たちにはピンとくる分、危険な区別である。例えば会社での関係と私的な友人関係の区別（会社では上司であり役職名で呼びかけを行い、オフでは友人なので名前で呼び合うといった）をエステート住人がすることはない。エステートとは彼らが生まれ、そして働きながら暮らしているひとつの生活の場所である。
（27）つきつめれば彼の図式では「均質的な個人」が on work 領域を満たすので、こう捉えるのは仕方なかったのである。
（28）例えばエゴの母の姉妹の夫は、血がつながっていようといまいと、エゴにとって「類別的な父」である。逆にいえば、自分の妻の姉妹が男子を出産したら、自分はその子の「類別的な父」になる。この「類別的な父」となるために系譜が実際に辿れる必要は全くない。相手が自分にとって類別的な何であるかが定まれば、同時にこちらも定まる。例えばＡが系譜が辿れないものの「類別的な兄」として同定しているＢがいるとする。Ｂが「遠い類別的息子にあたる」としてＣをＡに紹介すれば、もうＡはＣの「類別的な父」である。こうしたシーンは同じ名称体系を用いるシンハラの場合でよくみたものである。こういう場合の初対面の挨拶の会話はそれとなくその辺から入ったりするのである。右の例でいえば、ＡがＣに「ああ、じゃあ君は僕のプター（シンハラの親族名称でいう息子）になるね」。これが単に呼びかけの名称に終わらないことは太郎や花子の例で示した。その場にＡの姉の娘Ｄがいてこの会話を聞いた瞬間、ＤにとってＣは交叉イトコとなる。そこから先はいうまでもない。
（29）親密さの表現だけであればこの使い分けに意味はない。
（30）エステートではここに「長屋の隣接関係」が大きく割り込んでくる。前章で挙げた「序列の曖昧化」の事例ａ、ｂを想起してほしい。異カーストの少女の成女式や妻の供養の実践は、長屋のつながりと親族の潜在的つながりのなかで捉えられるものとなる。ミクロの実践は長屋を舞台としてクローズアップする。
（31）例えば異カーストの年配の男性をマーマと呼んで親しく接してきた若者が、親族関係者の異カースト婚によって実際に系譜的につながり、彼がマーマになったときを想像するのがよい。いかような意味にせよオンとオフの切り替えの文脈などあろうはずがない。細かくいえば、「兄さん」、「弟」と呼び合っていた者同士が、類別的交叉イトコになる場合、「兄さん」、「弟」の呼びかけを続けるのがふつうである。しかし、もしも二人が関係者の異カースト婚という事件を超えて、なおこの名称で呼びかけあうならば、両者は親族のつながりをもう受け入れているのである。なぜなら、この呼びかけそのものが親族名称なのだから。百歩譲って、当事者の内面で「表面的には「兄さん」と呼びかけつつ親族とは認めていない」場合でも（そんな切り替えができるとしてだが）、呼びかけている以上、親族のつきあいへの参加は当然期待されることになり、これを拒絶することは二人の仲を険悪なものにしていくだろう。「呼びかけ」たらすべて定まる。彼らのドラヴィダ型親族名称体系は「この名称体系で呼ぶ者を親族にする」。シンハラの例だが、筆者は実感している。K村で筆者は「スドゥ・マーマ（白おじさん）」あるいは「ジャパン・マーマ（日本おじさん）」であった。シンハラもマーマは「類別的な義理の父」である。これは潜在的なのである。もしも私に子供がいて、私をこう呼びかけるK村の子供と結婚したなら、その子供は私をそのまま「マーマ」と呼びかけることになる。何も変わらない。潜在的なものが実現化するのである。

（32）　これは「制裁＝サンクション」ととるにはあまりに実際的な行為上の帰結である。

（33）　ホラップは彼の調査地の一九八〇年代当時の婚姻パターンを次のように計上している。エンドガミー違反とみなされない高カースト範疇内部の組合せを含め、エンドガミーに則って結婚した夫婦は一三七組のうち交叉イトコ同士の組合せが全部で七三組である。彼はエステート・タミルの交叉イトコ婚が類別的なそれ同士であることを承知しており、ここには類別的交叉イトコ婚が計上されている［Hollup 1994: 253］。彼は五二組の、「類別的な交叉イトコ婚ではないがカースト・エンドガミーに則った組合せ」も挙げている。これについては特にふれられていない。だがこの五二組にはいずれも、結婚を事後的に交叉イトコ婚として成立させるあの関係づけフォーマットが起動している。いずれも事後的な交叉イトコ婚として実践され、さらなる類別的交叉イトコ婚の可能性を拓いているのである。ホラップが計上した七三組に含まれている「エンドガミー違反とみなされない異カースト同士の交叉イトコ婚」の端緒、すなわちクディヤーナのカースト化へと一歩踏み出すことになる親族の論理の論理的端緒は、この五二組が引き起こす連鎖のなかにあるのと同じもの、すなわち他者を関係づけてしまう類別的交叉イトコ婚の機制だったのである。

（34）　「カースト父方継承」の語りはやはり彼らの親族の生き方と噛み合わないのである。

（35）これは提喩的論理でジャーティヤを眺めたとき映じる「カーストの括り」ないし範囲確定的な排他的境界線が、親族のつながりによって横断されたという表面的な見方である。

（36）時間はかかったが、比較的オープンに語る者の話や、人々の「遠い親戚」の語の用法、「見合い婚であったか否か」（二つのカースト同士では調査時点ではありえないとされていた）などを手がかりに全員の系譜図を作成したからである。ただし数世代前でうやむやになっている場合はもうわからない（例えばパラヤール女性と結婚したパッラール男性が、パラヤールとして生きたということがあっても、それはもうわからない）。わかったとして、それはなし崩し・うやむやの例証をひとつ加える以上の意味を持たないだろう。

（37）なお、今日のヒルトップの人々はこれをシンハラ・カーストのゴイガマ（農民カースト）にあたると語ることが多い。対外的領域でみる。

（38）この語の語義については関根康正氏から、「クディヤーナウァン（複数形はクディヤーナウァル）」＝'cultivator tenant,' 'tenant farmer.' に由来するものだろうとご指摘いただいた。ちなみにジャヤラマンは「耕作者（cultivator）」と記し［Jayaraman 1975: 66］、ホラップも同様である［Hollup 1994: 220］（ただしホラップはある論文の注釈では、ベテイユのインド民族誌にある非ブラーマン・カーストが居住する通りの名、「クディアナ（kudiana）」に由来するようにみえるともふれている［Hollup 1993: 85; cf. Beteille 1996: 25］）。ここでは単に「耕作者」と訳して進める。

（39）ホラップの記述をそのまま引用したい。彼の調査地には一〇の異なる高カーストがいるが、いずれも人数が少ない。「それゆえある者は、儀礼的地位が同等とみなされる別の高カースト（クディヤーナ）から配偶者を選んで結婚している」［Hollup 1994: 259（ ）内原文ママ］。想像の域は出ないが、結果からみれば、「儀礼的地位が同等だから」ではなく、「クディヤーナだから構わない」という言い分を人々は通し始めていったのではないだろうか。次章の内容を大きく先取りすれば、ティーットゥを共有してしまう長屋暮らしを通じて、儀礼的地位すなわち先行研究のいう世俗内階層序列を定める集団の浄・不浄の、当の集団からの引き剝がしという事態が起きていたはずなのである。

（40）彼らはいつも優しかったし、本当によく笑っていたから筆者は長屋を訪れるのが好きだったが、二度ほど強く当惑したことがあって、一度はこのときである。もう一度は、ある誠実な人柄の若者と話していて、真顔で「マハッタヤー（シンハラ語、敬称）はいいひとだ、俺たちと付き合ってくれる」といわれたときで、どちらのときも、筆者は身の処し方がわからなかった。筆者のことはどうでもよいが、つまり、彼らは優しかったし、よく笑っていた。

(41)　これは類別的交叉イトコ婚の論理で使った「潜在性」と同じであり、アイデンティティの考察の段においては「単独性」［柄谷　一九八九］や「偶然性」といった概念のなかで捉えねばならない。

(42)　シンハラを取り上げる対外的領域であらためてみることにする。

(43)　基本的にエステートで働く者は何らかの労働組合に加入しなければならないとされ、組合員は数十ルピーの会費を支払っている。ただ労働組合組織や内規など詳細について、本文で述べるような事情により筆者は細かいデータ収集をほとんどしていない。調査テーマとして後回しになって手薄になるほど、労働組合が彼らの日常とかけ離れていたと解してもらいたい。茶園地帯ではエステート内に組合の下部組織が整備されているようであり、この点は随分様子が異なっているようだ。

(44)　対内的・対外的と分けて記述しているため、本文ではぐちゃぐちゃになるので註に記しておく。この肯定されている「何者であるか」の在り方は本論にとって最後の議論、アイデンティティの問題につながる。肯定されているのは、本文から推察されるように「労働者たるわたし、われわれ」とは考えづらく、まして「貧困であること」などでもなかろう。彼らが肯定しようとするのは、境遇の類似性に己をつなぎとめて生きるやり方とそんな風に生きるわたし、われわれとなろう。この肯定は政治的である。記述の便宜上、対外的領域に回すが、彼らは市民権問題、民族対立問題のなかにいるのである。この肯定は、生活に根ざし、深く対抗的である（第八章）。

(45)　ここで述べたことは、個別的「○○さん」の経済活動や性格・感情の水準に照準しているのではなく、「みんな貧しいエステート労働者だ、似たようなものだ」といった口癖が、まさに口癖として明瞭に共有されているというある種の社会的事実に照準している。

第六章　エステート・タミル・カースト3――境遇と長屋の共同性

午前中は閑散とした長屋は、樹液採集が終わる午後になると少し賑やかになる。ある者は副業に出かけ、残った者はおしゃべりに興じる。子供たちが学校から帰ってくるとまた賑やかになる。彼らは歓声をあげて駆けずり回るが、そのうち大きな泣き声が聞こえてきて大騒ぎとなるのが常である。人々が飲み水を汲み、水浴びをする井戸は長屋ごとに共同で、井戸の掃除は頃合いをみて長屋の者が総出で行う。敷地にジャックフルーツの実がなれば分け合い、映画が放映される日にはテレビのある部屋がたまり場になる。もちろんときには喧嘩沙汰も起きるが、長屋はどこか親密な空気のある場所である。

誰もが同じような小さな部屋に暮らし、ここから同じように毎朝、仕事に出かける。彼らはこんな風に生きながら時間を重ねてきたのだろうと思う。だがもっと長い目でみれば、インドからやってきた当初はきっとこんな風でなかったに違いない。いつの間にか、こうなった。カーストの違いなどあるものか、という雰囲気になった。つながりをつたって、ひとまとまりのジャーティヤを生きる方向に踏み出した。

第一節　境遇――成女儀礼の焦点化について

(1) 本章の課題

前章ではひとまとまりの組成を成す「親族のつながり」と「職業のつながり」という二つの具体的な体系を指摘した。本論の主張のひとつの形でいえば、つながりによって構成されるものこそ生きられるジャーティヤだ、ということになる。これだけであれば、前章の議論だけであるいは足りる。彼らは換喩・隠喩的論理に拠る実践と想像を通じて、ジャーティヤをつくり直している。だが、何が二つの体系を駆動させているのか。換言すれば、人々をしてひとまとまりへと向かわせているものは何だろうか。

本章の課題はこれを検討することである。提示する結論は言葉にすれば至極単純で、筆者は「境遇」というものをもって、人々をつながりへと仕向けるものの答えに充当しようとしている。すなわち、生きられるジャーティヤというものが、生活に深く根ざしたものであるということをきちんと述べたいのである。長屋という具体的な場所に照準して記述・考察を行う。これを済ませた後、本章最後に対内的領域における生きられるジャーティヤのまとめを行いたい。

(2) 実践と環境、境遇

本章の課題の答えは冒頭のような描写の羅列ではたぶんわからないものである。字数を増やしても、個人名を使っても、修飾を尽くして生き生きと写生してみても同じだろう。ひとつの際立った事例に焦点を合わせるやり方をとりたい。取り上げる事例は長屋で行われた「成女儀礼」というものである。この焦点化を説明する前に、課題をひとつの理論枠組みに対照することであらかじめ理解を得やすいものにしたい。

本文では随所に「実践」の語を用いている。筆者が念頭に置いているのは、ブルデューの実践理論である。本論は実践理論そのものを分析フォーマットにも、理論的検討の対象にも据えていないが、ブルデュー理論の鍵概念のひとつ、「ハビトゥス」の言及箇所はまるでエステート・タミルのひとまとまりの動きを映し出す理論的鏡のようになっている。(1) 引用し読み下すことで本章の課題をクリアにできる。ブルデューは次のように述べている(英語の原文は一〇行目にようやくピリオドがくる個性的な文章である)。

特定のタイプの環境を構成する諸構造、例えばある階級条件に特徴的な生活の物質的諸条件など、はハビトゥスを産出する。ハビトゥス、それは持続性(durable)があり移調可能(transposable)な心的傾向性(disposition)のシステムであり、構造化する構造として、つまり、実践と表象を生成・構造化する原理として機能するように前もって仕向けられた構造化された構造である。実践と表象はどのような道筋にせよルールへの従属の産物であることなしに客観的に規制され(regulated)かつ規則的でありえて、意識的な目的あるいはゴールを達成するに必要な操作の明白な統御を前提することなしに客観的にそれらのゴールに適合的でありえて、そしてこれらすべてとして、指揮者による調整(orchestrating)のアクションの産物であることなしに集合的に調整される(orchestrated)ものである[Bourdieu 1977: 72]。

引用箇所の後ろから前へ、一度に対照させたい。指揮者なき調整を施された実践と表象の産出は本論でみてきた通りだ。類別的交叉イトコ婚の実践は、それ自体は婚姻のルールに従属している。だが、カーストを超えて網目を紡いでいく実践に指揮者は不在である（エンドガミー規制の妥協そのものはルールに従ったものでなく、規則細目を決定する機関も存在していない）。「エステート労働者」の語が対象指示のただの代名詞でないこともみた。それはつながりを模索すべく産出された表象である（共有された「口癖」という社会的事物は、それが本当に音である分、「オーケストラ」の直喩のようである）(2)。これら実践と表象が適合的に狙う「ゴール」は、ここではむろん「ひとまとまり」の形成にあたる。そして、それらは、意識的な目的やそれに向けて必要な操作の統御は前提とされていない。何度も使った「なし崩し」の語が示すように、人々は意識的・目的的・主体的に「ひとまとまり」を目指しているわけではなく（そうした統御を前提とするのは、「主体」的なアイデンティティ・ポリティクスにおける「文化の客体化」などの操作の場合である）、実践と追認的現状肯定に仕向けられた人々が、ひとまとまりを想像「し始めている」、「させられ始められている」。「つながりの模索」の主語は、「彼ら」ではなく、むしろ一連の「プロセス」にアクセントを置きたいほどのものであり、一連のプロセスとは実践と表象の絶えざる産出に他ならない。その産出の母体をハビトゥスの語でひとまず言い当てることができる。

このハビトゥスを説明する、「構造化する構造」や「構造化された構造」という言い回しはひとを惑わせるものであり、おそらくはブルデューの戦略的便法である(3)。彼の構造の語の広がりと連関にいったん目をつむり、引用箇所の頭からいこう。「ある階級条件に特徴的な生活の物質的諸条件」にあたるのが、前章で「職業が定める暮らし向き」として記した諸物・諸事、とりわけ物質的な建造物であると同時に、本論がそれら諸物・諸事を代表して表現させるところの、「長屋」である。本章で具体的に記述・考察していこうとするのは、彼らの習い性となった口癖やふるまいの産出の母体の形成と、つながりに向けた心的傾向性の構成にかかる、この環境について、すなわちひとまとまりのジャーティヤへと人々を仕向けていった環境について、である。

この広くとれる「環境」の語を、本論では、これまたいかようにもとれる「境遇」の語に置き換えようと思う。わざわざそうするのは、対内的領域において長屋が占める位置を、対外的領域においては市民権問題、民族対立問題といったマクロの政治的環境が占めることになるからである。物質的環境、経済的環境、政治的環境、これらは本来峻別せねばなるまい。しかし、むしろ人々が生きざるを得ないそれらを「境遇」の語によって広くカバーし、つながりへと人々を促す諸要因の多元的な広がりを視界に入れたいと考える。この「境遇」の語は、最終的にアイデンティティの問題、「何者であるか」をめぐる問題を考察する上で、「環境」よりもしっくりくるものになるはずである。

(3)「長屋の成女儀礼」の焦点化について

境遇を記述すること自体は、経済的数値や冒頭のような無味乾燥な記述をより鮮明にしていくというやり方でもできる。だが、それは間接的に状況や雰囲気を伝えるだけだ。本章では、長屋で執り行われた成女儀礼というひとつの事例を焦点化するやり方をとる。この焦点化の意義は二つある。ひとつは事例における「彼らのやり方」に彼らの生きる境遇が浮き彫りになるからだ。もうひとつは、この事例が「親族のつながり」と「職業のつながり」という二つの体系のひとつの結節点にもなっているからである。つまりこの事例は、つながりを生きるエステート・タミルという人々の境遇と生き方をよく物語るのである。

調査期間中、居住域南端の長屋のひとりの少女(パッラール)が初潮を迎え、これとともに長屋全体が一斉にケガレ(ティーットゥ)の状況下に入ることになった。彼らが長屋で執り行った成女儀礼とそのやり方を注視していこう。

第二節　長屋の成女儀礼

成女儀礼は親族の領域に深く関わる事項である。だが本事例でその実践を担ったのは、異カーストの者同士が隣り合って暮らす長屋の「隣人」たちだった。彼らの成女儀礼は、来歴の故地・南インドでみられるものと形式上酷似しているが、その実践の細部には決定的なズレが生じている。本論に重要なのはこのズレである。このズレが彼らの境遇を照射する。以下の検討には南インドの事例との比較対照が有効となる。大枠で南インドのタミル成女儀礼の性格と骨格をみておきたい。

(1) タミル成女儀礼

南インドでは、女性の持つ生殖力が「きちんとしたチャネル（結婚）によって活かされれば家と一族の繁栄に繋がる」という［西村　一九九四：一〇九（　）内原文ママ］。この生殖力の獲得の瞬間であり証となるのが少女の初潮である。この力はきわめて統御し難い危険なものでもあり、望ましい結婚を通じていずれ水路づけられねばならない。少女の身体に突如充溢する危険な力を豊饒なる力へと変換、馴化させ、取り込んでいく文化的装置、それが成女儀礼となる。この力の発現に伴い重大な問題が生起する。ケガレの発生である。初潮に伴うケガレはこの危険な力の突出のマーカーである(4)［関根　一九九四a：一二二］。そしてこの危険な力の突出を共有経験し、一連の成女儀礼を通じて克服していく受け皿となるのが親族集団に他ならない。この意味で、一般にタミルの成女儀礼はケガレの克服に主眼があると同時に、親族集団にとっての重大な関心事である。

成女儀礼のやり方の細部にはかなりの地域的偏差がみられるが、基本構造はヘネップの古典的な通過儀礼の枠組みを参照することでおおまかに把握できるものだ［ファン・ヘネップ　一九七七（一九〇九）］。初潮をみた少女は沐浴の後、空間的に隔離される（「分離」）。その後、占星術によって告げられる吉兆の日時まで隔離期間が続く（「過渡」）。吉兆の日時を迎えると少女に対する「サダング」［t］という式が執り行われ、贈与と饗宴が催される（「統合」）。手の込んだ儀礼的所作がみられるのは、統合段階のサダングにおいてである。本論ではこの「サダング」に「成女式」の語をあて、初潮からの一連のプロセス全体に「成女儀礼」の語をあてることにする。

ところで、彼らの成女式にはひとつの目立った特徴がある。成女式が「結婚式のように」行われること、すなわち「結婚のテーマ」を含み持つことだ。その最も直接的な儀礼的表現[5]が、式に登場する仮の花婿、「女性の花婿（female bridegroom）[6]」である。これを担うにふさわしいのは初潮の少女の「望ましい結婚相手の姉妹」とされている[7]（例えば双方の交叉イトコ女性。ここからも、少女の初潮というできごとが親族の論理と深く結びつけられていることがわかる[8]）［cf. Good 1991］。本事例にもこの「女性の花婿」が登場することになる。

（2）エステート長屋の成女儀礼

①検討の三つのポイント

事例をみるに先立ち、ズレの検討ポイントとなる三点をあらかじめ指摘しておきたい。一点目は「女性の花婿」に関わる。本事例にも登場するが、その役を担ったのは同じ長屋に住む異カーストの少女（パラヤール）だった。二点目はケガレの共有者である。本事例では親族ではなく長屋の隣人たちがこれを共有する。

三点目は微細なものだが、儀礼に表れる「奇数」というものに関わる。儀礼には「アイテムの数」や「所作の回数」など奇数があふれている。フェルロ＝ルッジはタミルナードゥにおける「数」のシンボリズムについて、奇数の持つ吉兆性を指摘している［Ferro-Luzzi 1974: 144］。だが本論の検討のポイントは、奇数の象徴的意味でなく、人々が奇数を構成したやり方、誰がどのようにこれを構成したかにある。

アイテムや所作の象徴的意味には判然としないものが多く、本文では意味にふれないまま、そのまま記す(9)。幾分読みづらくなるが、どうか次のことを想ってもらいたい。成女儀礼を実践する彼らもまた意味などわからず、「そういうものだから、そうしなければならない」と。彼らは伝えられてきたやり方をなぞる。形式的にはおそらく昔からほとんど変わっていない。よって象徴的レベルではほぼ不変となる（象徴構造の非可塑性［ブロック　一九九四（一九八六）］）。

だが、例えば、「女性の花婿」が登場することをもって、これを象徴すなわち「望ましい花婿の隠喩」と捉え、本事例を結婚式のテーマ云々で片付けるわけには既にいかない。異カーストの少女が花婿代理なのであるから。初潮の少女と女性の花婿役の少女との間に親族関係はなく、調査地ではパッラールとパラヤールの間にもまだ通婚関係はない。すなわち、彼らは形式をなぞりながら、「結婚式のテーマ」とは異なる、あるいは親族の論理には回収しきれない、何か別のことをやったのである。

象徴分析ではその「何か」は曇らされてしまう。むしろ象徴的意味などわからないままに、何とかしなければならない人々に寄り添うことで、ズレに接近する通路が開かれる。そこを辿って「結婚のテーマ」とは別のテーマを炙り出そうと思う。先取りすれば、それは「長屋の共同性」というテーマである。なお、前章から持ち越した疑問、「浄・不浄はどこにいったか」について、ここでの検討の最後に筆者なりの見解を示したい。

②セッティング

舞台となる長屋と住人の親族関係は図6-1、図6-2の通りである。成女儀礼はroom 5の十三歳になるパッラールの少女（A）が初潮を迎えたため執り行われることになった。またポイントとなる登場人物はアルファベットで示した（A、B、B′、a～h）。

③長屋の成女儀礼のプロセス

筆者が立ち会った成女儀礼のプロセスを順に提示する。

初潮～隔離まで

二〇〇一年四月、長屋（room 5）の十三歳になる少女Aが初潮を迎えた。この知らせはエステートの各戸に女性たちによって伝達され、夕刻には各戸から女性（既に成女儀礼を済ませている女性）がひとりずつroom 5にやってきた。最初の手続きである少女の沐浴を行うためである。沐浴は、まず既婚女性七人が、真鍮製の小さな壺で少女の頭から水を浴びせ、他の女性たちが続いた。この日、最初に少女に水をかけたのはroom 4の年配の女性aだった。沐浴が済むと少女は、room 5の室内にしつらえられた椰子の枝葉の囲いに入り隔離期間が始まった。男性が初潮を迎えた少女を見てしまうと、災厄が降りかかるといわれる(10)（例えば交通事故。ケガレは危ないものである）。少女の初潮とともにこの長屋全体がケガレの状況下に入った。各室内にある祭壇では日々の礼拝が取りやめられ、エステートにあるマーリアンマン寺院の扉も閉められた。ただしその他の長屋は全く影響を受けておらず、他の長屋に暮らす者は少女Aの「近い親戚」であってもケガレの影響を全く受けていない。

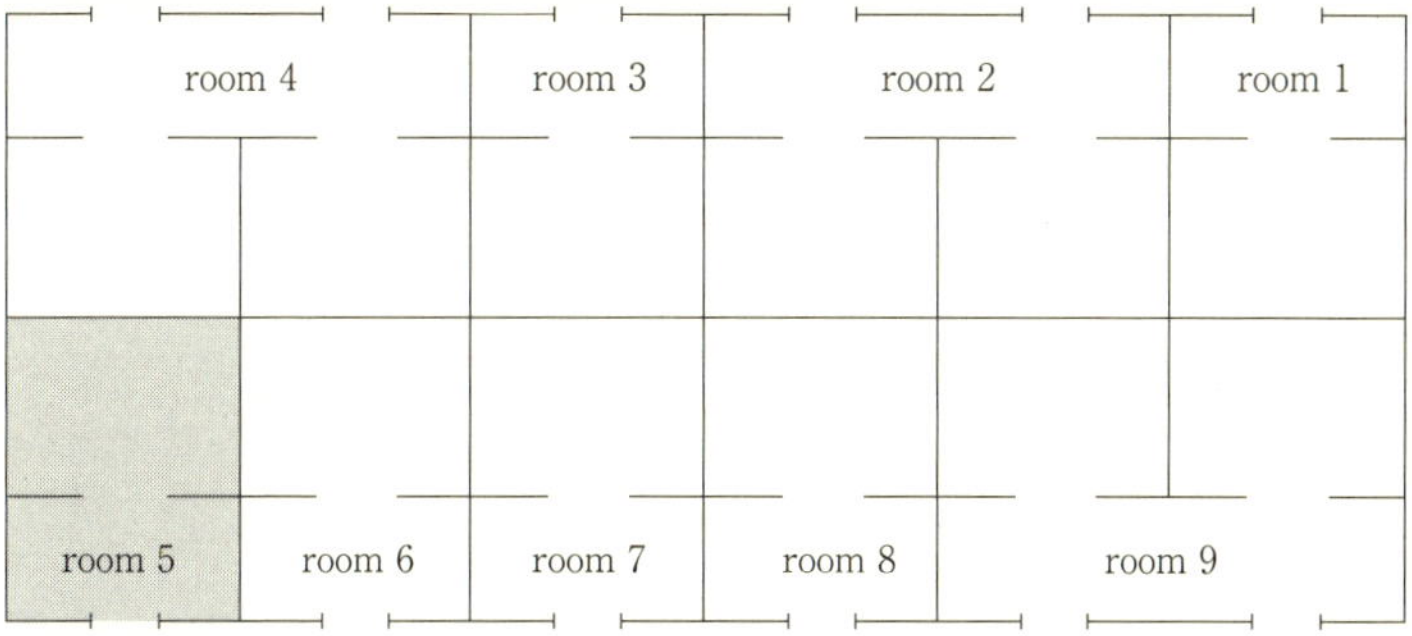

成女儀礼の部屋

図６－１　成女儀礼の執り行われた長屋

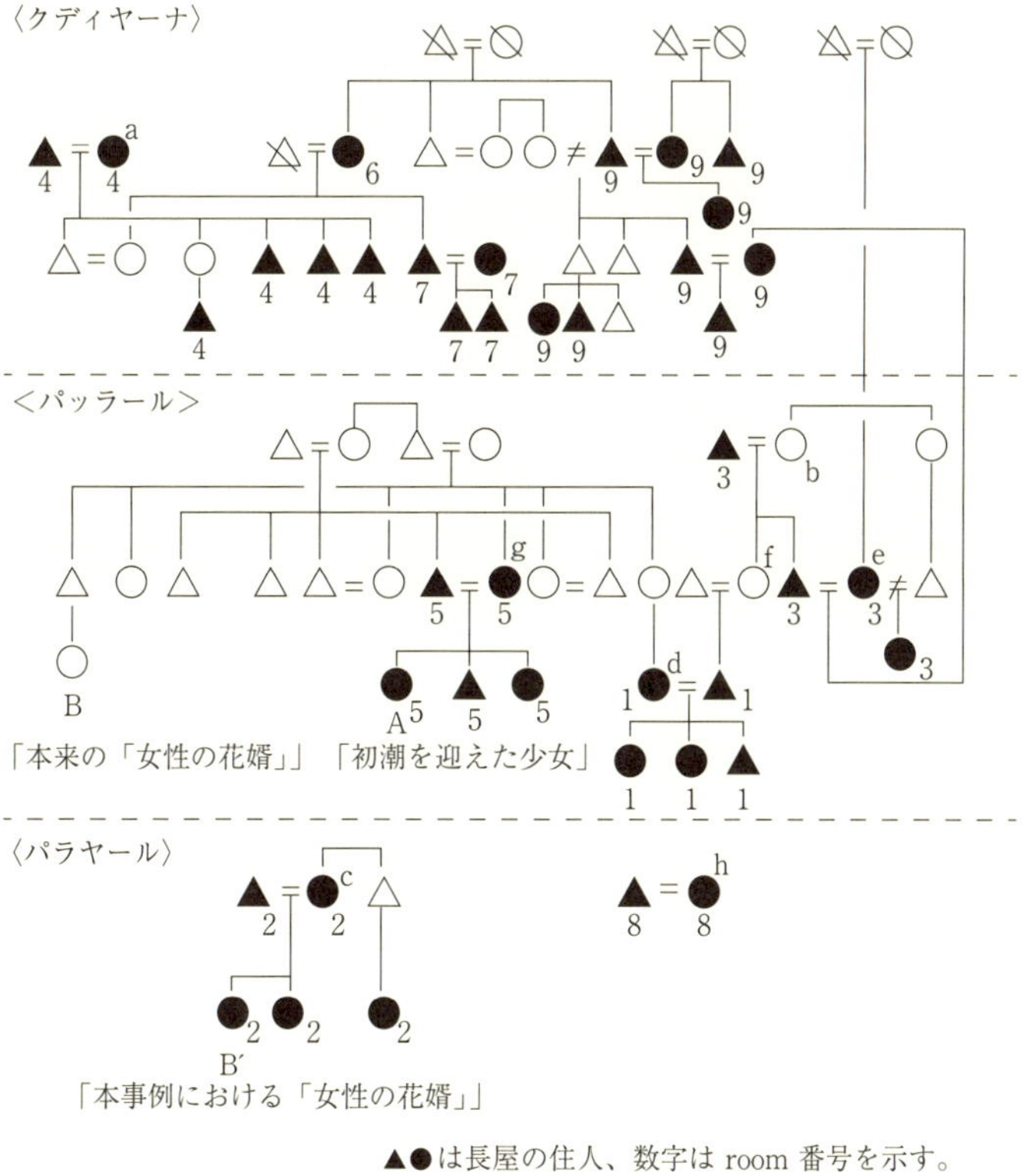

▲●は長屋の住人、数字は room 番号を示す。

図６－２　長屋住人のカーストと親族関係

隔離期間

隔離された少女は翌日から毎朝ごま油と生卵を飲む。魚や肉は食べてはならない。少女は男性の目にふれないようにしなければならない。トイレに行くときも女性が同伴し、布などで頭を覆う。隔離中の沐浴は、一日置きに早朝に行う。期間中、少女の衣類の洗濯は、エステートに住むシンハラ人洗濯カーストの女性[11]が行う。また、この期間中同じ長屋の者は食物の差し入れを行うとされる[12]。隔離期間が始まると家の者は最寄りのM町にあるヒンドゥー寺院を訪れ、成女式を執行する吉兆の日時を調べる。この少女の場合一一日目午前五時三〇分~七時がふさわしいことが判明した。

成女式~饗宴

成女式当日、少女は早朝四時には隔離期間明け最初の沐浴を済ませ、新品のサリーや装飾品を身につけるとドアの陰に隠れ待機した。少女にサリーや装飾品を贈ったのは、図のfの夫である（本来はBの父が贈るとされた。ただしfの夫は少女Aの母方のオジと同等の位置にくる）。前日まであった椰子の枝葉の囲いは長屋の横で火にくべられた。長屋の人々も起き出して集まってくる。六時を少し回って、シンハラ人洗濯カーストの女性が到着した。お茶がふるまわれしばし雑談の後、成女式が始まった。

少女は屋外に出、戸口の前に置かれたまな板状の小さな腰掛台の上に立った。手にはキンマの葉をさした串を持つ。このとき、少女Aとはカーストを異にするroom 2の少女B′（未婚、十七歳、パラヤール）が付き添うように横に立った[13]（写真6-1）。彼女が「女性の花婿」である。少女Aの母は後で筆者に対して、本来はAの「マディニ」（図のB′。少女Aの交叉イトコ女性）が行うべきだったが、遠方の茶園にいるので年格好の似ているB′にやってもらうことにしたのだと説明してくれた。

B´がAの横に立つと、B´の母（図のc）がAの前で灯明、米、塩、ウコン水の容器をそれぞれ三回まわしてから、Aの額にウコン水をつけた。続いてAを椅子に座らせ、頭の上、両肩、両ひじの内側、両ひざ、両足先に計九枚のロティ（小麦粉をねって焼いたパン）をのせた。まずB´が少女の体を揺さぶりすべてのロティを体から落とした。落ちたロティを再び少女の体に戻し、次はcが少女を揺さぶってロティを落とした。cは続けて灯明を三回まわし少女の額に聖灰と朱粉をつけた。以下、図のd、e、f、g、hの順番に同様の所作を繰り返した。このとき、七番目（B´から数えて）の女性h（既婚、四十四歳、パラヤール）だけは、はにかみながら躊躇したが、「おいで、おいで、やりなよ」という声に促されて所作に加わった。

写真6－1　長屋の成女式。写真向かって右側に本事例における「女性の花婿」役の少女が立っている。

写真6－2　つる草を編んだ輪をくぐる少女。成女式における儀礼的所作のひとつ。

写真6－3　儀礼のあとで

娘が再び腰掛台の上に立つと、シンハラ人洗濯カーストの女性とc、eの三人がつる草を編んで輪にしたものを一緒に持ち、少女の頭から足先まで三回くぐらせ（写真6－2）、終わると洗濯カースト女性がつる草の輪を少女の頭の上で三回まわしてから長屋の屋根の上に放り上げた。その後、洗濯カースト女性の手により椰子の実が割られると、少女は腰掛台を降り、戸口前に横たわる木の棒（唐辛子などを石臼でつぶすのに用いる台所用具）をまたぎ、それを後ろ足で蹴り落としながら入室した。集まっていた長屋の人々も入室し、bの手によって聖灰と朱粉を額につけてもらい、お茶や揚げ菓子がふるまわれた。この際、少女の母から洗濯カースト女性にお礼の品として野菜類、米、椰子の実、少女がつけていた古い耳飾りと腕輪、現金二五〇ルピーが手渡された。

通常、この後饗宴が催されるが、このときは少女が初潮になった時間が「よくなかった」ため、饗宴は初潮開始から数えて三〇日後、M町のヒンドゥー寺院で厄払いの礼拝を済ませてからということになった。厄払いはワゴン車を貸し切り長屋の面々で出かけた。饗宴にはエステートの全戸が招待され、招待を受けた側は五〇～一〇〇ルピーほどの現金を祝儀として持参した。

第三節　儀礼のズレと長屋の共同性

成女儀礼に表れた三つのズレをたぐり、親族の論理には回収しきれない何か、「結婚のテーマ」とは異なる「別のテーマ」を示すことを検討の本線としたい。グッドは「女性の花婿」が少女の「望ましい結婚相手の姉妹」であることを指摘している。ヒルトップでは、双方の交叉イトコが望ましい結婚相手とされており、少女Aの母は、本来であればAの交叉イトコ女性Bがその役を担うべきであったと語っている[14]。だが、Bは遠方の茶園に住んでおり成女式のために呼ばれることはなかった。潜在的な「望ましい花婿」のいわば「代理の代理」が必要な状況だったのである。白羽の矢が立ったのが同じ長屋に住むB′である。B′は少女Aとは異なる「パラヤール」の少女だった。すなわち「異カーストの女性の花婿」である。

タミル成女式にみられる結婚のテーマとは、端的にいって結婚式を模擬的に辿るということであり[15]、「女性の花婿」は成女式を「結婚式のように」するために必要な仕掛けである。留意すべきは、花婿代理を務める女性は確かに花婿の隠喩であるものの、その選定は潜在的な花婿との系譜的な隣接性に拠る換喩的論理に拠っていることである。本事例で「女性の花婿」にB′が選ばれた理由は、年格好が似ているといういわずもがなの隠喩的論理である。だが、この選定の「換喩から隠喩への入れ替わり」が、「親族の論理ではない何か」の介入を示すと同時に、人々を促す境遇の理解、ひいては、エステート・タミルというひとまとまりのジャーティヤの理解に決定的に重要である。この成女儀礼に読み込まねばならぬテーマは「結婚のテーマ」ではなく、「長屋の共同性」と呼びうるテーマである。順を追って指摘したい。

(1)「異カーストの女性の花婿」と「一／七の女性」

人々は、成女式が結婚式を模擬的に辿るものとは（言葉のふつうの意味で）意識していない。もし少しでも意識されていたら、B′は選ばれなかったに違いない。いくらエンドガミー意識が低くとも、ヒルトップの別のパッラールの少女が「遠い親戚」の換喩的連鎖によってこれを務めていたはずである(16)。

象徴的には花婿であるはずのB′は、ひとまずは、やはり花婿ではないというべきなのである。このことはB′の象徴的意味から儀礼上の実践的位置に目を向けてみるとわかる。B′は実際に何をしたのか。彼女は九枚のロティを落とすという所作のほか特に何もしていない。ところが同様の所作をしたのはB′だけではなく、それに続いたc～hの女性たちもしたことであって、B′にc～hの女性たちを足してちょうど七人だった。

一連の時間のなかで人々がこの七人を構成したプロセスが鍵である。七番目となる女性hを呼び寄せた局面に着目したい。hをもって「七」という奇数が確定する。六人で終わるわけにいかず、人々は躊躇するhを呼び寄せ参加させた。hが所作を終えた瞬間、儀礼は次のステップに入った。つまり女性の花婿B′は、奇数「七」の「一／七」になってしまっている。

この儀礼は地域ごとに細かい形式上の大きな偏差を伴うようであり、あくまで蓋然性としてしかいえないが、「典型的」なタミル成女式では「女性の花婿を除いて」、奇数人数の女性が揃うはずである（例えば関根の報告では、女性の花婿がいない状態で奇数人数の女性が沐浴などの儀礼的所作を行っている［関根　一九九四a］）。本事例の事実から少なくともいえることは、hに呼びかけて何とか奇数を完成させ、そこでストップした彼らにとって、B′は「既に七人のうちの一人」である。女性の花婿B′は「一／七」として実践されてしまったのである。

この七人はいったい誰だろうか。[17] 七人は、B′から数えて五番目に少女を揺さぶった女性f（Aの類別的マーミ）を除き、あとは長屋の住人である。長屋の住人たちは少女の初潮をきっかけに、「ケガレを共有する隣人のまとまり」を構成している人々である。本事例に表れるズレとは、親族の論理と、いわば「長屋の共同性の論理」の実践的パッチワークに起因しているようである。成女儀礼に入り込んだ長屋の共同性の論理とはいかなるものか。それはケガレを介して構成されている。この共同性の組成に目を向けてみよう。

（2）長屋の共同性の論理

この共同性は、まずはケガレのある種の物理的接触を介した換喩的隣接の論理により構成されたものである。調査地のケガレ（ティーットゥ）が出産、初潮、月経、死という限定された局面に表れることを述べた。調査地ではそれは伝染するものとして相当に物理的に受け取られている。このことは調査地の「死に伴うケガレ」の認識に鮮明に表れている。南インドの事例からは、死のケガレが、たとえ遠い場所に住んでいようと、親族に集合的に影響を与えるという報告がある［cf. デュモン　二〇〇一（一九八〇）：七二、関根　一九九五：一一三、一二五］。これに対して調査地の人々の認識は、「近い親戚だろうと、遠い場所にいれば影響は受けない」である。[18]

ケガレそのものが目に見えない以上、影響範囲は任意である。それは人々に委ねられる。むろん会議を開いて画定するようなことはなされず、実践的に定められることになる。人々は初潮のケガレの影響範囲として「長屋」というものを持ち込んだ。ケガレは同じ長屋の者だけが共有する、という形で。[19]

この範囲づけは、ケガレがある種の物理的感覚で知覚される事実の帰結である（だから発生源の隔離場所からの物理的遠近で範囲が表現されている）。と「同時に」[20]、物理的に知覚されるケガレの共有範囲が長屋に定まると、その共有実践の積み重ねが、「同じようにケガレを共有する者」という隠喩的類似性に拠る長屋の共同性を形づくっていくことになる。ひとつのエピソードを例示したい。

「まったくもって迷惑な話だ、甚だ迷惑だ」

少女Aの隔離期間中、長屋であれこれと聞いていた筆者に room 9のクディヤーナの年配の既婚男性（五十歳）がしかめっ面のダミ声でこんなことをいった。「いやあ、まったくもって迷惑な話だ。こうなると（長屋の誰かが初潮を迎えると）、いつも本当に迷惑なんだ。部屋の祭壇も閉めなくてはならないし、だいたい連中は身内じゃないじゃないか。甚だ迷惑だ」。

「同じようにケガレを共有する者」という類似性が形づくる長屋の共同性は、例えば「友愛」とか「平等」といった語をお世辞にも使えるような代物ではなく、こうした語りにみるように、全くこんなものである。誰かが初潮を迎えれば、いつもこうなのだ。この男性にも娘（二十歳）がひとりおり、彼女のときもこうだったろう。結局は「皆似たような者」であって、ここにケガレを共有する隠喩的類似性による共同性が、他に還元しようもないほどの生活の言葉で語られている。

男性は「迷惑」を連発したし、room 5の者と親族関係もなく、カーストも別である。だが彼は少女に食物を差し入れている。迷惑と思いながら、だが、共同性を引き受ける。迷惑、迷惑といいながら、つながりを生きざるを得ない。主体的でも目的的でも意識的でもなく、共同性を生きてきたのである。

ケガレを介した隣接的まとまりは、こうした実践と生活の経験の積み重ねのなかで、「似たような者」としての長屋の共同性をこしらえる。少女Aの母は異カーストの少女B'を「年格好が似ているから」として「女性の花婿」に立てた。換喩から隠喩への入れ替わり、すなわち無造作な隠喩的論理が成り立ってしまう前提に、この隠喩的類似性に拠る共同性の存在がある。ケガレの伝染にかかる隣接性がつなぐ換喩的論理と、ケガレを実践的に克服していく（いかざるを得ない）人々を類似性でつなぐ隠喩的論理が長屋の共同性の組成を成している。成女儀礼には、この長屋の共同性が浮かび上がっているのである。

(3)「親族のつながり」と「職業のつながり」の結節点

先に成女儀礼を「親族のつながり」と「職業のつながり」の結節点と述べた。この段階でこれを明示することにしたい。

南インドにおいて、少女の体に充溢する他界的な力の突出を親族という受け皿が受け止めるのであれば、ヒルトップでこれを受け止めるのは長屋の隣人たちである。成女儀礼の実践を通じて構成される共同性が、初潮のケガレを受け止める。

長屋の親族図に示した通り、「甚だ迷惑だ」の男性は、前妻との間にもうけた男子がroom 3で育ったパッラール女性と恋愛結婚し、同じroom 9に暮らしている。男性はroom 3に居住する女性の父に呼びかけるときは「マッチャン」である。彼は「身内じゃない」長屋の者が「身内になってしまう」経験をしている。もはや人々はなし崩し的な親族のつながりの拡大を経験、想像し始めている。

ここにおいて、親族のつながりと成女儀礼という事象が、おそらく彼らには意識されていない形で再び交錯することになる。異カーストの女性の花婿は、長屋の女性の一／七だった。先ほどは親族の論理と長屋の論理のパッチワークという言い方をした。ズレを手繰るにはこの言い方しかない。だが、いま長屋の共同性に辿り着いてみれば、長屋の隣人と「潜在的」な親族はもう分かちがたくなっている。少女Aの母が異カーストのB′に儀礼的役割を頼んだとき、結婚のテーマは念頭になかったはずだ（特にB′には男兄弟はおらず、身近に平行イトコ男性もいない）。理由は言葉通り、年格好が似ているからだけだったろう。だがその前提に彼らが生きてしまっている、長屋の共同性がある。そしてカーストの括りを超えて長屋の共同性を生きる彼らと、カーストの括りを超えて親族の潜在的つながりを受け入れていく彼らは、別人ではない。この観点において、異カーストの女性の花婿は、あらためて「潜在的な花婿代理」となるのである[21]。成女儀礼と「親族のつながり」の体系はこうして結びついている。では「職業のつながり」の体系はどのように結びついているのか。職業のつながりは、境遇を定め、表象として人々をつないでいる。こんな風に長屋に暮らし、一緒に成女儀礼を執り行う「似たような者たち」を「エステート労働者」というつながりの表象が語るのである。成女儀礼は、ひとまとまりのエステート・タミルの組成を成す二つの体系のひとつの結節点になっているということである。

（4）生活の境遇

遡って、本章に成女儀礼を焦点化したのは、日常風景の描写よりもはるかに彼らの生きる境遇を浮き彫りにできると考えたからだった。何とかやっていかねばならない彼らのやり方に、その境遇がもう浮かんではいないだろうか。ケガレというある意味、先鋭的な事例ではない場面をひとつ付け加えよう。第四章、「序列の曖昧化」の事例で挙げた、異カーストの者の妻の供養に香煙を回したパラヤール男性の事例である。

「構わねえよ、パッラもパラヤもあるもんか」

あるパッラール男性（三十八歳）の亡き妻の法要の場。部屋には、亡くなった女性が結婚前に暮らしていた長屋の面々を中心に、夫の友人たち（K村のシンハラもいた）が集まっていた。[22] そのなかに、あるパッラール女性と結婚してエステートに居住しているシンハラ男性（五十七歳、ちょっとお酒臭かった）がいた。妻の遺影に皆が香煙を回して供養する段になって、部屋の後ろの方にいた夫の友人のパラヤール男性（四十四歳）がためらうような、恥じらうような素振りをみせた。成女儀礼における七番目のhと同じようなためらいである。ここからはほんの短い数秒の出来事だが、スローモーションのように思い出される。男性のためらいに、少し間が空いて、まわりから「やりなよ、やりなよ」の声が出た。なお男性がためらった。シンハラ男性が口走ったのがこのタイミングだった。「構わねえよ、パッラもパラヤもあるもんか！」。彼の隣にいたパッラールの妻が「何をいうんだい、このひとは！」と夫を小声でたしなめた、一同の笑いが爆発した。やりなよ、やりなよの声が大きく加速し、部屋を満たした。男性は香煙を回した。

境遇の記述は実践とどうにも不可分のようである。物質的環境だけ切り離して記述しても意味はないようだ。彼らは長屋をこんな風に生きていて、彼らがこんな風に生きている長屋が、彼らの生きる境遇である。

エステート・タミルというひとまとまりは生活に根ざしている。境遇がつながりを促し、つながりが括りを突破する。消極的表現をとれば、事例の場はなし崩しの微分された局面であり、積極的表現をとれば、ひとまとまりのジャーティヤのつながりが少し密度を増した瞬間となろう。こんな場面を彼らは生きている。こんな風に生きる彼らのひとまとまりを、本論では「生活に根ざしている」と表現しようと思う。

（5）浄・不浄はどこにいったか

最後に前章からの持ち越しの疑問に対し、ここで見解を示したい。類別的交叉イトコ婚の積み重ねによるジャーティヤの拡大プロセスにおいて、浄性の固守という論理はどこにいってしまったのか。「長屋の共同性」と「ケガレ」の関係を、従来のエステート・タミル・カースト像にみる「特定カースト」と「不浄」の関係と対照するのがよいはずである。これは乱暴な対照でなく、関根がティーットゥの本質的意味として見出した、主観的解釈次元における他界性の突出という境界経験（「死の脅威」の感覚）の表現としての「ケガレ」と、社会構造の固定化を謀るイデオロジカル表現としての「不浄」の区別を、いっしょくたにして「浄・不浄価値観念」に拠るカースト像を表象してきた従来のやり方が乱暴だったのである。

こう述べた上で、それはゆえなきことではなかったはずだと付け加えたい。観察者が直面する経験的次元において、つまり人々にとっても、二つは概念的に明瞭に識別されたものでなく混然としているものだったろうからだ。関根はこれを弁別するために重なり合うティーットゥ（ケガレ）とアスッタム（不浄）の語彙の裂け目からケガレの深層に切り込まねばならなかった［関根　一九九五：一〇九―一一〇、一一四］。ホラップは「アスッタム」の語にしかふれていないが、デュモン流構造主義の引力圏にあっていっしょくたにしたのだろう。水準こそ違え、両者はどちらも混然とした状況に直面している。先行報告を顧みれば、混然としていたのはエステート・タミルたちも同様だったはずだ。南インドの事例から類推すれば、かつてパッラールやパラヤールはエステートでもティーットゥとみなされていたと思われる[23]。

浄・不浄が世俗内的階層序列ないしカースト集団というものから乖離したヒルトップの状況は、この「混然」が人々自身によって弁別されたということなのである。以下、先行報告批判のためでなく、状況理解のために結果論の利を生かしたい。

ティーットゥは、それによって特定カーストが表象されるものである一方で、高カーストの者だろうと身内の死や初潮によって自らも経験したはずのものである。人々にとっても「いっしょくた」だったはずだからだ。ところが長屋生活では、「ティーットゥなカーストの者」と共に暮らし、自身も身内のティーットゥを経験するといったことが同時に起きる。ある種の物理的知覚ゆえに、隣接性を介して共有さえしてしまう。

この境遇にあって人々のやったことが、ティーットゥの意味論的集中化（出産、初潮、月経、死への用法の特化と世俗内的階層性からの引き剝がし。第四章註（12）も参照）だった。この意味論的集中化とは、（少しだけ俗な語彙に頼らせてほしいが）人々が「リアル」に感受するティーットゥを取ったということである。これが次の事象と表裏となって進んだのである。エステートという環境において、ティーットゥの語彙をその表現としていただろうところの世俗内的階層序列が著しくリアリティを喪失するという事象、つまり序列の曖昧化である。エステートという環境においては、特定カーストにティーットゥを押し込んで刻印し続ける誘因が逓減していかざるを得なかったといってもよい。

ホラップ報告には、「不浄なカースト」との物理的接触の忌避が特に住環境の制約によりいい加減になっている事実がふれられている［Hollup 1994: 229］。結果からみれば、この事実は不浄にかかる諸規制の個別的妥協などではなく、人々自身による不浄とケガレの実践的弁別、すなわち特定カーストからの不浄性の引き剝がしの道程に据えられるべきだったのではないか。むろん、ここに類別的交叉イトコ婚によるなし崩しが並行している。架空の話でアクセントをつければ、カーストを超えて身内が入り組んでいくなか、血量配合バランス計算で浄性を精緻化していく誘因などエステートにはない。

浄・不浄はどこにいったかの問いに、この意味論的集中化そのものをもって答えとしたい。ミクロの機制として検討した類別的交叉イトコ婚による限界領域の侵食は、その実際の舞台をつきつめれば「長屋」である。ホラップのみていたエンドガミー規制の妥協には、この意味論的集中化（リアルなティーットゥへの傾斜）が伴っていたはずである。これも漸次的進行を取ったに違いない。そのミクロの機制、微細ななし崩しはヒルトップの現況からはもう辿れない。しかし、本章でみた成女儀礼には、結果として人々が生活のなかで弁別したリアルなティーットゥが実践されている。こうした実践が積み重なっていったはずである。「浄・不浄がどこにいったか」といえば、どこかに消えて無くなったわけではなく、この限定的な「彼らのティーットゥ」に収斂したのである(24)。

＊＊＊

三つの章にわたって、対内的領域におけるジャーティヤの組成を検討してきた。何度かイメージとして記した、「まるでひとつの巨大なカースト」の含意は示せたと考える。エステート・タミルというジャーティヤは、「親族のつながり」と「職業のつながり」という二つの具体的体系を組成にひとまとまりを成している。前者はエンドガミー限界領域をなし崩しにしていく類別的交叉イトコ婚の実践と想像の網目であり、後者は境遇を共にする者たちの想像を表象レベルでつなぐものだ。生きられるジャーティヤのつながりの相は、換言すれば、彼らのひとまとまりは、換喩的隣接性と隠喩的類似性の織物のようになっている。

このひとまとまりの形は、類—種の包摂図式やその変換された階層的分類図式、すなわち提喩的同一性の論理によって囲繞できるものではない。長屋の共同性をみたいま、翻ってクロスした二つの階層体系図（第四章）に立ち戻れば、それが全く融解していることがわかる。彼らは生活のなかで括りと化していくカーストをつながりの論理によって突破してきた。人々が生きている「ひとの種類」は、つながりによってつくられている。それを彼らは「エステート・タミルはひとつのジャーティヤだ」と語る。括りを突破して生きる彼らのやり方の肯定のディスコースととれる。アイデンティティ・ポリティクスの提喩的論理に拠る括りと、換喩・隠喩的な織物のようなまとまりとは組成が違う。そしてこのひとまとまりは、深く彼らの生活の境遇に根ざしている。境遇に根ざし、換喩・隠喩的論理を駆使して、人々はひとまとまりをこしらえてきたのである。

エステート・タミルというジャーティヤの内側からの検討は以上で終える。あえて「民族」という上位クラス、「カースト」という下位クラスという階層分類的図式でいえば、下位クラスに照準してきた。この下位クラスがつながりによって、ひとまとまりに辿り着いたのだが、こうなるとエステート・タミルというジャーティヤが「民族」なのか「カースト」なのかよくわからない。むろん階層分類図式の融解に不安を抱く必要はなく、ただ、ジャーティヤという「ひとの種類」がそこにあるのである。

ここからは、このひとまとまりの対外的領域に目を転じていこう。対外的領域の検討は、エステート・タミルというひとまとまりの組成を異ジャーティヤとの関係のなかで考えていくものである。本論で焦点を当てるのは、主として生活の場における「対シンハラ」との関係である。検討に入る準備として、次章、個別的な一章をさしはさむ。エステート・タミルというひとまとまりが接続していくことになるシンハラ・カーストがテーマである。

註

(1) 引用の意図は、本章の課題を見やすくするためである。ここでの引用・対照程度の大枠の水準に限れば、筆者は彼の理論に大きな違和感を覚えない。

(2) ヒルトップの長屋の一室で行われた若いカップルの結婚登記の場にカメラマン役として立ち会ったときのことだ。

民間登記官のシンハラ老人が書類を順に埋めていく。民族分類項目の箇所にさしかかったとき、この老人が顔を上げて尋ねた。「ジャーティヤはインド・タミルかね?」。次の瞬間、この老人と私を除く、その場にいた人々が一斉に口を開いた。「違う、違う、スリランカ・タミルだよ」、「だって、ここで生まれたんだから」、「そりゃ、スリランカ・タミルに決まっているじゃないか」。何度聞いたかしれないソロ演奏が指揮者なきオーケストラにおいて交響曲状態に入ったのである。老人が登記簿に「スリランカ・タミル」と記したところで演奏はおさまった。ものの順序として、筆者がブルデューを読んだのは調査の後だ。上記引用箇所を読んで筆者はこのエピソードを思い出した。いまにして思えば、「演奏」を終えた人々の表情や雰囲気は、本当に「演奏者」そのものであった(さんざんソロ演奏を聴かされたので空気は筆者に焼きついている)。喩えついでにいえば、ここには楽譜は存在せず、即興演奏('improvisation' [cf. Bourdieu 1977])がある。

(3) 主体的・目的的・意識的な行為論とルールに従う行為者を措定する機械論的な行為論という強固な二軸の間で、ブルデューは「間隙を突く」のではなく、「間を縫わねばならなかった」。だからこういう言い回しにならざるを得なかったのだろう。本論は実践理論そのものを理論的検討の対象として俎上に載せられないし、関連する膨大な議論のリファーは後回しになっている事情がある。無批判な引用はしない方がいいに越したことはないが、引用・対照の意図は記した通りである。なお本論の射程を大きく越えるため主題化できないのは、前者、「構造化する構造」において、構造化されている構造の、構造化プロセスである。率直に記せば、「植民地支配期より継続する資本主義体制下におけるエステート労働者という階級構造(これが「構造化する構造」箇所における構造化される構造にあたると筆者は考える)の再生産」と、本論で吟味している「エステート・タミルというひとまとまりのジャーティヤの構造的な生産」が、どのように構造的に結びついているか。これがいま考察のスコープから外れている。重大な問題だが、この小論では正面からも側面からもこれを主題化して議論する準備やデータが足りなさすぎる。大きな課題として残したい。

(4) より入念な関根の議論においては、初潮により引き起こされる女性の急激な変化に、隠喩的な死と再生のモチーフが読みこまれ、初潮に伴い発生するケガレが他界性の突出という境界経験の主観的感覚表現と捉えられている[関根 一九九五:一一六、一一九]。関根の指摘する主観的感覚は筆者の経験からも間接的ながらよく理解できる。

これはシンハラの成女儀礼だが、白い布に包まった少女が夜明け前の薄暗い森を歩く姿からは、初潮のケガレ（キリ）が「汚らわしい」ものではなく、むしろ「危険」であり、どこか「怖い」ものであることが感得される。彼らの語りにおいても初潮のケガレ（キリ）は「バヤイ（怖い）」と表現されるのがふつうである。

（5）グッドの事例では、他に「カップルの手を結ぶこと」、「花輪の交換」などが挙げられる［Good 1991: 109］。関根の事例では「女性の花婿」は登場しないが、「ナラング」［t］という儀礼行為（少女に白檀粉と朱粉を付ける）に結婚のメタファーが読み取られている［関根　一九九四a：一一七、一二〇］。

（6）グッドの著作の題名である［Good 1991］。ヒルトップではこの役割を名指す何らかの語はない。

（7）男性からみた望ましい結婚相手は、地域的あるいはカーストごとに相当な地域的偏差がみられるといわれるが、グッドはFZDy、MBDy、eZDyを挙げている［Good 1991: 81-82］。なお調査地ヒルトップではオジ―メイ婚はみられない。

（8）ブロックの報告するメリナの割礼儀礼の事例が想起される。そこでは男子が「あたかも祖先となるように」家屋から墓への道程を模擬的に辿る。墓は共系的出自集団ディームの時間を超えた永続性を象徴し、割礼儀礼は世界の真の超越的源泉である墓（＝祖先）へと向かうイデオロギー的主体形成の装置として機能する［ブロック　一九九四（一九八六）］。同様に長屋の成女式と結婚式にも時間の前後関係（成女式が先、結婚式が後）や、後者を模擬的に辿る側面があり、二つの間には「望ましい結婚」という規範の形で表現される時間を超えた親族構造の論理のようなものが表れる。初潮のケガレという劇的な経験の回収が「望ましい結婚」のメタファーで実践される限り、成女式に「親族のイデオロギー」的主体の再生産装置をみることもできる。だが本事例では、「親族のイデオロギー」の位置にいわば「長屋の共同性」のようなものが入り込むことになる。本事例の検討ではイデオロギー的「主体形成」にかかる理論視角は持ち込まない。理論的に少し考えねばならぬ問題なので直感的にしかいまは表現できないが、論理構成に織り込まれた出口の部分が違うように思う。彼らの生き方は、可変的であり、そのアイデンティティは偶有的である。ある種逃れようのないイデオロギー効果が向かう主体形成の理論文体とそぐわない感じがするのだ。本節後半でふれる「迷惑だ、迷惑だ」のおじさんの箇所で、「エステート・タミルとしての主体」という表現の違和感は共感してもらえるように思う。

(9) 議論は象徴分析と直接交錯しないので本文では深く立ち入らないことになるが、若干のメモは先にここに付しておく。事例にみられる「ロティを揺さぶって落とすこと」や「つる草の輪をくぐること」などはグッドや関根の事例では報告されていない。いくつかの所作の象徴的意味については、例えばロティを揺さぶって落とす所作は、それが「落ちる」ことからどこか「ケガレを落とす」行為と読めそうだが、筆者の知る限り、彼らのケガレは「落ちる」ものではない。それがロティ(日常的な食物、小麦粉をねって焼いたパン、台所で女性がつくる)であることが、むしろ彼女の立っている台所で使う腰掛台、後段のモールガハ(台所用品)を蹴って入室する行為と連関するようにみえる。少女の前で回す「米」、「塩」も同様(ただし「米」については多産のシンボリズムがシンハラにはある[cf. 鈴木 一九八五])。つまり一人前の女性の場所、「台所」への移行である。また少女に白檀粉や朱粉を付ける所作は、結婚時の祝福の「ナラング」の隠喩ともとれるが、より広くある種の聖性の「場、時」における「聖化」あるいは祝福的所作としてもなされるものであり、本事例ではこちらに親和性があるように思われる。

(10) 筆者は男性にあたるので沐浴などの場面は見ていない。成女式当日より前の諸手続きは少女の母から教えてもらったものだ。

(11) このポイントについては第八章で取り上げる。

(12) 確認した限りではroom 1とroom 9から調理された食事が差し入れられた。ちなみに妊娠期間中にも双方の親族や隣人が夕食の差し入れを行うことがある。「妊婦は隣の飯が食いたくなる欲求を持つ」と語られる。

(13) B′は少女Aの、向かって右側に立った。グッドの事例でも同様の配置[Good 1991: 102, 105]。ただし、Aが美しく着飾っているのに対して、B′は薄汚れた普段着で、いわれるがままにそこに立ったという感じだった。筆者はこの場面を思い出すと、神妙なわりにどうにも緊迫感のないB′の様子を思い出して可笑しくなってしまう。後に記すようにケガレはたいへんなのであるが、儀礼自体は「何だかよくわからないがそうしなければいけないのでやっている」感じだった。

(14) この少女の父方は男兄弟しかおらず、彼女の交叉イトコは母方のBだけである。

(15) あくまでも「結婚式のようなもの」でなければならない。グッドのインフォーマントは「「花婿」が女性であるのは、セレモニーが本物の結婚式にならないようにするためだ」と語る[Good 1991: 109]。

(16) ヒルトップではパッラールとパラヤールの間にはまだ結婚のケースがなく、彼らもイラック・ジャーティ同士なら見合うとは語らないことは述べた。グッドの事例のなかに次のようなケースがある。あるカーストの初潮の少女の望ましい花婿男性はFZSeである。しかし彼女にはFZSもFZDもいない。そこでとられた次善の策がMBS（ただし幼児）を「花婿」代理とすることだった［Good 1991: 212（Table 14.1), 214］。実際にどのようなプロセスで幼児が選ばれたかについてはうかがい知ることはできないが、成女式における「花婿」代理の選定が、本来なら「年格好が似ているから」では済ませられない入念さが求められる事項であることは容易に想像がつく。

(17) 七人の構成をめぐり、「なぜ七なのか」と問い、二つの異なる水準で考えることができる。第一の水準は答えを象徴的意味の次元に求めることだ。フェルロ＝ルッジは奇数の持つ吉兆性を指摘している［Ferro-Luzzi 1974: 144］。だが七人目のhまでを引き出した彼らが奇数の象徴的意味を知らない以上、これでは満足できない。第二の水準は、実践者にもっと寄り添った答え方。「七という数字がそうさせた」、つまり「モノのエージェンシー」の水準で考えることだ。人々は、成女儀礼のみならず、他界的な力の発現する局面に決まってこの奇数が登場することを経験している（例マーリアンマン女神祭礼）。奇数が重要なのはこの特定の文脈においてであり、ここでは初潮のケガレという危険な力の突出局面である。彼らは象徴的意味などわからないままに奇数によってケガレとの対峙という特定の局面を感得し、同時に、その局面を自然と奇数によって構成しようとする。この実践的次元においては、七という数字そのものの力が人々をして七人目の女性hに呼びかけさせたと捉えて、おそらく最も自然である。これは神秘的な意味では全くなく、同様のことはわたしたちも経験している。要人接待の座敷の「上座」を想起してみよう。客人ないし偉いひとが上座を占めるが、わたしたちはその意味を知っているようで実は知らない。初めて行く料亭の座敷に通されたわたしたちは床の間を探す。そして床の間が人々の座席の配置を定めていく。そして宴席に社会的配置が定められていく（ここは相互的である。客人同士に権力闘争がある文脈を想起すれば幹事は座席決めに胸を痛めよう。文脈次第では床の間がその後の社会関係に甚大な影響をもたらす。モノのエージェンシーは馬鹿にできない。モノの世界とひとの世界は相互的である)。この水準は議論の文脈次第では有効だが、本論ではひともモノもいっしょくたのエージェンシーの水準に沈潜することは避ける。モノのエージェンシーは奇数の構成が習い性となった人々のハビトゥスと表裏になっている。ここではひとの面にとどめることが肝要である。この事象を、つまり七人目を呼び寄せたのは実践する人々のハビトゥスであると表現するにとどめるということだ。こう考えた上で、この七人は誰かと問うている。

(18) このことはエステート・タミルというひとまとまりにおけるつながりの体系「親族のつながり」だけを特権化できないことを示している。「クドゥムバムの独立性」、「土地を持たないこと」、「長屋暮らし」、これらの要件は相対的に既存の親族のつながりの重要性を希薄化させる。成女儀礼のような親族にかかる事項も隣人が受け皿になるのである。

(19) この範囲づけは、実際、微妙な部分はある。この長屋がケガレの状況下に入った後、他の長屋の人々は「こっちの長屋は大丈夫」という言い方をしていたが、なかには、みんなゴム樹液採集作業で出歩くから結局伝染するという者もいた。むろんケガレを実体化して感染力と感染範囲に頭を悩ますことはない。ケガレそのものの危険さが十全に認識されている一方で、間違いなくそれは折り合いをつけられるものでもある(事実、「同一長屋限定」のような形で人々はもう折り合いをつけている)。この折り合いの幅ゆえに、長屋から離れたマーリアンマン寺院は扉を閉められたのである(「女神がティーットゥを嫌う」とも語られる)。死のケガレの範囲については、エステート全体という見方をとる者が多いが、ここも範囲にこだわるべきではない。重要な点は、「親族」ではなく「場所」が重視されていること、そしてその範囲は任意である(調査中に葬式がなかったため、人々が実際どうふるまうかはわからない。人々の口調から察するに、おそらく長屋が重視されるものと思われる)。

(20) 込み入った文章になるのを避けるため単純に書いたが、共有範囲の定まりと共有実践の始まりのどちらが先行するかは「鶏と卵」の関係である。同時的に始まり、漸次的に定まっていくと考えるのが自然だろう。

(21) 人々はこの儀礼を結婚式の隠喩と捉えていないから、「異カーストの女性の花婿」という事象をもって、この儀礼が異カースト婚の生産の何らかの仕掛けとなっているととるのは短絡に過ぎる。しいていえば、自らの身体の劇的な変容を隔離や祝福の一連の儀礼によって経験する少女が、これを共に受け止めてくれる長屋の隣人たちをどのように感じるかは、想像しておいてもよいように思う。彼女が構成するだろう自らの将来の恋愛や結婚、あるいは世代の再生産活動のスコープに占める狭義の親族ないしカーストの括りの意義は著しく低下するかもしれない。本論は心理的な問題を主題化するフレームを持っていないのでこれは想像だが。

(22)　部屋では古いオルゴールがどうにも調子ハズレな雑音を奏でていて（なぜか「エリーゼのために」だった）、普段より静かな感じだった。悲しい雰囲気は少しもなかった。表現の仕方がわからないのだが、皆うれしそうな顔でにこにこ黙っていて、筆者は亡くなった女性を知らないし感傷的なことをいうつもりはないが、理由のわからない温かい空気であった。オルゴールの不具合がまた少し可笑しくて、場によく合っていた。

(23)　関根報告では村のパライヤル（パラヤール）がティーットゥな人たちとみなされている（ただし日常会話ではこの語そのものではない表現が使用されるようだ）［関根　一九九四a：一一〇、一三四］。エステート・タミルに関する報告で、ホラップが現地語にほとんどふれない点を邪推すれば、乖離を示す語彙の使い分けのようなものが始まっていてホラップが見過ごしたか、あるいは素直にとれば、ケガレも不浄もいっしょくたに扱って不思議でない状況にホラップが直面していたかのどちらかだろう。

(24)　ジャヤラマンが述べた「血の浄性の固守」が喪失したことは別の観点から理解できる。ヒルトップではもう見出せないものの、人々がかつて「血」によって浄性を表現し、エンドガミー範囲を守ろうとしていたとしよう。だとすれば異カースト婚の積み重ねは、血の混ざり合いを生んでしまうことであり、そうなれば血の表現媒体としての価値は劇的に損なわれることになる。仮説的な言い方にとどめるが、次のような機制を想定できる。血は、先行研究にみるような提喩的論理のインデックスではなく、親族の実際のつながりの換喩表現だったのではないか。つまり等質な浄性を均等に分かち持つ個の集合の「本質的」内包ではなく、人々にとっては親子関係、結婚関係といった親族のつながりの生き生きとした代理表象だったのではないか。異カースト婚の連鎖によりこれが損なわれたとき、人々はつながりの方を優先したのである。それが表象の一覧表からの血の「抹消」である。むろん、もしそうだとすれば「換喩表現としての血」は生き残ってもおかしくない。だが抹消の事実は次のことと符合する。閉じたくない、親族のつながりの論理は、絶えず他者とのつながりの拡大をうかがう潜在性として展開しつつある。閉じたくない、閉じることのできない論理にとって、血の表現の入り込む余地はもはやない。血という表象の再生産は停止してしかるべきではないか。

第七章　シンハラ・カースト——村落生活における括りとつながり

対外的領域の検討の中心となるのは、隣人シンハラとの関係である。両住人は互いに、「ワトゥ・カッティヤ（エステートの連中）」、「ゴダ・カッティヤ（陸、村の連中）」と呼び合い日常に関係を結んでいる。だが同時に、マクロの民族対立図式下に彼らは排他的な「タミル」と「シンハラ」でもある。こうした状況に、「ひとの種類」はいかに生きられているのか。この検討に進むために、本章ではシンハラ・カーストというものに焦点を当てる。

本章の課題を整理しておこう。次章に検討する通り、生活の場の両者は、まるで「二つのカースト」のように関係づいている。K村には三つのシンハラ・カーストがあるが、その関係のつき方は「1＋3」ではなく、共にカーストであるかのような「1対1」である。一方の「1」はエステート・タミルのひとまとまりである。本章で検討するのは、それと対になる他方の「1」、村落生活の場におけるシンハラのひとまとまりについてということになる。

現代シンハラ村落社会においてもカーストの括りの相は際立っており、人々は括りの突破を図っている。シンハラ・カーストもひとまとまりを模索するといってよい。だが、それはエステート・タミルの場合ほど単純ではない。現時点でシンハラ・カーストの融合などおよそ想像できるものではなく、見た目にはつながりの模索が括りの固守として表れる。シンハラのひとまとまりは潜在的である。

本章の課題は、提喩的／換喩・隠喩的の対によってそこに切り込み、シンハラ・カーストにおけるつながりの相、シンハラのひとまとまりを浮かび上がらせることである。生活の場にエステート・タミルが連結するのは、この相においいて、このひとまとまりと、なのである。

本章の導きとなるK村住人の基調の語りを挙げる。前段はエステート・タミルの検討で何度もでてきたものと同じである。

「カーストの違いなんてあるものか」
「だが、結婚は同じカーストでなければならない[1]」

この語りに矛盾はない。二つの相を村人は感受している。語りの前段は括りの相に対して（括りの否定・拒絶に向けて）、そして後段は（見かけと裏腹に）つながりの相に対して、すなわちつながりの肯定に向けられている。

本章は三つのパーツに分ける。初めに「カーストの違いなどない」の背景に紙幅を割く。カースト区分は村落生活の脈絡において相当に形骸化している。カーストの括りの相を指摘する（「シンハラ・カースト1」）。続いて、括りに囲繞された人々によるつなぎ直しの実践をみる。着眼するのはカースト作法の運用である。ここにシンハラ・カーストにおけるつながりの相を見出し、つながりをつたうシンハラのひとまとまりを指摘する（「シンハラ・カースト2」）。最後に、エンドガミーという事項に焦点を当てる。これが一見、括りの固守として映じている当のものだ。彼らのエンドガミー固執の意味を考察し、村人によるつながりの肯定を議論する（「シンハラ・カースト3」）。一連の検討を通じて、エステート・タミルが接続するシンハラの「潜在的ひとまとまり」を示したい。

検討に移る前に、シンハラのカースト制度の概要と今日的状況について大枠でみておこう。

第一節　シンハラ・カースト制度の概要と概況

シンハラ・カーストの数はインドに比してきわめて少なく、全部で三〇あまりと見積もられている［cf. Ryan 1981（1953）; 杉本　一九八七］。ブラーマン・カーストは存在せず、カースト構成は農民カースト・ゴイガマを上位に頂き、その下位に各職能カーストが連なる形である。

高カースト・ゴイガマが圧倒的に多いのが特徴で、全人口の約半数を占めるとみられる。キャンディ地方では村に複数（三〜五つ程度）のカーストが暮らしていることが多いが、全体のゴイガマ人口が多いためゴイガマだけの村もある。

このゴイガマ内部にまた区分があるのだが、地域的偏差も手伝って少し込み入っている。はっきり述べて差し支えないところからいえば、「ラダラ」という名称で知られる王国時代の貴族の出の人々がゴイガマ内部の最上位に位置づけられる。これを除くと、「諸ゴイガマ」が特定の名称を持って明確に階層化されていると一般化して述べることはできない。例えば、ヤルマンの調査村では「ラダラ」ではないが貴族の出」とされる人々を最上位に、そしてかつての貴族層の下で農業労働に携わっていた人々を最下位として、ゴイガマが三つに階層化されているが、この三つは特定の名称を持っていない［cf. Yalman 1967: 74］。

K村の場合を人口構成比率とともに確認しておくことにしよう。K村では、まず農民カースト・ゴイガマ（四六％）、椰子蜜づくりカースト・ワフンプラヤ（三五％）、鍛冶工カースト・ナワンダンナ（一九％）の三つのカー

表7-1　主なシンハラ・カースト

高カースト	ゴイガマ（農民）
低カースト（順不同）	ナワンダンナ（鍛冶工） ヘーナ（洗濯） ワフンプラヤ（椰子蜜づくり） ベラワー（太鼓叩き） バダヘラ（陶工） バッガマ（駕籠かき） ロディヤ（物乞い）† アヒクンタカ（蛇使い）†　など 〈主として低地地方〉 カラーワ（漁民） ドゥラーワ（椰子酒づくり） サラーガマ（シナモン取り）

＊ロディヤやアヒクンタカはインドの所謂「不可触民」に対応して捉えられることもあるが、人口が非常に少ない上、詳細については曖昧な面が多い。1950年代のライアンの見積もりによればロディヤ人口は全島で1,500〜3,000人程度に過ぎない［Ryan 1981（1953）: 132］。彼らは「クッパーヤマ」［s］という孤立した集落に暮らすとされるが、同じキャンディ地方でも身近にないと所在すら不確かであり、K村周辺ではロディヤを見かける機会もなかった［cf. Gombrich 1971: 133］。杉本良男氏からは、1980年代には村々を物乞いして回るロディヤが存在したというご指摘をいただいた。後になって筆者もキャンディ市で家々を物乞いして回る人々を見かけたことを思い出したが、今日の都市部の物乞いの場合、必ずしもロディヤとは限らないかもしれない。人々がロディヤに接する機会は少なくなっているように思われる。アヒクンタカは居を定めず流浪する者で、現地では英語で「ジプシー」などといわれることもある。ただし彼らについても調査地周辺で見かけることはなかった。

ストに分かれている。このうち、ゴイガマ人口の約半数が父系的に連なる二つの系統（系統Ⅰ、系統Ⅱと呼ぶことにする）に半々に分かれている（ゴイガマ全体でいえば系統Ⅰ二五％、系統Ⅱ二五％、その他五〇％といった比率）。ゴイガマ内部では序列意識は全く持たれていないが、系統Ⅰと系統Ⅱの間にのみ最近まで通婚規制が存在していた（これについてはエンドガミーの検討箇所で取り上げるので、当面はK村には三つのカーストがあると捉えておいて構わない）。

シンハラ・カースト制度を理解する上で特に重要なのは、キャンディ王国時代（十五世紀末〜十九世紀初頭）の王役（ラジャカーリヤ［s］）制度である。王国時代、土地は王のものであり、臣民には土地保有の見返りに王に対する賦役の義務が課せられた。臣民の主たる義務は、穀物税の納付、兵役、そして職能に応じたサービスの提供であった。(2) この王役制度において整備された分業体制が今日のシンハラ・カーストの基盤を成している。現代の人々がカーストのルーツとして辿るのもこのラジャカーリヤである [cf. Stirrat 1982]。

職能に基づいた村落レベルの分業は王国時代にもみられるが、王に対する義務として分業体制が画定された経緯は、シンハラ社会にインドのような高度な職業分化ネットワークがもたらされなかった理由として指摘されている。同様の理由から、村落レベルのカースト序列やカースト作法についても、高カースト・ゴイガマと低カーストとの間を除き、インドほど厳格な精緻化がもたらされることはなかったと考えられている [cf. Pieris 1956; Moore 1985; 杉本　一九九八]。

またシンハラのカースト序列に関して、何らかの単一で明確な序列化原理を見出すことはほとんど困難である。浄・不浄価値観念を比較的前面に出したヤルマンの議論を本文で取り上げたが、これを強く支持することはできないように思う [cf. Pieris 1956; Gombrich 1971; Ryan 1981 (1981): Stirrat 1982; Gunasekera1994; 足羽　一九九四]。シンハラ社会にみる「地位」については、単一の原理に還元することも、逆にその構成要素を網羅し尽くすことも難しい。ひとまずは社会的名誉・威信として緩やかに捉えておくことが穏当である（村落レベルの地位の在り方は本文で具体的にみる）。

詳細は検討のなかで取り上げることとし、今日の概況を簡単におさえたい。古典的な人類学的研究に目を通せば、およそ半世紀前には都市部の人々にカーストを過去の遺制として捉える風潮があったことがうかがえる [cf. Yalman 1960: 78; Ryan 1981 (1953): 21]。今日、こうした風潮は村落社会においても一般的だ。村で何かカーストにまつわる質問をすれば、真っ先に「いまはカーストの違いなどないよ」と始まるか、話の最後に「まあ、カーストなんて昔の事柄だがね」などと付け加えられるのがふつうである。

王国時代のラジャカーリヤは遠い昔の事柄であり、伝統的職能を生業とする者も現代ではごくわずかである。社会的成功の可否もまずは教育水準に拠っており、就学機会はもちろんのこと、村落レベルでは就職に際してもカースト地位は必ずしも大きな障碍とならない(3)。異カースト間のふるまいを特徴づけていたカースト作法も大幅に緩やかになっているようにみえる。

そんななか、カースト制度の根強さの証左として指摘されてきたのが、いわば「最後の砦」としてのカースト・エンドガミーである［Yalman 1960: 78; 杉本　一九九八：二二七］。エンドガミーの意識は今日でもかなり強い。概況的に述べれば、エンドガミーを最後の砦として残しながら、シンハラ・カースト制度は全般的な瓦解傾向を示しているようにみえる。

第二節　シンハラ・カースト1――括りの相

「カーストの違いなどない」といったお決まりの語りの肩越しに村落生活を注視すれば、カーストが人々に漫然と生きられるものではなく、否定の対象として客体化されるほどに生活の脈絡と乖離していることがみえてくる。それは、例えば、「ワフンプラヤであるわれわれ、わたし」の社会的根拠が限りなく失われていく状況であり、カーストというものが限りなく抽象的な括りと化していく状況である。お決まりの語りはけして表面的なものでも、何か平等主義的なものでもない。

シンハラ・カースト制度の今日的状況は、まずは「エンドガミー」や「親族」も内に含めて見渡せるような広い視角によって初めて理解しうると考えた方がよい。検討の最初の眼目は、カースト諸集団が埋め込まれている広い社会的文脈であり、カーストと生活の脈絡との乖離状況である。この検討の補助的枠組みとしてひとつの先行研究を対照したい。グナセーカラが行った、シンハラ村落社会における階層性の変動に関する分析である。

(1) 大きな分断と小さな分断

グナセーカラは、K村からもほど近いあるシンハラ村を事例に、村落社会における経済、カースト、政治の三つの領域の階層性の変動を二つの期間(一八八〇~一九〇〇年代、一九七〇~一九八〇年代)の比較を通じて跡付けている。(4) 彼女の主張の大枠は検討の格好のガイドラインとなる。

グナセーカラによれば、かつてのシンハラ村落にはこの三つの領域の階層間(特に上層部)に、かなりの程度のオーバーラップが認められたという[Gunasekera 1994: 79]。カースト地位において最上位のゴイガマが、富のメルクマールとしての水田保有比率でも上位を占め、このゴイガマに植民地政府は地方末端の行政長「アーラッチ」[s](警察権限を有する村のリーダー)の任を割り振った、つまり政治権力も重ね合わされていた。当時は現在と比してはるかに厳格なカースト作法が人々のふるまいを律していたが、その一方で伝統的職能による分業やカースト横断的な水田耕作時の協同作業などはごくふつうにみられるものだった。カースト階層性と相互交流は矛盾なく両立し、村内では「コミュニティへの忠誠と垂直的結合の強固なエートス」(この部分は後でシンハラの「ひとまとまり」の手がかりとする)が支配的だったという[Gunasekera 1994: 51]。

一九七〇~八〇年代、こうした状況は大きく様変わりする。経済的領域では、農業外就業機会の拡大に伴い貨幣保有量が富のメルクマールとなる。カースト階層性と経済的階層性は乖離し、同時に村内における貧困層の富裕層への経済的依存度も低下していく。

政治的領域では、教育水準と人格を基準とするＧＳ（駐在村役人）制度の導入によって、ゴイガマによる村の行政職ポスト独占は終焉を迎える。かつての意味での「村のリーダー」は不在となり、代わって地方議員などとコネクションを持つ者が有力なパワー・エリートとして登場する。独立以降のシンハラ二大政党間の争いは村落レベルでカーストごとの支持政党対立を引き起こし、党派的対立が村落生活を分断していく［Gunasekera 1994: 110, 175-176］。

カーストの領域では、政党政治にかかる敵対的分断と同時に、相互の関わりを極力控える、集団ごとの孤立的分断状況が生まれる。平等主義的イデオロギーの浸透がカースト作法を大幅に緩和する一方、異カースト同士のふるまいに危うい緊張をもたらした。上位の者は下位の者の作法無視によって、下位の者は上位の者の作法適用によって互いに傷つけあうというリスクが大きくなった。カースト混在の農業協同労働も稀となり、「ピンカマ（法要）［s］」といった各戸の宗教的行事の準備さえカースト間協力なしでなされることも起きるようになったという［Gunasekera 1994: 111-114］。

二つの期間をまたぐ彼女の分析を約言すれば、ある種の統合状況から分断状況へのシフトである。分断はひとつの大きなレベルと三つの小さなレベルに起きている。大きなレベルでは経済、政治、カーストの三領域における階層間オーバーラップの分断であり、小さなレベルの分断はそれぞれ三領域内で生じている。経済的領域では村落経済における相互依存関係の分断、政治的領域では政党支持にかかる党派的分断、カーストの領域では敵対的にせよ孤立的にせよ各カースト集団が相互排他的に分断される事態が起きてきたということになる。この大きな分断と小さな分断をガイドラインにＫ村の状況を検討してみたい。以下では「経済的領域とカースト」と「政治的領域とカースト」の大きく二つの部分に分けてみていくことにする。

（2）経済的領域とカースト

①カーストと職業

カーストの由来をラジャカーリヤに遡るかつての職業区分と捉える見方は、K村でも一般的である。今日K村では、伝統的職能を生業とするのはナワンダンナ・カーストの鍛冶工一世帯のみであり[5]、カーストに根ざした何らかの分業などは全くみられない。実際の就業と伝統的職能との不一致は単純な事実とはいえ、この由来の認識と組み合わさると、カーストを過去のものとみなす考え方の素朴ながら強固な基盤を提供することになる。

杉本は現代のカーストを考えるにあたり、経済的基盤の変容の重要性を指摘している［杉本　一九九八：二二七］。これは全く適切な指摘である。もちろん土地を媒介とした王国時代のラジャカーリヤは崩壊しているが、問題は今日のミクロの経済環境が、経済体制はどうあれ、伝統的職能を継続するに十分な経済的インセンティブ（ないし他に選択肢がないといった経済的制約）を与えるのかどうかである。この点ヤルマンの一九五〇年代の調査報告には、低カーストの伝統的職能が経済的動機を伴って継続されている（副収入源となっている）という指摘がある［Yalman 1960: 82］。王国時代の封建的経済体制から市場経済体制に大きく枠組みが変化した後でも、少なくとも彼の調査した特定の時代・場所[6]ではカーストと職業が結びついたままで不自然でない経済環境はあったということだ。

翻って今日のK村の経済構造は既にみた通りである。伝統的職能と無関係の村外就業に向かう環境が当たり前となっており、実際の職業はカーストとは別の事柄だ。職業的見地においてカーストは著しくその実質を喪失していることをまず確認しておく。

表7-2　カースト別所得水準分布

所得水準	カースト（数字は世帯数と比率）			
	ゴイガマ	ワフンプラヤ	ナワンダンナ	全体
A	1　(2%)	3　(10%)	2　(13%)	6　(7%)
B	5　(12%)	3　(10%)	3　(18%)	11　(13%)
C	6　(15%)	4　(13%)	2　(13%)	12　(13%)
D	25　(61%)	17　(57%)	5　(31%)	47　(54%)
E	4　(10%)	3　(10%)	4　(25%)	11　(13%)
合計	41 (100%)	30 (100%)	16 (100%)	87 (100%)

＊所得水準（月収：ルピー）A：20,000以上、B：15,000〜20,000、C：10,000〜15,000、D：5,000〜10,000、E：5,000未満。

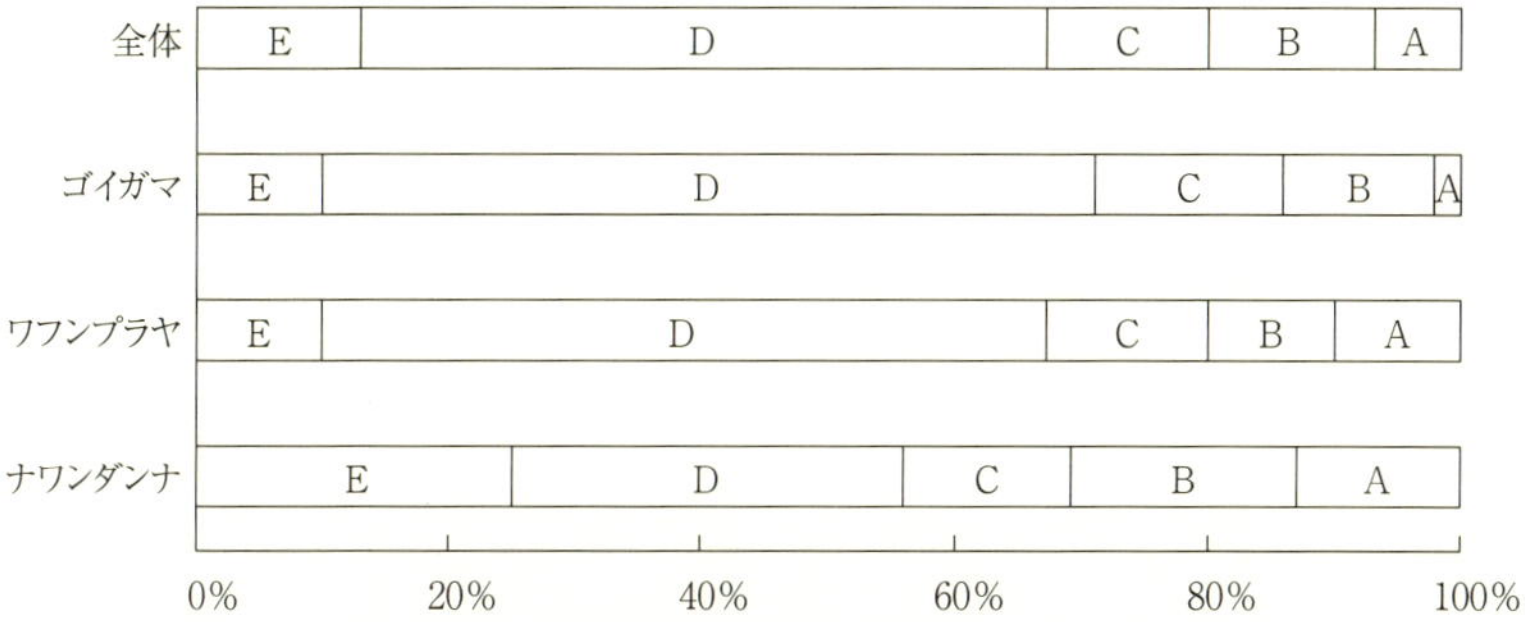

＊A〜Eは表7-2の所得水準レベルに対応。

図7-1　カースト別所得水準分布の構成比率

②カースト地位と経済的水準

表7-2、図7-1はK村におけるカースト地位と経済的水準の関係を示している。世帯単位の所得水準（月収）の分布をカースト別に整理したものだ。

ナワンダンナは母数が小さいため数値が若干ブレているが、所得水準別世帯比率の全体パターンがそれぞれのカースト内部でもほぼ同じ形で表れているといってよい。カーストと所得水準との間に相関はみられず、特定カーストが経済的に卓越しているわけでもない。この点はグナセーカラの述べる一九七〇〜八〇年代の状況と同じである。

指摘すべきは、カースト地位と

経済的水準の乖離に並行して起きているひとつの事態である。ここには地位を構成する領域の拡散、ならびにカースト地位の実質性の著しい低下が伴っている。グナセーカラは分析の便宜上、社会的名誉・威信としての「地位（status）」を限定的にカーストの領域にのみ用いたが［Gunasekera 1994: 6-7］、今日の村落社会における地位というものはカーストとは独立的に構成される側面が強い。

地位に言及する村落レベルの語彙は、「ウサイ（高い）」と「パハタイ（低い）」である。この「高い—低い」は、ひとまずグナセーカラのいうように社会的名誉・威信の表現ととるのが穏当なのだが、カースト地位だけでなく、経済的（また後でみる政治的）領域における名誉や威信をも指し示すものとなっている。(7)

K村で経済的観点から「ウサイ（高い）」とされるのは、平たくいえば財をなしたか立派な職業を理由に一目置かれている者のことだ。蓄財という点からはナワンダンナの二人の男性の名が挙がる。(8)他方、立派な職業によって「高い」のは、保健省地方支局で主任事務員を務めるワフンプラヤ男性（五十一歳）、元銀行員のナワンダンナ男性（六十二歳）である。もうひとり付け加えれば、ヒルトップの主任事務員で東部出身のスリランカ・タミル男性（五十歳）もそうである。これら「経済的に高い」（アールティカ　ペッテ　ウサイ［s］＝経済的方面で高い、と表現される）人々への呼びかけには敬称「マハッタヤー」［s］が用いられる（例えば元銀行員の男性は引退後も「バンク・マハッタヤー」である）。

経済的成功による高い地位の獲得は、カーストと無関係に個々人の事柄として達成されている。「地位」を分析的にカースト領域にのみ用いたグナセーカラの枠組みでは捉えられないが、彼女の示したかつての統合状況に照らせば、経済的に獲得される地位がカースト地位から分離することで、カースト地位はかつて有していただろうその実質性の一部を喪失しているということになる。(9)

③経済活動とカースト集団の乖離

K村住人の多くは村外就業によって生計を立てている。村内経済活動の中心ワッタ農業もゲダラ・カッティヤの事柄であり、協同労働チームの編成もない。各世帯の経済的独立性は際立っており、村内経済領域ではカースト集団が結集するどころか経済的関係そのものが希薄である（第三章参照）。

グナセーカラの報告する一九七〇〜八〇年代の事例では、農業協同労働がカーストをベースに排他的に凝結していく姿がみられる。K村の水田耕作の協同労働アッタンはどうだろうか。二〇〇〇年一一月、マハ季（K村周辺ではマハ季とヤラ季の二期作）の田植えの例である。田植えは女性の仕事で、女手が少ないという理由から隣村の者に賃労働を依頼した二組を除いて、水田所有者や耕作者世帯の女性たちがアッタンに参加した[10]。だが、労働チーム編成はカーストとは無関係だった。K村では水田に関わる者同士の協同という性格が強く、カースト区分が表面化する場にはなっていない。水田耕作も含め、K村では何らかの経済活動がカーストをベースに行われる局面はない。

アッタンではホストが休憩時や昼時にふるまうお茶や食事を用意するが、食物に関わるカースト作法が表面化することがある。ここで少しだけふれておく。グナセーカラの報告では、かつて高カーストが低カーストの水田作業に参加する場合、椰子の実ジュースとキンマの葉以外、一切受け取らなかったという［Gunasekera 1994: 46］。K村ではホストの者はお茶を用意するのが慣わしである。誰かがこの受け取りを拒むということはなかった。

まとめよう。経済的領域からカーストの在り方をみれば、それが著しく実質性を欠いたものとなっていることがわかる。伝統的職能や分業といったものは失われている。経済活動における個々の独立性は高く、特定カースト集団と経済的水準の連関もみられない。個別的な経済的達成による地位の構成が、カースト地位の実質性を希薄化させる事態も生じている。グナセーカラの図式に照らせば、大きな分断と経済的領域における小さな分断はK村でも顕著だ。だが、K村ではこれは相当徹底したものであって、経済活動においてカースト集団が結集する契機もない。

(3) 政治的領域とカースト

①村落レベルの政党政治と村の分断

引き続いて、政治的領域とカーストという観点をとってみたい。村落レベルの政治についての全般的状況からおさえておくことにする。

スリランカでは独立以降、SLFP(Sri Lanka Freedom Party, スリランカ自由党)とUNP(United National Party, 統一国民党)というシンハラ二大政党が政権交代を繰り返してきた。今日のシンハラ村落でよく聞かれる言葉がある。「デーシャパーラ[s](政治)がなければ村の暮らしはもっといいんだけど」。ここには選挙時の騒乱に対する困惑と、政党政治が村をバラバラにしていくことに対する憂いのニュアンスがある[cf. Brow 1996]。

二大政党政治は利権や便宜供与をめぐり長年にわたって村の分断を引き起こしてきた。村の分断について、まず次の二点はおさえておく必要がある。第一に、政党支持にかかる分断は選挙が近づくと一気に顕在化するもので、終わればまるで潜伏期間に入ったように村落生活の表面から消えていく性質がある。第二に、政党支持は村を単純に真っ二つにするわけではない。村にはふつう熱心な支持者(11)がおりこのレベルでは二つに分かれるが、旗幟を鮮明にせず様子をみるいわば第三の極があり、この立場をとる村人が圧倒的に多い。

背景にあるのが、村落政党政治の中心的ファクターとしての便宜供与をめぐる利得とリスクの計算である。利得とは支持政党が勝った場合の便宜供与のことだ。村落レベルでは「職の斡旋」と「何らかの補助金支給」が中心である。選挙が近づくと、村々には地方議員などがやってきて政治集会が開かれる。ひと通り式次第が済むと、村人は議員のまわりに群がって陳情を始める。「息子にいい職を斡旋してほしい」といったものだ。だが、こうした場には初めからいわばフェイクの部分がある。政治家は熱心に聞いている風だが、むろんすべてに応えられるわけがない。最終的に誰がどんな得をしたか表に出ないものの、一九九四年国政選挙時にはK村で職の斡旋を受けたのが四、五人程度だった。つまり陳情する側にとっても、確実な期待を抱けるようなものではもともとないのである。(12)

これに対して、熱心に活動した末に支持政党が敗れた場合、生活補助金や電線の敷設などの優先順位が後回しになるといったことを覚悟しなければならない。村のリーダー格ともなれば物理的被害を受けることもある。K村ではUNPが政権を奪還した一九七七年、SLFPが返り咲いた一九九四年と、それぞれ敗れた側のリーダーの家が破壊されている。

支持政党が勝利した場合の利得はさほど期待できず、敗北した場合のリスクは確実である。支持政党を表立って表明しないのは無難な選択である。政治集会の場をフェイクと述べたが、多くの村人は両方の政治集会に顔を出すようにしている。そうすることでどちらかの熱烈支持者というレッテルは回避できる。村落政党政治は便宜供与（ないし諸機会の剝奪）を中心的ファクターとして展開するが、必ずしもこれを求心力に大々的な党派が形成され村落が二分されるわけではない。

とはいえ、選挙が近づけば日常生活を分断するようなぎこちない空気が村を支配するのはどうしようもない事実である。ほとんどの家屋は午後六時過ぎには戸締りをするようになる。敵対候補の選挙ポスター剝がしが行われるのが夜間のため、無用なトラブルに巻き込まれるのを避けるためだ。また、村の関心の焦点が明らかに選挙であるにもかかわらず、表立った場所でこの話題が避けられるようになる。支持政党を表明する発言などもってのほかで、後でどのような不利益が待っているかわからない。(13)選挙期間中、互いが反対政党の熱烈支持者であることが明らかな者同士は、道で出会っても一言も交わさずすれ違う。平時にはありえない光景である。興味はなくとも「どこに行くんだい？」と問い、にっこり笑って適当な答えを返すのが日常なのである。政治はこうしたぎこちないシーンとともに村落生活に危うい分断の感覚を引き起こすのである。

ヒルトップ住人と村落政党政治の関係をここで記しておく。彼らは村落政党政治とはほとんど接点がない。これはヒルトップ住人の多くが選挙権を有していないことに因っている。選挙権を有する一部の者も、シンハラ二大政党のいさかいに巻き込まれるのを避けようとする姿勢が顕著である。(14)

②カーストと政党支持

熱烈支持か距離を置くかは別として、K村の三つのカーストはそれぞれ内部でSLFP支持とUNP支持に分かれている。グナセーカラの報告にみるようなカーストごとの政党支持はあまり一般的でないように思える。K村の場合、特にリーダー格レベルはカースト横断的な連携を結んでいる。SLFP側のリーダーはナワンダンナの男性（七十二歳）であり、これと連携するナンバー2がワフンプラヤの女性（四十歳）である。他方UNP側のリーダーはゴイガマの女性（五十歳）が務め、ナワンダンナの二人の男性（五十五歳、二十二歳）がサポートしている。

双方のリーダー二人は、ウサイ（高い）人物として村人から一目置かれている。村の保育園でお遊戯会でもあれば、主賓として招待を受けるのはこの二人である。彼らは特定の地方議員とコネクションを持ち、支持者とともにしばしば面会に出向く。目的は、何らかの陳情の場合もあればただの顔見せということもある。(15)陳情は個人的なものばかりとは限らず、K村に電気が開通したのは与党側のリーダーの働きかけの成果である。政治的リーダーの高い地位は、外部とのコネクションや物質的な成果を村に持ってくる政治力に依拠しており、対立政党のリーダーに対しても一定の敬意が払われる。

経済的に達成される地位同様、政治力に根ざした地位もカースト地位と無関係に構成されている。なお、K村では経済的地位と政治的地位の間の結びつきは希薄である。UNP側のリーダーはもともと村内に広い土地を所有しており、先の所得水準レベルでいえばBレベルだが、SLFP側のリーダーはDレベルである。自身の功績として村に電気を引いたにもかかわらず、この家に電線が通ったのはずっと後の方だった(16)。

村人にも経済的地位と政治的地位とを分けて語る態度がある。「誰某はアールティカ　ペッテ（＝経済的な方面で）ウサイ」、政治的リーダーは「デーシャパーラ　ペッテ（＝政治的な方面で）ウサイ」といった具合である。これら二つの領域における地位がそれぞれ村落生活のなかで具体性を持っているのに対して、カースト地位は全く具体性を欠く状況にある。政治的地位とカースト地位との乖離は、先の経済的地位同様、カースト地位の実質性の喪失に大きく寄与していると考えられる。

③政党政治とカースト集団内部の分断

最後に、村落政党政治によるカースト集団内部の分断を、政党支持の中心的人物のレベルで対立するナワンダンナ・カーストの例で示しておく（図7-2）。

図中AはSLFPのリーダーであり、B、CはUNPリーダーをサポートする有力支持者の二人である。系譜的にはAとBは兄弟の関係で互いにアイヤー（兄）、マッリ（弟）と呼ぶ仲にあたり、Cからみれば AもBも共にアッタ（祖父）にあたる。政党支持にかかる対立は、ひとつのカーストのしかもかなり近い親族内にまで入り込んでいる。

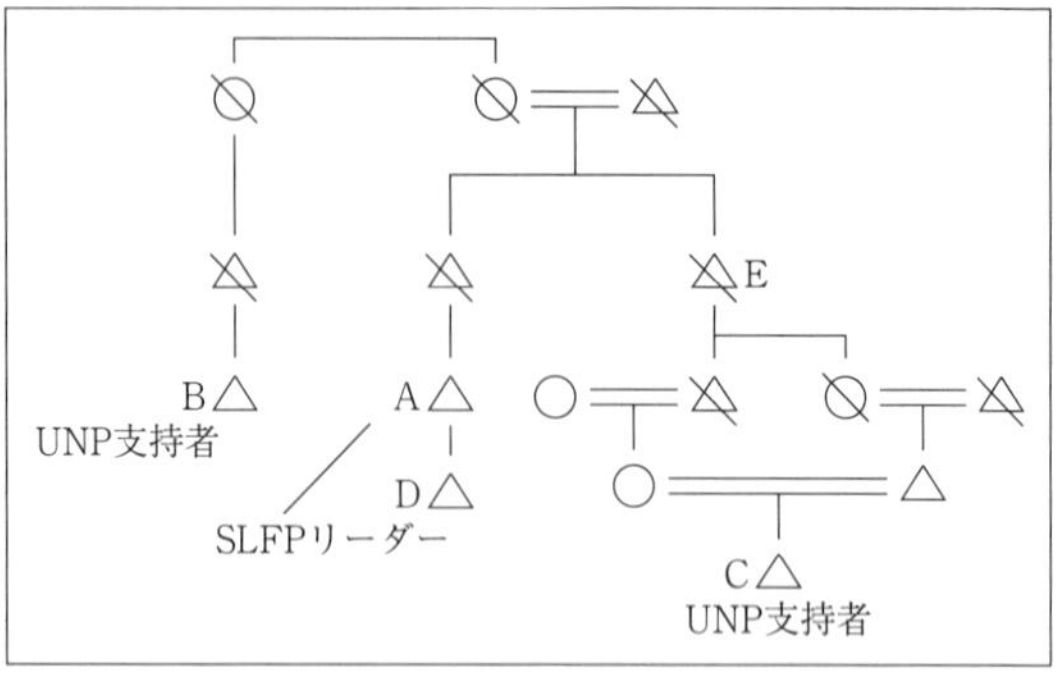

図7－2　ナワンダンナ・カースト内の支持政党による対立

事例を二つ挙げよう。ひとつは、二〇〇〇年一〇月の総選挙に関わるできごとである。この年の八月、図中Cの祖母が死去した。シンハラ人にとって、親族の法要への参加は親族の結びつきを再確認する重要な局面のひとつだ。葬儀にはAの息子D（SLFP支持者）も参加した。だが、その後の選挙戦の過程でCとDは相当に険悪な仲となり、選挙終了後の一一月に営まれたCの祖母の三ヶ月法要にDは一切顔を出さないというところまでいった。法要の夜、筆者が近所の子供らと一足先に帰路につくとDが待ち受けており、いやみたっぷりに言い放ったものである。「どうせたいして人も集まっていなかったろう？」。法要の招待は基本的に各家（ゲダラ、家屋）に対してなされるもので、同じ家に住むAやAの妻などが出席したためDがいないことはさして問題とはならなかった。だが選挙にからむ遺恨はカースト集団における親族のつながりに亀裂を走らせていた。

もうひとつの事件は、親族内の対立が政治上の対立にすりかえられた可能性を暗示する。一九七七年の総選挙の直後、敗れた側のリーダーAの家が破壊される事件が起きた。こうした物理的暴力の場合、村の者が直接手を下さないのはある種の常識である。実行犯は村外のならず者であって、村の者は手引きする側に回り真相は闇に葬られる。この事件も真相不明のままだが、事件の解釈にいまでもズレがある。AはこれをBら当時のUNP側による見せしめ行為と認識している。状況的にはそうとしか考えられない。ところがBはこれを否定し続けている。BはAの家の襲撃を事前に全く知らされていなかったという。政治的報復であれば間違いなく自分のところに話が通っていたはずだ、というのが彼の言い分だ。Bが疑うのはEである。当時AとEとの間に個人的な確執があった。選挙のどさくさに紛れてEが後ろで糸を引いたのではないかというのである。Bが自身の非関与を主張するのは当然だし、もはや何をいっても言い訳にしかならないことも確かだ。真相はともかく、要点はK村では政治上の対立がたやすくカースト内部の対立に文脈づけられるということである。政治の領域はカースト集団同士の対立をもたらすようなアリーナには全くなっていない。政党支持はカースト集団内部に亀裂を走らせるものであり、リーダー格にみるようにむしろカースト横断的な連携の方が重要である。

グナセーカラの図式でいう大きな分断状況はK村の事例にも適合的である。しかし経済的領域同様、ここでも政治的領域の分断状況のなかにカースト集団が凝結する局面はない。

(4) シンハラ・カーストにおける括りの相

グナセーカラの報告を補助線に、経済・政治との関係のなかでK村におけるカーストの在り方をみた。かつてのシンハラ村落社会を特徴づけた三領域間の階層オーバーラップ状況は、K村でも完全に分断されたものとなっている（大きな分断）。だが、一九七〇〜八〇年代の事例のように、経済的、政治的領域においてカースト集団が排他的に凝結していく局面は今日みられない。経済活動と政党支持は個別化し、小さなレベルの分断はもっと徹底している。また社会的名誉、威信としての地位が経済的、政治的領域に独立的に構成される事態が起きており、カースト地位の実質性は著しく低下している。

カースト集団同士の関係を考えれば、次の状況は際立っている。集団間の相対的地位にせよ伝統的職能による分業にせよ、各集団同士が何らかの形で関係づけられ、その関係づけゆえにまとまりの根拠を得るところの、社会的枠組みが限りなく失われている。ここは、エステート・タミル・カーストと同じ言い回しで指摘したい。「ゴイガマであること」や「ワフンプラヤであること」がいったいどういうことなのか、これを現在において根拠づける社会的文脈も、集団として他集団と関係を結ぶ（ないし当該集団の成員であることをもって他の集団成員と関わる）局面も、日常生活に欠落しているのである。

この意味におけるカースト集団というものの実質性の欠落により、カースト区分は限りなく抽象的な括りとなって生活の脈絡から乖離している。「いまはカーストの違いなんてないよ」といったお決まりの語りは、カーストが抽象的な括りと化していく村落生活の在りようを前提に語られている。それは生活の現実の素朴な描写的言述として受け止めるべきものであり、事態はエステートと同様である。

カーストはまるで抽象的な括りと化しつつある。だが、括りがどれほど生活の脈絡と乖離しても、それは忘却されたわけではない。括り自体はあるし、村人同士お互いのカーストをわかっている。ある人物は、その政治力や貧富がどうあれ、村内での人間関係の親疎がどうあれ、常に「○○カーストの誰某」として抽象的括りのなかに囲繞されたままである。この「誰某」と「○○カースト」との関係は提喩的である。この括りの相もエステート・タミル・カースト同様、「カーストをめぐるアイデンティティ・ポリティクス」といったものがもたらしているわけではない。経済、政治あるいは教育制度なども含めた、現代の広範な社会変動の帰結である。社会変動のマクロの連関を包括的に論じあげるには別の大きな論考が必要である。だが、本節の村落経済、政治という限定的なミクロの検討だけでも、このことの意味は理解を得られるものと思う。一言でいえば、変動する現代社会に対し、現存する「ひとの種類」が対応しきれていないのである。(17)

第三節　シンハラ・カースト2――つながりの相

(1) カースト作法への着眼

村落生活に映じるカーストの括りの相をふまえれば次の疑問が浮かぶ。今日、「○○カーストの誰某」は、自身囲繞されているところの「○○カースト」というものをどのように生きるのか。つまり、括りと化したカーストは人々にいかに生きられているのか。

この点、エステート・タミル・カーストとシンハラ・カーストでは大きく異なっている。なし崩し的に括りの抹消へ向かう前者に対し、後者の括りは硬い。シンハラの場合、エンドガミーの強い意識の向かう対象がこの括りと重なっているからである。これについては次節に詳述する。シンハラの場合、右に挙げた問いはカースト制度にまつわるひとつの領域に照準を導くことになる。「カースト作法」にかかるふるまいの領域である。ある者は保健省地方支局の主任事務員にして「ウサイ」人物である。けれどもカーストの括りでいえばワフンプラヤという「椰子蜜づくり低カースト」である。そして、村落生活には否が応でもカースト作法に基づいたふるまいが予期される局面がある。では、そうした局面で人々はどのようにふるまうのか。ここに括りと化したカーストの生き方が直接みえてくる。

(2) 運用されるカースト作法

K村では、カースト地位が半ば無意識的に表出するような形で作法に則ったふるまいがなされる場面を目にすることがまずない。観察だけで村人のカースト帰属を推察するのはほぼ不可能だ。その意味で、一見、人々はカースト作法を全く気にしていない風だし、何か「平等な感じ」に見えてしまう。だが日常生活の細部を注視すれば、カースト作法が別の形をとって、ときに意図的に（ときに当然のように）運用されていることに気づかされる。事例を次の三つの場合に分けて挙げてみたい。重なり合う部分もあり截然たる区分けではないが、①作法がカースト地位とは別の領域の地位に転用されている場合、②作法を意図的に反転させる場合、③作法そのものがある種の調整を施されている場合、である。事例をａ～ｆまで順に記す。これらはシンハラ・カーストにおけるつながりの相へと目を向けさせてくれるものである。

①カースト作法の転用

a 呼びかけ言葉(1)

伝統的なカースト作法が経済的地位や政治的地位の領域に転用されるケースはごく自然にみられる。最も明瞭なのは「呼びかけ言葉」である。これは村人とエステート住人との間にも形を変えて転用されることになるが、ひとまずK村住人同士の呼びかけ言葉のみ親族間関係のケースも含めて挙げる（表7-3）。なお、本章では煩瑣になるのを避けるため繰り返さないが、シンハラの親族名称体系もエステート・タミルと同様のドラヴィダ型親族名称体系であり、表中「呼びかけ相手」に挙げた親族は基本的に類別的である。

今日シンハラ人がカーストごとに呼びかけ方を変えることはほとんどない。だが時代や地域差のバラつきはあるものの、かつては二人称代名詞も含め、カースト区分による使い分けがなされていた［cf. Yalman 1967: 89-92; Gunasekera 1994: 44-45］。グナセーカラが挙げる二十世紀初頭キャンディ地方の事例からは、表中にある男性に対

表7－3　K村における呼びかけ言葉

呼びかけ相手	呼びかけ言葉
祖父	アッタ
祖母	キリアンマ
父	ターッタ
母	アンマ
父の兄弟ないし平行イトコ（男）	ロクターッタ（父の兄） バーッパ（父の弟）
父の姉妹ないし平行イトコ（女）	ナンダ、ナンダンマ
母の兄弟ないし平行イトコ（男）	マーマ
母の姉妹ないし平行イトコ（女）	ロクアンマ（母の姉） プンチアンマ（母の妹）
兄	アイヤー
姉	アッカー
弟	マッリ
妹	ナンギ
双方交叉イトコ（男）	マッシナ、マッチャン
双方交叉イトコ（女）	ネェーナ

呼びかけ相手	呼びかけ言葉
双方平行イトコ（男）	アイヤー、マッリ
双方平行イトコ（女）	アッカー、ナンギ
息子	プター
娘	ドゥワ、プター
双方のオイ	プター
双方のメイ	ドゥワ、プター
年上の男性（親族以外）	アイヤー、マーマ、 アンクル
年上の女性（親族以外）	アッカー、アンマ、ナンダ、 アンティ
年下の男性（親族以外）	マッリ プター（年齢差の大きい場合）
年下の女性（親族以外）	ナンギ プター（年齢差の大きい場合）
ウサイ（高い）者	マハッタヤー
パハタイ（低い）者	名前の呼び捨て

＊主だった呼びかけ言葉のみ列挙した。父の交叉イトコは男性ならマーマ、女性ならナンダに。母の交叉イトコは男性ならバーッパなど、女性ならロクアンマなどになる。「名前の呼び捨て」についてはエステート・タミルとの関係のなかで言及する。

する敬称[18]「マハッタヤー」がゴイガマ（そのうち特に貴族の出）に対してのみ用いられていることがわかる［Gunasekera 1994: 232］。マハッタヤーは、今日では外国人や見知らぬ紳士に丁寧に話しかける際、ふつうに用いられるようになっている。だが村内でこれを使うのは随分滑稽であって、しかるべき「ウサイ」者（経済的、政治的地位の高い特定の者）に対してのみ用いられている。カースト地位の高いゴイガマとて、それだけでマハッタヤーを付されることはなく、ゴイガマがカースト序列上は低位のナワンダンナの「ウサイ」者にこの呼びかけを用いるのもふつうである。

b　「椅子」、「訪問」

転用の事例には、「屋内に通された場

合の椅子の用い方」を挙げることもできる。伝統的な作法では、低カーストの者が腰掛けるのは「バンクワ」［s］という木製の細長い腰掛台で、「プトゥワ」［s］と呼ばれる背もたれ付きの椅子は用いない。これより目立たないものの、低カーストが高カーストの家を訪れる場合、家屋の正面入り口ではなく裏口にまわる、あるいは戸外にとどまって用件を伝えるということがある。K村では、例えば、日雇い労働に携わるゴイガマ男性（三十六歳）は、カースト序列上は低位のナワンダンナの家でも勧められなければ「椅子」に腰掛けないし、戸外で用件を済ますといったことがふつうである。

a、bの事例は、単純にカースト作法が緩やかになったとみなせるものではない。作法そのものは変化しないまま、別の地位の領域に転用されている。

②カースト作法の意図的な反転ないし破棄

c食事規制

作法の意図的な反転ないし破棄は、「食事規制」に関わって顕著に表れる。本文で先にふれたが、(19)もう少し踏み込んでおく。K村ではこの作法は既に個々の問題とされており、これにこだわることを揶揄されるゴイガマ女性（五十歳）がひとりいる。彼女は村のちょっとした集会でも食物はおろか水にも一切手をつけない。ある集会の後、残った数人（別のゴイガマもいた）が彼女のふるまいを揶揄することがあった。口々にささやかれたのは、「古いやり方にこだわるのはどうかねえ」だった。飲食の場はカースト区分を顕在化させるかどうかの試金石として村人に強く意識されている。K村ではこの作法が関わる局面で、これを意識的に反転させることがしばしばみられる。高カーストであれば飲食物をあえて受け取る、あるいは飲食の場を共にするといったことである。

これも単に作法の緩和では済まない。作法を「積極的に遵守しない」ことは、確実に個別の人間関係の尊重と情緒的な親密さの表明となる。逆に「遵守」は、特にゴイガマの場合、カーストの括りの露骨な表明となるだけでなく関係性の拒絶となりかねない。村落生活でゴイガマの「高さ」がいわば根拠薄弱となっている状況において、作法の遵守は単に自身と他の村人との関係を疎遠にすることしか結果しない。こうした局面は私たちが想像する以上に危ういものである。村にはかつてこの作法にこだわるゴイガマが何人かいたが、いまやひとりのゴイガマ女性が目立つだけである。

d 新年の挨拶まわり

新年の挨拶はそれぞれの家でこしらえた「キャウン」［s］という揚げ菓子を贈り物に、「ネェーダーヨ」［s］（親戚の意。カースト集団の言い換えともなる）の家だけを回るものとされている。カースト集団内部の親密さが再確認される機会であり、その範囲性が明示される機会でもある。新年の訪問の範囲性の意識は村人にも高く持たれている。そうであるがゆえに、この機会を捉えてカースト横断的に訪問と揚げ菓子の交換が起きる。異カーストの者との連携強化が図られるのである。二〇〇一年新年の折、ある村内組織の幹部たちが相互訪問をして親密さをアピールしたが、これは全く意図的だった。筆者がリーダーのナワンダンナ男性とともに、同じく幹部のゴイガマ夫婦の家を訪れると彼は開口一番こう述べた。「今日は親戚の家にもまだ行ってないんだ。真っ先にここに来たよ。明日旅行に出かけるって噂を聞いたんでね」。朝から一緒にいた筆者はこれが方便であることを知っていたが（旅行の噂などなかった）、意図的に作法を逆手にとったふるまいがなされている。

③カースト作法の調整

e「お茶」

作法のある種のチューニングの側面である。食事規制、特に「お茶」に関わる。村ではお茶は食事規制に抵触しないといったある種のコンセンサスがある。水田耕作のアッタンではホストがお茶を用意する慣わしがあるが、お茶であれば作法にかかる無用な問題を引き起こすことがないのである。お茶は村外からの来客でカーストがわからない場合の対応にも融通の幅を持たせている。村である集会が開かれることになり、昼時にかかるため来客の食事が問題になった。相談の場にはワフンプラヤとナワンダンナの者がおり、結局お茶と市販のビスケットに決まった。来客が多かったため用意がたいへんだという事情もあったが、これが選ばれた理由は、作法を気にする者がいるかもしれないからであり、お茶と市販のビスケットなら問題なかろう、ということだった。グナセーカラも述べた通り、作法の遵守・非遵守は危うい緊張をもたらす。高カーストの者は関係を切りたくない、低カーストの者は傷つきたくない。お茶やビスケットすら拒絶する者がいるかもしれないが、「ここまでは大丈夫なはず」と手探りで、作法の中身、程度自体の調整が図られる。

f呼びかけ言葉(2)

K村では、異カーストの者や親族以外の者に対しては、先の表の如く、兄弟姉妹を指す語や「マーマ」、「ナンダ」あるいは母「アンマ」などで呼びかけている。この点、エステート・タミルと同様である。シンハラの場合、親族名称を他者に用いる仕方もカースト作法と関わっている。ヤルマンの古い記録によれば、ゴイガマは他の低カーストへの呼びかけに親族名称を用いない。低カーストからゴイガマへの呼びかけも同様である［Yalman 1967:

89-90]。K村ではこれが相手のカーストを問わず全面に展開している。

現代シンハラ社会に広範にみられる事象であって見過ごされがちだが注意を払いたい。潜在的換喩表現の議論(第五章)は繰り返さず、もっと手前で指摘する。カーストは伝統的職能や地位などと結びつく一方で、親族の網目という強い性格を持っている。つまり親族名称とは私たちが思う以上に、カーストのイディオムである。他者に対する親族名称の使用は、ごく普通の意味で話者同士の親密さの表明であり、カースト区分を持ち込まないという表明だ。だがもう一歩踏み込めば、彼らの意識にかかわらず、親族的つながりの論理の敷衍である。その潜在性が実現化し、なし崩し的にひとまとまりへと展開し始めたのがエステート・タミル・カーストのケースである。親族名称を異カーストの者に用いることは、「カーストの括りを持ち込まない」ことであると同時に、「親族的なつながりの論理を持ち込む」ことでもあるのだ。ここでの事例としては次の側面を指摘しておく。かつてのカースト区分を基盤とした呼びかけ言葉は、その適用範囲が調整されているということ。

以上a～fまで並べた諸事例がどういう含意を持っているか。作法に着目したのは、カーストの括りがいかに生きられているか、という問題からだった。これを整理し、つながりの相を指摘したい。

(3) 運用されるカースト作法の含意

カースト作法の運用(転用、反転、調整)の含意は、グナセーカラの報告に照らすことで明瞭となる。彼女の一九七〇～八〇年代の事例では、作法をめぐるある種のコンセンサスの喪失により異カースト同士がコンタクトを避けるようになり、カースト集団の相互排他的な分断状況に拍車がかかっている。K村では前節でみた通り状況が全く異なっている。相互排他性が存するのは実際の生活レベルではなく、生活と乖離し、個々の村人を囲繞する提喩的な括りのレベル（ちょうどΣ様式における各種間のそれ）である。この相互排他的な括りが顕在化しかねない作法にかかる諸局面において、作法そのものが運用されている。

運用のされ方には共通の指向性が際立っている。いずれも「括りを顕在化させないように」、そして「括りに囲繞された抽象的な個々人の間をつなぐように」作法が運用されていることだ。

「反転」の事例c、dには、意識的な形でこの指向性が表れている。また、いわば落としどころを定める「調整」の事例e、fにも同様の指向性は明示的といえる。この二つには、作法を運用する者同士のある種の対等性が前面に出ているが、指向性の核心はもちろん「平等」にはない。着目すべきは「転用」である。転用の事例a、bでは、ふるまいの当事者間にカースト作法がそのままの形で温存されており、地位の高低が表出している。だが、ここにも運用の指向性は同じように働いている。ふるまいの当事者は、自身囚われている括りを顕在化させることなく、具体的な個々のつながりを作法の転用によって確認しつないでいる（ここで「高―低」は、つながりのインデックスである。次章に論じる）。

こうした作法運用によって同定されるアイデンティティ（何者であるかの定まり）は、そのとき、提喩的論理に囚われた誰某を別の論理による同定のなかへと連れ出している。別の論理とは、むろんつながりの論理のなかであり、それはさらに本論の分析の観点としての「換喩・隠喩的」として把捉しておくことができる。事例a、bなら「敬意を払う―払われる」という隣接性に基づく換喩的論理に拠って、事例eのお茶を分かち合う者なら「似たように水田を耕す者」という類似性の隠喩的論理に拠って同定される。[20] カースト作法の実践が人々をつなぎ、つながりのなかに何者であるかを定め直すのである。

(4) シンハラ・カーストにおけるつながりの相

カースト作法は生活から乖離したカーストの括りに囚われた村人の間を結び直すように運用されている。作法は個別的に運用されていて、特定の名称を伴う「ひとの種類」の再編やエステート・タミルのようなひとまとまりを直接狙っていない。しかし、括りを突破する実践の先には、確かにひとまとまりがある。グナセーカラが一〇〇年近く前の状況として記した、「コミュニティへの忠誠と垂直的結合の強固なエートス」、これを現代に読み替えることでそのひとまとまりを指摘したい。[21]

シンハラ農村の過去に関するこうした表象は、ときに現代シンハラ・ミドルクラスのノスタルジーの投影と指摘されることがある［Perera 1998; cf. Brow 1996］。植民地支配を経て独立を果たした一九五〇年代、シンハラ・ナショナリズムの大きな高まりのなかでも「農村」は失われた「われわれの伝統」の地理的表象だった［鈴木 二〇〇〇］。グナセーカラの記述にはおそらく彼女の調査当時の老人の語りなども後押ししたはずだ。そこにこうした偏向がなかったとはいえまい。K村でも人々は村が変わったと語る。「仲のよさ、親密さ（エカムトゥカマ［s］）」、ヒタワットゥカマ［s］）がなくなった」、「みんな自分勝手（アートマータカーミ［s］）になった」といった具合に。そして「昔はそうじゃなかった」と続く。

ここには当然過去の美化が伴い、それがシンハラ・ナショナリズムとたやすく連動することはみえやすい。だとしても、単純な過去への憧憬的回帰やナショナリズムに還元しきれない部分が大きく残るのである。こうした語りは、村落政党政治による分断や経済活動の自立性の増大、さらに次章にみる民族対立状況がもたらす身近な隣人との分断といった彼らの現在の生活環境のなかで生み出されている。それはまずもって、「現在」において「現在」に向けられた、漠たる概嘆である。[22]これが過去を経由しナショナリズムへと傾斜するか、彼らの現在に対するささやかな改鋳の営みに現じるかは、歴史的な綱渡りである（どちらに転ぶかはわからない。少なくともシンハラ・ナショナリズムに引きつけてすべて説明するのは不可能である）。

本節の検討をふまえれば、グナセーカラの一節は次のように読み替えられる。カースト作法を運用して生きる現代K村には、つながりを希求するエートスを見出せる。「忠誠心」の対象など微塵もないが、括りに囲繞された人々が、括りをそのままに、つながりをつたって形づくろうとする共同性はある。この共同性の水準にシンハラのひとまとまりがある。対内的には、このひとまとまりに「シンハラ」といった表象の産出は不要である。「カーストの違いなどない」という否定形があれば十分である。肯定形を村落生活にあえて探せば、人々がしばしば語る「アペー　ガメ　ミニスー」［s］（「俺たちの村の連中」）の語である。説明は不要だろう。この語はそのままこの共同性を表現している。この共同性がシンハラK村のひとまとまりである。カースト作法のちぐはぐな運用（あるときには「椅子」に腰掛けず、あるときには「共に食事する」）がそのつながりの具体相であり、このひとまとまりの組成も換喩・隠喩的なつながりである。

この共同性のまとまりは対内的にはジャーティヤではない。ただ「村の連中」である。ところでヒルトップ住人がK村住人を「村の連中」と呼ぶことを冒頭にふれた。エステート・タミルとシンハラは、「エステートの連中」—「村の連中」という生活の水準で接続する。そのとき、両者は生きられる「ひとの種類」として、つながりを通じて構造化を受けることになる。「村の連中」はこの対外的接続において、シンハラというひとまとまりのジャーティヤとなって、エステート・タミルのひとまとまりとつながるのである。本節で示したもの、すなわち括りを突破し換喩・隠喩的つながりをつたって模索される村のひとまとまりが、エステート・タミルが接続することになるシンハラのひとまとまりである。

本章冒頭ではこのシンハラのひとまとまりを「潜在的」と修飾した。その含意は次節の検討を通過して述べることにしたい。

第四節　シンハラ・カースト3――つながりのエンドガミー

(1) エンドガミーの検討にあたって

①本節の課題

「カーストの違いなどない」と語る人々が、「結婚は同じカーストでなければならない」と語る。カースト作法の運用で括りをすりぬけてつながる人々が、カースト・エンドガミーを実践し続ける。抽象化した括りの相を呈するカーストの現況にあって、「最後の砦・エンドガミー」への固執はいったい何を意味しているのか。その固執は、「括りの固守」なのだろうか。これが本節で扱う問題である。本論の主張は、エンドガミーの固執は括りの固守ではなく、つながり続けることへの徹底した希求であり、つながりの相に連なる事象であるということだ。検討の準備を少しだけ行う。シンハラ・カーストと親族の関係について、対照するヤルマンによるエンドガミーの議論について、本節の検討に仮設する二つの観点について、順に述べる。

②シンハラの親族とカースト

シンハラの親族集団をめぐっては、関連する現地語の多義性と地域的偏差の大きさに、研究者の分析概念が論争含みで絡み合って、一九六〇～七〇年代を中心に相当込み入った議論がなされた経緯がある[23]。ここではK村の事例を中心に割り切って記述したい。

K村には基本的に、パウラ（核家族、エステート・タミルのクドゥムバムに相当）、ゲダラ・カッティヤ（同じ家屋に住む者）[24]が範囲のはっきり指摘できるものとしてある。これを超えると、「みんな親戚」（オッコマ　ネェーダーヨ［s］）と語られるところのカースト集団まで名称を伴う親族集団というものはない[25]（K村ゴイガマの父系的な系統はすぐ後に言及する）。カースト集団はエステート・タミル同様、父方、母方の双方を辿る換喩的想像として広がりを持ち、系譜は辿れないものの同じカーストである者には「遠い親戚」（ドゥラ　ネェーダーヨ［s］）の語が用いられる。

現地語の語用の幅を一度脇に置けば、何らかの形で日常に顕現する親族集団の在り方はシンプルである。ただし、K村シンハラの親族とカーストを対象化するにあたり、ある種の父系性の問題を少し慎重に扱う必要がある。議論に関わる親族の論理をぎりぎり絞って次のa～cとしてまず挙げてみたい。

a出自は父方、母方双方に辿られる

bカーストを示す「ワーサガマ」［s］（いわば「苗字」）は父方を継承する

c父方、母方を問わない類別的交叉イトコ婚が選好される

これらはカーストとの関係で次のように位置づけるとわかりよい。aは、「あるカースト成員は、それぞれ父方か母方を遡っていけばどこかで共通の祖先を持つだろう」という形でカースト集団を規定するひとつの原理になる。この「遠い親戚たち」としてのカースト集団が、エンドガミーによってひとつの内婚集団を成し、そこにcの双方

的な類別的交叉イトコ婚選好の原理が連なる構図である。この点はエステート・タミル・カーストでみたものと全く同様で単純である。ちなみにシンハラの交叉イトコ婚も、類別的かつ事後的な交叉イトコ婚の成立という実践形式を伴っていることは先に述べた。

bが少し問題である。多様なワーサガマは王国時代の職業分類の痕跡を残していて、カーストごとに特徴があり、ワーサガマをみれば何のカーストかわかるようになっている(26) [cf. 執行 一九八七：一〇二]。これが父方をつたって継承されるのに呼応して、例えば異カースト間の子供のカーストは父方になると語られることがある。先にふれた「行政分類的なカーストの父方継承の語り」(第五章二節)は、シンハラの場合、ここにかぶってくる。

だが、aの原理をふまえればカーストに父系も母系も区別はないことはいうまでもない。実際、村人がカーストを「親戚」と語る際、父系、母系の区別などしない。ワーサガマの父方継承を拠り所にかつてシンハラ社会を父系社会とみる向きが一部にあったことに対して、これをはっきり否定したのがリーチである。リーチはワーサガマを「世襲的な階級地位(カースト地位)(27)のインデックス」とみなしている [Leach 1961: 96; cf. 執行 一九八七]。この指摘にみる「世襲的」が一見、父系出自を連想させるが、リーチの指摘は適切である。ワーサガマは「カースト地位のインデックス」であって、それは王国時代以来の「伝統的職能集団としてのカースト」にかかっている。つまり「親族のまとまりとしてのカースト」のインデックスではないのである。

aとbの齟齬や「カーストは父方になる」という語り、さらにK村ゴイガマ内部の「父系的な系統」については、リーチの指摘をふまえた上で、cの双方交叉イトコ婚を要として把握するのが適切に思える。まずK村ゴイガマ内部の系統というものについて予備的に整理しよう。本論で系統と呼ぶものにあたる現地語はなく、ワーサガマの違いによってマークされている。

系統Ⅰのワーサガマ「○○ムディヤンセーラーゲー」
系統Ⅱのワーサガマ「△△ムディヤンセーラーゲー」

「ムディヤンセ～」の部分が共にゴイガマであることを示している。そして「○○」、「△△」の部分が系統の区別を表す。K村ではこの両系統間で通婚規制があった。ここには何か父系的なまとまりの重要性があるようにみえる。ひとまずこの段階で、暫定的に、ゴイガマ内の系統を「父系「的」な内婚集団」（=○○は○○同士、△△は△△同士で結婚すべし）と捉えよう（これはあくまで筆者による「仮構」である。この仮構を事例で崩す仕方が系統というものの実態を捉える最も簡単なやり方に思える。後で細かくみることにしよう）。

さて、これに対し、ワーサガマに「ムディヤンセ～」を持つ範囲が内婚集団をなすのがカースト・レベルである。現況のスリランカにおいては、このレベル、すなわち同じカーストであれば通婚可能とするのが一般的な趨勢である。しかし、このレベルになるとワーサガマは膨大な数になるし（ゴイガマのワーサガマには「ムディヤンセ～」以外もある）、この時点で、系統レベルに垣間見える父系的なニュアンスは完全に雲散霧消してしまい、結果、カースト集団全体は父方、母方問わず結びつく「親戚」という姿をとる。

このレベルから先に仮構した系統レベルを振り返ってみれば、系統内部は出自を双方に辿り双方の交叉イトコ婚を選好することになり、後者と違いはない。もし重点が「○○」や「△△」から「ムディヤンセ～」レベルにスライドすれば、系統レベルで一見重要にみえる父系的なまとまりの意味は茫洋としたものとなる。そして事例でみるようにこのスライドは容易に起きうる（事例のなかであらためて確認しよう）。

まとめたい。出自は常に双方を辿り、また双方の類別的交叉イトコ婚が重要である。bからくる「カーストは父方を継承する」といった語りは、親族関係の網目の双方的な実践的構築や「父方も母方も辿れる親戚」という感覚からかけ離れている。実地においても、「カーストは父方を継ぐ」といった語りは、たいていカーストをカテゴリカルに語る語彙として表れる（「異カースト同士の子供はどちらのカーストになるの？」といった抽象的な質問に対する答えとしてしか出てこない）。aとbの齟齬は事例のなかでも焦点となるが、人々の実践レベルのカースト・エンドガミーで中心となる事項はaとcである。父方継承のワーサガマは伝統的職能集団としてのカースト地位のインデックスであり、そのカーストというものが、本文でみた通り、村落生活において形骸化した括りと化している。すなわち、bは括りの相のインデックスとおさえた方が現実をうまく捉えられ、現況把握の出発点として適切である（以上については具体的事例をみるなかでより理解を得られると思う）。

③ヤルマンによるエンドガミーの議論

aとcの原理を中心とした親族のまとまり＝カーストにおけるエンドガミーの説明を、「血の浄性」と結びつけて論じたヤルマンの主張の骨格は先述した。要旨を再確認する。カーストとは単なる人々の集団の呼び名ではなく「質（quality）である」。その物質的代替物が「血」である。それが相対的浄—不浄によって階層化されている。そして、「地位（すなわち浄性）を守る最も効果的なメソッドが完璧なエンドガミーである」［Yalman 1960: 110（　）内筆者］ということだった。

「血の浄性」はヤルマンの調査地の人々によって語られているようであり、議論も整合的で、それ自体に穴らしきものは見当たらない。しかし、K村ではエンドガミーの領域で血というものが全く語られない。先述の通り、血はどこか「比喩表現」を思わせる。血や血の浄性に頼ることなく人々のエンドガミーへの固執を検討、説明することが必要となる。検討のための二つの対立する観点を仮設してみたい。

④仮設する二つの観点

ひとつは血の議論から派生的に導かれうるもので、「カーストとは明確な範囲線を持つ集団であり、その成員は同じ血という共通の性質を有している」と捉える観点である（観点1）。換言すれば「カーストとは提喩的な類であり、種（種の全体としての外延）は、同じ血を内包としている」という見方だ。観点1は提喩的論理によってエンドガミーを捉えるものとなり、この「類」の排他的範囲線を保守するための規制ということになる（図7-3）。イメージ図の通り、観点1における最小要素には本質を分かち持つ「個」が据えられる。

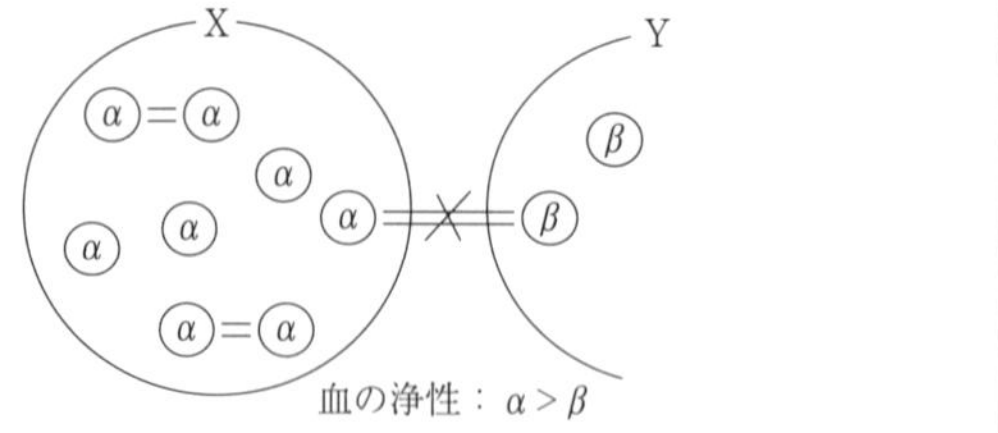

大きな円X、Yは内婚集団（類）、小さな円は成員（種、外延）、二重線は婚姻関係を表す。α、βは成員に共有された性質「血」（内包）。α、βは「浄性」の見地から階層関係にある（α＞β）。

図7－3　観点1のイメージ

もうひとつの観点は、親族のつながりとしてのカーストに着目するものである（観点2）。こちらには「血」といった「本質」を含めない。カーストとは親族として結びついた（ないし結びつくことができる）人々のまとまりである。観点1が「個」を最小要素に置くのに対し、観点2が最小要素に据えるのは「つながり」である[28]。集団を構成しているものを、親族関係という「つながり」を要素としてみるということ、すなわち換喩的論理が作り出すまとまりとしてカーストを捉える仕方である。観点2からはいま事態は次のようにみえている（図7-4）。

二つの仮設的な観点の違いを意識しながら事例を検討してみたい。こうすることで、人々のエンドガミーの固執

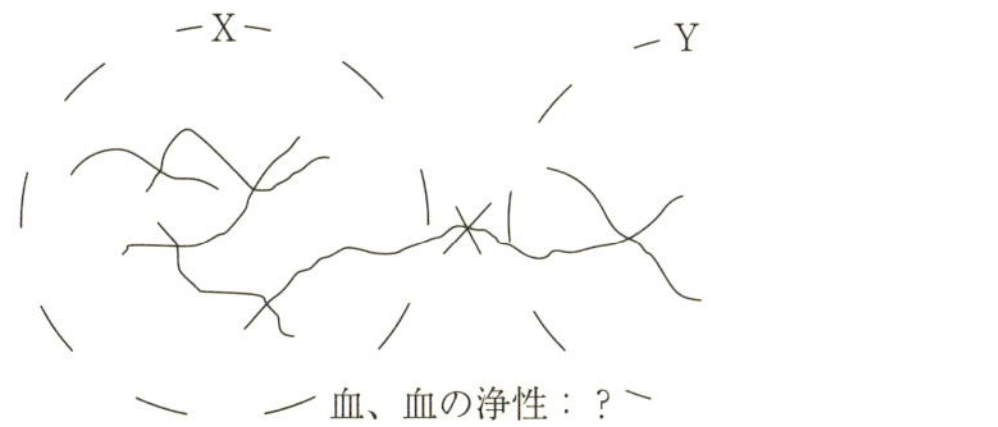

XとYは内婚集団を表すが、明確な範囲線はない。もつれた蛇行線は結婚や親族関係といった「つながり」を表す。結婚によって紡がれていく親族の網目のイメージ。

図7－4　観点2のイメージ

が括りの固守とは関わっておらず、つながりを紡ぐことそれ自体に狙いが定められていること（つまり観点2が妥当であること）をスムースに示せる。

（2）諸事例と検討

①「内婚集団」の融合——ゴイガマの二系統の事例

最初の事例はエンドガミーで規制された内婚集団の融合という事象である。ただし取り上げるのはK村ゴイガマの二系統の事例だ。この事例で二つのことを確認したい。ひとつは、先に述べたように、父方を継承するワーサガマというものが、事実上、括りのインデックスとなっていること、もうひとつは、観点2の中核にある「つながり」というものの性質についてである。

シンハラ・カーストの場合、現代において目立った融合は報告されていない[29]が、本論で系統と呼んでいるレベルにおいてはかなり進行している[30]。K村でも通婚規制のあったゴイガマの二つの系統が、比較的最近の通婚の成立によってその垣根を突破された。先ほどはこの二系統を「父系「的」な内婚集団」として仮構的におさえたが、ここで事態を正確に捉え直そう。

村のゴイガマ人口の約半数を占める系統Ⅰと系統Ⅱの人々の間には、互いに結婚しないものだ、という認識があった。系統Ⅱのある女性はその理由を、系統Ⅰは「身内[31]ではないから」と語った。これを裏返せば、「結婚は身内である系統Ⅱの内部ですべきである」ということになりそうだ。これが先ほど仮構として記した「父系「的」な

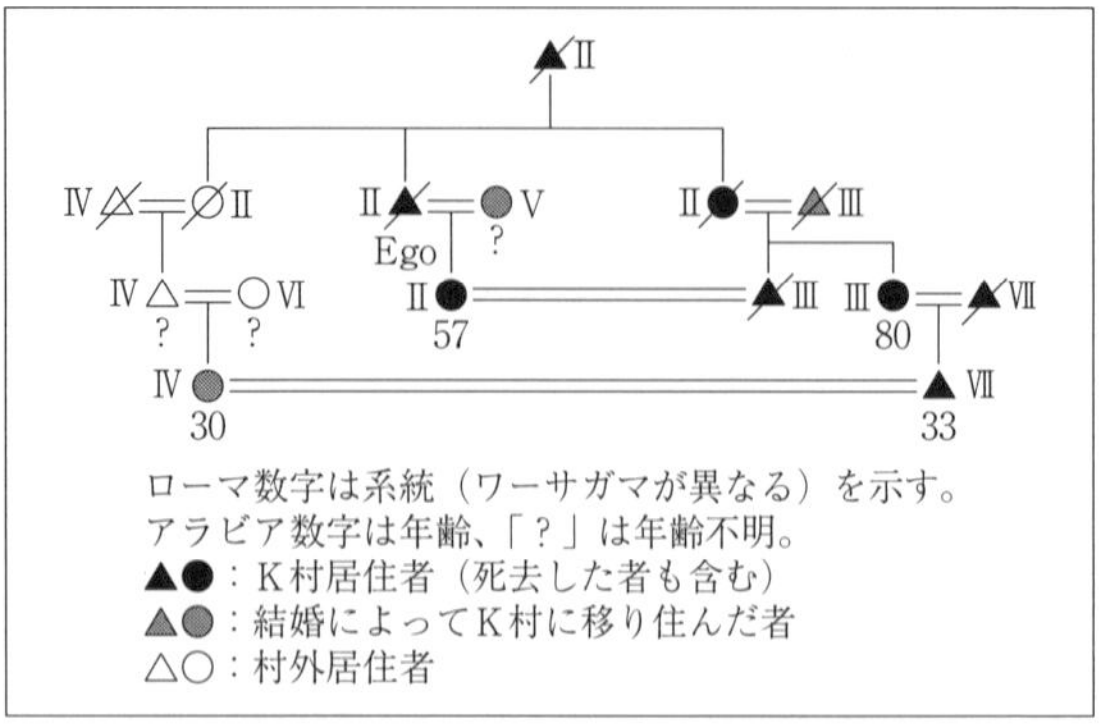

図7-5　系統Ⅱと絡まり合う諸系統

内婚集団」としての系統である。

だが、実際、系統Ⅰ、Ⅱの内部はエンドガミーを厳密に実践してきたのだろうか。遡れる範囲内でみれば、けしてそうではない。調査時点からおよそ九〇年ほど前に結婚した系統Ⅱのある男性（既に死去）をエゴとしてみてみよう（図7-5。なお図にはごく一部分のみを示した）。この男性には姉と妹がいたが、三人とも系統Ⅱではない村外のゴイガマ（相互の系譜関係は不明）と結婚し、エゴ夫婦および姉夫婦はK村に居住、妹夫婦は村外に婚出した。

エゴの次世代、エゴの子供は系統Ⅱだが、姉妹の子供たちは系統Ⅱではなくなるから、姉の子供たちを系統Ⅲ、妹の子供たちを系統Ⅳとしよう。この子供たちのレベルで交叉イトコ婚がなされている（「エゴの娘（系統Ⅱ・五十七歳）」と「エゴの姉の息子（既に死去・系統Ⅲ）」）。さらに孫のレベルでは系統Ⅶと系統Ⅳの類別的交叉イトコ婚もなされている（エゴからみてeZDS〈系統Ⅶ・三十三歳〉とyZSD〈系統Ⅳ・三十歳〉）。同様のことは系統Ⅰでも生じている。系統Ⅰで最高齢だった一九二六年生まれの男性は、父の姉の娘と交叉イトコ婚をした。この父の姉が嫁いだ先が系統Ⅰではない村外の別のゴイガマだった。つまりこの結婚も系統Ⅰ内部の結婚ではない。

要点は次のことだ。系統Ⅰ、Ⅱはワーサガマの違いによって区別がはっきりしており、通婚はなされてこなかった。しかし、両系統は内婚によって系統を保守してきたわけではなく、村内外の異なるワーサガマを持つさまざまなゴイガマとの重層的な類別的交叉イトコ婚の網目を実践的に構築してきた。系統Ⅰ、Ⅱはその網目のなかにある。

ここで先に引いた「(ⅠとⅡが通婚しないのは) 身内でないから」の語りは二重の意味で解釈可能となる。第一には、両者に類別的交叉イトコ婚の網目が紡がれていないという意味。第二には、両系統の区別をマークするワーサガマが違うという意味。第二の意味は、右でみたように、両系統がそれぞれ種々の異なるワーサガマを持つ別のゴイガマと親族の網目を構築してきた以上、実践的にはあるいは実質的にはもはや何の重要性も実は持っていない。換言すれば、両系統をマークするワーサガマは括りのインデックスである。何の括りかといえば、先にリーチを引いて述べたように王国時代に遡るカースト地位（この場合でいえば、ゴイガマ内部のある種の「格」のようなもの[32]）という括りである。これが限りなく形骸化した括りと化した状況は本章にみた通りである。

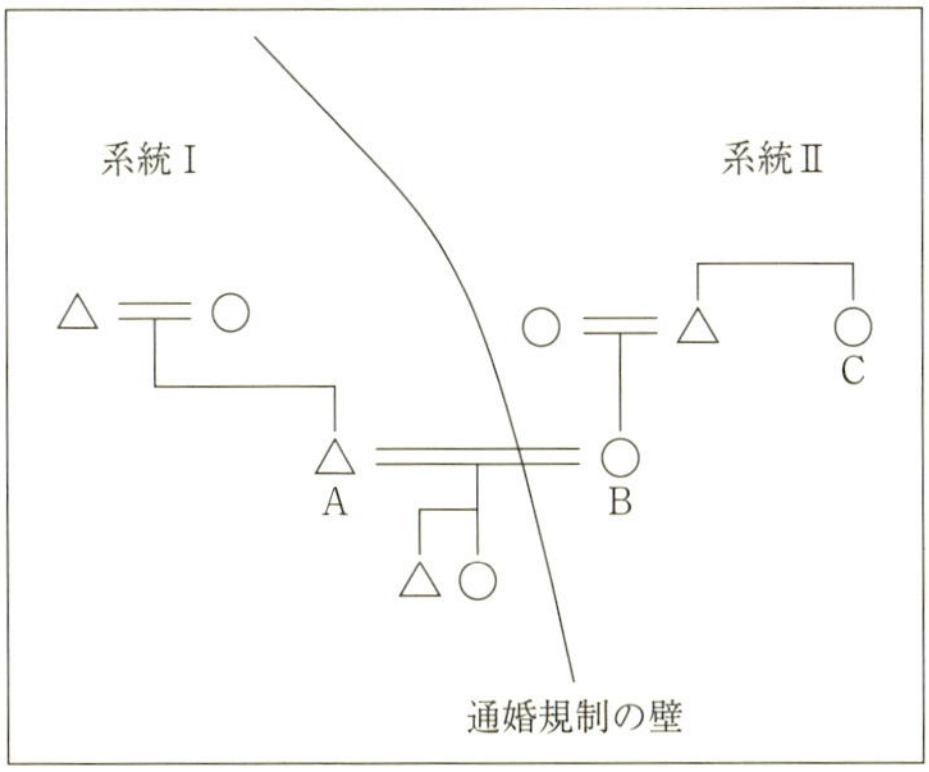

図7－6　系統Ⅰと系統Ⅱの最初の通婚事例

K村では、両系統以外のゴイガマたちはゴイガマ内部を区別するワーサガマに何ら重要性を見出していない。両系統の人々はどうか。彼らの認識に大きく影響を及ぼしたと思われるできごとが、筆者が調査する数年前に起きている。系統Ⅰと系統Ⅱの間についに通婚関係が結ばれたのである（図7-6）。

AとBは恋仲になり周囲の反対を押し切って結婚した。図中Cは筆者に系統Ⅰは「身内でない」と語った女性で、この結婚に強硬に反対したひとりだった。けれども、調査時点では既に老人たちも含め、両系統の者たちの多くはこの結婚問題にこだわっていなかった。この結婚を引き合いに系統ⅠとⅡの違いはもうないよ、と語るようになっているのである。

さてAB間の結婚は単なるイレギュラーにとどまらない破壊的なブレイクスルーとなることはいうまでもない。AとBの子供たちはまだ小さいが、彼らからみて双方の膨大な数の類別的交叉イトコたちが、潜在的な配偶者として一気に同定を得ることになるからだ。子供たちが系統Ⅱの交叉イトコと結婚する場合、確かに理屈の上では父方の系統の壁と母方交叉イトコ婚が衝突することになる。しかし、系統のこだわりが失われていく風潮にあっては、この交叉イトコ婚が強く反対される理由はもう見出せなくなっていくだろう。AとBの結婚によって、二つの系統は事実上融合したといってもよく、あとは網目が複雑化していくだけと考えられる。

議論をまとめよう。ここでの議論の見出しに「内婚集団の融合」と掲げておきながら、系統Ⅰ、Ⅱは厳密にエンドガミーを実践してきたわけではないと述べた。しかし、先に仮設した観点2の視点をとれば、これは確かにある種の内婚集団の融合とみても差し支えないのである。系統Ⅰ、Ⅱが時間をかけて紡いできた、種々のゴイガマたちとの類別的交叉イトコ婚の網目を、図7-4のXとYに重ね合わせてみればビジュアル的に理解されよう。両系統のAとBの結婚がそのXとYをつないだのである。

ここでの議論でみた通り、ゴイガマ内部の系統にとっても、父方を継ぐワーサガマというマークはもはやカテゴリカルな分類インデックスである。「結婚は同じカースト同士」といった一般的な風潮にも後押しされて、系統レベルの通婚規制は父方、母方双方を重視するカースト・エンドガミーのレベルに解消されることになる。

ここでの議論でもうひとつ確認しておくのは、観点2に関わる単純ながら根本的な事柄である。観点2の最小要素に置いた「つながり」は、「個」や「括り」と違って本質的に閉じることができない。通婚がなされないという事実は、通婚関係の成立という事実によって突破される。「つながり」は絶えず潜在的に括りの壁の突破を目論んでいる。この水準においては系統もカーストも違いはない。イメージ図でいえば、XとYを横断する蛇行線が実際に結ばれ、XやYが伸びてしまう、ひとまとまりになる。

もちろん、このことはあくまで観点2の原理的な話であり、だとしても強い規制があるのがカースト・エンドガミーであって、これを説明しなければならない。K村では「血」が語られることがないが、カースト・エンドガミーの意識は強い。XとYをゴイガマやナワンダンナ、ワフンプラヤとみたとき、横断する蛇行線を押しとどめているのは何なのか。目を向けるべきは、それがどのように実践されているかだ。カースト・エンドガミー実践の枢要な諸点は、それに対する違反、「異カースト婚[33]」という事象のまわりに顕れてくる。

②カースト・エンドガミーとその違反――「切断されない関係」

恋愛結婚の流行とともに異カースト婚が増加しているという認識は、今日広く持たれている。「恋仲になってどうしようもないなら、仕方ないじゃないか」といった形で現状を追認する声を耳にするのもめずらしくない。とはいえ、自身の子供の問題となれば別で、人々は強硬に反対するのが常である。

K村のみならず一般に、異カースト婚の反対に明確な理由が語られることはない。それがいけないのは、結婚は同じカースト同士ですべきだからであり、その理由はそういうものだから、とトートロジックに循環するのがふつうである。規制の根拠を語りのなかに求めることはできず、彼らの実践に着目していく必要がある。

今日のエンドガミーを考える入り口となるのは、違反に対するサンクションの問題である。サンクションがあるとすれば、ある種の「追放」(excommunication)である。ただ、シンハラにもカースト・パンチャーヤットに類するものは存在せず[34]、また、たとえ不文律にせよ、一律に規定されたサンクションはない。異カースト婚を行っても、当事者のカースト成員資格が剝奪されるわけではないし、何かカテゴリカルな集団からの排斥を想像してしまうと全く実態から遠ざかってしまう。ヤルマンも指摘する通り、それは何より親族関係からの切断という性質のものである［Yalman 1960: 95］。

ここでいう切断は二つの意味に分けて考えるべきである。ひとつは(i)広い意味での親族とのつきあいの切断、もうひとつは(ii)系譜的な関係性の切断である。

(i)の切断についてヤルマンは次のような報告をしている。異カースト婚が強行されると、「高い側」は当事者とのすべての関係が絶たれたことをできる限り広範に告知し、実際的には「行き来」と「食事を共にすること」が禁止される(35)［Yalman 1967: 184］。だが、今日、こうした親族のつきあいの完全な切断はほとんど想像できない状況にある。

K村には三組の異カースト婚の夫婦(36)がおり、それぞれ子供をもうけている。この三組より以前に異カースト婚を行った夫婦はおらず、K村では最初の事例である。

ケースA…夫（ゴイガマ三十五歳）&妻（ワフンプラヤ三十歳）、息子（八歳）
ケースB…夫（ゴイガマ二十二歳）&妻（ワフンプラヤ二十歳）、息子（三歳）
ケースC…夫（ゴイガマ三十二歳）&妻（ワフンプラヤ二十七歳）、娘（十一歳）、息子（四歳）

この三組の村内での居住形態は次のようになっている。

ケースA…夫の生家暮らし（夫の親とひとつのゲダラ・カッティヤ）
ケースB…妻の父が所有する少し離れた土地に家を建てて居住
ケースC…妻の母と妻が共有する土地に家を建てて居住[37]

居住形態から推察される通り、異カースト婚がなされても親族のつきあいは続いている。Aでは夫の親と共に暮らしており、調理も一緒だ。Cの家屋も妻の母の住む家屋に隣接して建てられた。Bは、妻の父が不憫に思って土地を提供したものである。後の議論のためにケースAとCに着目しておく。Aの家屋はゴイガマの居住域のなかにあり、ゴイガマの親族とのつきあいが中心である。息子も当然のように近隣の親族をしかるべき親族名称で呼んでいる。他方Cの家屋はワフンプラヤの居住域のなかにあり、こちらはワフンプラヤ親族とのつきあいが中心で、子供たちもしかるべき親族名称で呼んでいる。

さて三つのケース共に、親族との人間関係は全く個々の事柄として継続されているが、想起されたいのが前々節の議論である。カースト集団内部は系譜関係でつながっているが、日々の生活では何か凝集力を持つものではなくなっている。つきあいの切断といっても、当の親族というものが結束して当事者を排斥するようなことがまず起きえないのである。確かに異カースト婚には関係者の感情的なしこりが残るのが常だ。結果として自身をめぐる親族の網目の濃淡は劇的に変化してしまい、一部とは完全に切れてしまう[38]。しかし、スコープを引いてみれば、各世帯の自立性の増大を基調に、そうした網目の村落生活における結束自体が既に緩んでおり、おかげで集団的な排斥も起きずに個別的関係をつないでいけるのである。

ここには「括りの相」と「つながりの相」が微細な形で隠れている。エンドガミー違反という、観点1からは括りの固守にかかる問題は、実地においてはまず親族関係の問題である。その親族関係が、性質的に「抽象的な親族集団という括り」（ないし「系譜図」に具現化されるような抽象的な系譜〈提喩的〉）と、一緒に暮らす、しかるべき名称で呼ぶといった「具体的な親族関係のつながり〈換喩的〉」の二つの相をみせている。前者に重なるのが「カーストの括り」である。そして観点1からはカーストの括りが問題となるはずのエンドガミー違反において、村人が実践しているのが後者、すなわち個別具体的な親族のつながりをつたって生きるやり方なのである。

この事例は、エンドガミー違反が「括り」の問題事項となっておらず、違反そのものも親族のつながりで超克が図られることを示している。観点1はこの事態にもう説明能力を失ってしまう。括りの超克が図られる事態を括りの思考は把捉できない。これに対して最小要素を関係に置いた観点2でいけばわかりやすい。エンドガミー違反によって二つの内婚集団が横断されたとき、彼らの対応は、付随する親族のつながりの部分的な切断や維持、あるいは先方の親族との部分的な接続という関係の再編として表れている。エンドガミーの限界領域で起きているのは、観点2のイメージ図における蛇行する関係線の微細なうごめきである。

③カースト帰属の実践的な決定

エンドガミー実践を括りの固守ではなく、つながりの希求と捉える最も適切な事例を、仮説的な形で提示したい。異カースト婚によって生まれた子供が成人した場合の事例である。これには切断(ii)、異カースト婚の場合の子供のカースト帰属の問題が関わってくる。そしてここに、括りの論理〈観点1〉とつながりの論理〈観点2〉が致命的な形でぶつかり合う。

子供のカースト帰属をめぐり、K村では「父方を受け継ぐ」と語られる。先にこれをカーストの括りのインデックスと指摘した。異カースト婚の子供の結婚の場合には、この父方継承の語りを裏切るようなカースト帰属をめぐる実践的決定の余地が生じることになる。[39] 以下は、あくまで将来的な仮説的なものであること（ただしその蓋然性の高さは述べる）、そして「本人の帰属意識」といった心理的な問題は一切念頭になく、論理的な問題と実践的見地だけが重要であることを断っておく。

K村の事例の子供たちもいつか結婚の時期を迎える。その場合、配偶者はどうなるか。Aの子供はゴイガマのなかで生きており、見合い相手は自然と父方の類別的交叉イトコが提示される公算が大きい。問題はゴイガマの父とともにワフンプラヤのなかで生きているCの子供である。村でカーストの括りが強調される文脈がほとんどないのはみた通りで、問題となるとすれば結婚時である。Cの子供に提示される見合い相手は誰か。年長の娘を例にとれば、実践的に全くありえない選択肢は、Cの娘が「兄」、「弟」と呼ぶ母方ワフンプラヤの類別的平行イトコである。逆に最もありうるのが、母方の類別的交叉イトコなのである。娘当人がワフンプラヤの親族のなかで親族名称体系を通じて位置づけられており、父方の親族との関係がほとんどないため母を介して相手を探すのは全く自然であり、特にこのケースでは、妻の母が身近に暮らしており、娘にとっては祖母を辿るラインが開いている。

つまり、カーストの括りでいえば父方のゴイガマであるはずのCの子供たちは、実践的には彼らが生きている母方ワフンプラヤのつながりの論理のなかで結婚のプロセスに入ることになる。括りの見地でいえば、これはまたしてもエンドガミー違反である。しかし村人がこれを違反ととる文脈は、Cの娘がワフンプラヤのなかで生きてしまっている段階で失われている。母方交叉イトコとの結婚をエンドガミー違反ととって、Cの娘を排斥する根拠はもうない。彼女は括りの論理ではなく、（父方は欠落しているものの）双方的な交叉イトコ婚が形づくる親族のつながりの論理のなかに入り込むのである。

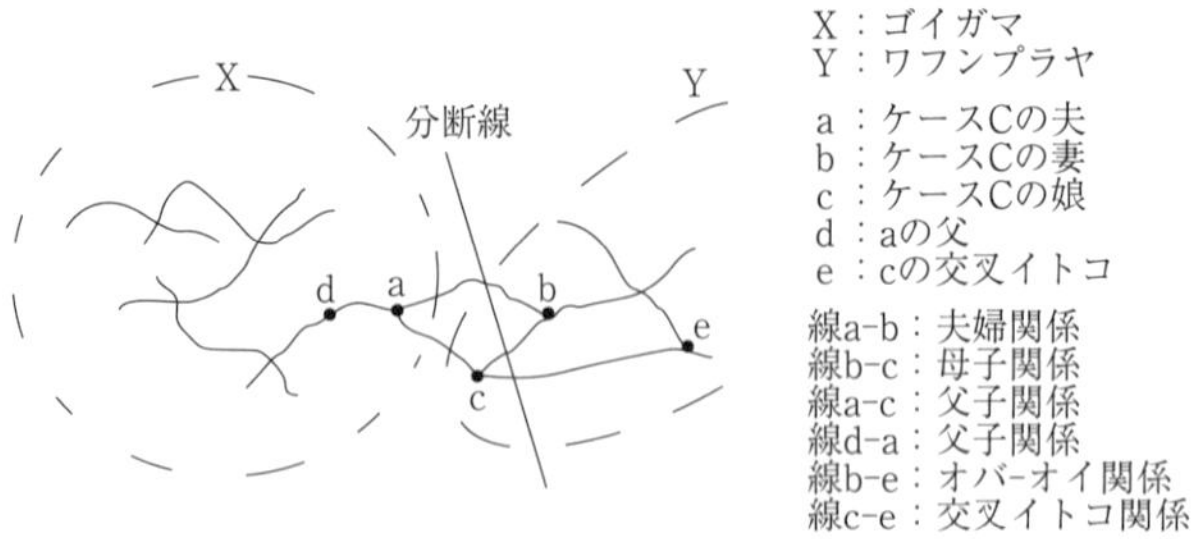

〈図の見方〉～要素は「つながり」であり、蛇行線上の任意の場所に点を打てば、つながりに拠るアイデンティティがビジュアル化する。例えばdとaの点を打てば「父d」と「息子a」が「父子関係d-a」と同時に定まる。読み方は「aはa-dのつながりによって息子としてアイデンティティを得る」である。線はどこからでも引いて付加して構わない。また結ばれるつながりの線は結婚や親族関係といった換喩的論理に限らない。aとbが「似たように村の学校に通った仲」ならば、a-b間に別の隠喩的つながりの線を引けば図中に隠喩的同一性が示されることになる。線は潜在的に無限だが、このことは親族関係図で△や○で表現される人物が単なる「Egoの弟」や「女性」でないことの裏返しである。観点1のイメージ図が提喩的同一性論理を表すのに対し、こちらは換喩・隠喩的同一性論理のそれである。

図7-7　実践的なカースト帰属の決定

むろんCの娘がゴイガマと結婚する可能性も残されている。彼女がゴイガマの男と恋に落ち、駆け落ちでもすれば、両親族は実践的な妥協点を見出すだろう。「娘の父親はゴイガマだし、問題ない」という風に。これが括りの論理でないことは、娘が誤って父方の平行イトコの男性と恋に落ちた場合を仮定すれば明白となろう。当事者が平行イトコ同士であることを知る周囲の者たちは「ゴイガマだから」と認めるわけにはいかない。つまり、ぎりぎりの局面で優先されるのは、親族のつながりの論理である(40)。

以上は将来の予測であり仮説的である。しかし、Cの娘が母方交叉イトコ婚をなす段になって、急にカーストの括りの問題が惹起されることがおよそありえないことは、本章の記述や、異カースト婚を経ても親族関係をつないでいる事例A、B、Cから推量できるだろう。Cの娘がワフンプラヤの交叉イトコと結婚するとき、全く想像もつかないことだが、誰かが括りとしてのエンドガミー違反を問題化したとしても、皆が口を揃えていうだろう。「娘も母も祖母もわたしたちの親戚じゃないか」。これが出たとき、これに抗する理屈はK村では見当たらないのである。K村において生きられるエンドガミーという事象は、観点1からイメージされるような括りの論理ではなく、双方交叉イトコ婚を中核とする親族関係のつながりの論理によって構成されているということができる。ここでも最小要素を「つながり」から始める観点2が説明をする。イメージ図を用いて最後に確認しておきたい（図7-7）。

図中のaがゴイガマであるのは、「父dがゴイガマだから」と語りのレベルでは語られうる。しかし、「カーストの父方継承」が親族関係の論理ではなく、括りとしてのカースト同定にのみ関わるのは、cが実践的にワフンプラヤ[41]となる可能性（きわめて高い）から明らかだろう。エンドガミーの分断線は図中の場所には引かれない。

観点1から引かれた分断線では、cは線の左側で「類」ゴイガマの「種」と位置づけられる。よってcが母方交叉イトコeと結婚することは、またしてもエンドガミー違反である。しかし、実践的にはcはeと結婚する公算が大きく、bやeをつなぐY蛇行線のまとまりがcまで取り込んでワフンプラヤを成すことになる（伸びた楕円の破線）。双方交叉イトコ婚を中核とする親族のつながりの論理がこれを行うのである。それは括りの分断線を越境してしまう、にもかかわらず、村人たちにはこれをエンドガミー違反とみなす文脈がない。つまり観点1では人々に生きられるエンドガミーを説明できないのである。

（3）エンドガミー固執の意味

ここまでをもって、シンハラ村人のエンドガミー固執の意味について述べたい。第一にエンドガミーは実地において具体的な親族関係の問題である。第二に、違反への対応は親族のつながりの部分的な切断や維持、あるいは異カーストの親族との部分的な接続というつながりの再編として表れる。第三に、エンドガミーは双方交叉イトコ婚を要とした親族のつながりの論理によって構成されており、括りとしてのカースト区分と矛盾をきたすことさえありうる（その場合、優先されるのは前者である）。この三点は、いずれも抽象的な括りとは無関係に、ときにはそれを侵食するように、実践されうる。

人々のエンドガミーへの固執は提喩的な括りの固守にあるのではなく、つながりを紡ぎ続ける意思として現象していると捉えた方が実態に近似する。「つながりの希求」は実践的な希求であり、他の何かに還元しない方がよいように思われる。

（4）潜在的なひとまとまり

観点2によって人々が生きるエンドガミーの在りようをわかりやすくイメージすることができた。その最小要素は「つながり」である。「個」ではなく、換喩的つながりの「ひと紡ぎ、ひと紡ぎ」を要素とするエンドガミーの範囲の境界は、つながりの網目がいま届いている換喩的範囲領域の漠とした「端っこの辺り」のことであり、要素がつながりである以上、この端っこの辺りはいつでも開いている。K村ゴイガマの二系統の融合の事例や「ケースCの娘」の仮説的事例は、それを示している。

この見地に立てば、現存するカーストの範囲とは、歴史的諸要因によって暫定的に定まっているものである。集団の範囲は必然的ではなく偶有的（contingent）である（「たまたまそうなっている」）。さらに、この範囲は未来において変化する潜在性を伴っている。その潜在性を担保しているのが、開いたつながりの論理だということになる。集団の範囲が何か「本質」に規定されていればこのようなことは起こりえない。つながりに構成されているからこそ起こりうる。たとえ村人が「結婚は同じカースト同士でなければならない」と語ったとしても、カーストを提喩的括りと捉えるわけにはいかない[42]。

確かに、エステート・タミル・カーストでみたような、括りの突破と抹消、すなわち、カーストが融合してしまう事例をシンハラに求めることは現時点では難しい。エンドガミーの範囲自体が変わるには時間経過が必要に違いなく、個々に単発的になされる異カースト婚によって容易に引き起こされるものではない［cf. 杉本 一九九八：二二七—二二八］。少なくとも親族関係の更新的な「結び続け」が、既存の「遠い親戚＝カースト集団」内部に向けて作動し続けるに十分なほどの人口スケールを持っている。だとしても、ここにはエステート・タミル・カーストの場合と同様の潜在性が伏在している。括りを否定し、「村の連中」が表象するところのつながりのひとまとまりを生きる村人にとって、エンドガミーにみるつながりの希求は、理屈上、ひとつ転べば強力な論理となってひとまとまりをつなぐ潜在性を持っている。この意味でシンハラ＝村の連中のひとまとまりは潜在的である。しかし、繰り返すが、杉本がうまく言い当てた通り、やはりこれは「最後の難関」だろう。それが難関であるのは、つきつめれば、つながりが希求されるからという逆説的理由からである。

＊＊＊

本章はシンハラ・カースト領域における括りの相とつながりの相を検討した。エステート同様、カーストというものは村落生活の脈絡から乖離し、極端な括りの相を呈している。お決まりの語りで否定されているのは、こうした提喩的論理に連なる括りの相である[43]。

村人はカースト作法の運用によって、括りに囲繞された自らをつなぎ直そうとしている。換喩・隠喩的つながりの具体的な実践である。こうした実践は、「カーストの違いなどない」といった否定とは異なり、明示的に語られることはない。しかし、カースト作法の運用は、日常的な実践のストックから、彼らが半ば無意識的に選び出し生きる諸事項、生きるやり方であり、彼らに生きられるものとして実践的肯定を受けているといえよう。手持ちのストックから動員される種々の生きるやり方は、いずれもつながりに向けられている。それが形づくる共同性が、「カーストの違いなどない」が語る、（せいぜいのところ「俺たちの村の連中」が表象する）ひとまとまりである。「最後の砦・エンドガミー」という事項は、つながりの相において十全に理解できるものである。人々は括りと化したカーストを守ろうとしているのではなく、守ろうとしているのは、つながりを紡ぎ続けることである。それが既存のカースト集団内部に向けられている。これは括りの固守とは全く意味が違うものである。

ヒルトップのエステート・タミルというジャーティヤが「1対1」でもって接続するのは、このようにつながりの相を生きる「村の連中」とである。

註

（1）実際の会話では、「　」と「　」の間に筆者の合いの手が入ると想像していただければいい。カーストの区別なんてないと語る話者に「でも結婚は……」とふれば間髪入れずに「そりゃ、同じカーストじゃなきゃだめだ」とくる。筆者は慣れたが、こうした場合の話者に何か矛盾を突かれた当惑の表情など浮かぶことはなく、にこにこと答えが返ってくるものだ。

（2）細かくみれば、中間段階に徴税権を有する官吏や寺院などが直轄地を経営し、臣民は王に対してのみならずこのシステムのなかで賦役の義務を課せられた。また、カースト職能集団を統括するさまざまな部局も支配体制内に整備されていた［cf. Pieris 1956］。ラジャカーリヤはイギリス植民地支配開始直後に廃止されている。

（3）ごくふつうの村人が立派な仕事とみなす職業（公務員や銀行員など）への就職の範囲であれば、「ゴイガマだから有利、低カーストは不利」などということはなく、まず個人の資質としての学歴が重視される風潮が今日は一般的である。

(4) 彼女の分析はウェーバー社会成層論の三次元モデル（階級、地位、勢力）を下敷きにしており、分析は詳細かつかなり錯綜したものである。本論では内容のレベルに読み落とし、「経済」、「カースト」、「政治」の三領域として緩く引いていることを断っておく。

(5) 農業はゴイガマの伝統的職能だが、王国時代でも諸低カーストが農業に携わることはふつうだった。したがってここでは農業を伝統的職能に含めていない。

(6) 一九五〇年代のキャンディ高地地方。周囲とかなり隔絶した村落である。

(7) 「高—低」をひっくるめた抽象的な「地位」にあたる語彙は日常生活では用いられない。シンハラ村落にはたいていウサイ（高い）人物と目される者がおり、しばしば「ロク・ミニス（大きな者）」「S」などとも呼ばれる。ニュアンスとしては「有力者」といったところである。また経済的、政治的領域での「ウサイ—パハタイ」の序列づけは精緻なものではないし、すべての者を相対的に序列化するものでないことは留意されたい。ある種の「突出」において持ち出されると、ひとまず捉えておくことができる。

(8) ひとりは雑貨屋店主（五十八歳）。五年間ドバイに技師として働き、立派な家屋を建て、村に唯一の自家用車を持っている。もうひとりは自動車修理工の男性（三十九歳）で、ブルドーザー修理という特殊技術を持ち、公共工事の契約受注で月に二万ルピーを超える収入（村内の個人月収では最高額）を得ることもざらである。ただし蓄財という観点は客観的な収入・貯蓄額に拠るわけではないようだ。村人もさすがに互いの収入額や貯蓄の程度など正確にわかるものではなく、成果としてディスプレイされるモノ、特に家屋と贅沢品が手がかりとなる。表中、ナワンダンナ所得水準Aの二世帯のうち、ひとつは自動車修理工男性の世帯だが、もうひとつは実は雑貨屋店主ではない。第三章註（30）に少しふれた父と息子二人、計三人が自動車修理工場で稼ぐ世帯だ。彼らは数年前、家屋を新築したが新家屋はこぢんまりとしたものだった。これに対して自動車修理工の男性は、特に前UNP政権時の村落開発事業の展開（一九九〇年代初頭）の恩恵を受け大きな家屋新築、バイク購入と羽振りのよさを村中にみせつけることとなった。A水準のナワンダンナ二世帯のうち、調査時点でウサイという名声を得ていたのは自動車修理工の方だった。

（9）こうした状況に対して、カースト地位の高いゴイガマの嫉妬の表出は推測されるが、K村では全く希薄だ。端的な理由は、まさに経済的達成がカーストと無関係に個人的に達成されるというその事実に拠っている。先述の通り、嫉妬は村落生活に渦巻いていて相当に露骨である。邪視除けの仮面にもふれた。だがこうした仮面がむろん特定のカーストの方を向いているわけではない。邪視は同じカーストの近い親族からも投げかけられるのであるから。つまり村落レベルでは経済的達成は個人的な文脈がきわめて強く、嫉妬も含めてカーストというものとほとんど交錯しないのである。

（10）K村のアッタンは手伝ってくれた者の田植えには自分も必ず顔を出すという原則があるだけで、労働交換における労働投入量（労働交換に動員された人数や時間など）は勘案されていない。賃労働雇用を選択しないのは「お金がかからなくて済むから」という理由だった。

（11）SLFPのシンボルマークは「椅子」、シンボルカラーは「青」である。UNPは「象」、「緑」である。SLFPの熱心な支持者は、「あいつは濃い「青」だ」などと表現される。

（12）陳情を冷めた目で見ている村人も少なくない。ただ、基本的には村落レベルの政党政治は個別的な便宜供与を中心に回っているといわざるを得ない。これを風刺したテレビドラマの一場面を記しておく。妻が夫に問う「あなた、誰に投票するのよ？　決めたの？」。「投票所でこの人物だと思った者に投票するのだよ」。呆れ顔の妻が言い放つ、「気でもふれたの?!　それじゃあなたが投票したことが先方にわからないじゃないの！」。

（13）二〇〇〇年総選挙直前、K村のSLFPリーダー格の男性（ナワンダンナ・カースト、七十二歳）に村人の支持政党を尋ねるという機会があった。彼の手元に村の選挙人名簿があって、全戸調査に便利と思い以前書き写させてもらっていたのである。期せずしてちょっとした票読み作業になった。「〇〇さんは？」、「あいつは青（SLFP）だ」、「××さんは？」、「緑（UNP）だ」といったやりとりのなか、名簿がある女性にさしかかったとき、この老人がいった。「あいつは今回「緑」に乗り換えると伝え聞いている。今度話に行ってみるがね」。にやりと笑った老人が続けたのは次の言葉である。「乗り換えるのは一向に構わんよ。以降、私から何か手助けを受けることができなくなる、それだけのことだ」。

（14）ある夫婦は夫がSLFP支持で妻がUNP支持だという。夫婦で支持政党が違うケースはK村にはないため、よくよく聞いてみると、「ほんとはどっちでもいいのよ」という。形の上でとりあえず夫婦の支持政党を分けている。「何かあったときうまく立ち回れるでしょ?」というのが理由だった。選挙にかかるゴタゴタや暴力沙汰が起きたとき、両方に顔をつないでおけば、とばっちりを食わずに済む。村落政党政治とは距離を置くのが選挙権を有する者のスタンスだった。

(15)　顔見せは非常に重要だ。二〇〇〇年の総選挙時、K村にも影響力のある地方議員が不正と暴力行為で逮捕され、キャンディ刑務所に投獄された。村の支持者たちはその後何度も刑務所を慰問に訪れている。スリランカではこうした逮捕によって政治生命が絶たれることはなく、支持者さえいれば出所後すぐに政治活動を再開できる。議員の苦境は村の支持者にとって重要な局面だ。こうしたときこそ足しげく通い信頼度を高めるのである。これを打算的な行動ととるのは一面的である。こうした慰問とその後期待される便宜供与などの御礼が、どちらが先かわからぬほど連鎖した末に獲得される両者間の信頼（ウィシュワーサ）［s］は、口先の信頼など及びもつかぬ強度を持つものである。

(16)　SLFP側リーダーは、同党結成の一九五二年、党首であり後の首相となる故S・W・R・D・バンダラナイケの生家で、党員の任命書を受け取ったことが誇りだ。「バンダラナイケ・マハッタヤーが私の肩に手をかけ声をかけて下さったんだ」。村の政治領域では老雄の風情さえあるこの老人は、政治は「村のために」あるいは「公共（ポドゥ）［s］のために」やるものだという強い信念を持つ。露骨な利権政治の実態をみるにつけ、「公私」などあったものではないように思えるがおそらくそうではない。政治は人々（ミニス）［s］のためであり、人々とは常に具体的な村の誰某に他ならない。このリアリティのなかに抽象的かつ匿名の「人々」の入り込む余地はない。老雄の信念に矛盾はないのである。ただし、二大政党制の枠組みのなかでは結果としてこれが村の分断をもたらしていることは、月並みな言い方ながら、皮肉である。

(17)　より突っ込むなら資本主義体制下におけるホモ・エコノミクスという経済的主体や民主主義体制化の政治的主体と、本論でみている「つながりのなかに定まりを得る者」との在り方の齟齬がある。本章註（16）に記した「老雄の信念」と現実のギャップも同じ齟齬の帰結とみえる。

(18)　女性の場合は「マハトゥミー」だが、幾分大仰な感じでほとんど用いられない。女性でウサイ場合は、「ノーナ」（「ご婦人」といったニュアンス）が多い。

(19) K村のゴイガマにも、自分は他のカーストのところではお茶も飲まないという者がある。だが「出されれば断らない」という態度だ。理由は「断れば相手が怒るかもしれないから」である。「お茶も飲まない」とは、要は「ゴイガマはウサイ」ということを聞き手である筆者に語るものであり、語りと実際のふるまいが別であることはもちろんとして、語りのなかで「まあ、出されれば断らないがね」と続くほどに、カーストの区別を持ち込まないことが日常なのである。ライアンが食事規制に関して述べた「社会的距離の表明」［Ryan 1981（1953）: 158］は、実感としては実に適合的に感じられる。

(20) 事例cの水も飲まないゴイガマ女性は、地位の高低をパフォーマティブに持ち込んだ。だがこれによって顕示されるゴイガマの括り自体が村落生活で抽象化している以上、彼女の行為は提喩的論理のなかに自らをまた閉じ込める。彼女の行為自体、カーストの分断線を村落生活のなかに再度引いてしまおうとするものに他ならず、その分断線が抽象化した提喩的論理の形で村落生活から乖離している。

(21) グナセーカラがウェーバーを下敷きにするように、これらの語彙は明らかに社会学的理論、概念によって読み替えるのが本筋と考えるが、一気に本論の語彙に引きつけることを了承されたい。「エートス」については（それ自体難解な概念だが）実践的起動力となる心的・意識的形態ほどの理解でここでは捉えている（例えばふつうに「世俗内禁欲主義のエートスが資本主義成立の要因となった」と用いるように）。

(22) これは情緒的な問題でなく、実践と表裏になっているように思われる。経済システムによって各世帯の個別性が担保されようと、日常に顔を合わせて営む暮らしは変わらない。

(23) シンハラの親族集団をめぐる多様な解釈は、それを整理しようとする論考がまた事態を複雑にしていった経緯がある［cf. Leach 1961; Tambiah 1965; Yalman 1967; Robinson 1968; 執行　一九八七、高桑　二〇〇八］。なかでも、日常の日本語の「家族」を日常のシンハラ語に翻訳する場合に最も近い「パウラ」をめぐる混乱はしばしば言及されてきた。リーチが、これを'ideal pavula'（ひとりの女性に出自する生物学的な範囲）と'effective pavula'（特定の政治的目的のために結集する親族集団）に分析したことは有名だが、そもそも彼自身この術語の導入の前段に、調査地においてこの語が「妻」から「ワリガ」（本論でいうジャーティヤにあたる）まで指し示す大きな幅を持つことにふれており［Leach 1961: 104］、これが地域的偏差（例えばK村やヤルマン［Yalman 1960］、足立［一九八八：五三〇］の調査地では「ワリガ」の語自体が用いられない）を伴うのであるから混乱は半ば必至である。一九八〇年代以降になると、民族対立の激化とともに主要な学問的関心も民族問題にスライドし、親族をめぐる議論は何か明確な決着をみぬままお蔵入りしてしまった感もある［cf. Rajasingham-Senanayake 2002］。錯綜したシンハラの親族論を正面から主題化できない本論ではK村の事例を中心に記すにとどめるが、いずれ議論をあらためて捉え直してみたいと考えている。

(24)　他地域や先行研究では「ゲダラ」（これ自体は家を意味する）が地縁と出自に基づく集団を指して有意性を持つ場合がある［cf. 執行　一九八七：九九—一〇二］が、K村でいうゲダラ・カッティヤとは同じ「家屋」に住む者であり、ゲダラ名を共有する者が何らかの実効性ある集団を構成することはない。ゲダラ・カッティヤが親族集団かどうかは微妙だが、ワッタ農業の単位との関係でここに挙げている。なお本文の以下の検討にこれは直接関わらない。

(25)　カーストが分かれていることを除けば、足立の調査地マドゥマーナに似ている［足立　一九八八］。ただしK村ではカースト集団もパウラといわれることがある。パウラの指示対象は広い。

(26)　苗字にあたるものにもうひとつ「ゲダラ名」というものがあり、住んでいる土地やカーストに関係し、父方の名が継承される。ゲダラ名を共有する者が集団を形成する地域も報告されているが、K村ではそのようなものはない。またこの地域ではカーストの違いはワーサガマによって表されていると語られるのがふつうで、ゲダラ名は全く重要性を持っていない。

(27)　リーチのこの指摘はキャンディ王国時代の王役に由来する地位を念頭に置いた文脈とみられ、今日的にいえばカースト地位と置き換えて構わない。

(28)　エンドガミーの議論とは直接関係ないが、マスミはある「関係」に先立って「項」と「項」が存在するのではなく、これらを同時的に考える視角を示した。さらに諸項の「中間にある」（in-between）「関係」というものは、「それ自体は中間にある存在ではなくて、中間という存在、つまり関係という存在」であり、これに項とは別の存在論的地位を求めている［マスミ　二〇〇〇：一〇］。本論では、強靭な提喩的論理から抜け出すためのインスピレーションをここに得ている。また観点1と2の違いは、アンダーソンが「想像の共同体」を論じるなかでふれた、想像のスタイルの違いとパラレルである。アンダーソンは、近代における国民共同体を論じるなかで「共同体の想像されるスタイル」に言及し、かつてジャワの村人が一度も出会ったことのない人々に結びつけられるその紐帯が、「無限に伸縮自在な親類、主従関係の網目として個別的に（particularistically）想像された」ものであったと述べる［Anderson 1983: 6］。この想像の仕方はカテゴリカルな範囲線がもたらす提喩的全体ではなく、つながりの連鎖が獏とつくりなす換喩的連鎖の全体を構想している［cf. 小田　一九九六ほか］。ここでの文脈においても同様で、カーストは結婚とその潜在的可能性としての親族の網目として想像されるとみる。村人の「結婚は同じカーストでなければならない」といった語りにも何か本質のようなものは連ならない。連なるとすれば「交叉イトコ婚が望ましく……」といった親族のつながりの語りである。

(29) ライアンはヨーロッパ人の残した古い記録にあるいくつものカーストが現存していないことを挙げ、かつては分裂よりも融合の方が多かっただろうと推測する［Ryan 1981 (1953): 13-14］。この推測は自然なものだろう。複雑に絡み合った親族集団が、交叉イトコ婚の選好を保ったまま複数の内婚集団に分裂するのは容易なことではなく（ライアンは王国時代の王役といった政治的要因の介在を想定している）、逆に複数の内婚集団が結婚を通じていつの間にかひとつになるというのは想像しやすい。

(30) 例えば杉本の調査地の「駕籠かきカースト、バッガマ・ドゥラ」のケースでも、かつて通婚規制のあった三つの系統間で通婚が可能となったことがふれられている［杉本　一九九八］。

(31) 彼女は「パウラ」の語を用いたがパウラ概念は広い。ここでは「身内」と訳すのが適当である。

(32) 両系統の起源をめぐる伝承などはなく、両者の違いに地位の高低も「血」も語られない。格という意味でいえば同格といった風である。両者の通婚規制を支えていたのは「ワーサガマの違い」だけだったといってもよい。

(33) かつて異カースト婚を論じるに際し、「そもそも何をもって結婚とみなすのか」という点が先行研究のなかで問題とされたことがあった［cf. Yalman 1960: 95］。現在、事情は大きく変わっている。異カースト同士だろうと結婚登記を行うのはめずらしくなく、特に農村部では所得水準に応じた生活補助金交付などもあって、事例にみるK村の三組も当然結婚登記を済ませている。また、反対されても登記を強行してそれを告知すれば、周囲は「二人は結婚したのだな」とみなすような風潮がある。

(34) リーチは'variga court'というワリガ成員を裁くある種の機関の存在を指摘しているが、K村周辺にそういう話は聞かず、また植民地支配期以前の variga court の実態についても不明瞭である［Leach 1961: 70］。

(35) ヤルマンが引用している現地語'yanni enni ne'（行き来しない）と'kannit bonnit ne'（飲食しない）はこの文脈では禁止事項というよりは「とにかく一切のおつきあいをしない」という口語表現である。

(36) いずれも女性の方が低カースト・ワフンプラヤだが、恋愛関係の帰結であって、筆者自身にはこれは偶然であるように思えているのだが、本論では突っ込んで考えるためのデータがない。少なくとも筆者の調べた限り、異カースト婚では双方の両親が大反対するが、どちらかといえば「より高い側」の両親が強く反対するものだ、という見解しか聞くことはなかった。性別の問題を一緒に考えてくれた村人もいたが、性別は関係ないということだった。

(37) 妻の父の死去後、土地分割をしていないため「ハウル」になっている。

(38) 確かに両親や親族のうち強硬に反対した者との間に感情的なしこりは残り、疎遠になるのがふつうである。ケースAの妻とケースCの夫は、どちらも両親の反対が厳しくていやになって配偶者側の居所に来た、と笑っていた。以来、生家との行き来はほとんどない。とはいえ、Aの妻はワフンプラヤの仲のよい親族を訪ねるし、Cの夫は村大工の仕事をゴイガマのところでもやっている。結局のところ関係は個々人次第ということになってしまっている。

(39) こうした余地は別の形でヤルマン報告にもみられる。ヤルマンは特に高カースト女性と低カースト男性との子供が帯びる不浄性が、将来結婚によって（血を介して）女性の親族集団内に持ち込まれるのを避けるための、いくつかの選択肢を挙げている。そのひとつに子供を低カースト帰属として母親から切り離すというものがある。選択肢はヤルマン自身が考えたものであり「実際的でない」と自分で退けているが、つまり彼の調査地では異カースト婚の子供の帰属に明確な規定がなかったということであり、カースト帰属が実践的に定まる余地があったということになろう［Yalman 1960: 97］。

(40) ここにはインセスト・タブーの論理が唐突に介入しているわけではない。交叉・平行イトコのセットのなかでの交叉イトコ婚の対としての平行イトコ婚の禁止が重要である。ここでの文脈でいえば、「父もゴイガマだし……」といった妥協点が仮に出ても、それはカーストの括りの問題ではなく、交叉イトコ婚の親族の論理が重要となろうということである。

(41) 彼女のワーサガマはゴイガマのまま変わらない。彼女自身も自分はゴイガマだと語るだろう。しかし、実践的にワフンプラヤと交叉イトコ婚を成したならば、彼女は「ワフンプラヤでもある」。彼女が母方交叉イトコと結婚したとき、あるいは見合い相手が提示されるプロセスのなかでは、ケースCの娘の意識いかんにかかわらず、彼女はワフンプラヤとして関係的にアイデンティティを実践するのであるから（実践が結ぶつながりによってアイデンティティを得るのであるから）。提喩的同一性の論理では、このようなアイデンティティの在り方はありえない。

(42) 本論は提喩的同一性の論理とのコントラストのためにこう強調しているが、このことは古典的民族誌の著者たちはとうに理解しているようだ（例えばリーチ［Leach 1961: 89］参照）。また本文で観点1に置いたのは、血の議論から「導かれうる」ものであって、ヤルマン自身は深く親族の問題、本論の言葉でいえばつながりを扱っている。本論執筆中、もしヤルマンが二〇〇〇年代初めのK村を調査地にしていたら、本文と同じことをもっとスマートに論じたのではないかと想像した。彼の調査地には「血」の問題があった。ヤルマンの議論自体も整合的であり、それ自体に穴はないように思う。陥穽があったとすれば、スティラートの「血は比喩じゃないか」という控えめな指摘である。もしスティラートの指摘が正しければ、K村で血が語られないことは事態と整合的である。提喩的用法がないまでか、換喩的用法もない。それは本文で記した、「親族関係」をめぐる「括りの相」と「つながりの相」と関わるだろう。「血」と現代シンハラ村落社会の関係については別の場所で論じたい。

(43) この否定の感覚は、伝統的にカースト地位の上位を占めてきたゴイガマに着目することでより理解しやすいものとなる。ゴイガマは往々にして、カースト地位の高さに自負を持つ。K村でも「自分たちはウサイ」と語るゴイガマはいる。しかし、それも「カーストの違いなどない」と転じてしまう。カースト区分の抽象化とは、この「ゴイガマであること」の社会関係資本の極端な目減りの別表現でもある。K村のSLFP支持者のゴイガマを想定すれば、彼／彼女にとってはナワンダンナのリーダー男性やワフンプラヤのナンバー2女性と良好な関係を保たねばならない（何らかの陳情の事情があればなおさらである）。ゴイガマであることを行為によってパフォーマティブに表出し、露骨な形で自らをゴイガマとして同定することは、彼／彼女に必ずしも実のあることではない。本文で述べた通り、「ひとの種類」が現代社会の変動に対応しきれていないと捉えることが素直な受け止め方に思える。

第八章　民族対立状況下の二つのジャーティヤ

本章では、エステート・タミルのひとまとまりの組成を、異ジャーティヤとの関係のなかで捉える。主要な検討対象は、生活の場における「対シンハラ」との関係である（対「スリランカ・タミル」、対「ブラーマン」との関係にも一節を設ける）。対外的領域において、エステート・タミルというジャーティヤは「対他」的なつながりを組成にひとまとまりを構成する。そのことを論じたい。なお本章最後に、対内的・対外的領域に分けて行ってきたジャーティヤの検討をまとめる。

第一節　「違いなどない。でも、違う」

ヒルトップとK村との間には敷地を隔てる垣根もなく、幾本もの小道がつないでいる。古い住人によれば両者の行き来が始まったのは一九四〇～五〇年代にかけてである。それ以前、ヒルトップにはシンハラ語を解する者もおらず、つきあいらしいものはなかったという。今日、両住人には日常的に行き来がある。村では副業を行うヒルトップ住人の姿を目にするし、彼らが日用品を購入するのも村の雑貨屋である。子供たちは村のシンハラ学校に就学し、村の子供らと連れ立って登校している。村の道端はクリケットに興じる子供たちのスタジアムだ。いくつかの決まった遊び場にはカトリック教徒タミル男性の名が冠せられている（その名前はスタジアムにふさわしく、いかしているらしい）。仲のよい年配の女性同士はおしゃべり仲間といった風で、村を訪ねるヒルトップ女性は勝手口から入って台所で世間話をしている。男性たちのたまり場は村とエステートの境目辺りにある雑貨屋だ。村外通勤者が多いため顔をみせるのはだいたい村の老人とヒルトップ住人である。

日常の風景というのはごくありきたりである。だがこの風景の上に「シンハラ対タミル」というマクロの民族対立状況というものが覆い被さっている

本文では何度か「基調の語り」というものを記してきた。本論の考察も調査地でさんざん耳にしたお決まりの語りに導かれたといってもいい。それらはしばしば矛盾した形をとるものだが、ここに最後に挙げるのも、そうである。

「ジャーティヤの違いなどあるもんか……でも村の連中とエステートの連中はジャーティヤが違う」

例えばジャーティヤの違いなどないと語るヒルトップ住人に、でもあなたたちの方が低いんでしょう？　などと問えば、(1) 言下に「ああ、自分たちの方が低いジャーティヤだ」と返ってくる。ジャーティヤの違いは「ない、けれども、ある」のである。

本章の議論で鍵となるのは「違う」の意味であり、こだわるべきは差異化の二種である。「排他的差異化」と「対他的差異化」の語で示すことにしたい。前者は「括り」すなわち提喩的論理に連なり、後者は「つながり」、換喩・隠喩的論理に連なる。対他的差異化はつながりの証である。人々は提喩的な括りを、換喩・隠喩的論理に拠る

まとまりへと変換し、つながっていこうとする。その生活実践を記述・考察していくことにしたい。

第二節　排他的差異化――括りのジャーティヤの顕現

事後的にいえば、調査時期は二〇〇二年からの和平交渉の直前にあたっており、北部ジャフナ半島周辺で局地戦の膠着状態が続いていた(2)。中央高地の丘陵地帯からは、戦闘の地は全く遠いところに感じられた。だが民族対立というマクロの政治状況がもたらす不穏なムードは、人々の言葉の端々に表れていた。

北部での戦闘の話題になれば決まってこんな言葉を聞いた。「ここは大丈夫だ。俺たちは村の連中と親密だから」。同じ言い回しは村の連中もよく使っていた。「ここは大丈夫、俺たちはエステートの連中と親密だから」。民族対立とは「ここは大丈夫」と語られるほどに遠く、しかし、そう語らねばならぬほどに彼らもまた当事者だった。

エステート・タミルたちは口癖のように「ジャーティヤの違いなどない」と語った。「シンハラ／タミル」の違いだけではない。挨拶がてらの長屋全戸調査時、民族分類を問うと彼らは「スリランカ・タミル」と名乗った。そのレトリックは記した通りである。宗教を問うと多くの者は「自分は仏教徒だ」といった。そのあとには「仏教もヒンドゥー教も違いはない」と続いた。民族対立状況が呈する「シンハラ／タミル」の括り、見知らぬ外国人に分類される「民族」や「宗教」の括り、いずれも提喩的同一性の論理に連なっている。「ジャーティヤの違いなどない」、この意味における彼らの口癖は最後までブレなかった。

生活の場において、「村の連中／エステートの連中」が相互排他的な「シンハラ／タミル」として凝結する局面というのはけして見えやすいものではなかった(3)。だがそれは、ふと浮かびくるように、ときに危うい分断線の形をとって日常に顕れた。第一に村人による悪態、陰口である。ある村人と立ち話をしていたとき、筆者が高地の茶園について何か話していた最中だったが、男性は唐突に目を見開きおっかない表情をつくると声を落としていった。

「いいか、タミルは本当は残虐なのだ。シンハラとは違う。シンハラは同情的にふるまう。タミルはシンハラに囲まれていてもこのように生活できる。でもシンハラの家族が茶園に引っ越してみろ。連中はシンハラを追い払うだろうよ」

「タミルは残虐である、シンハラの敵だ」、「やつらはみんな虎（＝LTTEの通称）だ、信用できない」。こうした語りはシンハラ人に定型的であり、K村でもときどき耳にした。だが、この手の語りに本音や真意をみようとするのはナイーブである。こうした言葉を口走った同じ人物が次のように憤って語るのを聞いたとしても、何の不思議もない。

「シンハラもタミルもあるものか。（政府軍とLTTE双方の）親玉同士は後ろに隠れている。犠牲になるのはいつもアサラナ　ミニス［s］（恵まれないふつうの人々）だ」

LTTEの自爆テロ要員が貧しい女性や年端もいかぬ少年たちらしいことが伝わったとき、村人から発せられるのがこうした言葉だった。村人の憤りはたいてい「LTTE指導部が爆弾抱えて飛び込んでくるならまだ話はわかる」と物騒な展開をみせると、返す刀でシンハラ政府の親玉たちに斬りつける。「やつらは戦争で金儲けしている汚い連中なんだ」。こんなとき、村人にもシンハラとタミルの違いなどない。

生活の場に揺れ動く語りには注意を要する。しかし、語りには明確な非対称性があった。ヒルトップ住人からは「シンハラ」を一括りに斬ってすてる悪態を聞くことがなかった。彼らはシンハラに囲まれて暮らしている。その経済的関係もみた通りである。あるヒルトップ男性が、苦虫をかみつぶしたような顔で戦争が好きじゃないといったことがある。「ここのように親密に暮していれば、村の連中からジャックフルーツをもらうこともできるし、急ぎのときに金を借りることだってできる」。

ジャーティヤの違いなどない、は通俗的な平等主義から発せられるものではない。提喩的排他線は生活の分断に重なる。生きていくために、それは押しとどめておかねばならないのである。他方、前述のように、村人には「タミル」を一括りにする悪態がふとしたはずみに出てきてしまうところがあった。こうした悪態が目にみえる（実際には目にみえない）形で生活の場に引いた排他的分断線の微細なできごとをひとつ記す。

渡れなくなった水田の道

K村では約四割の世帯がワッタ農業を賃労働に依頼しており、そのほとんどがヒルトップのエステート・タミルに声をかけている。だがこれらの世帯の居住域の分布に明らかな偏りがある。細い水田を挟んで村の東側でヒルトップ住人と経済的関係を結んでいたのはワフンプラヤの二世帯しかなく、残りは皆、水田の西側の人々だった（図8-1参照）。

調査当時、ヒルトップ住人は村の中央を横切る道を使って水田を越えることをほとんどしなかった。彼らからみて水田のこちら側（西側）と向こう側（東側）との間に、目にみえない「異民族の壁」のようなものができていた。(4)

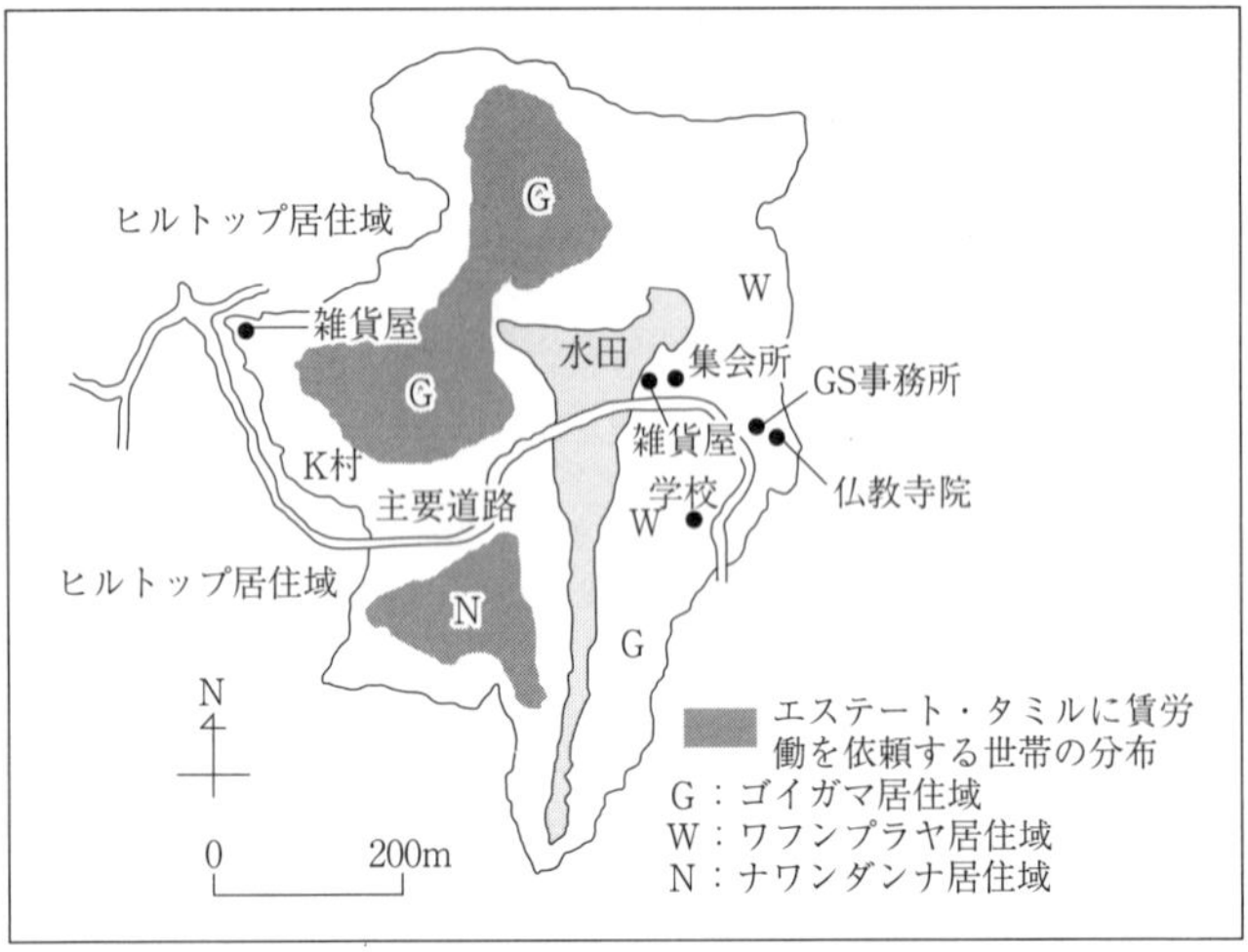

図８－１　ヒルトップ住人に賃労働を依頼する世帯の分布

原因は水田の端にある雑貨屋だった。

ここの軒先は夕刻には密造酒で飲んだくれたシンハラたちのたまり場になっており、通りかかるヒルトップ住人に「おい、デンバルゥーが行くぞ！」（デンバルゥー［S］はタミルに対する侮蔑語）と罵声を浴びせることが続いたという。かつて集会所の裏手に別の雑貨屋があり、ヒルトップ住人も頻繁にツケ買いをしていたこともあって行き来は当たり前だった。だが、店主が亡くなり新しい雑貨屋ができるとともに、ここが村人たちも少し眉をひそめるガラの悪い場所になったのである。ヒルトップ住人が東側に出かけるときはナワンダンナ居住域を南に抜け、水田の畦を渡っていくようになった。

エステート・タミルたちが、水田耕作は不慣れでできないものという認識を持っていることは述べた。彼らは副業としても一切この水田に関わりを持っていない。シンハラ文化が客体化された空間とまでいかずとも、水田はシンハラ住人が営みを持つ場所である。この水田に晒され（罵倒を遮る物陰すらない）、侮蔑的な言葉とともに一気に「タミル」と括られる。提喩的論理のいたたまれない空間がここにできてしまったのである。

侮蔑的な言葉を吐いた者とて排他的民族主義者というわけでもなかったろう。そんな首尾一貫した政治思想の持ち主など村にはいない。しかし水田の空間配置は、結果としてヒルトップ住人と水田東側の人々との関係を希薄化していった。生活の場における括りの排他的分断線はこんな微細な顕れをしていた。二つのジャーティヤ間には、不安定で危うい括りの分断が伏在していたのである。

この危うさが、侮蔑されて傷つくといったレベルを超えていることだけは確認したい。一九八〇年代、暴動に席巻されたスリランカに現出したのが、まさにこうした提喩的同一性の空間だったのではないか（本文に引いたダニエルによる聞き書きを想起されたい）。もしも水田の道のような空間がヒルトップ住人を包囲してしまったら。マクロの情勢いかんで、それは全くありうる危うい事態なのである。

一九八〇年代について尋ねれば、ヒルトップ住人は「ここは大丈夫だった」と語る。おそらく事実なのだろう。だが、「ここは大丈夫だった」でなければならないのであり、「これからもここは大丈夫」でなければならない。「ここ」とは彼らの生活の換喩である。「ここ」を「大丈夫」とするために、彼らはつながりを構成していく。その「生きるやり方」は、後で提喩的同一性の論理に対する対抗的意義として捉えることにしたい。

ヒルトップ住人のいう「ジャーティヤの違いなどない」は、排他的差異化＝提喩的論理による囲繞・同定に対する強い拒絶である。その語り方は何かをはぐらかすかのようにやわらかい。だがその徹底ぶりは、表現は妙かもしれないが、括りから断固として逃げたい、である。

本章で着目するのは、生活の場におけるもうひとつの差異化、「対他」的差異化と呼ぶものの方である。ジャーティヤの違いなどあるもんかと語る人々が肯定し、生きる、ジャーティヤの「違い」だ。対外的領域において、エステート・タミルのひとまとまりは、この対他的な差異化＝つながりによってその形象を得る。

第三節　生活のなかの差異化の諸事例

シンハラとエステート・タミルの間に王国時代のラジャカーリヤのような制度化された歴史は共有されていない。行き来が始まったのもここ半世紀ほどだ。両者の関係は、生活のなかで作り上げられてきたものだ。本節では生活の場における二つのジャーティヤの差異化と社会的関係を、次節考察のための諸事例として列挙する。調査地の二つのジャーティヤは、大きく二つの点で明瞭な差異化が図られている。（1）通婚規制、（2）カースト的な序列化である。これらを記したあと、（3）生活の場に緩やかに制度化された諸事象をみる。

（1）通婚規制による差異化

両者間の結婚はこれまで一例もなく、過去に駆け落ちなどもなされていない。両者は結婚しないものだ、という認識が共有されている。ただし、この通婚規制には両者のカースト・エンドガミー同様、何らかの根拠が明示的に語られることはない。また、「通婚の禁止」といった語が喚起してしまうような明確な規則やサンクションもなく、人々が有するいわば「規制の感覚」によって二つのジャーティヤは差異化されている。そしてこの感覚には非対称性がある。これについては次節で考察する。ここでは通婚しないものだ、という感覚によって差異化がなされていることだけ指摘するにとどめる。

（2）カースト的な序列による差異化

①序列の形態

二つのジャーティヤ間には地位の高低を媒介とした社会構造上の接続がある。つまり地位の高低による差異化がなされている。地位が高い（ウサイ）のはシンハラ、低い（パハタイ）のはエステート・タミルである（図8-2）。序列には明確なコンセンサスがあり、「ジャーティヤの区別などない」と語るヒルトップ住人もためらいなく「わたしたちの方が低いよ」という。どこか積極的に肯定するかのようである。

この構造化は、エステート・タミルがシンハラ・カースト序列の何番目かに位置づく、あるいはそれぞれのカースト序列が入り組んでいるというような複雑なものではなく、両者がそれぞれひとつのカーストであるかのように序列化されたシンプルな形である。

高い	シンハラ
低い	エステート・タミル

図8-2　二つのジャーティヤの序列

これと別に、両者はそれぞれのカーストを互いに隠喩的に対応させて捉えることもしているのでふれておく。図示すれば図8-3のようになるが、かなり曖昧なものである。

図では矢印の出どころ（誰の認識か）など当然気になるところだが、この図は曖昧のまま放っておいてよい。重要なのは曖昧さの下地にある、もっと大きな隠喩的対応づけである。前章でみた通り、村人はカーストの括りをもはや過去の事項とみなす傾向が強い。この見方が隣人に対してもそのまま適用される。隣人のカーストも「似たようなものさ」という具合に。(5)

エステート・タミルの側も同様の隠喩的対応づけをしている。彼らは村とのつきあいのなかでシンハラ・カースト区分が全く曖昧になっていることを知っている。こちらも似たようなものということになる。カーストが形骸化する潮流にあって、厳密な対応づけなどどちらにとっ

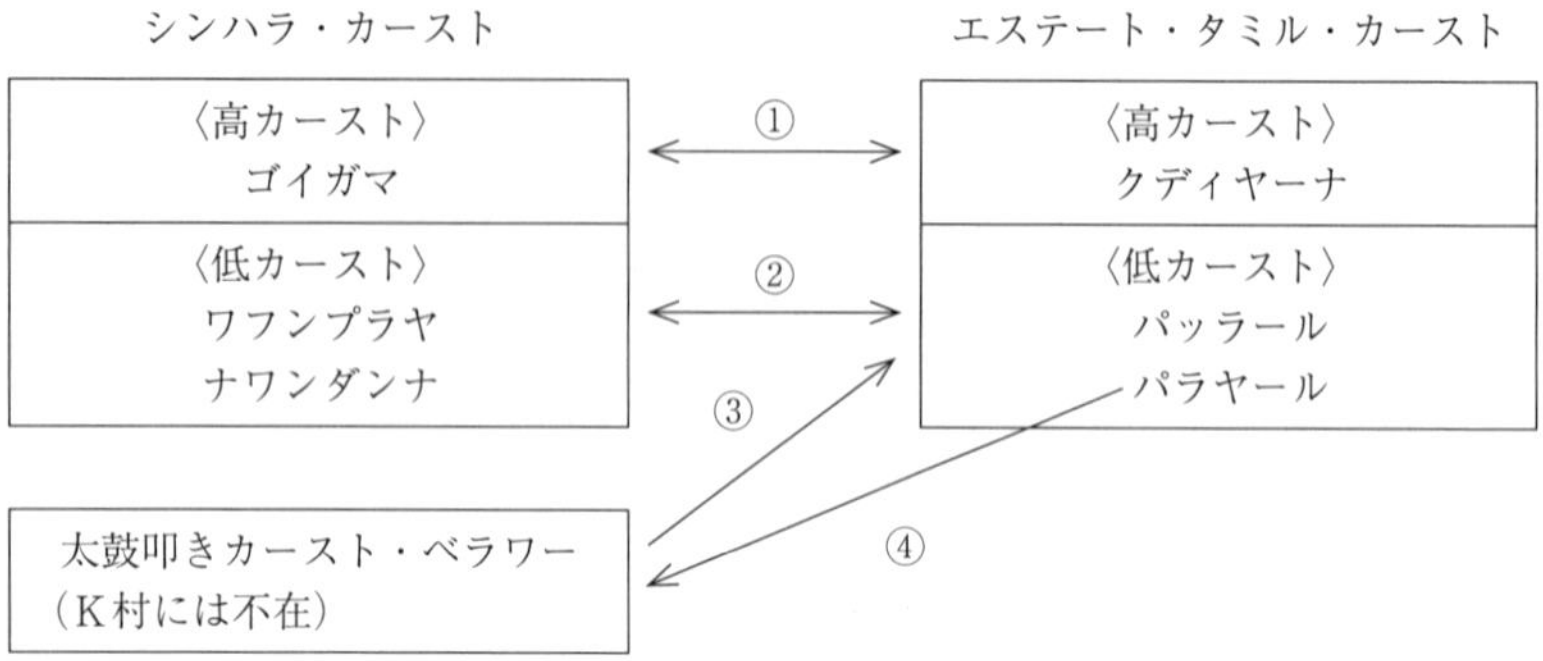

＊左から右向きの矢印は村人の一般的認識、逆はヒルトップ住人の認識。矢印①、②は「エステート・タミルの高カーストはシンハラでいうゴイガマにあたる」、「シンハラに低い者があるように、エステート・タミルにも低い者がある」といった漠然とした対応づけ。③は「ヒルトップ住人の低い者はシンハラの太鼓叩きカーストにあたるらしい」といったものだが、村人はパッラール、パラヤールの区別がよくわからない。ヒルトップ住人にもこれが曖昧になっていることは述べたが、矢印④はひとまず「エステート・タミルの太鼓叩きカーストはシンハラのベラワーにあたる」といった認識を示している。

図8－3　調査地における曖昧なカースト対応づけの仕方

ても重大な関心事ではない[6]。両ジャーティヤ間の序列に内部のカースト区分は関わっていない（もし関わってくれば曖昧では済むまい）。

②序列を表出するふるまい・作法

序列は日常のふるまい・作法に表出している。際立って目につくのは呼びかけ言葉だ。

ヒルトップ住人がK村住人に呼びかける場合、相手が男性なら敬称マハッタヤー、女性ならノーナ（「ご婦人」といった意味合い）を用いる。自分よりも年長者であれば、兄を意味するアイヤー、姉を意味するアッカーも用いる。だが、シンハラの年少者に対し、自分が幾分目上の印象を与えるマッリ（弟）やナンギ（妹）を用いることは稀である。

これに対しシンハラから呼びかける場合敬称[7]が用いられることは全くない。これはかなり意識されており、相手が男性の場合、名前の呼び捨てがふつうである。友人同士の呼び捨ては親密さの表れだが、シンハラ高カーストが低

表8-1　二つのジャーティヤ間の呼びかけ言葉

呼びかけ対象 ＼ 呼びかけ側	シンハラ			
	男性（年長者）	男性（年少者）	女性（年長者）	女性（年少者）
エステート・タミル	マハッタヤー [s] アイヤー [s、t]	マハッタヤー [s]	ノーナ [s] アッカー [s]	ノーナ [s]

呼びかけ対象 ＼ 呼びかけ側	エステート・タミル			
	男性（年長者）	男性（年少者）	女性（年長者）	女性（年少者）
シンハラ	名前呼び捨て カンカーニ [s、t]	名前呼び捨て マッリ [s]、タンビ [t]	アーッチ [s]	アーッチ、ナンギ [s]、タンガッチ [t]

＊ [s] はシンハラ語、[t] はタミル語。「アイヤー」はシンハラ語で兄の意だが、タミル語ではマハッタヤーにあたる敬称でもある。表は一般的な場合で、若者の友人同士やヒルトップで共に働いている者同士ではシンハラ語の兄弟姉妹の語が用いられることが多い。前章でみた「ナンダ」や「マーマ」は用いられない。

カーストの者に対して行っている報告があり［cf. Gunasekera 1994: 232］、両ジャーティヤ間の呼び捨ての非対称はシンハラ・カースト作法の敷衍ととれる。また、シンハラが呼びかける場合、自分が目下となるアイヤー（兄）やアッカー（姉）を相手に用いることがなく、兄弟姉妹の語のなかではマッリ（弟）、ナンギ（妹）だけが用いられる（シンハラからの呼びかけ言葉には少し変わったものもみられる(8)）。

序列の観点で整理すれば、敬称の使用の有無と名前の呼び捨ての非対称によってこれが表出している。この二つに加え、兄―弟、姉―妹といった年齢的な上下関係を援用する形で二つのジャーティヤ間の序列が示されている(9)。

呼びかけ言葉の他に、「椅子の用い方」や「戸外にとどまって用件を伝える仕方」でも、エステート・タミルはまるでシンハラ低カーストのようにふるまう。また、「高カーストが近くに来たときには立ち上がって対応する」といった目立たない作法も彼らは実践している。なお、ふるまい・作法は、あらゆる場面で厳密にみられるものではなく、友人同士であれば実際ざっくばらんなものだ。エステート・タミル側からのふるまい・作法は、いわば丁寧なやり方として行為を性格づけるものと捉えてよい。シンハラ側からのふるまいも高圧的だったり蔑んだりする雰

囲気はなく、ごく自然となされている。(10)

③序列の根拠

もともと単一のカースト制度下にない二つのジャーティヤが地位の高低によって構造化されている。K村の場合も、ヒルトップの場合も、それぞれカースト序列の根拠が明確に語られることはないが、この序列にだけは、両住人共通して明示的に挙げる二つの根拠がある。エステート・タミルが低いのは、a「貧しいウェダカーラヨー(workman, servant, 肉体労働者、使用人)だから」、もうひとつはb「貧しいカムカルウォー(worker, labourer, 労働者)だから」というものだ。(11) 彼らの語るこの二つの根拠は追っておく価値がある。

a「ウェダカーラヨー」という根拠

これは村の日雇い労働にかかる経済的関係を前提に語られる。例えば、ヒルトップ住人が「低い」のは、「うちのワッタのウェダカーラヨーだからね」といった具合である。一般的にウェダカーラヨーとは肉体労働者、使用人といった意味だ。だがこの語はシンハラ・カースト序列構成における独特のイディオムとして表れるもので、古い民族誌にその痕跡を辿ることができる。

例えばヤルマンの調査地では、三つに階層化されたゴイガマのうち、かつてその最下層の者たちは限られた土地しか持たず、最上層の者たちに労働供給の義務を負っていた。この最下層のゴイガマに、(村のインフォーマントによると思われるが)ウェダカーラヨーの語が用いられている(ヤルマンは「農奴(serf)」と翻訳している)[Yalman 1967: 74-75]。別の文脈では、高地地方におけるカースト区分に関わる記述にウェダカーラヨーと同義の「ウェダ

カラニ　ミニス」という語がみえている。こちらでは太鼓叩き、洗濯カーストなどの諸低カーストを指している（ヤルマンの訳は「サービス・カースト（service castes）」である［Yalman 1967: 60］）。

シンハラ・カースト制度における序列と職業の関係については、スティラートが的確な指摘をしている。「カーストが職業の事柄であるという考え方は（中略）、より高いカーストのservants（ウェダカーラヨー）とみなされる諸カーストのlowness（低さ）と結びついている。この文脈における優越性と劣位性は、独立性と依存性の観点から定まっている」［Stirrat 1982: 18–19（　）内筆者］。

ウェダカーラヨーという語は、それがあてられる者の相対的な低さを表す、カースト序列構成のイディオムなのである。調査地におけるこの語の使用とヤルマンの二つの用例には、生きていくための依存や労働の提供、そしてそれを受け入れる者の関係が通底している。生活の場において、両者の経済的関係は抽象的な労働需給のマッチではなく、「依存する者」と「依存を受け入れる者」という社会的な関係として捉えられ、表現されている。その表現に、シンハラ・カーストの序列構成における「低さ」のイディオムが敷衍されている。つまり人々はこの経済＝社会的な両者のつながりを、「高低」という文化的イディオムによって表現している。

b 「カムカルウォー」という根拠

「カムカルウォー」は一般に「労働者」の意であり、これ自体カースト序列を直接含意することはない。だが調査地で単にカムカルウォーといった場合、特定的に「エステート労働者」を指し、この職種を根拠に彼らの「低さ」が説明されることになる。

エステート労働者自体はむろんカーストでも伝統的職能でもないが、ここにもカースト的な序列構成の感覚が入り込む。植民地時代のプランテーション開設期にキャンディ地方のシンハラ人がエステート部門に吸収されなかったことを本文でふれた。ウェスムペルマはここにシンハラ人の「カースト意識」の介在をみている。「カースト意識によって（エステートにおける）賃金労働に対する嫌悪は強められた。彼らは賃金労働を単なる隷従として拒んだ」[Wesumperuma 1986: 12（ ）内筆者]。他者の農園での労働で生活の糧を得ていくことが、依存的な「低い」ものと捉えられたという指摘である。第三章にふれた通り、こうした考え方は今日でもみられるものだ [cf. Gunasekera 1994]。「カムカルウォー（＝エステート労働者）だから低い」という根拠はここに連なっている。[12] ヒルトップのエステート・タミルたちの地位の低さは、こうした「依存性」をめぐる、シンハラの伝統的なカースト序列構成の敷衍ないしバリエーションとして構成されていると捉えられるのである。

以上、少し細かくみたが、序列にかかる差異化である。次にみるのは、二つのジャーティヤ間に緩やかな形で制度化されたささやかな社会的行為である。四つまとめて列挙する。

（3）緩やかに制度化された諸行為

①祝祭時の贈り物の交換

これは何度か言及したものだ。シンハラとエステート・タミルの間では、新年（四月）の折にシンハラからエステート・タミルへ、ディーパーワリ（一〇月末〜一一月）とクリスマス（一二月）の折にエステート・タミルからシンハラに揚げ菓子やバナナを贈る慣わしができている。贈り物交換では、祝祭の晴れやかで穏やかなムードと相俟って相互の親密さが確認され深められるものである。交換を行うのは、副業の雇用関係やおしゃべり仲間といった日頃からつきあいのある者同士だ。[13]

写真８－１　シンハラ家屋の屋根の葺き替えを共同で行うシンハラ村人とエステート・タミルたち。

両者の贈り物の渡し方には非対称性がある。エステート・タミルたちがシンハラの家々に贈り物を届けるのに対して、シンハラの側は長屋まで届けに行くことはせず、家に来た者に渡す仕方である。この非対称性も「「高い」側は届けに行かないものだ」という形で序列と結びつけて語られる。とはいえ、村人も決まった相手が訪ねてくるのを見越して揚げ菓子を取り分けて待っているものので、交換が親密なムードを醸成することに変わりはない。届けに行く側のエステート・タミルたちも、この非対称性を何か屈辱的に語るようなことはない。相手ごとに丁寧に新聞紙に包んで小分けにし、穏やかな楽しさとともに村に出かける。

②屋根のアッタン

アッタンとはシンハラの水稲耕作における互恵的な協同労働のことだが、調査地では村の屋根の葺き替え協同作業もアッタンと呼ばれる（写真8－1参照）。このアッタンには、親密なエステート・タミルも加勢にやってくる。通常の家屋建築作業の手伝いなどの場合、賃金を支払うのがふつうだが、屋根の葺き替えだけは作業に賃金が介在せず、アッタンでやることになっている(14)。

シンハラの伝統的家屋の屋根には乾燥させた椰子の枝葉が用いられており、作業では屋根の上に登った者に下から椰子の枝葉を放り投げて渡していく。結構楽しい作業で、たいてい午前中から夕方まで和気あいあいと続く。ホスト側はお茶や昼食を用意する。終了時には酒がふるまわれることもある。水田作業のアッタンの場合、ふつうは同種の労働の交換だが(田植えなら、田植えの作業を交換)、エステート長屋はトタン屋根で修繕はエステート管理事務所が行っており、村人が手伝いに行くことはない。けれども人々に聞けば、これはこれでアッタンなのだという。村人はお返しとして、エステート住人が緊急に入用なお金を工面したり、祝祭時のご馳走のための食材(米など)をあげたりすることになっている。

③シンハラ洗濯カーストによる成女儀礼のかけもち

ヒルトップにはシンハラ洗濯カースト・ヘーナが一世帯暮らしている。K村にヘーナはおらず、またヒルトップにエステート・タミル洗濯カースト・ヴァンナンはいないため、調査地において洗濯カーストはこのシンハラ家族だけである。この家族は夫婦と子供三人の五人家族で、夫婦は普段エステート労働をしている。八〇年ほど前(イギリス人エステート管理者K氏がいた頃という)、夫の祖父母の代に遠方からヒルトップに移り住んで以来、彼らがシンハラ、エステート・タミル双方の成女儀礼に携わってきた。初潮を迎えた少女の衣類の洗濯などはこの家の妻が行う。彼女はシンハラ成女儀礼のやり方を熟知していて儀礼全体を主導する。エステート・タミルの儀礼の場合、彼女は細かいやり方はわからず長屋の年長の女性がリードする。

ヒルトップ住人にとって洗濯カーストがシンハラかタミルかは全く問題にならない。洗濯カーストの名称や儀礼のやり方が違うだけで、彼女が「洗濯カースト」であることが重要である。長屋の女性たちもシンハラ洗濯カースト女性も「少しずつやり方に違いはあるけど、目的は同じよ。ケガレをなくすこと」と教えてくれた。ケガレはシンハラ語でキリ、タミル語ではティーットゥである。「ケガレ」も言葉が違うだけであり、儀礼もやり方が違うだけで目的は同じ、というのが両住人に共有された日常のリアリティである。

④「呪文の分業」

最後の事例は若干毛色の異なるものだが、日常の関係として挙げておきたい。調査地には「呪文（マントラ）の専門家」とでもいうべき三人の人物がいる。エステート・タミル男性A（クディヤーナ・五十一歳）とK村の二人のナワンダンナ男性B（五十五歳）、C（七十二歳）である。Aはマーリアンマン寺院の司祭（プーサーリ）でもあり、悪霊（ペーイ）[15]祓いおよび牛の治療が専門である。Bは代々伝わる火傷治療の呪力を持っている[16]。Cは敬虔な優婆塞でギヒ・ピリット儀礼（在家信徒のみによる護呪経典「ピリット」の朗唱）を主宰する他、ピリットを用いた簡単な悪霊（ヤカー）祓いも行う。エステート・タミルがギヒ・ピリットを依頼することはないが、火傷した際にはBの元を訪れる。治療の一場面を記しておく。

エステート・タミル男性Dが手に火傷を負い、村のBの元を訪れた。Bは患部を水で濡らした布でよく拭った後、いく種類かの油を混ぜた薬を塗った。さらに患部に語りかけるように短い呪文を唱えると、宙に出た呪文を患部に送り込むようにふーっと息を吹きかけた。これを二度繰り返した後、薬草を患部に巻いた。治療する二人と顔を突き合わせる格好になっていた筆者にBが少しもったいぶって薬草の名前を教えてくれた。Dも場馴れした患者の風でそのタミル語での呼び名を教えてくれた。二人はしばらく互いにその薬草の効力について話し合っていた。Bには一〇〇ルピーほどの報酬が治療終了後に手渡された。

治療が必要なくらい火傷を負うことや牛の具合が悪くなることはそう頻繁に起きることではない。とはいえ、いざそうした事態となると事例のようなことはごく当たり前に目にすることができる。

第四節　対他的差異化——つながりのジャーティヤと対抗的意義

提喩的同一性の論理は、水田の道の事例のような微細な形で日常に顕れる。それは「村の連中」と「エステートの連中」の関係を分断しかねない不穏な潜在性として、常に生活の圏域を覆っている。人々は「ジャーティヤの違いなどない」と語る。特にエステート・タミルたちは徹底しており、ほとんど口癖である。彼らに否定されているジャーティヤとは、マクロの民族対立状況の構成する提喩的な「シンハラ／タミル」の括りである。

生活の場では、しかし、二つのジャーティヤの間の差異化が図られ、緩やかに制度化された諸関係が構築されている。ジャーティヤの差異は確かに形づくられており、実践され肯定されている。本論の分析の道具・観点としての「換喩・隠喩」的論理を照射して、人々に肯定されている「ジャーティヤの差異」、そしてその差異化が形づくるジャーティヤの組成を考察することにしたい。

(1) 肯定される対他的差異

①序列による差異化

二つのジャーティヤはカースト集団のような序列を通じて差異化されている。序列化はジャーティヤの違いを明瞭に形づくるものだ。この差異の実践的な創出と「ジャーティヤの違いなどない」という口癖との間には一見矛盾があるようにみえる。この矛盾は、口でいうことと実際にやっていることの間の齟齬といった皮相な話だろうか。否定されている差異と、肯定されている差異との間には、大きな質の違いがあるのである。後者は「対他」的なつながりを前提としている。そのことは彼らが語る「序列の根拠」のなかに深く見出せる。

序列の高低は、K村シンハラ・カースト序列やエステート・タミル・カースト序列のように生活と乖離し具体的な下支えを失ったものではなく、両者の経済的関係という下地に根ざしている。この経済的関係は、単純な労働需給のマッチのレベルにとどまらない。低賃金で土地を持たないエステート・タミルたちは、「ジャックフルーツをもらう」といったことも含め、依存していかねばならぬ者である。他方、村人はこの依存を受け入れる者である。両者は実際的な「依存する―依存を受け入れる」という隣接性による換喩的つながりによって結びついている。

人々が生活のなかに構成した二つのジャーティヤの序列は、スティラートが指摘するように独立性・依存性の観点から定まっているといえるが、次のようにパラフレーズすることでよりはっきり把捉できるだろう。「序列の高低」は両者間の依存という関係を表現する。すなわち、「高低」は両者のつながりの文化的比喩表現(17)であり、両者のつながりの表象である。さらに換言すれば、序列を通じて差異化された二つのジャーティヤは隣接的な換喩的関係性に裏打ちされている。彼らが肯定する差異はつながりを前提としており、この差異化が形づくる二つのジャーティヤはつながりに担保されている(18)。

シンハラ・カースト の検討では、カースト作法が括りを横断し、人々を結び直すように運用されていることをみた。そこでは、カースト序列をそのまま明示する作法の実践（ゴイガマ女性の水にも手をつけない行為を想起されたい）は、提喩的分断線を現出させるだけだった。序列を明示する作法という点からみれば、ここでは事態は反転している。序列を明示する作法は、分断ではなく、人々を結びつけるべく運用されている。

これを作法運用の方からみれば、シンハラ・カースト領域でみた図式はここでも並行しているといえる。運用で関係づけが図られる二つの集団は、そもそも共有された制度的歴史も、実際的な行き来の長い歴史も持たないだけでなく、民族対立状況下に危うく提喩的同一性の論理に囲繞される「シンハラ／タミル」である。作法運用はここでも提喩的な括りを横断し、人々をつなぐのである。換言すれば、「シンハラ／タミル」という排他的な括りのジャーティヤから、互いに他を前提として構成し合うつながりのジャーティヤへと、質的な転換が図られている。ここにもたらされる差異は対他的である。

②通婚規制による差異化

序列と並んでもうひとつ両者を差異化しているのが通婚規制である。こちらの差異化の含意はどのようなものか。本文で「通婚の禁止」という言い方を避けたのは、この規制が、①明示的な規則やサンクションを伴っていないこと、②関係づけにかかる実践的な感覚の領域に属していること、そして、③その感覚にはシンハラとエステート・タミルの間に非対称性がみられることによっている。つまり、単に「通婚の禁止」ではこの差異化の微妙な含意がつかめないからである。

この差異化の含意を考えるにあたり、ここでも提喩的論理ないし階層体系的思考を排しておく必要がある。例えば、ある村人が結婚相手として、上位クラス「シンハラ／エステート・タミル」の水準ではシンハラを優先し、さらに下位クラス「シンハラ・カースト」の水準では自身の帰属カーストを優先するといった発想は人々の間にはありえない[19]。ゴイガマの者に「ワフンプラヤとエステート・タミルであればどちらが結婚相手としてふさわしいか」といった問いは意味をなさず、「ゴイガマはゴイガマと結婚すべき」である。

これが意味するところは、結婚の問題にかかる当事者の視線が全体を階層化し俯瞰的に眺める位置にはないということである。当事者の視線は常に、類別的交叉イトコ婚を中核に双方に広がる親族のまとまりの網目の内部に水平的に存している。自身が位置づく親族のまとまりでなければ、あとは「それ以外」だ。通婚規制の感覚は、この視線、実践的見地から生じている。シンハラの誰某にとってエステート・タミルが結婚相手とならないのは抽象的な括りの問題ではなく、彼らが自身の位置づく親族のまとまりの者でないからである。「誰某」をゴイガマとすれば、差異化の対象となるエステート・タミルは、「それ以外」のなかにワフンプラヤやナワンダンナと並列して存在するのである[20]。

前章の少し長めの検討で示した通り、村人のカースト・エンドガミーの限界領域は括りの排他的分断線とは異なり、潜在的に常に開いている。エンドガミーの固執は括りの固守ではなく、ひたすらつながりを紡ぎ続ける意思である。現状ではそれぞれの親族のまとまり＝カースト内部に向かっているが、対エステート・タミルとの通婚規制による差異化も括りの問題ではなく、これと同様につながりの潜在性を秘めた形での差異化ということができる。

他方ヒルトップのエステート・タミル側は、潜在性が実現化し、なし崩し的にひとまとまりへと向かっている。合わせれば、二つのジャーティヤ間の通婚規制による差異化は、抽象的な「異民族」間の括りの排他的差異化ではなく、共につながり指向的なカースト・エンドガミーの論理の延長上にある。つまり両者の差異化は、対他的な

「潜在的」つながりによって担保されていることになる。

通婚規制の感覚には両者に非対称性があり、これは事態と全く整合的である。K村シンハラは内向きのベクトルが強いために、どのカーストの者にとっても対エステート・タミルとの通婚規制の意識は当然強い。対照的になし崩しの生じているヒルトップでは、シンハラと結婚している者もおり（K村住人ではないが）、意識として潜在性の実現化へのハードルが低い。

調査地ではこの実現化は生じていないが、これが全く起こりうることを同じようなロケーションの別のエステートでのエピソードで示しておきたい。

「何のジャーティヤ区分だい?!」

キャンディ市近郊のあるエステートで短期間調査をしたことがある。インタビューの相手をしてくれたのは住人のリーダー格で人望を集めているウェッラーラ・カースト（高カースト）の男性で、長屋にはものめずらしそうに見物人たちも集まっていた。雑談の後、遠まわしにジャーティヤの区別を尋ねた。男性は「いまはジャーティヤの違いなどない。みんな混ざっているよ」と穏やかに答えた。筆者にはなじみの答えだった。そのとき窓越しに覗いていた別の男性が調子の良い横槍を入れた。「よろしい仲になって結婚しちまうんだ、何のジャーティヤ区分だい?!」。その場は爆笑に包まれた。ひとしきり笑いがおさまった後、リーダー格の男性が口にしたのは、彼の妻がサッキリヤル・カースト（低カースト）であること、息子のひとりは隣村のシンハラ人と結婚していることであった。窓越しに横槍を入れたのも、このエステートに働きに来ている隣村シンハラ住人だった。

K村やヒルトップの人々にこのようなムードはないし、シンハラ社会全体あるいは高地茶園も含めたエステート・タミル社会全体というスコープでみれば、これは例外的なケースだろう。しかし、エステートとシンハラ村が隣接する局地的な生活の圏域において、エンドガミーの限界領域を微分的にみていけば、つながりの潜在性の実現化は起こりうるし、つながるほどに既存のジャーティヤは反比例的に抽象度を高め、括りと化していく。「クディヤーナのカースト化」でみた通りである。そうなれば今度は自分たちの生活を肯定するようにますます「ジャーティヤの違いなどない」と語られていくことになる。

調査地の通婚規制もこうした潜在性を秘めている。通婚規制をめぐる差異化は、特にヒルトップ住人の場合、規制というよりも現時点で通婚関係が存在していないという説明的性格ととる方が事態に近似する。これは内向きベクトルの強いK村住人とは非対称的であるから、潜在性の実現化は容易ではない。だとしても、通婚規制はやはり潜在的つながりに担保されて両ジャーティヤを差異化していることに変わりはない。

③肯定される対他的差異

差異化の含意をまとめたい。ここでみた差異化は共有された内包（「われわれの文化」として構築された本質のようなもの）によって「排他」的に図られる通俗的な意味での差異化ではなく、他の存在を前提とした（他とのつながりによって与えられる）対他的差異化である。序列を通じた差異化にはこれが明瞭である。通婚規制を通じた差異化は、表面的にはつながりの拒絶にみえる。しかしこれは、つながりが構成するそれぞれのエンドガミーの論理の延長に現じている事項であり、他と関係づく潜在性に担保されている。彼らが生活のなかで肯定する差異は、つながりが生み出す、対他的に構成される差異なのである。

（2）対他的なつながりがつくるひとまとまり

緩やかに制度化された諸事象まで視野を広げよう。本論で用いてきた「換喩・隠喩的」の語は、関係性の論理を捉えるべく援用した観点・道具だった。「隠喩的」を類似性という狭い意味範囲に限定しているのに対して、「換喩的」は、援用元の「隣接性」概念の収拾のつかぬほどの広がりに恃んで、全くさまざまな事象をそれによって取り出してきた。前節の諸事例もみな換喩的であるといえることになる（例えば「序列化」であればそこに「依存する—依存を受け入れる」という隣接性、「贈り物交換」であれば「贈る—贈られる」という隣接性を見出せよう）。実際、すべて列挙して換喩的であるとしたところであまり意味はない。意味を持つのは二つの点においてである。ひとつには、これらが提喩的同一性の論理に囲繞される「シンハラ／タミル」という二つのジャーティヤ間の生活のなかで結ばれ、括りを突破する人々の生きるやり方になっていること。この点は最後に述べる。もうひとつは、こうした具体的なつながりの実践が、ある種、根底的な隠喩的想像力と結び合うこと。こちらから初めて、生活の場において肯定されるジャーティヤの組成を述べたい。

隠喩的想像力とは「似たようなわたしたち」を描く想像力のことである。「呪文の分業」の事例に付した治療場面からは、換喩的つながり（治療する—治療を受ける）が、両者の「互いに似たようなもの」という再確認の場になっているイメージを描けるだろう。ここでは、シンハラ洗濯カーストによる成女儀礼かけもちの事例で議論したい。

正確な日付はもうわからないが、ヒルトップにエステート・タミルたちがやってきたのが二十世紀初頭、シンハラ洗濯カーストの家族がやってきたのがその直後である。邂逅のときを想像すればどうだろう。南インドからやってきて間もないエステート・タミルがシンハラ洗濯カーストに成女儀礼を初めて依頼するとき、人々はどんなことを考えただろうか。きっと「わたしたちの洗濯カーストと似たような者」を見出したに違いない。

調査時点では、既に「やり方」や「言葉」は違うが実体はひとつというリアリティが構成されている。しかし、発端はむしろこうであろう。「「やり方」や「言葉」は違うが、他者も似たようなものに違いない」。この類似性を頼った想像力から実践的な換喩的つながりが結ばれ始めることになる。

視線をめいっぱい引き離せば次のように述べることができる。実体はひとつという彼らのリアリティには何の保証もない。こう述べた上で、再度接近すれば、そこには圧倒的な保証がある。誰もが似たように境遇する、誕生、死、身内の少女の初潮、あるいは似たように危険なケガレ、これらに伴って似たように何事かをすること（私たちが儀礼と呼ぶもの）、さらに接ごう、似たように効力ある薬草、似たように交換される揚げ菓子やバナナなど。「他者も似たようなものに違いない」という隠喩的想像は、こうした具体的諸事・諸物を介した反復的なつながりの実践によって、その都度、その妥当性が補充され続ける。この補充が可能となるのは、隣接して関係づいた生活を通じてである。持続的な換喩的つながりの実践によって隠喩的想像力は枯渇を免れる。

換喩的つながりの実践は隠喩的想像と結び合う。換喩的隣接性の論理と隠喩的類似性の論理は、実際、どちらかを論理的発端に置くこともかなわないほど結び合っている（前述のように隠喩的類似性を発端に換喩的つながりが生まれるともいえようし、邂逅という他ない根源的な隣接性を発端にとれば、そこから隠喩的類似性が紡がれるともいえる）。生活の場におけるジャーティヤは換喩的・隠喩的な織物のようにまとまりをつくっている。対外的領域におけるエステート・タミルというジャーティヤは、こうした対他的つながりの網目のなかに、ひとまとまりの形を得るのである。

(3) 生活の境遇とつながりの対抗的意義

本章に挙げたとりとめのない日常のつながりの実践の持続は常に対他的であり、似たように生きるわたしたちという隠喩的想像を支えている。対他的差異によりつくられる二つのひとまとまりは「似たようなわたしたち」でもある。その想像された対象の表象は産出されていないが、否定形で語られている。それが「ジャーティヤの違いなどあるものか」なのである。それは平板な平等主義の表明ではなく、生活の肯定のディスコースである。そして問題なのが、そのような肯定をしなくてはならない境遇である。

「長屋」に代表して表現させたエステートの生活の境遇は、長屋という物理的建造物がそれ自体収まっているところのエステートという空間のなかにあり、さらにそれは民族対立状況が呈する提喩的論理の相互排他的空間のなかにある。調査地でいえば、「水田を横断する道」の上に目に見えない形で形成された、いたたまれない空間である。

対内的領域においては、「長屋」が、括りに囲繞された人々がつながりを模索する生活の境遇だった。対外的領域では、提喩的論理の排他的分断線の覆い被さる、この地続きになったヒルトップとK村がその生活の境遇である。こうした境遇のなかではつながりを紡ぎ続けていくことそれ自体が排他的論理に対する対抗的意義を持つ。この意義は、人々に意識的であるか無意識的であるか、といった問題を寄せ付けるものではないが、そのことから述べたい。

人々は確かにつながりに対抗的意義を見出していると表現しても誤りにならないし、その逆も誤りにならない。「ジャーティヤの違いなどない」、「わたしたちの方が低いよ」といった口癖や、つながりを指向する彼らの生きるやり方は、民族対立状況下に「異民族」と隣り合って暮らす彼らの生き方の癖のようなものである。その癖は、常に目的志向的な意識的なものでも、全く無意識的なものでもなく、境遇に方向づけられたハビトゥスである。

この生きるやり方の癖が、身のこなし方といった素朴な、限りなく無意識的なレベルに近い単なる癖でないことは明らかだろう。すべては水田を横断する道を遮った不穏なムードのなかで実践されている。火傷治療の場面で、治療者のシンハラ住人が筆者に薬草の名を教えたとき、患者の男性はすかさずタミル語での名を出した。そして互いに薬草の効力を確認し合った。この場面は、二年近く世話になった調査地の人々の、本当に彼らしい場面であり、筆者が目の前にいようといまいとそうである。[21]

つながりを紡ぎ続けることの意義は、意識的、無意識的を問うものではない。序列を通じた対他的差異化を引き合いに出そう。差異化の要点が、高いか低いかという序列形成の問題より一段高次の、提喩的論理の排他的分断に対する横断的関係づけの対抗的意義のレベルにあることは人々のふるまいからわかる。贈り物交換において、渡し方の非対称性に慨嘆が伴うことはなく、序列が表出されることそのものは問題にされていない。つながりを紡ぎ続けることが重要なのである。屋根のアッタンには、エステート住人と村人の間の依存関係が明らかに透けているものの、両者の対等性が前面に出ている。これはとり方によっては依存関係でもとれるのである。だが彼らはそうしていない。つながりに狙いを定めた実践という意味においては、「高低の序列化」と、「対等性の屋根のアッタン」の事例との間には、見かけほどの違いはなく、どちらもつながりが重要なのである。

序列性と対等性をいっしょくたに考えるのは乱暴なことに違いなく、深い意味で微妙な部分もある。土地保有の有無や経済状況から派生する根底的な不平等は存在しており、これをふまえれば屋根のアッタンに表出する見かけの対等性などミクロレベルに傾斜がかかった従属的関係の非対称性を隠蔽するカモフラージュであり、親密さなど虚偽意識かもしれない。

だとしても、もっと乱暴なのは、序列にせよ、対等性にせよ、依存にせよ、つながりそのものを断ち切ってしまう提喩的同一性の論理の生活の場への不穏な介入なのである。特にエステート・タミルたちにとって、水田の道に生じたような空間が彼らを取り巻いてしまったならばもはやそこでは生きられなくなる。そんな空間がかつて悲惨な形でスリランカを席巻したのである。重要なことは、実践的につながり、表象し、肯定しながら、分断線をぼかし続けることである。換喩・隠喩的織物のよう、と述べた。これは生活の場に紡がれるつながりのジャーティヤの模写表現に過ぎない。しかし、こうして生きられるジャーティヤが、排他的な括りの分断線をすり抜けながら、彼らの生活をつないでいるのである。

本節の議論をまとめたい。生活の場において、二つのジャーティヤは対他的差異化を通じてまとまりを形づくっている。この差異はつながりが生み出しており、二つのジャーティヤはつながりに担保されている。人々が肯定するのは、この対他的差異であり、対他的な換喩・隠喩的論理を組成とするまとまりである。提喩的な排他的差異は、不穏な潜在性をもって生活の場を覆っている。排他的な提喩的論理は換喩的関係性を切断しかねない。それは生活の寸断をもたらし、隠喩的想像力は枯渇してしまうだろう。村の連中とエステートの連中の間に隠喩的想像力が枯渇するときは、「シンハラ／タミル」という危うい排他線が容赦なく生活を引き裂くときである。この生活の境遇において生きていかねばならない彼らは、提喩的な括りのジャーティヤを換喩・隠喩的なつながりのジャーティヤに変換し続けている。実践、表象、肯定、想像を駆使して境遇に介入するといってもよい。これを対抗的意義と捉えた(22)。

第五節　「スリランカ・タミル＝ブラーマン」

対外的領域の検討の最後に、対「スリランカ・タミル」、対「ブラーマン」という異ジャーティヤとの関係に短い一節を割く。ヒルトップの日々の生活にこの異ジャーティヤはほとんど関わっていない。着目するのは、エステート・タミルによるこれら二つの異ジャーティヤの表象である。ここではスリランカ・タミルとブラーマンを一括りに「スリランカ・タミル＝ブラーマン」として取り扱う。人々にとってこの両者はある意味で一括りであり、それをここで取り上げるということである。ここでは本論のこれまでのパターンは大きく反転する。括りの肯定、つながりの切断と微妙な留保である。

（1）提喩的論理の表象としての「スリランカ・タミル＝ブラーマン」

ヒルトップの人々は、ブラーマンやスリランカ・タミルの話題になると決まって判で押したような定型の語り方で答える。あるクディヤーナ女性（四十八歳）とパッラール男性（七十二歳）と三人で話していたとき、彼らはこんな風にブラーマンを語った。

「ブラーマンは俺たちを近くに寄らせないんだ。スッタムだ。（長屋の前の道を指さして）そこをブラーマンが通るとするだろう？　そしたらブラーマンはトゥー、トゥーと唾を吐きながら行くだろう」

ヒルトップ住人は唯一ブラーマンにのみスッタム（浄性が高い）の語を用いる。人々によれば、ブラーマンは自分たちの知らない正しいやり方で神々を遇することができる。自分たちの知らない、神々に関する深い知識を持っている。さらに人々は、ブラーマン自体が神々の前におけるふさわしい心身の体現者であると考えている。

他方、スリランカ・タミルについて問えば、「彼らは俺たちを相手にしない連中さ」といった言葉がまず返ってくる。もうひとつ定型的なのは、「彼らは神事に長けている」といった形容である。そしてブラーマン、スリランカ・タミルについて問えば、ほぼ必ず付け加えられる一言がある。「連中はインドやジャフナにいる、「ここ」にはいない」である。

スリランカ・タミルにさまざまなカーストがあることは当然ヒルトップの人々も知っている。だが人々はこれらを提喩的な排他的論理によって「スリランカ・タミル＝ブラーマン」と一括りに遠ざけようとする。この括りには、「インド」、そして北部主要都市「ジャフナ」をめぐる想像(23)、さらに「スッタム（浄性）」をめぐる認識が、ぐちゃぐちゃに絡み合っている。「スッタム」をめぐる微細な事項を後に回し、まず全体の図式を一気に整理して述べたい。材料はここまでの記述で出揃っている。

人々にとって「インド」とは見知らぬ過去にして、市民権問題において具現化した提喩的論理の地理的表象である（「詐称のスリランカ・タミル」の事例を想起。第一章）。他方、「ジャフナ」とは民族対立状況においてシンハラと対立するスリランカ・タミルの拠点にして調査当時の主要戦闘地域である。「タミル」の括りの地理的表象といっていい。すなわちインドとジャフナは、それぞれ市民権問題、民族対立問題において、エステート・タミルたちを囲繞してきた提喩的論理の地理的表象である。

またインドやジャフナは、彼らの「ここ」とは異なった厳格なカースト制度の所在として想像される場所である。

すなわち、彼らを一括りにしてまるで相手にしない人々の住む場所、彼らが遠ざけたい提喩的論理の地理的表象である。インドやジャフナの地名は、遠ざけるべき、否定の対象として人々の語りに表れる〈少年の「ここではなかよくいるよ」の語り〈第四章〉、「スリランカ・タミルによるステレオタイプ」〈第一章〉を想起されたい〉。

ブラーマンやスリランカ・タミルは「ここにはいない」と語られる。彼らはどこにいるか。彼らは「インドに、ジャフナにいる」。実際にはそうでないことはいうまでもない。ヒルトップ管理事務所の主任事務員はスリランカ・タミル男性だ。成女儀礼の初潮の少女が吉兆の日時を調べ、また後日長屋の者が厄払いに訪れたヒンドゥー寺院にはブラーマンがいて、それは最寄りの町である。「ここにはいない」の意味はこの実際の話ではない。ブラーマンとスリランカ・タミルは、彼らの「ここ」の否定者」としてインドやジャフナにいると想像される。すなわち二つの土地が彼らを囲繞する提喩的論理の地理的表象とすれば、「スリランカ・タミル＝ブラーマン」はそのジャーティヤ的表象なのである。

この意味で人々にとって「スリランカ・タミル＝ブラーマン」であり、「ここにはいない」とは提喩的論理による生活の寸断から逃れ続けようとする人々による、「ここ」の生活の肯定のディスコースととれるのである。括りとしての対「スリランカ・タミル＝ブラーマン」との関係は、本章でみた生活の場の対シンハラとの対他的差異化とは全く異なった仕方で差異化が図られている。「ここにはいない」とは人々による排他的差異化の宣言である。人々は、提喩的論理を駆使してこれらを排除しようとする。彼らとの関係において、エステート・タミルのひとまとまりは排他的論理を主要な組成としていることになる。

だが、重要な点は、彼ら自身によるこの提喩的論理の駆使が、つながりに拠ってまとまりを生きる彼らの生き方、生活の肯定を狙っていることだ。というのも、このレベルで否定・排除されているのは、提喩的論理の表象としての「スリランカ・タミル＝ブラーマン」だからである。よって、ここでは少しひねりが入っている。彼らは括りの論理を行使してつながり（＝自らが生きるやり方、生活）を肯定する。その仕方が「括りをもって括りを否定する」（排他的差異化によって提喩的論理の表象たる「スリランカ・タミル＝ブラーマン」を遠ざける）なのである。

対「スリランカ・タミル＝ブラーマン」という異ジャーティヤとの関係についての基本的指摘は以上であり、結論は、エステート・タミルのひとまとまりは、あくまで括りを拒絶しつながりを指向するということである。

以下、本節残りのわずかな記述は、詳細に論じるには資料に乏しく付加的な性質のものだが、あくまで「つながり」が重要であることを補強するためのものだ。排他的論理の駆使によって自らを肯定するエステート・タミルは、括りをもって括りを否定している。つまり「つながりは否定していない」。これら異ジャーティヤとのつながりの相が微妙な形でみえている。

(2) つながりの留保

人々の想像の「スリランカ・タミル＝ブラーマン」は、具体的には「スッタム（浄性、浄性が高い）である」、「神事に長けている」という形で形容されることが多いと述べた。このうち、特に「神事の執行」を介して、想像のブラーマンは想像のスリランカ・タミルと連結する。例えばエステートの女神祭礼などを調査していた筆者はよくこんなことをいわれたものである。

「おれたちはブラーマンやスリランカ・タミルと違って神事に長けていない。もし正しいやり方を調査したいなら立派な寺院に行かないといけない」

彼らの想像する「立派な寺院」は、インドに、ジャフナにある。

「インドやジャフナには大きな寺院があって、それは美しく祭礼を行うのよ」

先述の通り、インドやジャフナは、彼らをまるで相手にしない人々が住む場所である。その人々は彼らに「井戸も使わせない」（第四章、少年の語りを想起）。ブラーマンは「唾を吐きながら」行くだろう。想像された「スリランカ・タミル＝ブラーマン」は「神事に長け」、「浄性が高く」、「インドやジャフナに住んでいる」。

エステート・タミルと、想像の「スリランカ・タミル＝ブラーマン」とのつながりは、このうちスッタム（浄性）のまわりに核心的部分がある。ここに括りの相とつながりの相があり、後者の微妙なつながりの相に、これら異ジャーティヤとの想像されたつながりが留保されている。「スリランカ・タミル＝ブラーマン」をスッタムと捉える人々が、浄―不浄価値観念に拠るカースト・ヒエラルキーを介して「スリランカ・タミル＝ブラーマン」とつながっていると捉えたい誘惑にかられることはもうないはずである。彼らはブラーマンをスッタムと語っても、自らをアスッタム（不浄）と語ることはない。その含意は、「自分で不浄などといいたくない」といった気持ち的問題でなく、もっと踏み込んだ切断である。

人々はスッタムの体現者としての「スリランカ・タミル＝ブラーマン」を首肯しつつ、これを根拠とする世俗内的階層序列（それは人々を一括りにしてまるで相手にしない枠組みである）そのものは、「スリランカ・タミル＝ブラーマン」ごと放り出してしまう。彼らは「ここにはいない」である。放り出す先が、表象のインド、ジャフナだ。

この仕方はケガレと不浄の彼ら自身による弁別（第六章）とパラレルになっている。彼らのスッタムは二面的である。一方でそれは神々という他界的な力の突出に接するに必要不可欠な心身の構えであり、他方で人々を括りながら世俗内的階層性を構造化する原理ともなりうる。人々は前者に深く傾倒しつつ、前者と後者を切り離す、切り離して放り出す。ここに括りの論理が動員され、そして、これが「「スリランカ・タミル＝ブラーマン」はスッタムだ」」、が、「ここにはいない」の含意である。

だが、ケガレ観念がなくなってはいないのと同様に、彼らはスッタムを自らの内にとどめている。スッタムは世俗内的階層原理と乖離し、ひとりひとりのバクティと結ぶことで手放されずに残るのである。人々自らによるこの弁別は、スッタムの二面性がそれこそいっしょくたになっている事実をそのままになされている。[24]

微妙なつながりの相は、スッタムの二面性がいっしょくたであることに依拠しながら、素朴な形で表れるものである。世俗内的階層性のスッタムの論理が放逐されると、人々にとってのスッタムは神々を上手に歓待できるか否かの程度の差異へと転換され、それはひとりひとりの、彼らのバクティに逢着する。ここにおいて「似たように神々と接する私たち」という素朴な隠喩的なまとまりが「スリランカ・タミル＝ブラーマン」との間に生じてくることになる。

このつながりの相については、日常にこれらのジャーティヤとの関係の薄い調査地からは民族誌的資料を介してうまく示すことができない。本論では代わりに、ひとつの印象的なエピソードに託し、前記議論のニュアンスだけでも提示しておきたいと思う。

「今頃インドでは……」

二〇〇一年一月のタイポンガル祭の晩、長屋の前で各戸が祝祭用のミルク粥（ポンガル）を炊き終わり、筆者はパッラール女性（六十四歳）とクディヤーナ男性（十九歳）と三人で煮炊きに使った残り火をしゃがんで見ていた。なんとなしにぼーっとしていたのである。すると、女性がなんだか嬉しそうな顔で、「今頃インドではお大きなお祭りでしょうね」と言った。

このエピソードには説明が必要である。調査開始以降、ヒルトップの人々から語られる「インド」は徹底的に遠ざけるべき対象として筆者の前に提示され続けていた。インドとの個別具体的なつながりは失われており、インドが語られる局面とは筆者が市民権問題について何か問うような場面だけだったからである[25]。

それに慣れきっていたから、この女性がなんだか嬉しそうにぼそっといったとき、意外な思いがしたし、残り火の風情もあってか深く印象に残る場面だった。彼らと、想像の「インド」、「ジャフナ」、「ブラーマン」、「スリランカ・タミル」とのつながりの相が、このとき一瞬差し込んでいたのではなかろうか（本節の議論を「括りによる括りの否定」で片付けたくなかったのはこの場面があったからである）。同じように祭礼を行い、同じように神々に祈るわたしたちという隠喩的つながり。そういえばインドやジャフナの大きな寺院の祭礼を「それは美しいのよ」と想像して語る彼らも、なんだか嬉しそうな顔をしていたように思う。

「スリランカ・タミル＝ブラーマン」との関係においても、エステート・タミルというひとまとまりの組成には確かにつながりの相が微妙な形で浮かぶのである。だが、これを「隠喩的類似性の論理」などといえば何かが大きく抜け落ちるようにも思う。嬉しそうな顔。本論の語彙ではこれを深く追いかけることができない。

次の通りまとめてとどめたい。人々にとってのインド、ジャフナ、「スリランカ・タミル＝ブラーマン」は提喩的論理の表象である。想像の「スリランカ・タミル＝ブラーマン」との対外的領域において、人々は、つながりに拠る生活の肯定に向けて、これらを不在として切り離す。そこに行使されるのは括りの論理、すなわち括りによる括りの否定である。だとしても、それはつながりの肯定（つながって生きる彼らの「ここ」の肯定）に向けられたものであり、なおかつ、括りの論理の行使で遠ざける「スリランカ・タミル＝ブラーマン」というジャーティヤとの間にも、どこか彼らはつながりを破棄せずに留保しているのだということ。

第六節　つながりを生きるジャーティヤ

対内的領域の検討から始め、対外的領域における異ジャーティヤとの関係まで検討を行ってきた。途中シンハラ・カーストの検討を挟んだが、つながりが形づくるまとまりとしてのジャーティヤの組成は、エステート・タミルだけにかかるものではなく、スリランカにおける「ひとの種類」のつくられ方として敷衍していけるのではないかと筆者は考えている。

ここでは主語をエステート・タミルに定めてまとめたい。本文では、各章、場合によって各節ごとにまとめの文章を付したので細部は繰り返さないことにする。

エステート・タミルというひとまとまりは、換喩的隣接性と隠喩的類似性の織物のように形づくられている。具体的水準（つながりの相の具体相）でいえば、対内的には類別的交叉イトコ婚がつなぐ潜在的な親族の網目（親族のつながり）とエステート労働者という表象がつなぐ「似たりよったり」の類似性（職業のつながり）が彼らのひとまとまりの主要な組成を成している。対外的には、序列化や通婚規制、緩やかに制度化された諸事象にみる対他的差異＝つながりが、このひとまとまりの組成を成している。いずれも換喩的・隠喩的なつながりをその組成としているのである。

エステート・タミルが生きてきた境遇は、カーストの括りが問題となる「長屋」から民族の括りが問題となる「民族対立状況」まで、提喩的同一性の論理による囲繞が生活の脈絡を寸断する危うい境遇である。生活の場において、彼らは提喩的な括りを換喩・隠喩的なつながりによるまとまりへと質的な変換を行う。対内的には、それは括りを放棄するジャーティヤの拡大として現象し、対外的には対他的差異化を通じたつながりに拠るまとまりの構成として現象する。エステート・タミルというジャーティヤは、括りを突破しつつ紡がれてきたまとまりなのである。

そろそろ本論発端の問題設定に戻るべきだろう。「われわれの本質」を内包とするような提喩的同一性の論理は本章でみた水田の道の上にエコーする。本論はエステート・タミルをめぐるアイデンティティ・ポリティクスのシナリオとは全く異質な光景を描き出してきたつもりである。エステート・タミルという人々が生活のなかで紡いできたアイデンティティの在り方、提喩的同一性の論理に拠らないアイデンティティとは、換喩的隣接性と隠喩的類似性のつながりによって定まりを得るものと述べることができる。最後の一章は換喩・隠喩的なつながりが定めるアイデンティティそのもの、そのいわば本領を考えることで本論の結論に向かう。

註

（1）　こんな問いが可能な背景は本文で示していく。「高低」はつながりのインデックスである。

（2）　当時国内メディアの論調は「政府軍対ＬＴＴＥ」の図式を前面に出していた。政府側はいたずらに民族対立図式を煽るよりも、ＬＴＴＥを一部過激派として孤立させる方が得策だったのだろう。だがそれも人々に簡単に「シンハラ対タミル」と置き換えられてしまう面があった。なお、「９・11」以降、論調は「対テロリスト」の構図に強く収斂していったようにみえる。
（3）「民族的主体」に出会うか否かは、文脈および時代に大きく影響を受けるように思う。暴動の吹き荒れた一九八〇年代スリランカに滞在調査をしていればどうだったろうか。内戦終結を迎えた今日、長期滞在すればどうだろうか。その意味で本論の記述はある歴史的一時点のものである。
（4）先にふれた日常の行き来の風景も、ほぼ水田の西側に多くみられるものだった。
（5）村人はしばしばこれを、「エステートの連中にもカースト区分はあるが、連中はひとつだ」と表現する。実際、村人が接するエステートの連中は伝統的職能に基づいて分業をなす諸集団などではなく、皆「エステート労働者」である。
（6）図示していないが例外はヒルトップに居住するシンハラ洗濯カースト・ヘーナである。これについては後述する。
（7）調査を始めて間もない頃、あるエステート・タミル男性をマハッタヤーと丁寧に呼んだ筆者は、K村住人に後でたしなめられることがあった。理由は「連中はカムカルウォー［s］（労働者、本文で後述）だから」だった。低い者にマハッタヤーを用いるのはおかしいということである。
（8）ひとつは「カンカーニ」というもので、植民地支配期の「移民リクルーター、労働監督者」に由来し、エステート・タミルの老人男性に対して丁寧に話しかける際に用いる。カンカーニと呼びかけるときの村人の物腰や丁寧な雰囲気は、K村内部で全く同じような感じで表出することがある。村人が、村で唯一、伝統的職能を生業としているナワンダンナ男性（六十五歳）を「グルナーンセ」と呼ぶときである。こうした呼びかけ言葉は今日ほとんどみられないが、カーストごとにみられたもので［cf. Yalman 1967: 90; Gunasekera 1994: 232］、意訳すれば「師匠」とか職人に対する「親方」といった呼びかけに近い。この呼びかけには、序列の高低というよりも職能や専門性に対するある種の敬意のニュアンスがある。もうひとつは「アーッチ」（祖母）である。村人はエステート・タミル女性に対して年齢にかかわらずアーッチと呼びかける。スリランカではタミル人女性を「デマラ・アーッチ」（タミルおばあちゃん）と一般に表現することがある。またグナセーカラは、二十世紀初頭のシンハラ村で、ムスリムの女性たちがシンハラ住人からアーッチと呼びかけられていることを記している［Gunasekera 1994: 232］。シンハラ語には祖母に呼びかける語が「アーッチ」、「キリアンマ」、「アッタンマ」など複数あり、通常使い分けは地域差の問題だ。例えば、K村から東へ二十数キロメートルの位置にあるキャンディ市近郊で周辺にエステートのない村々では祖母をアーッチと呼ぶのが一般的である。これに対してエステート・タミル女性と接する機会が多いK村周辺ではアーッチはタミル女性にだけ特化されて用いられる。この呼びかけ方はある種の親密さの表出に連なるものと思われる。なぜアーッチなのかについて確かなところはわからないが、消去法的な推測をすれば、シンハラの親族名称体系にはエゴの二世代上のレベルに親族名称上の交叉・平行の区別がない。マーマやナンダの語を引き寄せるにはエステート・タミルは異なる存在に過ぎ（例えば言語が違うなど）、しかし、日常に身近な他者である。そこで名称として使用できる語としてアーッチが浮上しうる。女性に対してのみ用いられるのは、別の角度からみるしかない。例えば「シンハラは一般に母を非常に大切にする」、「男性は社会的な領域での地位に晒されやすい」といった諸要因の組合せによる説明である。

(9)　シンハラ・カースト序列がこうした形で表明されるケース、例えば特定のカースト同士が兄弟姉妹のイディオムで表現される例は思いつかない。

(10)　地位の表出に関連して食事規制に付言しておく。シンハラ―エステート・タミル間の場合、シンハラは食物を受け取らないとされているし、この規制は意識されている。とはいえ語りにおいても実践的にも、何ら厳格さはみられない。「エステート住人のところではお茶も飲まない」という村人でも「まあ出されたら飲むよ」と続けざまに語るほどだし、祝祭ディーパーワリのご馳走と酒のお相伴にあずかることを楽しみにしている村人もいる。すぐ後にみる祝祭時の贈り物交換でも、エステート住人の届ける揚げ菓子を村人はふつうに食べている。食事規制については、住人同士が意識しているという意味で序列と深く関わるものの、時折訪れる実際の場面ではむしろこの規制を取り払って生じる親密さが際立つ形になっている。

(11)　二つの語の英訳は“A Sinhalese-English Dictionary”［Carter 2007（1924）］による。

(12)　スリランカには「エステート労働者＝エステート・タミル」という強いステレオタイプがある。エステート労働者は「低い」、エステート労働者はエステート・タミルである、よってエステート・タミルは「低い」という雑駁な図式によって（日常の感覚には無論三段論法など必要なく、一挙に「エステート・タミル＝低い」であるが）、この「低さ」はスリランカのエステート・タミルという人々全体に漠然と覆いかけられることにもなっている。実際に就いている仕事を問わず、全体として低く位置づけられていることを彼ら自身も知っている。筆者の知人で高地茶園に育ちペラデニア大学に進学した優秀な若者がいる。彼は自分がエステート出身だとあまりいいたくないと語ったことがある。それだけで相手がシンハラだろうとスリランカ・タミルだろうと、見下したような態度に少し変わるからだという。この若者に投げかけられる「低さ」は、ヒルトップ住人のような換喩的関係性の下支えを持たない提喩的論理に拠っているといえる。

(13) 交換は両住人のすべてが行っているものではなく、ヒルトップでは全世帯の約半数、K村では全世帯の約四割でほぼ水田西側の人々である。東側の村人との疎遠さはこうした場面にも表れている。

(14) なぜ屋根の葺き替えだけがそうなのか明確な理由はわからないが、この作業だけは大工が行うものに比べて専門的技術がさほど要らない代わりに人手がかかるという性質がある。

(15) タミル語のペーイは「死霊」、シンハラ語のヤカーは「悪霊」と区別すべきかもしれない。だが、ここでこだわっていないのには理由がある。ヒルトップ住人に「ペーイとヤカーはどう違うのか?」と問うたところ、その場が笑いの渦に包まれたことがある。「ペーイのことをシンハラ語でヤカーというのさ」というのが答えだった。「実体はひとつで言い方が違うだけ」というのが両住人の日常のリアリティであることは、注意してもしすぎることはない。ペーイもヤカーも悪さをするこの世ならざる者というだけである。事例の薬草も効能は同じだし、薬油に小声で呪文をささやくやり方もこれら三人とも同じである。成女儀礼や事例にみるようなささやかな一場面は、こうして共有された単一のリアリティをその都度再認する機会になっていると捉えることもできる。

(16) Bの火傷治療の呪力は鍛冶工カースト・ナワンダンナとして代々受け継がれた。呪文は文句を覚えるだけでは効力はなく、伝授の際に頭に手を当て、ある力とともにその言葉を教えることで新しい唱え手にその力が付与される。彼は母からこの呪文と力を伝えられた。

(17) 比喩としては「依存関係がある、だから低い」という「原因—結果」の換喩。また、「高い—低い」自体は地位という概念を物理的な空間の方向性を援用して構成する「空間関係づけのメタファー」(spatialization metaphors)である［レイコフ&ジョンソン　一九八六（一九八〇）：一九］。レイコフ&ジョンソンは、概念構成の根底的なメタフォリカル（比喩的）な組成を指摘している。その道筋に習えば、二つのジャーティヤが構成する文化におけるさまざまな局面の「高い―低い」の表出を洗い出し検討する作業が待っている。本論はアイデンティティをめぐる関係の形式に修辞学的着想を援用するところから始めているため、彼らの議論とすぐに重なる部分は少ないが、こうした道筋は人類学的研究においてもかなり意味のある視角をもたらすように思える。

(18) これをふまえれば、実践的肯定に連なるエステート・タミルの口癖「わたしたちの方が低いよ」の意味は明瞭である。低位者による肯定やコンセンサスは、ここでは不思議なものではない。この言明はつながりの証となる。肯定されているのは「低いよ」の方ではなく、つながりによって構成されている「わたしたち」の方、つまりつながりに担保されたジャーティヤの方であり、かつ、このジャーティヤを構成するつながりの存在である。

(19)「類・シンハラ」の「種・個人」が、その外延に結婚相手を見出すという実践は生活の場にはない。

(20) 換言すれば、K村シンハラ側からみた通婚規制がもたらすシンハラとエステート・タミルの差異は、「四つのジャーティヤ」(三つのシンハラ「カースト」+ひとつの「民族」)の差異のひとつとして在る。

(21) 長屋の成女式当日の朝もそうだった。成女式を始める直前、長屋の一室でお茶を飲むシンハラ洗濯カースト女性と初潮の少女の母が、つる草(輪に編んで少女の頭からくぐらせたもの)の名前やこれが何かの薬草のような効能があることなどを話し合っているのが聞こえた。ヒルトップ住人はシンハラ語を解するので、こうした局面ではシンハラの者に教える形になることが多い。筆者はこれが意識的か無意識的かと問われれば、意識的に近い癖だと答えたい。本文で記す通り、これはどちらでも構わないが。

(22) 対抗的意義などと記すのは強調のためである。換喩・隠喩的織物という言葉を本文で使ったが、さまざまな仕方でつながり、自他を表象し、肯定し、ときには組み替えて「ひとの種類」が生きられることは、実感的に当たり前のように思える。スリランカという島のジャーティヤもおそらくそうだっただろう。むしろ強調されるべきは、こんなことがわざわざ意義となってしまう状況そのものではないか。

(23) バスはエステート・タミルにとってのインドが、「想像のインド」であると表現している［Bass 2001: 1-2, 2004: 16］。それは「ジャフナ」も同様である。本節ではこの想像の仕方が問題である。

(24) 彼らにとって、ブラーマンのスッタムと彼らのバクティ的なスッタムは同じスッタムである。この点はケガレの意味論的集中化ほど徹底していない。人々がブラーマンについて語る際の態度は、「畏れ多い」というくらいのニュアンスのこもったものである。ブラーマンは無条件にスッタムである。だが「ここにはいない」である。

(25)　実際には、筆者はインドとのつながりが垣間みえるような場面に接していたのだろうといまなら思える。「大きな寺院はインドやジャフナにあるのよ」といった語りや、長屋の部屋でタミル映画を見る場面はあった。ただこれらをかき消すほどに、インドの括りの相が強く映じていた（民族分類名称をめぐるある種の「詐称」の事例を想起。第一章）。

第九章　つながりのアイデンティティと女神祭礼

生活の場において、あるまとまりが特定のジャーティヤであること、あるいは、ある者が特定のジャーティヤであることの定まりは、類―種の論理ではなく、換喩・隠喩的論理に拠っている。提喩的同一性でない、「そうでないアイデンティティ」、本論で採用した言葉でいえばそれは換喩・隠喩的同一性となろう。だがこれは本論にとって道具的概念である。それはいったいいかなるものなのか、その要諦はどこにあるか。

このことを本論最後の事例のなかに、なかから、考えたい。括りを突破しながらまとまりをつくってきたエステート・タミルたちが執り行う女神祭礼が題材である。これを題材に取り上げる理由は、この祭礼のひとつの場面に、つながりに依拠したアイデンティティの要諦が鮮鋭に浮かび上がっていると考えるからである。

記述・考察に入る前に短い助走路を置きたい。本論では三つの比喩表現形式を道具のように用いてきた。援用元に思考のバネを求めてみたい。これは翻って本章後半の議論の着想の参照地点の用を果たそう。

第一節　比喩の他性と偶然性、受動性

文章表現としての比喩は、何かを何かに喩えるものである。しかし、ふつうイメージするように、例えば、「あ

らかじめ二つの何かと類似性があって……」というものでもない。本論でも着想の支えとなった言語哲学者佐藤信夫は、ある小説の一節を引いている。

「駒子の唇は美しい蛭の輪のやうに滑らかであつた」（川端康成『雪国』）。

「唇」を「美しい蛭の輪」に喩えるこの文章表現において（形式上は「直喩」。本論の文脈では隠喩と直喩はいっしょくたで構わない）、二つの間には類似性が介在している。だが、これに先立ってわたしたちは蛭と唇を並べてみることさえしない。まして「美しい蛭の輪」など思いもよらない。(1) 佐藤は次のように述べている。「《直喩》や、（中略）《隠喩》は、《ふたつのものごとの類似性にもとづく》表現である、というのが、古典レトリックの定説であった。（中略）けれども、ここで私はそれを逆転させ、類似性にもとづいて直喩が成立するのではなく、逆に、《直喩によって類似性が成立する》のだと、言いかえてみたい」。佐藤はさらに続けている。「「美しい蛭のやうな唇」という直喩によってヒルとくちびるとは互いに似ているのだという見かたが、著者から読者へ要求されるのである」［佐藤　一九九二：八一―八二（　）内筆者、《　》原文ママ］。

直喩や隠喩は、類似性をいわば「創造的に見出し」、蛭や唇をつなぐ実践である。そのとき蛭や唇はそれぞれ似たようなものとして創造的に比定を受ける。もう一歩進めてよいはずである。蛭と唇は、それぞれムシの種、身体部位の種であるままに、類似性に拠るひとまとまりをつくることが可能である（換喩、隣接性の場合も同様のことがいえる）。(2)

このひとまとまりに「他なるもの」（蛭にとっての唇、あるいはその逆）は不可欠の契機である（何者であるかの定まりに対他的な受動性が伴っている)。そして、他なるものとのつながりの潜在性とつなぎの創造性に依拠するまとまりには(裏返せばこのまとまりをなす対他的な他なるものたちには)、絶えず「そうでない何かであること」の可能性が伴っている。換言すれば、この換喩・隠喩的論理のなかでは、どのようなひとまとまりも、あるいはどのような蛭も唇も、その定まりは必然的ではなく偶然的である。

本章の議論、女神祭礼を読み解く鍵は、この「他なるもの」、そして「偶然性」と「受動性」である。

第二節　エステートのマーリアンマン女神祭礼

ヒルトップの敷地内には女神マーリアンマンを主神とする小さなヒンドゥー寺院がある。ごく質素なもので常住の司祭などおらず、三人のヒルトップ男性が司祭職(プーサーリ)を務め、毎週金曜日の礼拝(プージャー)を取り仕切っている。

主神マーリアンマンは、エステート・タミルの故郷、南インドで広く崇拝されてきた女神で、シヴァやヴィシュヌといったサンスクリット的な大きな神々('Sanscritic' deities)に対して、ローカルな「村の神々('village' deities)」の一として知られる。疫病や飢饉が村を襲うとき、村全体が加護を託すのが「村の神々」である。マーリアンマンや他の女神の本性は「シャクティ」(力)とされ、病(天然痘や水疱瘡)をもたらすと同時に恵みの雨ももたらす。南インドの村々では、例祭を通じて女神を鎮め、恩恵と加護を祈念する[cf. Beck 1981; Kinsley 1986; Nishimura 1987]。

この女神が移民に化け、海を渡ってスリランカにやってきたという話がエステート・タミルたちに語り継がれて

写真９−１　ヒルトップのマーリアンマン寺院。小さな掘っ立小屋のような質素な造り。

写真９−２　寺院内陣に置かれたマーリアンマン女神像。美しい布や装飾品で飾りつけられている。

いる。

海を渡った女神

その昔、女神マーリアンマンはインドにいた。マーリアンマンはスリランカに行きたいと考えたが行く術がない。ある日のこと、マーリヤイという名の女性の姿をとった女神はインド栴檀の木陰で貝殻を振って遊んでいた。するとそこにひとりの男が通りかかった。「どこに行きなさる?」女神は男に尋ねた。男は自分がスリランカから来たカンカーナマ（＝移民リクルーター）であると名乗り、渡航してプランテーションで働く者を集めていて四九人集まったがあとひとりどうしても足りないという。「では、わたしが行くよ」。女神は男にそう告げると、移民労働者にまぎれてスリランカ行きの船に乗り込んだ。[3]

伝承にはバリエーションがあるがおおまかなあらすじは共通している。女神＝マーリヤイはこの後、ある茶畑に連れて行かれ労働監督者にひどい目に遭わされる。[4] そこをひとりの子供に助けられ、種々の奇跡を起こした後、正体を明かして輝きながら石化する。そして人々はその場所に寺院を建立した、というものである。今日、マーリアンマンはスリランカのエステート地域において、暮らしの安寧を祈願する対象として広く崇拝されている。この女神の例祭（ティルウィラ［t］）が事例である。

（1）女神の例祭

女神の例祭は多くのエステートで毎年三月に行われる。[5] 縁起由来の類はヒルトップでは伝えられておらず、「エステート住民の安寧と加護を祈念するもの」程度に語られるだけである。組織・運営はヒルトップ住人のつくる寺院管理委員会によってなされ（調査時の役員八名に特定カーストへの偏りはない）、例祭経費は人々の積立金や寺院の賽銭、個別の寄付金によって賄われる。(6)

祭礼期間は全体で一九日間あり、四日目から一〇日目の寺院閉鎖期間を挟んで大きく前半と後半に分けられる。前半は女神がエステートに到来し立ち去るまでの三日間、後半は祭礼の成功に感謝して行う奉納儀礼が中心である。前半部は女神の動きに着目すればさらに四つの部分に分けることができる。第一幕「女神の到来」（初日）、第二幕「女神への歓待」（二日目朝～三日目昼）、第三幕「居住域への女神の巡行」（三日目昼～夜）、第四幕「女神の退去」（三日目夜）である。

本論で着眼するひとつの場面というのは、祭礼初日深夜、女神の霊媒を決定する少し変わった儀礼である。まず祭礼前半部の流れを記し、骨格をおさえよう。その後この儀礼に焦点化する。

祭礼前半部

初日早朝、司祭による寺院内陣での礼拝をもって祭礼は始まり、寺院入り口前に「ムーッタカル」［t］と呼ばれる二メートルほどの神木を立てる(7)（写真9-3）。これが済むと祭礼の滞りない進行を祈念して誓願の賽銭（パンドゥル［t］）が境内のカーリー女神の神体（石）に結ばれる(8)。同日夜、人々は再び寺院に集い、マーリアンマン女神を迎えるためにゴム樹林のなかの小さな泉へと向かう。この泉のほとりに女神が到来し「カラガム」(9)［t］という小さな壺に宿る。女神の到来と同時に、女神の霊媒が決定する（この際の儀礼的手続きが本論の着目する場面である。この手続きに決まった名称はないため、便宜的に「壺取りの儀礼」と呼ぶことにする）。霊媒が決まると、カラガムは泉

写真９−３　祭礼初日早朝、ムーッタカルと呼ばれる神木を立てる。

から寺院に移送され内陣に安置される。ここまでが前記区分の第一幕にあたる。

二日目は朝、昼に礼拝がなされ、夜には各戸で調理された米粉ケーキ[10]（マーウィラック［t］）が奉納される。境内では若者を中心に深夜までカーワディ[11]や歌と踊りで賑やかに楽しむ。明けて三日目の深夜零時、午前三時、六時に定刻の礼拝がなされる。二日目から三日目にかけてはK村の村人やエステート管理事務所のスタッフらも間断なく寺院を訪れ礼拝を行う。三日目昼の礼拝に続いて、寺院で調理された料理が人々にふるまわれ、境内に茣蓙を敷いて皆で食事をする（アンナダーナム［t］[12]）。

第三幕「女神の巡行」はアンナダーナムの後、午後三時頃開始される（写真9−4参照）。隊列が組まれカラガムが寺院から運び出される。行進は司祭を先頭に女神の霊媒とカラガム、楽隊、人々と続く。一行はすべての長屋部屋を一戸一戸まわる。行進のコースにはエステート居住域に接しているK村家屋数軒[13]も含まれる。待ち受ける側は、女神の霊媒に椰子の実ジュースなどを寄進し、

写真９－４　祭礼３日目午後、居住域への女神の巡行。三人の霊媒の頭に置かれているのは女神の宿る壺「カラガム」。

足元にあるいは頭からウコン水をかける。行進は次第に付き従う人々同士の盛大な水のかけ合いになる。

全戸をまわり終えると一行はそのまま女神が最初にやってきた泉を目指す。ここで第四幕「女神の退去」となる。カラガムは泉のなかで解体され、女神は去っていくことになる[14]（写真9-5、9-6参照）。

以上が祭礼前半部のおおまかな流れである。女神の勧請から、居住域への巡行、そして退去という一連の構造は、スリランカ西部のタミル漁村を事例に田中が仔細に論じたカーリー女神祭祀と同型である［田中　一九八八］。細部には種々の違いが散見されるが、コスモロジカルな大枠の水準で捉えれば、祭礼は女神という他界的な力（シャクティ）の生活の場への導き入れ、充溢である。その力は危険なものであり、ヒルトップでも女神は伝染病をもたらすとされる。そしてこの力は歓待と冷却によって（例えばウコン水をかける）人々を護る恩恵の力へと変容する。祭礼は「女神の両義性をめぐる両極の均衡の上に」［田中　一九八八：四八二］形を成している。

写真９−５　祭礼３日目夕方、泉でカラガムを解体。これにより女神は去っていく。

写真９−６　女神が去ったあとで。泉からの帰りの道すがら、魚の混ぜ込みご飯を皆で食べる。

なお、祭礼期間を通じて、太鼓の演奏から食事の準備、夜間移動時のランタンの持ち手までかなり気をつけて観察したが、先行報告のようなカーストごとの何らかの儀礼的役割を見出すことはできなかった［cf. Jayaraman 1975: 95-96; Hollup 1994: 290］。本論のエステート・タミルのひとまとまりの記述をふまえれば、もはやそれは自然な対応関係として了承されるだろう。

彼らの祭礼のやり方は、実際「彼らしい」ものである。その際立った事象が本論で着目する、女神の霊媒の決定のやり方である。ホラップの断片的な報告では、女神の霊媒は高カーストの者にあらかじめ限定されている（詳細な決定方法は不明）［Hollup 1994: 291］。だが、ヒルトップでは霊媒は女神との直接対峙を通じて決定する。(15) 女神とのぎりぎりの隣接のなかで、彼らしさ、何者であるかの定まりの要諦が顕在化する。

（2）壺取りの儀礼――女神の霊媒の決定

第一幕、女神の到来の局面において、霊媒を決定する手続きが壺取りの儀礼である。初日夜、寺院内陣と神木への礼拝が済むと、人々は女神を讃える「アローハラー！」の大歓声とともにランタンの明かりを先頭にゴム樹林のなかにある小さな泉（枯れることがないとされる）に出発する。泉のほとりに到着すると、簡易祭壇と女神が宿る壺「カラガム」が準備される。事前に整地された畳二畳分ほどの場所に白布を敷き、バナナの葉を重ね、さらに米を平らに敷き詰める。これが祭壇となる。続いてカラガムの作製。土台となる壺に泉の水を入れ、椰子の実をのせ、さらにインド栴檀の葉や花輪、布などで装飾する。(16) カラガムは全部で三つつくり、それぞれマーリアンマン（赤布の壺）、マーリアンマンに付き従って到来するカーリー女神（緑布の壺）、ワッリアンマン女神（黄布の壺）が宿ることになる。

三つのカラガムは祭壇に並べられる。カラガムとともに、ウコン水を入れた器など礼拝に用いるさまざまな品々[17]を置く。これらが霊媒決定のための小道具となる。

霊媒を決めるやり方は、まるでゲームのようである。祭壇に並べられた品々のなかにひとつだけ「正解の品」が隠されている。事前に三人の寺院管理委員[18]が相談し、決めておくのである。この三人以外は誰も正解を知らない。儀礼が始まると、霊媒候補者たちは祭壇前で次々とトランス状態となる[19]（「神〈の恩恵〉が入って来る」、「サーミ〈あるいはアルル〉ワルドゥ」［t］）と表現される［cf. 田中　一九九〇：四二四―四二八］）。トランス状態に入った候補者は躍り出て品々のひとつにつかみかかる。見事、正解の品をつかんだ者が女神の霊媒に決定である。

すなわち、こういうことである。真の女神でなければ人間がこっそり決めた正解をつかむことなどできない。正解がつかまれた瞬間こそ、女神到来の瞬間であり、そして、正解をつかんだ者こそ女神の霊媒に最もふさわしいのだ、ということ。望むならば誰でもこのトライアルに参加することができる。女神の霊媒は誰でも構わない。その場を少し記述しておこう。

壺取りの儀礼

この夜、祭壇準備が完了し儀礼が始まったのは午後一一時半過ぎだった。司祭のひとりが椰子の実を二つに割ってカラガムの前に供え、小鼓（ウドゥック［t］）を叩き神々を招く歌を歌い始めた。人々は手拍子で合わせる。トライアル参加希望者は、泉の水で軽く身を清めたあと、簡易祭壇前に横一列に並んだ。手にはインド栴檀の葉[20]を持ち合掌する。司祭は小鼓を叩きながら参加者をトランス状態へと誘う（写真9‐7）。

ひとり、またひとりと候補者はトランス状態に入っていく（写真9‐8）。トランスした者は激しく体を揺すりな

写真9-7　壺取りの儀礼。泉で身を清めた霊媒候補者が横一列に並ぶ。小鼓を持つのは司祭。

写真9-9　トランスした霊媒候補者たちは祭壇前に躍り出て正解の品をつかもうとする。

写真9-8　次第に霊媒候補者たちはトランス状態に入る。

がら、品々の前に躍り出ては何かひと品をつかむ（写真9-9）。不正解のときは、祭壇の後ろに座る正解を知る三人が「違う、違う」と叫ぶ。はずれた瞬間その者は後ろに引き戻されるか、その場で後ろに卒倒する。参加しない人々は祭壇のまわりや近くの斜面に腰を下ろし見守り続ける。

この日は祭壇前に並んだ者一〇名、観衆からの飛び込み参加二名（見ている者が突然トランスに入ることがある）、のべ一七回のトランスと品選びの挑戦がなされたが、開始から約三時間半の間、ひとりも正解をつかむことができなかった[21]（この夜、トライアルに参加したのはクディヤーナ三名、パッラール六名、パラヤール三名。パッラールのうち二名はキリスト教徒だった。また女性が二名、既婚男性も二名参加している）。

正解がつかまれたのは午前三時過ぎだった。一人の少年（クディヤーナ・十三歳）が「キンマの葉」をつかむと、正解を知る三人が「アローハラー！」と叫び、観衆も呼応して大歓声が湧き起こった。少年は後ろに倒れながら手を伸ばし、近くにいた別の二人の少年（クディヤーナ・十六歳、パッラール・十八歳）の髪の毛を激しくひっぱった。それと同時に二人も激しいトランス状態に入った。この二人が残る二柱の女神の霊媒に決定した[22]。

第三節　泉のほとりに並ぶのは誰か？――女神とアイデンティティの様相

（1）泉のほとりに並ぶのは誰か？

霊媒を決めるのは女神自身であり、女神が誰を選ぶかは人間にはわからない。偶然が支配するゲームのような儀礼。人々はこのトライアルを、誰でもできる、誰でも構わないと口々に語る[23]。その場に立ち会っている最中、そのやり方はいかにも彼らしいと思った。それこそジャーティヤの違いなどない、なのであるから。

この場面をめぐる本論の問いは、次の通りである。「泉のほとりに並ぶ、この誰でも構わない誰かとは、いったい誰なのか」。すなわち、カーストも、民族も、性別も、宗教の違いなども関係なく、誰でも立つことができるこの場に並んでいるのは、いったい誰か。この誰かを人間の存在のどのような様相で捉えて語ればいいのか、あるいはどのような様相が表れているとみるべきか。これを考えることで、つながりに依拠したアイデンティティの要諦、そして本書の結論を導出していくことにしたい。

以下、儀礼の空間配置から彼らの「バクティ」、そして司祭の存在へと議論をつないで、問題の場の骨格と性格をまず確認する。

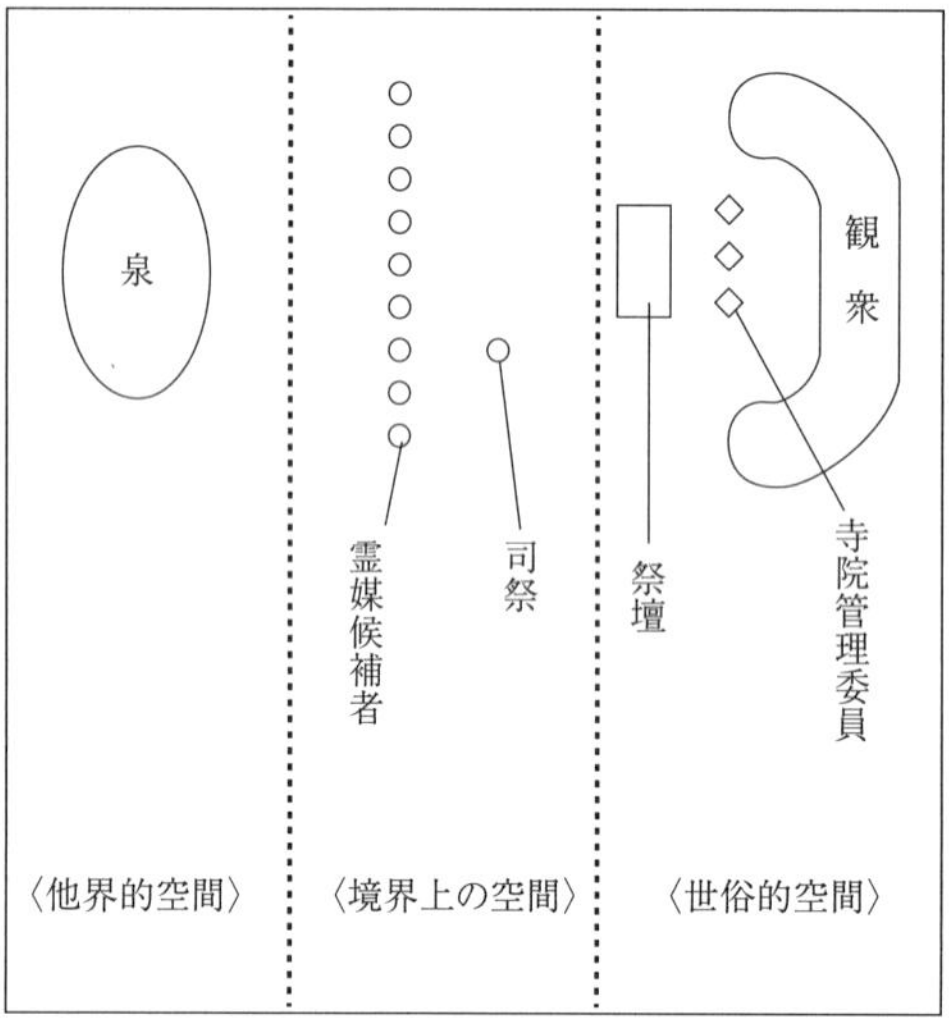

図9－1　儀礼の空間配置（模式図）

①儀礼の空間配置

「正解の品」を知る三人の寺院管理委員は祭壇の後ろに座している（図9-1）。祭壇を挟んで彼らの目の前には霊媒候補者たちが横一列に並び、その向こうに女神がやってくる泉が見える。この空間は、世俗的空間、境界上の空間、他界的空間に三分して捉えることができる。

祭壇の後ろ側、三人の委員が座し、それを取り巻く観衆たちが位置を占めるのが世俗的空間である。人々は祭壇を用意し、到来した女神が真の女神かどうか試そうとする。世俗的空間の前線に座する委員三人はいわばヒルトップ住人の代表である。

境界上の空間は、祭壇と泉の間に構成される。儀礼の最中（午前二時半頃）この境界が直接表明されるできごとが起きた。司祭のひとりがトランスし、祭壇のまわりにナイフで線を引くと、祭壇すぐ近くまで身を乗り出していた者たちに「引き下がれ」という神の声を伝えたのである。この行為は、儀礼空間構成の論理上、三人の委員とともに世俗的空間に控えていなければならないはずの観衆が、境界上の空間へと侵犯しようとしたことを戒めたものととれる。この境界上の空間に立てるのは霊媒候補者と司祭だけである。霊媒候補者は、この空間に踏み込むにあたり泉の水で身を清めて臨まなければならない。また境界上の空間は女神との直接対峙の場ゆえに危険を伴う。候補者が合掌した手に挟むインド栴檀の葉は、彼らが直面するコントロールできない荒ぶる力に対するぎりぎりの防護策とみなせる［cf. 田中　一九八八：四八〇］。境界上の空間においては、彼ら自身、女神の憑依を待つ人間でありながら、壺に迫る女神として現象するという二重の存在を引き受けている。そして女神は彼らの後ろからやってくる。泉の暗がりの奥に他界的な空間が広がっている。(25)

②境界上の空間に立つ者と「バクティ」

女神の霊媒は誰でも構わないが、どのような者に女神が降りるかについて人々は次の二点を語る。ひとつは潔斎をしていること。祭礼前から肉食、性交を避け心身の浄化という準備をする（ただしこれは住人全員が守る禁忌である）。もうひとつが、「バクティ（信愛）を持つこと」である。(26)

調査地において、バクティの語は「ひたすらに神を思う心」といったニュアンスで用いられる。女神という圧倒的な存在と対峙する境界上の空間において、ひとりひとりを支えるのはこのバクティである。かつてオベイセーカラが、スリランカ南端の聖地カタラガマにおける「火渡り」儀礼を「バクティの試し」と論じたことがあるが[Obeyesekere 1978]、「壺取り」儀礼もまさにバクティの試しとなっていることがわかる。「真の女神を試す」局面が同時に霊媒候補者自身のバクティの深さが試される局面でもあるからだ。己のバクティに賭けて女神と直接対峙する「壺取り」儀礼は、彼らのバクティの直接的な表現の場である。

この場にはある種の純粋さがある。そのことは霊媒候補者と同じく境界上の空間に入る司祭プーサーリに目を向けることでより理解できる。

③司祭プーサーリ

境界上の空間には、女神と霊媒候補者の媒介を務める司祭プーサーリも立っている。田中によるドラウパディー女神祭祀の分析（スリランカ西部の漁村の事例）は、いま問題となっている泉のほとりの性格をおさえる上で、格好の対照枠となる［田中　一九八九］。ドラウパディー女神祭祀の事例とその分析骨子は次のようなものだ。田中の事例において、火渡りといった奉納儀礼に参加するバクティに支えられたひとりひとりは、本事例の「壺取り」同様、誰でも構わない(27)。だが、彼らと神々との交流（憑依）は、霊媒（非菜食の司祭カースト・パンダーロンの成員と決められている）の儀礼的所作に媒介されて初めて可能となる。この媒介が可能となるのは、儀礼においてブラーマン司祭によってその力を与えられるからである。田中の事例において、司祭と霊媒はカースト地位によって定まっており、両者間には明白なヒエラルキーが存在する。つまり、個々人と神々の無媒介的な直面の思想バクティに支えられた奉納儀礼ではあるものの、それが儀礼表現の形をとることによってブラーマン司祭を頂点とするヒエラルキーの再認に帰結することになる［田中　一九八九：三二三―三二七］。

田中の分析事例と本事例との間には明確な違いが存在している。ここではブラーマンを頂点とする世俗内的な浄―不浄のヒエラルキーとの切断が起きている。(28) この儀礼（のみならず祭礼全般）を主導する司祭プーサーリはいかなる資格をもってこの境界上の空間に立っているのか。本事例には全部で四人の司祭が関与した。三人はヒルトップ住人、一人は他所のエステートから招聘された者だった。ヒルトップには年長の司祭（クディヤーナ・五十一歳）と二人の若い司祭（パッラール・二十六歳、パラヤール・二十三歳）がおり、若い二人は共に以前の祭礼において女神の霊媒となった経験を持つ。年長の司祭は彼らに深いバクティを認め、後継者に選んだのである。外部からの司祭の招聘は、女神の勧請には神々を招く小鼓が必要であり、調査地には小鼓がなくまたこれをうまく叩ける者がいないという理由からなされていた。小鼓は女神の勧請に必要な装置ではあっても、それを行う力自体はカーストに由来するものではない。(29) 招聘にあたりヒルトップの人々が基準としたのもこの司祭のカースト地位ではなく（この司祭はパッラールだった）、「うまく祭礼を主導できるという評判があること」だった。(30)

壺取り儀礼の場は、司祭も含め、バクティを支えとしたひとりひとりが女神と直接対峙する、相当に純粋な場になっている。

あらためて問おう。泉のほとりに並ぶのは誰か。

（2）「自由な個人？　平等の地平？」

この問いにひとつの答え方がありうる。神への絶対的帰依というバクティの思想から泉のほとりに「自由な個人」というものを見出す理路である。バクティの思想はしばしば神と信者の直接的な関わり、ひいては絶対的な神の前の諸個人の平等を理念的に内に含むとされる［Dumont 1970: 55–57; Babb 1976; cf. 田中　一九八九：三一二］。デュモンは、バクティと個人を次のように結んでいる。[31]「この愛の宗教（バクティ）は、完全に個人化されたふたつの項のあいだの関係を仮定しており、個人的な神が着想されるためには、自分自身を個人であると考える信者の存在も必要である」。そして、「服従を愛し自分自身を無条件に神と同一視すること（identifying）によって、だれでも自由な個人になることができる」［デュモン　二〇〇一（一九八〇）：三四七―三四八（ ）内筆者］。

デュモンの言葉に倣えば、己のバクティだけを頼りに、彼らが並ぶ泉のほとりに現出しているのは、「自由な個人」ということになるだろう。もう少し敷衍すれば、女神というこの世ならざる圧倒的な存在の前に、カーストだとか、民族だとか、世俗的差異は消え去り、自由な個人がその場を満たす平等の地平が開示されているのだ、それがこの場なのだ、ということになるかもしれない。[32]

確かに、境界上の空間に横一線に並ぶ霊媒候補者の位置取りに、「諸個人が形づくる平等性」を読み込むこともできなくはない。見かけはそうである。だが、そうとってはならぬ理由が少なくともひとつある。そのようにとってしまっては、ここまで本書が重ね書きしてきた彼らの生きるやり方を裏切ってしまうのである。

本論では、エステート労働者の均質性の議論（第四章）、あるいは「動物園みたいなもんだ」の語りのおじさんの箇所（第五章）など、均質で匿名的な「個人」へと引き込まれそうな箇所を何度となく踏みとどまってきた。「個人」が問題である。[33]本論が問題とするこの「個人」とは、つきつめればひとでもモノでも構わない、[34]「個体性」をめぐるある種の二相の水準に関わるものである。泉のほとりに並ぶ者をめぐる問いを、かつて柄谷行人が「特殊性」と「単独性」の語によって論じたものに結んでつきつめよう。

（3）特殊性と単独性

①特殊性——括りの論理

柄谷は次のように述べている。個体 individual とはそれ以上分割できないもの、のことである。個人 individual も同様である。わたしたちはそれを「身体的・物理的な合成とみることもできるし、諸行為や諸関係の総体としてみることもできる。が、そのとき個人の個体性は消えてしまう」。わたしたちが漠然と個人と呼んでいるのは、「それ以上分割すれば消滅してしまうような一つのまとまりである」［柄谷　一九八九：一一］。

問題は、この個体性の二相である。柄谷に触発されて本論が問題とするこの二相は、例えばマリオットらのサブスタンス—コード理論を持ち込んでは扱うことのできない問題である。デュモンとは異なる仕方でインド的思考における individual の欠落を論じるこの理論は、「分割できない」を「分割できる（'dividual' ないし 'divisible'）」水準に置き換えて突破を図る［Marriot 1976: 111］(35)。柄谷もこうしたやり方なら「分割できないもの」が「分割できる」ことはわかっている。個人を物質的・身体的、あるいは諸行為・諸関係の総体とみることもできるのであるから。そのように考えては、盥の水と一緒に流されてしまうような、一つの個体性の二相を柄谷は問題にしている(36)。

この個体性をめぐる二相が「特殊性」と「単独性」である。このうち、特殊性とは一般性からみた個体性を指している［柄谷　一九八九：一〇］。それは匿名的で代替可能な個である。それは市民権問題の文脈において「何十万分の一」として同定された、あるいは民族対立問題の文脈においてただ「タミル」として同定された、あの個体性のことだ。特殊性とは、本論でいう括りの相、提喩的論理に拠る個体の同定に通じている。

この特殊性としての個体性が、先ほど引いたデュモンの「……だれでも自由な個人になることができる」のなかに書き込まれている。デュモンの記す「自由な個人」は複数形だ（'... everybody can become free individuals'）［Dumont

1970: 56]。この s: すなわち「分割不能な個人の複数形」が、頭、腕、足といった、あるいはサブスタンスへの分割可能性に拠る複数性を意味しないことはいうまでもない。「類・人類」から「種・個人」に連なる提喩的同一性の論理において、それ以上、分割不能の下位クラスとして個人は顕れる。それが複数形になっている。ある「一般」（人類）が措定され、そこに包含される「特殊」（諸個人、individuals）という、括りの図式が隠れている。デュモン風のビジョンは、泉のほとりの誰かを、自由な個人と措定することで、本論の言葉でいえばまたもや括ってしまうということに他ならない。

本書は、括り、すなわち一般—特殊の軛を解きながら、どうにかこうにか生きていく彼らのやり方を、延々と記し考えてきたのである。たとえ「人類」という言葉に耳触りの良さを覚えたとしても、この期に及んで括りの論理を持ち込んでは辻褄が合わない。つながりに依拠し、それをつたって己を定め直しながら生きてきた彼らの儀礼を、彼らしく捉えることはできないか。

個体性の二相をめぐるもう一方、単独性に目を向けてみたい。

②単独性

柄谷のいう「単独性」とは、ひとだろうとモノだろうと、端的にいって「これ」の「この」性（this-ness）である［柄谷　一九八九：一〇］。それはひとまず代替不可能の個体性のことだ。

この単独性というものを直感的に理解する際、「かけがえのない「この恋人」」が例に挙げられることがある。願わくは「この恋人」は代替不可能でありたいのが人情であるから、確かにわかりやすい例ではある。しかし、単独性は本人の主観的意識（例えば「わたしはこの恋人をかけがえのないものと思っている〈願わくは私をそう思ってください〉」といった愛着）を突き放して考えた方がよく、いっそモノの喩えがよい。煙草の封を開け一本取り出し火をつける、このときの、「この一本の煙草」の「他ならぬこれ」の「この」性が単独性にあたる。箱のなかに残った一九本とたまたま取り出された一本は取り替え可能だが、そう考えるならこの一本の個体性は特殊性である。しかしいったん手にとってしまったなら、「他ならぬこの煙草」の「この」性＝単独性はもはや代替不可能である、と（まるで見えない履歴が書き込まれたように）。

この単独性の水準が、つながりのアイデンティティの要諦への道を拓く。だが泉のほとり、境界上の空間に戻る前に、もうひとつ考えておきたいことがある。

③「もしかしたら」の可能性

個体性をめぐる二相の水準に降り、誰でも構わない霊媒候補者たちは特殊的か単独的かと問うならば、そして、特殊性＝括りの論理を退けて単独性の論理に傾いてこの泉のほとりを捉えにかかるならば、一見して実に厄介な問題に直面することになる。件の壺取り儀礼において、霊媒候補者は誰でも構わないことになっている。すなわち代替可能になっているのである。単独性とは代替不可能の個体性である。とすれば、この場は特殊性の論理の方に親和性を持つようにみえてしまう。

だが、単独性には、潜在的な形で、おそらく根源的な形で、特殊性とは別のある種の代替可能性のようなものが裏書されている。柄谷の言葉をもうひとつだけ引き込みたい。「単独性は一般性には所属しない。しかし、それは孤立した遊離したものでもない。単独性は、かえって他なるものを根本的に前提し他なるものとの関係において見出される」［柄谷　一九八九：一八］。

どういう意味か。いまさっき単独性にふれたなかで筆者は恋人の話よりモノの喩えがいっそよいと述べた。これもしばしば例に出されるアザンデの穀物小屋の話［エヴァンズ＝プリチャード 二〇〇一（一九三七）］を用いて再度言い直そう。炎天下に穀物貯蔵小屋の下の日陰で休憩する者の上に、小屋が崩れ落ちて下敷きなるという話である。下敷きになった者にいわせれば、なぜ他ならぬ「この私」がこんな目に遭うのか、となろう。そんなとき、確かにどうしようもない単独性が顕現する。けれども、そのまさに同じ瞬間、「あの小屋」でなく「この小屋」が崩れ落ちている。そこには全くの同等の論理的な権利をもって、「この小屋」の単独性も顕現しているといわねばならない。「この私」、「この小屋」をそれぞれどれだけつぶさに調べても単独性は出てこない。単独性は他者を根本的に前提する。つまり、「この時」、「この私」と「この小屋」は、つぶす―つぶされる関係という、とはいえ、そんな風に一般化不能であるところの、一回性（「この時」）の対他的なつながりのなかに単独性の定まりを受けるのである。もう一歩進めてみたい。確かに単独性が「顕現する」のは（ひとが意識するのは）事故のような場合かもしれない。だが、単独性はこの時間とともに遍くある。ただ私たちがそれに気づくか気づかないかの違いはあるとしても。

このように単独性の定まりを捉えれば、一般化不能の対他的な一回性のつながり（その無限の連鎖と無限の文脈）は、必然ではなく偶然である。数え切れぬほどの不思議な邂逅が運んでいく偶然の世界が何か「地」のように生きられているようにみえてくる。この根源的な偶然性と、対他的なつながりに拠る定まりという受動性の水準において、単独性には（もしかしたら「この小屋」でなく「あの小屋」であったかもしれない、といった）代替可能性が常に裏書されていると考えることができる。この代替可能性は、特殊―一般のそれではむろんない。それは「もしかしたらそうであったかもしれない」という可能性、単独性の可能態としての様相ということになる。

あらためて泉のほとりに立ち返ろう。泉のほとりに並ぶのは誰か。

(4) 誰でもありうること

この儀礼のぎりぎりの瞬間に目を凝らしたい。境界上の空間に二重性をもって現れる「女神＝ひと」の構成である。この「女神＝ひと」を、「女神とひとが同一化する」とか「女神がひととなり、ひとが女神となる」などと記しては、曖昧である。この「女神＝ひと」というひとまとまりの組成を思考するのである。

女神のまわりには、比喩的思考の網目が張り巡らされている。依代としての壺「カラガム」をめぐっては、子宮の隠喩という解釈（とその妥当性のいくつかの論拠）がある［cf. 田中　一九八六：一〇、二七］。すなわち「女神＝壺」は、換喩・隠喩的にひとまとまりを成している（女神〈女性〉全体を身体の部分〈子宮〉で表す換喩→子宮を形状の類似性で壺と表す隠喩）。

では、「女神＝ひと」はどうか。彼らの表現が手がかりとなろう。この現象は「神が来る、入ってくる」と表現される。ここで、「ひと」はある種の「容器」的な性質の隠喩的類似性をつたって、「壺」ともひとまとまりを成しているが、この隠喩的つながりを「空の容器」＝「提喩的思考の代替可能な個人」＝「aを入れてもbを入れても構わないような特殊性のx」と結んでは台無しである。[37]「女神＝ひと」のひとまとまりの組成は、この現象を表現する「入っていく―入ってこられる」関係にそのまま求められる。すなわち、この表現は、女神とひとという、「他なるもの」同士の、同一化することなき、ぎりぎりの換喩的隣接性の文化的な空間メタファー[38]であり、すなわち、女神とひとが互いに「他なるもの」のままに、隣接性のつながりによってひとまとまりを形成するのである。

壺、ひと、女神。壺はトランスしないけれども女神として扱われる。壺は女神と「同一視」される。それは「同一物」なのではなく、同一「として扱われる」、同じ「ような」ものである。この水準では、ひとも壺も同等である。同一性は約束事である。[39]「女神＝ひと」は同一性（A＝A）を示すものではなく、ひとつとして扱う約束のしるしであり（A＝B）、両者は二項なのであって、互いに「他」のままに、かつ、つながりをつたってひとまとまりを成しているのである。

主語をひとに移そう。境界上の空間に立つひとりひとりは誰なのか。彼らはこの女神とのぎりぎりの隣接性により定まりを得る者たちである。ここに類―種の特殊性の論理が介在する余地はもはやなく、女神という他者との隣接性が形づくる単独的なひとりひとりがいるだけである。この単独者ら、すなわち対他的隣接によって定まりを得る者たちが、さらに水平的に対他的な類似性によって共同性を成して、泉のほとりに隣り合って並んでいるのである。ちょうど彼らのジャーティヤの組成がそうであるように。

＊＊＊

つながりに依拠し、己を定め直しながら生きてきた彼らは、対・女神とのつながりのなかにまたもや括りを突破するのである。泉のほとりの場、偶然性の支配するゲームのようなこの儀礼は、ある種の再演にみえる。再演されているのは、代替不能の、単独的なひとりひとりの、定まりの根源的偶然性と受動性、そして可能態としてのひとの様相そのものである。この儀礼に実践的に表明される、何者であるかの定まりの根源的な偶然性と受動性を引き受け、肯定し、「そうでない」可能性を想像し、創造していくことこそ、必然の様相をもって彼らを囲繞してきた種々の括り（国民、民族、カーストといった）を突破し、つながりのなかに己を定め直しながら生きていくために、どうしても必要なことだったのではないか。

泉のほとりに並ぶ者たちを、「自由な諸個人の平等性」といった提喩的同一性の論理の分類空間の現実空間上への置換という操作を介して、代替可能な諸個人の集合に結ぶか否かは観察者の恣意であり、泉のほとりの場はそれを何も要請していない。むろん、いま述べた見方も同じそしりを免れないだろう。ひとつの解釈である。だが、この見方の妥当性を本論で論じてきたつもりである。他ならぬ、彼らのジャーティヤを生きるやり方そのものである。本論がここまで記述・考察を貫いてきた、つながりを優先し括りを突破して生きる人々と、泉のほとりの人々は別々ではない。この段になって提喩的＝特殊的個人を求めることはできるものではない。括りの表象を積極的に選択すること、提喩的論理のレトリックを行使することに、妥当性を見出す根拠は生活の場にも泉のほとりにもない。壺取りの儀礼に顕れる「彼らしいやり方」を「彼らしく捉えること」に、この見方の妥当性を求めたい(40)。

最後に、序章に掲げた本論のいちばん大きな問いに立ち戻ろうと思う。提喩的同一性の論理に拠らない、「そうでないアイデンティティ」はいかに想像／創造しうるのか。

この民族誌の記述・考察からは、次のように結論的な言明を記すことにしたい。それは常に対他的なつながりにより可変的に創造されるものであり、対他的なつながりの、そのつながりによる何者であるかの定まりの、根源的な偶然性と受動性に対する想像力に根ざして創造されるのである、と。この想像力が、見かけの必然性をもって人々を囲繞する提喩的論理を根底的にくつがえす契機を成し、またつながりの創造的な実践を促し、肯定する力となる。この力に換喩・隠喩的つながりの定めるアイデンティティの要諦がある。括りに囲繞される境遇をつながりによって生きてきたエステート・タミルたち。彼らの女神祭礼のやり方、その核心部には、こうしたつながりのアイデンティティの様相が素朴に、しかし鮮鋭に映じていたのである。

註

（1）M・ブラックは、'cherry lips'（ふっくらとした唇）という隠喩表現が（これもたまたま「唇」だが）、そもそもそのような唇を言い表す語彙の欠落を埋めていることを指摘している。このように語彙の欠落を埋めるためにある語を新しい意味で用いる場合に、ブラックは「濫喩（catachresis）」の語をあてている［ブラック　一九八六（一九五四）：一〇―一一、cf. 野内　一九九八：三〇五―三〇六］。もちろんここでは、「サクランボ」と「唇」のふっくら加減の類似性が二つをつないでいるとはいえ、「ふっくらとした唇」自体は、この隠喩表現によって初めてその本義的表現（literal expression）を獲得する［ブラック　一九八六（一九五四）：一〇―一一］。つまり、こちらでも隠喩表現はもともとある二つのものをつなぐだけでなく、創造的な同定に関与している。「隠喩的表現はそれに等価なある本義的表現の代わりに用いられている（つまりもともとある二つのものの類似性に恃んで代置する）」と捉える考え方を、ブラックは「隠喩代替説」（substitution view of metaphor）と呼んでいる［ブラック　一九八六（一九五四）：一〇―一一］。ブラックの主張は、隠喩代替説では隠喩とは何かを捉えきることができないとするものだ。ただし、ここから先の議論や語彙は援用するには専門的議論は入り組みすぎている（その分、思考の豊かな源泉であるとの思いを抱くのだが本論では深入りできない）。

（2）例えば「テーブルにはいつものパンがなかった」という文章表現が、「長年仕えた料理人の死」といった文脈において、料理人を失った主人の喪失感や悲しみの比喩表現なら、「（い）なかった」のはパンではなく「料理人」である。換喩によって、「パン」と「料理人」がひとつのまとまりをつくる。

（3）この話はヒルトップのひとりの老女（クディヤーナ、七十二歳）が教えてくれた。

（4）多くの神話には、徳のある女性が夫や男性にひどい扱いを受けるという基本的な特徴がある［Younger 1980: 508］。ただし南インドにおいて数多く報告されているマーリアンマン神話を調査地で知る者は皆無であった。

（5）南インドでも同様のようである。ただし筆者が観察した祭礼は二〇〇〇年九月に行われた（ヒルトップの人々は「ティルウィラはいつでも構わない」という）。祭礼執行にあたっては最寄りの町のヒンドゥー寺院で吉兆の日取りを確認する。

（6）田中［一九九〇］は、スリランカのタミル漁村における村落祭祀の分析において、村の政治経済関係がパトロン制度を媒介として祭祀という宗教領域に介在し、それを通じて祭祀は権力構造を構築する一要素として機能することを明らかにしている。ただしヒルトップでは巨額の寄付金により祭祀のパトロンの地位を占めるような者はいない。

（7）インド栴檀やマンゴーの枝葉を束ねてつくる。「これを立てないと人々に悪影響が及ぶ」とされる。南インドの女神祭祀では、女神の結婚のモチーフがしばしば報告されており、同様の柱が女神の夫を象徴するとされるが［cf. Beck 1981; Reiniche 1987］、ここではそのように語られることはない。他のエステート祭礼の詳細な報告がないため、比較対照ができないのだが、細かなレベルの象徴体系にはエステート住人のそれぞれの故地のやり方、その記憶、さらにエステート間の模倣を通じたパッチワークに起因する混乱が想像される。例えば本事例でも奉納される菓子「マーウィラック」［t］は南インドでは「疫病（熱い女神）を冷ます」という報告もあるが、ヒルトップでは「熱くも冷たくもないもの」とされている［cf. Nishimura 1987: 78–79］。

（8）祭礼の滞りない進行をすべての神々に祈念する。祭礼後半部はここでの誓願成就を受けてなされるものである。

（9）カラガムについては田中［一九八八：四七三―四七四］も参照。

（10）米粉に砂糖を混ぜてこね円盤状にしたもの。調理に火は使わない。つぶつぶの砂糖菓子で装飾する。女神と関わりが深く、「疫病（熱い女神）を冷ます」とされる場合もあるが、調査地では「熱くも冷たくもないもの」と説明された［cf. Nishimura 1987: 78–79］。

（11）棒をかついで踊りながら神に参拝する儀礼行為。元来ムルガン神への奉納儀礼である。誓願成就の奉納としてなされることが多い［cf. 田中　一九八九］。

（12）アンナダーナムは「施し」の意。このように食事を共にすることは「パンティ」［t］と呼ばれる。パンティにはヒルトップ居住域に近いK村住民も訪れ食事を共にしていた。

（13）行進コース沿いの数軒のみであり、行進がK村居住域に入っていくことはない。コースまで出向き礼拝して額に聖灰をつけてもらうK村住民の姿がみられる。寺院に礼拝に訪れたり、境内での食事に参加する村人の姿もあるが、組織・運営などにコミットする者はいない。基本的には「エステートの連中の祭り」という認識である。

（14）女神が去ったあと、泉より戻る道すがら、魚の混ぜ込み飯（カッタソール［t］）が司祭の手によって三方向に投げ捨てられ、その後全員に配られるとその場でそれを食べ、散会となる。「祭礼を妨害しなかった悪霊に捧げる」あるいは「女神の従神ムニヤンディサーミに捧げる」とも説明される。

(15) バスの報告にも、これも断片的な報告だが、同様のやり方はうかがえる。バスの調査地では、司祭が事前にあるアイテムを隠し、トランスした者にその品と所在を問うというやり方のようである [Bass 2004: 190]。筆者がいくつかのエステートで聞いた限り、細かいやり方にはかなりの違いがあるようである。

(16) 泉の水と一緒に二五セント硬貨を一枚入れる。装飾には他にマンゴーの葉、椰子の花も用いる。カラガムのてっぺんにはライムをさす。壺には白金の「眼」が取り付けられる。

(17) 観察した事例では、灯明、鐘、ほら貝、香、黄色い白檀ペーストの器、赤粉の器、聖灰の皿、ウコンの器、ココナツオイルの瓶、椰子の実三つ、バナナ、ライム、キンマの葉、ビンロウの実、花が置かれた。

(18) この三人は委員のうち、司祭を務める者以外から任意で決められる。このときはクディヤーナ二人、パラヤール一人が担当した。

(19) 調査地におけるトランスは憑依型だが、降りるのが神々か悪霊か、霊的存在が語るか（名乗るか）黙っているか、など状況によって異なる。本論では「トランス」を「憑依」と読んでもらって差し支えないが、憑依した霊的存在を同定できない場合が多いため「トランス」の語を緩く用いる。

(20) インド梅檀の葉は女神を「冷ます」ものとして知られている [cf. 田中　一九八八：四八〇]。

(21) 躍り出ても何もつかまずに倒れる者、不正解と判明した品をまたつかんでしまう者もいる。正解が出ずに明け方まで続いたこともあるという。正解の品はなるべく取りづらいものが選ばれる。以前には「カラガムのてっぺんにささったライム」という難問もあった。

(22) 三人はその後ぐったりと放心状態のようになり、人々は椰子の実ジュースを飲ませた。このとき三人は「サーミ」（神々への呼びかけ言葉）と呼びかけられている。三人の霊媒はカラガムとともに寺院に移動し、司祭によって左手首にカーップ［t］と呼ばれる魔除けの紐を結ばれた。これより三人は三日目のカラガム行進まで境内の外に出てはならない。外に出ると身に災いが降りかかるとされる。司祭のひとりは、女神の従神（ムニヤンディサーミ）に襲われるとも説明している。

(23) 筆者でも構わなかった。トライアル開始直前、「お前もやってみろよ」と声をかけられたが思わぬ誘いに当惑して結局しなかった［cf. 鈴木　二〇〇六］。

(24) 何の神が降りたかは不明。

(25) 田中によるスリランカ漁村のカーリー女神祭祀報告では、女神は「海」からやってくると考えられている［田中　一九八八：五〇二］。

(26) バクティには、もっぱら「信愛」の訳語があてられる。我身を神に委ねる絶対的帰投。インド中世において、司祭者を仲介せずに礼拝者個人が神と直接向き合う傾向が表れ、十五～十七世紀には幾多の熱狂的な崇拝運動などを生み出した。

(27) ただし田中の事例では「女性」は除外されることに留意されたい［田中　一九八九：三二二］。ヒルトップではここも突破されている。この問題については、本論で十全に論じることはできないが、特定の集団の括りから「不浄」を弁別した彼らを思い返せば、ラディカルなまでに整合的と思えないだろうか。

(28) 祭礼の日取り、特に初日をいつにもってくるかは、最寄りの町のヒンドゥー寺院に判断を仰ぐ。すなわちこの部分ではブラーマンも祭礼に介在する。しかし、表象の「スリランカ・タミル＝ブラーマン」の議論でみたように、世俗内的階層序列の側面は切断されている。

(29) 壺取り儀礼開始後も一向に女神が姿を顕さないため、途中で寺院を護っていた年長の司祭が儀礼の場まで呼び出されることになった。招聘された司祭はうまく祭礼を主導できなかったのである。以降は、代わりに寺院に残った若い司祭を除く三人が交代で小鼓を叩き、女神の勧請に努めた。四人のプーサーリの間に明確な違いはない。

(30) 付言しておくが、プーサーリには低級な司祭といった見方があって、スリランカのエステートでも場所によって彼らを少し小馬鹿にするようなところもある。筆者が短期で訪れたある大規模茶園には、ヒルトップの掘っ立て小屋のようなそれとは比べ物にならぬほど立派な寺院があり、常住のパンダーロン司祭が神事を取り仕切っていた。こうしたエステートでは、プーサーリは呪いに携わったりする少しいかがわしい存在と語られている。しかし中・低地地方の小さなエステートでは、プーサーリは深いバクティを有する者に他ならず、小馬鹿にされるようなことはない。このことは確認しておきたい。

(31) ここでは田中雅一、渡辺公三による邦訳版『ホモ・ヒエラルキクス』に採録された「補論B」の訳文を引用した。

(32) 『カーストと平等性』の田辺明生の議論［二〇一〇］の中枢には、「存在の平等性」という価値が置かれている。それは「あくまで、この世という現象世界の背後あるいは内奥の存在論的実在のレベルにおいて措定」されている［田辺 二〇一〇：一九］。本章の後の議論にみるように、筆者はそれが「従属的な位置におかれている者たちにとって根源的なる可能性＝潜勢力（中略）を常に与えるものでありつづける」［田辺 二〇一〇：二七（ ）内筆者］と田辺が語るくだりに共鳴するものの、この価値が基づくとされるところの「多一論」［田辺 二〇一〇、七］を留保したい思いにかられている。「分有」の思考に幾ばくかのひっかかりを覚えるのである（「古い南インドの存在論」に思考の錨のひとつを下ろす内山田康の「変態する存在者」の議論［内山田 二〇一一］には「分有」の気配は微塵も感じられない。「パースペクティブ」が問題だろうか）。本論では柄谷行人の「単独性」と「特殊性」の区別から「個体の二相性」を導出し、祭壇前に並ぶのは「誰か」を考えることになる。しいていえば本論にとって「一」の意味が問題なのである。「エステート・タミルがひとつであること」の意味を考えてきたように。

(33) 本文で参照した田中による明晰な分析の導入には、ある一文が置かれている。確かに奉納儀礼はバクティの表現とはいえ、こうした儀礼が「平等主義を理念とするバクタたち（信徒）、すなわちデュモンの言葉を借りるなら、「自由な個人（free individual）」の共同体を実現すると結論するわけにはいかない」［田中 一九八九：三二一（ ）内原文ママ］。本論は、次の通り書き換えねばならない。たとえ壺取り儀礼が見かけ上ある種の平等的な地平を開示しているとはいえ、これをデュモンの言葉通り「自由な個人」の水準に還元するわけにはいかない、と。

(34) 松田［二〇〇六］は人類学における個体をめぐる議論のなかで、非西欧的セルフの再発見から普遍的セルフ・モデルの逆襲を辿り、後者のモデルの現代社会に有する可能性を展望している。筆者は松田の整理の仕方と議論に強く引きつけられているが、そこには「自己意識」というものが組み込まれている。むろん本論は意識をないがしろにするものではけしてないが、心理学的ないし現象学的語彙を持たない本論はまだうまくクロスすることができない。その意味でここでの議論は踏み込みが浅いことになろうが、自己意識の問題は課題としたい。

(35) 西洋的な個人概念がインド社会へ適用できないこと。インド研究の文脈でデュモン批判のひとつの大きな流れをなしたマリオット民族社会学の視角はデュモンとは異なる仕方でこれを論じる。インド的思考においては、「さまざまな行為のコードやふるまいのためのコード（ダルマ）は、諸行為者に自然に体化されている、あるいは、諸行為者間を行き来する諸物のフローのなかに実質化されている」［Marriot 1976: 110］。ひとは、いわばこのサブスタンス―コードの流動のなかにある合成物であり、この水準において、ひとは分割可能な「'dividual' ないし 'divisible'」［Marriot 1976: 111; cf. Nabokov 2000: 14］となる。このサブスタンス―コードの水準は、実はわたしたちも同じようなことをやっているはずである（例えば「風邪を引いたとき」を想起されたい。「ビタミンＣ」、「風邪薬」、「安静にすること」、「部屋を暖めること」、「医者に会うこと」等々を通じて「熱を冷ます」）。個体は分解しうる。柄谷もそれはわかっている。その上で、分割の dividual によっては答えられない、individual の二相を問題にしている。

（36）　こうした個体性が、おかしな言い方だが、通文化的にあるかないかといえば、ないということはできない。例えば「タミルナードゥ」、「熱い食物」、「儀礼に使う道具が、ひとつ、ふたつ、みっつ」といった個体性は「ある」。哲学的な問題には深入りできないが、分析哲学者の野矢［二〇〇二］は平易な言葉遣いでこの問題を「数的な同一性（numerical identity）」の問題（ひとつとは何なのかの問題）と呼ぶ。野矢はある討論のなかで共感できることを述べている。引いておきたい。「（同一性の問題は）存在論の問題というよりは、われわれの「語り方」の問題なんですよね。同一性というのが対象のあり方、世界はどうなっているのか（中略）というような話というよりはむしろ、われわれはそれをどうやって「まとめあげる」のか。必ず立ち止まって世界を語る（中略）、記述しようとする、（そのなかで）初めて同一性というものが出てくる」［野矢　二〇〇二：五八―五九（　）内筆者］。野矢はさらに「どういうものが一つにまとめあげられるのかということは、約束ごとであり、人間が決めることである」という立場（conventionalism）を述べる。野矢の言葉は主として先端の科学者たちとの対話のなかでなされていることは付言しておく。本論に引き寄せれば、本論は、ひとがまとめあげる「ひとつ」のそのつくり方に着目してきたものである。「約束ごと」という語に引き寄せれば、生活の場における「約束の仕方」は換喩・隠喩的である。

（37）　デュモンは次のように記している。「民衆宗教におけるある神（a god）の憑依とは、その神性を持つもの（the divine）がひとつの個体性（an individuality）へと変形する（... resolves itself into）状況のひとつである」［Dumont 1970: 57］。この「ひとつの個体性（an individuality）」が「空の容器」の比喩と結びやすく、先の特殊性の複数形の構成を促してしまう。

（38）日本語の日常語では、容器ではなく、「乗り移る」といった乗り物と乗り手のメタファーとなろう［cf. レイコフ&ジョンソン　一九八六（一九八〇）］。あるいは「憑く」という日本語の動詞にもけして同一化しない他性が刻み込まれているように思える。

（39）本章註（36）に引いた野矢［二〇〇二］の言葉も参照。

（40）この妥当性の高さは「女神」に着眼することでも指摘できる。泉のほとりの単独性が女神とのぎりぎりの隣接性という対他性によって与えられるとすれば、本文に引いたデュモンの「（バクティ信仰における神と人との）完全に個人化された（＝この個人が特殊的であることは指摘した）ふたつの項のあいだの関係」［デュモン　二〇〇一（一九八〇）：三四七（　）内筆者］とは異なる、「単独的な女神」─「単独的なひと」が仮定されることになる。「ひと」のみならず、「女神」を単独的と捉える妥当性は次のように考えることもできる。まず、人々は女神を「「サンスクリット的な神々」とは分類を異にする「村の神々」という類の一種」などとは考えていない、という意味で「特殊的ではない」のはいうまでもない。人々にとって女神はシャクティだ。シャクティの本性そのものを思弁的に思考経由して単独性にたどり着く仕事は本論では荷が勝ちすぎるが、民族誌的データのなかに女神の単独性を求められる。彼らが語り継いできた伝承に、また、その語られ方に読み込めるのである。伝承では女神はマーリヤイという名を持つひとりの女性だ。移民リクルーターにとってそれは「労働者という類の種」であれば誰でも構わなかった。だが彼らにとってはそうではない。筆者は長屋の一室である老婆からこの伝承を聞いた。彼女は、マーリヤイの名をまるで自分の知り合いのように繰り返しながら、嬉しそうに話してくれた。自分の知らないインドから、きっと「似たように」船に乗ってやってきた女神が想像されている。女神とは、彼らと「似たように」海を渡った「他者」でもある。すなわち女神は人々の隠喩的想像のつながりのなかに、（他にいい言葉が思いつかないのだが）生き生きと、対他的にその単独性を得る。祭礼の場においては、単独的なひとりひとりが、エステートでの生活の境遇を経験して生きるひとりひとりが、似たように海を渡ったに違いない単独的な女神と邂逅するのである。

終章

本書は、提喩的同一性の論理に拠る括りの囲繞という境遇に生きてきたエステート・タミルという人々のアイデンティティの形を、生活の場におけるジャーティヤのつくられ方・組成に着目して考えてきた。人々が暮らしのなかで紡いできた「ひとの種類」は、アイデンティティ・ポリティクスのシナリオが根底に有するような類—種の提喩的論理ではなく、種々の具体的つながりをつたって構成される換喩・隠喩的なまとまりとして姿をみせるものである。本文でジャーティヤを何度か換喩・隠喩的織物と表現した。それは境遇に定められながら、実践、表象、想像、肯定によって境遇に介入するように織られ続けており、その織り方、つくり方が換喩・隠喩的であって、ジャーティヤとはその折々の織物の表面に映じている図柄のようである。

本書では、提喩的同一性の論理に拠らない、「つながりのアイデンティティ」の要諦を、「他性」と「偶然性」そして「受動性」に求めたが、これを第九章中に挙げた「海を渡った女神」の伝承と結んでいま一度パラフレーズしておこうと思う。伝承にみる「足りなかったあとひとり」は何を意味しているのか。女神に仮託された、足りなかったものとは何か。伝承にある数字「49」が鍵となろう。「49」は、それが「数」であることに意味がある。移民リクルーターにとって、あとひとりの賃金労働者は誰でも構わない。「49」とは代替可能な特殊性の集合、すなわちエステート・タミルたちを囲繞してきた提喩的同一性の論理の換喩表現に他ならない（「49」で表されたこの匿名的で代替可能な賃金労働者たちは、市民権問題の二国間の数のやりとりでは何十万分の一に、民族対立問題の文脈ではただタミル一般の特殊の一として、括りの境遇を生きてきた)。

彼らは女神を「足りなかったあとひとり」として海を渡らせた。そのひとりとは、「49を50にする1」、すなわち提喩的同一性の論理に囲繞される1などではなかろう。それは「49に欠けている1」、すなわち単独性の1と読みたくはならないか。括りの境遇を突破して生きていくために彼らが求めた、単独的な最後のひとりとして、女神は海を渡ったのではないか。祭礼の夜、泉の向こうからやってくる女神は、括りに囲繞され続けてきた人々に単独的な1を与えるべく、ひととのぎりぎりの隣接性によってつながりをもたらす。泉のほとりで、つながりがもたらす何者であるかの定まりの、根源的な偶然性の地平を開示する。次のように述べたい思いにかられる。女神とは絶対にほしいままにならないこの根源的な偶然性の最後の換喩である、と。これを境遇するところから、提喩的論理の括りの囲繞を突破する、何者であるかの定まりの創造が始まるのだ、と。

かつてサイードがオリエンタリズム的な自己/他者同定の中核に喝破した人種モデル的なアイデンティティの様式は、アイデンティティ・ポリティクスの形で現代社会に浸透の度を強めてきた。民族的アイデンティティ・ポリティクスは、多文化状況下のマイノリティに尊厳と主体性を付与する一方で、その排他的範囲線が潜在的な共同性の芽を摘む脅威をも併せ持つ。今日の人類学的研究において、「共同性」や「つながり」は重要なテーマである[cf. 小田 二〇〇四、森 二〇〇八、速水 二〇〇九、松村 二〇〇九、高谷・沼崎 二〇一二、小池 二〇一二]。本書はスリランカのある小さなゴム園とその隣のシンハラ村という小さな生活の圏域を舞台としたものだ。だが、括りに囲繞されたままに共同性を引き受けて暮らす長屋の人々の生きるやり方や、排他的な民族の分断線をすり抜けるように対他的につながる「エステートの連中」と「村の連中」の生きるやり方は、現代社会における共同性やつながりを考えるための生きられる事例としてインスピレーションを与えてくれるはずである。また、それらを析出・描出すべく本論が携えた〈括り〉・〈まとまり〉・〈つながり〉という道具的概念、そして検討の果てに逢着した他性と偶然性、受動性の議論は、現代社会に生きる私たち自身の、何者であるかの定まりの仕方をめぐる想像力に向けて、広く敷衍しうるはずである。

最後に、第一章に転記したダニエルによる聞き書きに立ち戻ろう。暴徒の迫り来る列車の車中という身の毛もよだつような場である。筆者は舞台となったキャンディ駅も、またキャンディ発の高地行きのこの路線や客車もよく知るだけに、このできごとには想像もできない分、想像もできないほど、怖さを覚える。客車に居合わせたシンハラ風のサリーをまとった女性は、暴徒の闖入直前に見知らぬ男性の横に席を移し、男性に手を重ね合わせた（女性を突き動かしたのは何だったろう?）。暴徒は、いかにもシンハラ風の婦人が手を重ねている男性はシンハラに違いない（婦人の夫か何かに違いない）と短絡し、「ここにはタミルはいない」と次の客車に向かう。「シンハラ風のサリー」と「重ね合わせた手」がインデックスとなって、このエステート・タミル男性は「シンハラ」と同定され、難を逃れた。

「シンハラか、タミルか」。その括りが生死と重なる極限的な状況である。迂闊に自らを重ね合わせてみることなど筆者にできるはずもない。せめて、この、互いに名前さえ知らぬままの客車の二人は「誰」だったのだろうと考えるのである。互いに声をかけることもなく、おそらくは恐怖のままに別れる二人には、シンハラ／タミルと囲繞される「直前」の、誰でもありうる偶然的なアイデンティティの在りようが、何者であるかの定まりの根源的な偶然性の様相が、ネガのように映じている。この場の二人には、「名前がない」。にもかかわらず、「匿名のシンハラ、タミル」ではない、すなわち「一般性からみた特殊性」ではない、強い非匿名性、単独性が感じられてならない。

客車の二人が遭遇した場と、女神祭礼の夜の泉のほとりとの間は、どこか通底している。

本書の考察の過程でいくつかの深い示唆を得る言葉に出会っている。少しだけ引いておきたい。哲学者の九鬼周造はかつてこのように書いた。「必然性が同一者の同一性の様相的言表であったに反して、偶然性とは一者に対する他者の二元性の様相的言表にほかならない。必然性は「我は我である」という主張に基づいている。「我」に対して「汝」が措定されるところに偶然性があるのである。（中略）偶然性を原理として容認する者は「我」と「汝」による社会性の構成によって具体的現実の把握を可能にする地盤を踏みしめている」［九鬼 二〇〇七：二八―二九（ ）内筆者］。また、社会学者の大澤真幸は東浩紀との対談のなかで「根源的偶有性」という言葉で次のように語っている。「単に、他の行為の選択肢もあったという意味での偶有性だけではなく、さらにその前提には、私が私であったということがまるごと偶有的でありうるということ、つまり私がまるごと他者でありえたという意味での、もっと強い偶有性があるのではないか」［東・大澤 二〇〇三：七五―七六］。

偶然性（ないし偶有性）という大きな言葉については、本書ではこれ以上振りかざさずに考え続けていかねばなるまい。少なくとも、この民族誌の記述・考察からは次のことだけはいえる。ジャーティヤの違いなどないと語ることで提喩的同一性の括りの論理を拒みながらも、つながりをつたって「ひとの種類」をつくりながら生き続ける人々にとって、ジャーティヤも、また、何者であるかの定まりも、つながりの創造性に依拠しつつ絶えずその在りようを変えていく潜在性を有している。対他的つながりによる定まりの偶然性は目に見えない下地としてこの可変性、創造性を支えているはずである。こうして紡がれるジャーティヤを、ジャーティヤを生きる彼らを、提喩的同一性の論理の逃れようのない必然に括りきることなどできない。そして、このわたしも、どこか「似たようなもの」なのではあるまいか。

引用・参考文献

*和文
足羽與志子
一九九四「スリランカのシンハラの村から——差異・ジャーティヤ・カースト・民族」『民族の出会うかたち』（黒田悦子編著）、朝日新聞社。
東浩紀・大澤真幸
二〇〇三『自由を考える——9・11以降の現代思想』、NHKブックス。
足立明
一九八八「シンハラ農村の労働交換体系」『国立民族学博物館研究報告』一三巻三号、五一七—五八一頁。
アパデュライ、A
二〇〇四（一九九六）『さまよえる近代——グローバル化の文化研究』（門田健一訳）、平凡社。
内山田康
二〇〇八「芸術作品の仕事——ジェルの反美学的アブダクションと、デュシャンの分配されたパーソン」『文化人類学』七三巻二号、一五八—一七九頁。
二〇一一「チェッラッタンマンは誰か？——関係的神性、本質的神性、変態する存在者」『文化人類学』七六巻一号、五三—七六頁。
エヴァンズ＝プリチャード、E・E
二〇〇一（一九三七）『アザンデ人の世界——妖術・託宣・呪術』（向井元子訳）、みすず書房。
絵所秀紀
二〇〇二「スリランカ——マクロ経済環境と民間企業」（報告書・南アジア経済問題研究会、財団法人国際通貨研究所

編）（http://www.mof.go.jp/jouhou/kokkin/tyousa/tyou030.htm）。
大石美佐
二〇〇一「「インド・タミル」――社会福祉国家スリランカの影」『越境する南アジア移民――ホスト社会とのかかわり』（南埜猛・関口真理・澤宗則編）（文部省科学研究費・特定領域研究（A）「南アジア世界の構造変動とネットワーク」）。
太田好信
一九九三「文化の客体化――観光をとおした文化とアイデンティティの創造」『民族学研究』五七巻四号、三八三―四一〇頁。
押川文子
一九八九「カーストの現実」『もっと知りたいインドⅡ』（臼田雅之・押川文子・小谷汪之編）、弘文堂。
小田亮
一九九六「しなやかな野生の知――構造主義と非同一性の思考」『岩波講座文化人類学第一二巻　思想化される周辺世界』（青木保ほか編）、岩波書店。
一九九七「ポストモダン人類学の代価――ブリコルールの戦術と生活の場の人類学」『国立民族学博物館研究報告』二一巻四号、八〇七―八七五頁。
二〇〇四「共同体という概念の脱／再構築――序にかえて」『文化人類学』六九巻二号、二三六―二四六頁。
二〇〇六『（web版）日常的抵抗論』（http://www2.ttcn.ne.jp/~oda.makoto/teikouronmokuji.html）。
金井勇人・新城直樹
二〇〇九「諸分野におけるMetonymy（換喩）とMetaphor（隠喩）の概念」『埼玉大学国際交流センター紀要』三、二五―三四頁。
柄谷行人
一九八九『探究Ⅱ』、講談社。

川島耕司
二〇〇〇「植民地下スリランカにおけるプランテーション移民労働者とシンハラ・ナショナリズム」『政経論叢』平成一二年三号、一—三二頁。
二〇〇六『スリランカと民族——シンハラ・ナショナリズムの形成とマイノリティ集団』、明石書店。
九鬼周造
二〇〇七『偶然と驚きの哲学——九鬼哲学入門文選』、書肆心水。
クリフォード、J・&マーカス、G編
一九九六（一九八六）『文化を書く』（春日直樹ほか訳）、紀伊國屋書店。
グループμ編
一九八一『一般修辞学』（佐々木健一・樋口桂子訳）、大修館書店。
小池誠
二〇一二「高谷紀夫・沼崎一郎編『つながりの文化人類学』」『文化人類学』、七七巻二号、三三四—三三七頁。
サイード、E
一九九二（一九九一）「知の政治学」（大橋洋一訳）『みすず』三七七、二—一六頁。
酒井直樹
一九九六『死産される日本語・日本人——「日本」の歴史—地政的配置』、新曜社。
佐藤信夫
一九九二『レトリック感覚』、講談社学術文庫。
執行一利
一九八七「シンハラ農村の社会組織——いくつかの社会集団について」『史苑』四七巻一号、七二—一一四頁。
渋谷利雄
一九八八『祭りと社会変動——スリランカの儀礼劇と民族紛争』、同文館。

杉島敬志
二〇〇一「ポストコロニアル転回後の人類学的実践」『人類学的実践の再構築――ポストコロニアル転回以後』（杉島敬志編）、世界思想社。

杉本良男
一九八七「村落生活」『もっと知りたいスリランカ』（杉本良男編）、弘文堂。

一九九五「民族宗教と国家宗教――スリランカにおける宗教・民族問題」『宗教・民族・伝統――イデオロギー論的考察』（杉本良男編）、南山大学人類学研究所。

一九九八「仏教社会のカースト制」『暮らしがわかるアジア読本　スリランカ』（杉本良男編）、河出書房新社。

二〇〇一「儀礼の受難」『人類学的実践の再構築――ポストコロニアル転回以後』（杉島敬志編）、世界思想社。

二〇〇三「儀礼の受難――楞伽島綺談」『国立民族学博物館研究報告』二七巻四号、六一五―六八一頁。

鈴木晋介
二〇〇〇「スリランカにおける仏法開発の生成とその背景――一九五〇年代末「農村回帰ムーブメント」を焦点として」『東南アジア上座部仏教社会における社会動態と宗教意識に関する研究』（平成九～一一年度科学研究費補助金（基盤研究（A）（二））研究成果報告書）。

二〇〇三「女神の霊媒の決定――スリランカ・プランテーションにおけるヒンドゥー例祭の分析」『史境』四六号、七八―九七頁。

二〇〇三「「インド・タミル」とシンハラ村落住人の日常生活に結ばれる関係性――スリランカの「民族対立」を微視的水準において／から分析するための視角」『族』三三号、三五―六五頁。

二〇〇四「スリランカにおけるインド・タミルという「民族」――その「想像の仕方」に関する一考察」『筑波大学地域研究』二二号、一七七―一九五頁。

二〇〇六「聖なる泉のほとり――スリランカ・エステートにおける女神崇拝の変容」『アジア遊学』八九（特集　宗教を生きる東南アジア）、一五四―一六八頁、勉誠出版。

鈴木正崇
一九八五「シンハラ人の成女式」『子ども文化の原像——文化人類学的視点から』（岩田慶治編著）、日本放送出版協会。
一九九六『スリランカの宗教と社会——文化人類学的考察』、春秋社。
関根康正
一九九四ａ「清めと儀礼——タミルの成女式」『インド入門Ⅱ：ドラヴィダの世界』（辛島昇編）、東京大学出版会。
一九九四ｂ「「オリエンタリズム」とインド社会人類学への試論」『社会人類学年報』第二〇号、二七—六一頁。
一九九五『ケガレの人類学——南インド・ハリジャンの生活世界』、東京大学出版会。
二〇〇一「他者を自分のように語れないか？——異文化理解から他者了解へ」『人類学的実践の再構築——ポストコロニアル転回以後』（杉島敬志編）、世界思想社。
二〇〇六『宗教紛争と差別の人類学——現代インドで〈周辺〉を〈境界〉に読み替える』、世界思想社。
関本照夫・船曳建夫編
一九九四『国民文化が生れる時——アジア・太平洋の現代とその伝統』、リブロポート。
高桑史子
二〇〇八『スリランカ海村の民族誌——開発・内戦・津波と人々の生活』、明石書店。
高谷紀夫・沼崎一郎編
二〇一二『つながりの文化人類学』東北大学出版会。
田中雅一
一九八六「礼拝・アビシェーカ・供犠——浄・不浄から力へ——スリランカのヒンドゥ寺院儀礼」『民族学研究』五一巻一号、一—三一頁。
一九八八「カーリー女神の変貌——スリランカ・タミル漁村における村落祭祀の研究」『国立民族学博物館研究報告』一三巻三号、四四五—五一六頁。
一九八九「ヒンドゥ奉納儀礼の研究——カーヴァディとそのコンテクスト」『人類学的認識の冒険——イデオロギーと

プラクティス』（田辺繁治編著）、同文館出版。
一九九〇「司祭と霊媒――スリランカ・タミル漁村における村落祭祀の分業関係をめぐって」『国立民族学博物館研究報告』一五巻二号、三九三―五〇九頁。
一九九四「スリランカの民族紛争――その背景と解釈」『紛争地域現代史3：南アジア』（岡本幸治・木村雅昭編著）、同文館出版。
二〇〇六「身内で結婚する――スリランカ・タミル漁村における婚姻をめぐって」『社会人類学年報』第三二号、一―二四頁。
田辺明生
二〇一〇『カーストと平等性――インド社会の歴史人類学』、東京大学出版会。
谷口佳子
一九八七「社会関係――婚姻、家族、親族」『もっと知りたいスリランカ』（杉本良男編）、弘文堂。
デュモン、L
二〇〇一（一九八〇）『ホモ・ヒエラルキクス――カースト体系とその意味』（田中雅一・渡辺公三訳）、みすず書房。
ド・セルトー、ミシェル
一九八七（一九八〇）『日常的実践のポイエティーク』（山田登世子訳）、国文社。
中川加奈子
二〇一一「食肉市場の形成とカースト間関係の変容――カトマンズ盆地における「カドギ」の商実践を中心に」『南アジア研究』第二三号、七四―九九頁。
中村尚司
一九六四「セイロン島におけるプランテーション農業の成立」『アジア経済』五巻一号、二―一九頁。
一九七六「南インドの村落社会と海外移住」『インド史における村落共同体の研究』（辛島昇編）、東京大学出版会。
西村祐子

一九九四「妻の力・姉妹の力――南インドにおける婚姻と吉祥」『インド入門Ⅱ：ドラヴィダの世界』（辛島昇編）、東京大学出版会。
野内良三
一九九八『レトリック辞典』、国書刊行会。
野矢茂樹
二〇〇二『同一性・変化・時間』、哲学書房。
速水洋子
二〇〇九『差異とつながりの民族誌――北タイ山地カレン社会の民族とジェンダー』、世界思想社。
バウマン、Z
二〇〇七『アイデンティティ』（伊藤茂訳）、日本経済評論社。
ファン・ヘネップ、A
一九七七（一九〇九）『通過儀礼』（綾部恒雄・綾部裕子訳）、弘文堂。
フーコー、ミシェル
一九九六（一九八三）「主体と権力」『ミシェル・フーコー構造主義と解釈学を超えて』H・L・ドレイファス&P・ラビノウ（井上克人ほか訳）、筑摩書房。
ブラック、M
一九八六（一九五四）「隠喩」（尼ヶ崎彬訳）『創造のレトリック』（M・ブラックほか著、佐々木健一編訳）、勁草書房。
ブルデュー、P
一九八六「「社会資本」とは何か」（福井憲彦訳）『actes 1』（福井憲彦・山本哲士編）、日本エディタースクール出版部。
ブロック、M
一九九四（一九八六）『祝福から暴力へ――儀礼における歴史とイデオロギー』（田辺繁治・秋津元輝訳）、法政大学出版局。

細見和之
一九九九『アイデンティティ／他者性』、岩波書店。
ホブズボーム、E・J
二〇〇一（一九九〇）『ナショナリズムの歴史と現在』（浜林正夫ほか訳）、大月書店。
ホブズボウム、E&レンジャー、T編
一九九二（一九八三）『創られた伝統』（前川啓治ほか訳）、紀伊國屋書店。
マーカス、G・E&フィッシャー、M・J
一九八九（一九八六）『文化批判としての人類学――人間科学における実験的試み』（永渕康之訳）、紀伊國屋書店。
マスミ、ブライアン
二〇〇〇「帰属の政治経済学と関係の論理」（小町谷尚子訳）『思想』第九一四号、八―二九頁。
松田素二
一九九六「「人類学の危機」と戦術的リアリズムの可能性」『社会人類学年報』第二二号、二三―四八頁。
二〇〇六「セルフの人類学に向けて――遍在する個人性の可能性」『ミクロ人類学の実践――エイジェンシー／ネットワーク／身体』（田中雅一・松田素二編）、世界思想社。
松村圭一郎
二〇〇九「〈関係〉を可視化する――エチオピア農村社会における共同性のリアリティー」『文化人類学』、七三巻四号、五一〇―五三四頁。
森明子
二〇〇八「ソシアルなものとは何か」『民博通信』No. 121、二―五頁。
吉岡政徳
一九九四「〈場〉によって結びつく人々――ヴァヌアツにおける住民・民族・国民」『国民文化が生れる時――アジア・太平洋の現代とその伝統』（関本照夫・船曳建夫編）、リブロポート。

米山リサ
一九九八「文化という罪——「多文化主義」の問題点と人類学的知」『岩波講座文化人類学第一三巻　文化という課題』（青木保ほか編）、岩波書店。
ライアン、B
一九八八（一九五八）『シンハリーズ・ヴィレッジ』（池田年穂訳）、西北出版。
リュウェ、N
一九八六（一九七五）「提喩と換喩」（青山昌文訳）『創造のレトリック』（M・ブラックほか著、佐々木健一編訳）、勁草書房。
レイコフ、G&ジョンソン、M
一九八六（一九八〇）『レトリックと人生』（渡部昇一・楠瀬淳三・下谷和幸訳）、大修館書店。

＊欧文

Abeyratne, S.
1998 *Economic Change and Political Conflict in Developing Countries: with Special Reference to Sri Lanka.* VU University Press.
Anderson, B.
1983 *Imagined Communities: Reflections on the Origin and Spread of Nationalism.* Verso.
Arunachalam, P.
1902 The Census of Ceylon, 1901 Vol. 1: The Review of the Census Operations and Results.
Babb, L. A.
1976 Thai Pusan in Singapore: Religious Individualism in a Hierarchical Culture, *Working Paper* No. 49 (Department of Sociology, Singapore University).

Bandarage, A.

1983 *Colonialism in Sri Lanka: The Political Economy of the Kandyan Highlands, 1833–1886.* L. H. I. Mouton.

Bass, D.

2001 *Landscapes of Malaiyaha Tamil Identity*. Marga Insitute.

2004 *A Place on the Plantations: Up-Country Tamil Ethnicity in Sri Lanka*. Ph. D. dissertation, The University of Michigan.

2008 Paper Tigers on the Prowl: Rumors, Violence and Agency in the Up-Country of Sri Lanka. *Anthropological Quarterly* 81/ 1, pp. 269–295.

Bastian, S.

1992 Indian Tamils Emerging Issues: A Draft, Journal of the Institute of Asian Studies Vol. 10 （1）, pp. 1–32.

Beck, B.

1981 The Goddess and the Demon: A Local South Indian Festival and its Wider Context. *Purusartha* 5.

Béteille, A.

1996 *Caste, Class, and Power: Changing Patterns of Stratification in a Tanjore Village*. Oxford University Press.

Bond, G. D.

1988 *The Buddhist Revival in Sri Lanka: Religious Tradition, Reinterpretation, and Response*. Motilal Banarsidass Publishers.

Bourdieu, P.

1977 *Outline of a Theory of Practice*. Cambridge University Press.

Brow, J.

1996 *Demons and Development: The Struggle for Community in a Sri Lankan Village*. University of Arizona Press.

Carter, C.

2007（1924）*A Sinhalese-English Dictionary*. Asian Educational Services.
Daniel, E. Valentine.
1984 *Fluid Signs: Being a Person the Tamil Way*. University of California Press.
1996 *Charred Lullabies: Chapters in an Anthropography of Violence*. Princeton University Press.
de Silva, K. M.
1981 *A History of Sri Lanka*. Oxford University Press.
Dumont, L.
1970 *Religion/Politics and History in India: Collected Papers in Indian Sociology*. Mouton Publishers.
Fernando, T.
1973 The Western-Educated Elite and Buddhism in British Ceylon, *Contribution to Asian Studies* Vol. Ⅳ.
Ferro-Luzzi, G.
1974 Women's Pollution Periods in Tamilnad（India）, *Anthropos* 69, pp. 113-161.
Fuller, C. J.
1979 Gods, Priests and Purity: On the Relation between Hinduism and the Caste System, *Man* 14, pp. 459-476.
Gombrich, R. F.
1971 *Precept and Practice: Traditional Buddhism in the Rural Highlands of Ceylon*. Clarendon Press.
Gombrich, R. F. & Obeyesekere, G.
1988 *Buddhism Transformed: Religious Change in Sri Lanka*. Princeton University Press.
Good, A.
1991 *The Female Bridegroom: A Comparative Study of Life-Crisis Rituals in South India and Sri Lanka*. Oxford University Press.
Gunasekera, T.

1994 *Hierarchy and Egalitarianism: Caste, Class, and Power in Sinhalese Peasant Society*. Athlone Press.

Gunawardana, R. A. L. H.

1990 The People of the Lion: the Sinhala Identity and Ideology in History and Historiography, in Jonathan Spencer ed., *Sri Lanka: History and the Roots of Conflict*. Routledge, pp. 45–86.

Handler, R. & Linnekin, J.

1984 Tradition, Genuine or Spurious, *American Folklore Studies* 97, pp. 273–290.

Hollup, O.

1993 Caste Identity and Cultural Continuity Among Tamil Plantation Workers in Sri Lanka, *Journal of Asian and African Studies* xxviii, 1 – 2 , pp. 67–87.

1994 *Bonded Labour: Caste and Cultural Identity among Tamil Plantation Workers in Sri Lanka*. Sterling Publishers.

Jayaraman, R.

1975 *Caste Continuities in Ceylon: A Study of the Social Structure of Three Tea Plantations*. Popular Prakashan.

Jayasinghe, N.

1987 Indo-Sri Lankan Relations and the Problem of Indian Plantation Labour 1900–1931. *Kalyani: Journal of Humanities & Social Sciences of the University of Kelaniya* Vol. V & VI, pp. 276–307.

Kemp, C. P.

1982 *Spring Valley: A Social Anthropological and Historical Inquiry into the Impact of the Tea Estates upon a Sinhalese Village in the Uva Highlands of Sri Lanka*. Ph. D. dissertation. University of Sussex.

Kearney, R. N.

1985 Ethnic Conflict and the Tamil Separatist Movement in Sri Lanka, *Asian Survey* Vol. xxv, No. 9 , pp. 898–917.

Kinsley, D. R.

1986 *Hindu Goddesses: Visions of the Divine Feminine in the Hindu Religious Tradition*. University of California

Press.

Leach, E. R.

1961 *Pul Eliya: A Village in Ceylon: A Study of Land Tenure and Kinship*. Cambridge University Press.

Linnekin, J.

1992 On the Theory and Politics of Cultural Construction in the Pacific, *Oceania* 62, pp. 249–263.

Marriot, M.

1976 Hindu Transactions: Diversity Without Dualism, in B. Kapferer ed., *Transaction and Meaning: Directions in the Anthropology of Exchange and Symbolic Behavior*. Inst. for the Study of Human Issues.

Marriot, M. & Inden, R. B.

1985 'Social Stratification: Caste,' entry in *Encyclopaedia Britannica*, 15th edn., Vol. 27, pp. 348–356

Meyer, E.

1992 'Enclave' Plantations, 'Hemmed-In' Villages and Dualistic Representations in Colonial Ceylon, *Journal of Peasant Studies* 19-３／４, pp. 199–228.

Moore, M.

1985 *The State and Peasant Politics in Sri Lanka*. Cambridge University Press.

Nabokov, I.

2000 *Religion against the Self: An ethnography of Tamil Rituals*. Oxford University Press.

Nishimura, Y.

1987 A Study on Mariyamman Worship in South India: A Preliminary Study on Modern South Indian Village Hinduism.『南アジア農村社会の研究』７、東京外国語大学アジア・アフリカ言語文化研究所。

Nissan, E. & Stirrat, R. L.

1990 The Generation of Communal Identities, in Jonathan Spencer ed., *Sri Lanka: History and the Roots of Conflict*.

Routledge, pp. 19–44.

Obeyesekere, G.

1975 Sinhalese-Buddhist Identity in Ceylon, in G. De Vos & L. Romanucchi-Ross eds., *Ethnic Identity: Cultural Continuities and Change*. Mayfield Pub. Co.

1978 The Fire-Walkers of Kataragama: The Rise of Bhakti Religiosity in Buddhist Sri Lanka, *Journal of Asian Studies* 37（3）, pp. 457–476.

Peebles, P.

2001 *The Plantation Tamils of Ceylon*. Leicester University Press.

Perera, S.

1998 Book Reviews（James Brow's *Demon and Development*）, *The Journal of Royal Anthropological institute* Vol. 4（3）, pp. 578–579.

Philips, A.

2005 The Kinship, Marriage and Gender Experiences of Tamil Women in Sri Lanka's Tea Plantations, *Contributions to Indian sociology*（n.s.）39/1, pp. 107–142.

Pieris, R.

1956 *Sinhalese Social Organization: The Kandyian Period*. Ceylon University Press.

Quigley, D.

1993 *The Interpretation of Caste*. Oxford University Press.

Rajasingham-Senanayake, D.

2002 Identity on the Borderline: Modernity, New Ethnicities, and the Unmaking of Multiculturalism in Sri Lanka, in Neluka Silva ed., *The Hybrid Island: Culture Crossing and the Invention of Identity in Sri Lanka*. Zed Books, pp. 41–70.

Reiniche, M. L.

1987 Worship of Kaliyamman in Some Tamil Villages: The Sacrifice of the Warrior-Weavers, in V. Sudarsen, G. Prakash Reddy, and M. Suryanarayana, eds., *Religion and Society in South India: A Volume in Honour of Prof. N. Subba Reddy*. B. R. Publishing Corporation.

Roberts, M. W.

1966 Indian Estate Labour in Ceylon during the Coffee Period (1830-1880), *The Indian Economic and Social History Review* Vol. III, No. 1, pp. 1-51.

Robinson, M.

1968 Some Observations on the Kandyan Sinhalese kinship system, *Man* (n.s.) 3-3, pp. 402-423.

Ryan, B.

1981 (1953) *Caste in Modern Ceylon: The Sinhalese System in Transition*. Navrang.

Silva, N. (ed.)

2002 *The Hybrid Island: Culture Crossing and the Invention of Identity in Sri Lanka*. Zed Books.

Slater, R. P.

1984 Hill Country Tamils in the Aftermath of the Violence, in James Manor ed., *Sri Lanka in Change and Crisis*. St. Martin's Press.

Snodgrass, Donald R.

1966 *Ceylon: An Export Economy in Transition*. R. D. Irwin.

Stirrat, R. L.

1982 Caste conundrums: Views of caste in a Sinhalese Catholic fishing village, in Dennis B. McGilvray ed., *Caste Ideology and Interaction*. Cambridge University Press.

Tambiah, S. J.

1958 The Structure of Kinship and its Relationship to Land Possession and Residence in Pata Dumbara, Central Cey-

lon, *Journal of the Royal Anthropological Institute* 88（1）, pp. 21–44.
1965 Kinship: Fact and Fiction in Relation to Kandyan Sinhalese, *Journal of the Royal Anthropological Institute* 95, pp. 131–173.

Tennekoon, N. S.
1988 Rituals of Development: The accelerated Mahaveli Development Program of Sri Lanka, *American Ethnologist* 15（2）, pp. 294–309.

Vije, M.
1987 *Where Serfdom Thrive: The Plantation Tamils of Sri Lanka.* Tamil Information Centre.

Wesumperuma, D.
1986 *Indian Immigrant Plantation Workers in Sri Lanka: a historical perspective 1880–1910.* Vidyalankara.

Yalman, N.
1960 The Flexibility of Caste Principles in a Kandyan Community, in E. R. Leach ed., *Aspects of Caste in South India, Ceylon and North-West Pakistan.* Cambridge University Press.
1967 *Under the Bo Tree: Studies in Caste, Kinship, and Marriage in the Interior of Ceylon.* University of California Press.

Younger, P.
1980 A Temple Festival of Mariyamman, *The Journal of the American Academy of Religion* XLVIII/ 4, pp. 493–517.

あとがき

本書は、総合研究大学院大学文化科学研究科に提出した博士論文『スリランカにおけるエステート・タミルのアイデンティティと「ジャーティヤ」をめぐる人類学的研究』（二〇一〇年度学位授与）をもとにしている。刊行にあたり随所に字句修正を施したが、本論の構成と論旨自体に大きな変更は加えていない。

本書では第九章にて結論的言明を行い、つづく終章で幾分あとがき的な文章も連ねているので、ここでは本書の刊行段階でお世話になった方々への謝意と、そして少しばかり、本書の出版に至る背景を記しておきたいと思う。

この本が生まれるまで、じつに多くの方々のご助力を賜っている。何よりもまず、調査地ヒルトップとK村の皆さんへの感謝の意を記したい。二年近い長期滞在期間から今日に至るまで、筆者の研究は彼らとの変わらぬ親交に支えられてきた。

ひとつ印象深いことがある。数年前、久しぶりにフィールドを訪れた時のことだ。懐かしい面々に再会し、近況を語り合ううちに年齢の話になった。「わたしも少し歳をとったよ」と言った筆者に、ひとりの若いお母さんが「そうよ、わたしたちはこうやって歳をとっていくのよ」と微笑んだ。彼女の言葉は、不思議と温かく響いた。「わたしたち」は長い付き合いになった。いや、この長い付き合いが、この「わたしたち」を今もなお創り続けている。そのことを、有難いと思った。

フィールドの人びとをはじめとして、スリランカでお世話になった方々のお名前はとても挙げ尽くせるものではないが、キャンディ市のH. D. Upali氏には特に御礼申し上げたい。筆者が修士課程在籍時に行った調査時（一九九六年）からの付き合いで、現地での筆者の調査研究は常に彼の教養と人脈にリードされてきたといっても過言ではない。ここに記して謝意を表したい。

博士論文の執筆は、国立民族学博物館に外来研究員として受け入れていただくことで可能となったものである。受け入れ教員となっていただいたのは杉本良男先生である。論文執筆過程から学位取得に至るまで、杉本先生には本当に温かく見守っていただいた。折に触れて賜ったご教示の数々は、本論の細部に血脈となって流れていると信じている。むろん、ご教示を生かしきれなかった部分があれば、ひとえに筆者の力量不足によるものである。論文予備審査では、同じく国立民族学博物館の三尾稔先生と南真木人先生に力強く勇気づけられ、本審査では国立民族学博物館から杉本先生、三尾先生、白川千尋先生、日本女子大学から関根康正先生（現・関西学院大学）、首都大学東京から高桑史子先生が審査に加わってくださった。論文の公開発表会や個別の機会に賜ったコメントの数々は、その後の筆者の研究の道筋をいまも照らし出してくれている。心より御礼申し上げるとともに、先生方の学恩に報いるべく精進を重ねていきたいと思っている。

私事ながら、じつは筆者には三年間ほど学問の世界からほとんど離れていた時期がある。何をしていたかと言えば、新潟県の青果物卸売市場でレタスを売っていたのである（レタスを売りながら、青果物流通に関する短い論文を書いたことがある。そのつづきを再び構想中である）。そんな筆者に、もう一度勉強してみる気はあるかと声をかけてくださったのが関根康正先生だった。二〇〇八年、冬の終わり頃のことである。幾ばくかの逡巡をかき消すように、胸が躍った。大きな転機だったと思う。勤務先だった長岡中央青果株式会社の皆さんに快く送り出していただき、そして向かった先が、関根先生のつないでくださった民博だったのである。

大学院生の頃より現在に至るまで、関根先生に賜った学恩は到底ここに記しきれるものではない。「ケガレ」論、「生きられる文化」、「ストリート」――深い問題意識と、考え、語るための概念を、言葉を、筆者は関根先生からひとつひとつ授かってきた。そして学ぶことはいまだ尽きることはない。一歩一歩、人類学の道を歩み続けていくことで、少しでもこの御恩に報いていきたいと考えている。

あらためて、本書は、多くの方々の支えによって成り立っていることを実感する。筑波大学大学院時代よりお世話になっている小野澤正喜先生をはじめとする同僚の皆さん、民博で知り合うことのできた大学院生の皆さん、現職の関西学院大学先端社会研究所の同僚や大学院生の皆さん、こうしたつながりがひとつでも欠けていたら、本書を書き上げることはできなかっただろうと思う。深く感謝申し上げたい。

もうお一方、ここにどうしても記しておかねばならない方がいる。法藏館の岩田直子さんである。本書の刊行に至る編集の全過程において、岩田さんには懇切丁寧で親身なお力添えを賜った。プロフェッショナルの仕事に頭の下がる思いがするとともに、折に触れて岩田さんから発せられる核心をついた質問には何度となく熟考させられた。岩田さんのご助力がなければ本書が生まれることはなかった。厚く御礼申し上げる。

最後にこの場を借りて、わがまま放題のわたしを支え続けてくれる両親に、心から感謝したい。

二〇一三年一月

鈴木晋介

索　引

あ行

か行

さ行

た行

な行

は行

ま行

や行

ら行

著者略歴

鈴木晋介（すずきしんすけ）

1971年新潟県長岡市生まれ。慶應義塾大学経済学部卒業、筑波大学大学院修士課程地域研究研究科修了、筑波大学大学院博士課程歴史・人類学研究科単位取得退学。博士（文学）（総合研究大学院大学文化科学研究科）。専攻は文化人類学。現在、関西学院大学先端社会研究所専任研究員。

主な論文：2009年「青果物卸売市場の「いま」と「あの頃」――新潟県長岡市の地方卸売市場における「場所性」の変容を焦点として」『ストリートの人類学 下巻』（関根康正編、『Senri Ethnological Reports 国立民族学博物館調査報告』No. 81）。2006年「聖なる泉のほとり――スリランカ・エステートにおける女神崇拝の変容」『アジア遊学』89（特集 宗教を生きる東南アジア）』勉誠出版。2005年「内発的発展論とスリランカのサルボダヤ運動」『開発経済学――貧困削減から持続的発展へ』（高梨和紘編著）慶應義塾大学出版会。

つながりのジャーティヤ
――スリランカの民族とカースト

二〇一三年二月二八日　初版第一刷発行

著　者　鈴木晋介
発行者　西村明高
発行所　株式会社法藏館
京都市下京区正面通烏丸東入
郵便番号　六〇〇―八一五三
電話　〇七五―三四三―〇〇三〇（編集）
〇七五―三四三―五六五六（営業）

装幀者　原　拓郎
印刷・製本　亜細亜印刷株式会社

ISBN978-4-8318-7438-2　C3039

アジアの仏教と神々　立川武蔵編　三、〇〇〇円

挑戦する仏教　アジア各国の歴史といま　木村文輝編　二、三〇〇円

ブータンと幸福論　宗教文化と儀礼　本林靖久著　一、八〇〇円

ビルマの民族表象　文化人類学の視座から　髙谷紀夫著　八、二〇〇円

スリランカの仏教　R・ゴンブリッチ／G・オベーセーカラ著　島岩訳　一八、〇〇〇円

日本文化の人類学／異文化の民俗学　小松和彦還暦記念論集刊行会編　一〇、〇〇〇円

評伝J・G・フレイザー　その生涯と業績　R・アッカーマン著　小松和彦監修　玉井暲訳　六、〇〇〇円

供犠世界の変貌　南アジアの歴史人類学　田中雅一著　一五、〇〇〇円

ビルマ仏教　その歴史と儀礼・信仰　池田正隆著　二、四二七円

法藏館　（価格税別）